受　　浙江大学文科高水平学术著作出版基金　　资助
　　　中央高校基本科研业务费专项基金

国家社科基金项目（18BZX090)的阶段性成果

"社会科学方法论：跨学科的理论与实践"译丛
丛书主编 应 奇

丛书编委（中文人名按姓氏音序排列）

James Bohman　Gunnar Skirbekk

Philip Pettit　Stephen P. Turner

陈嘉明　冯　钢　韩水法　刘　擎　罗卫东　渠敬东
盛晓明　童世骏　郁振华　张庆熊　张旺山

社会科学方法论
跨学科的理论与实践译丛

丛书主编 应 奇

政治论证

Political Argument

[英] 布莱恩·巴利（Brian Barry）◎著

毛兴贵◎译

ZHEJIANG UNIVERSITY PRESS
浙江大学出版社

献给乔安娜·巴利

总　　序

　　主要由马克斯·韦伯的同名工作确立其卓著声誉和研究传统的社会科学方法论问题,其学理层面的渊源其实应当追溯到新康德主义者在一个多世纪之前对于自然科学与精神科学之异同的方法论辨析,而其规范层面的驱动力则是由早期现代性向晚期现代性过渡中呈现的社会科学地位问题所折射出来的现代社会对于社会和人之想象的转换。就这个研究传统在 20 世纪下半叶的展开而言,从实证主义向后实证主义的转变是特别值得重视的,正是这个转变及其产生的持续效应,不但破坏了人文科学和自然科学之间固有的、本质主义的区分,而且推动了社会科学之研究逻辑从聚焦于行动、理由和原因到聚焦于规则、合理性和说明的转化。如果说,后实证主义转变所促成的历史和实践的转向已经把社会科学置于当代科学认识论和科学哲学的中心,那么居今而言,社会科学方法论这个本是由跨学科的问题意识所衍生的理论问题本身却已经泛化成了一种跨学科的实践,一个只有通过与社会科学的合作才能完成的计划。

　　社会科学方法论这个论题下的著述,国内学界多年来一直都不乏关注,例如,新康德主义者李凯尔特的《文化科学与自然科学》,韦伯的《社会科学方法论》,温奇的《社会科学的观念及其与哲学的关系》,都已经有了中译本,有的还不止一个译本。但是迄今为止,还没有一套大型的译丛,能够按照这个研究传统本身的脉络,系统地呈现其发展演变至今各个阶段和流派最有代表性的著作。本译丛将紧紧围绕这个论题的跨学科特质,甄选以下三个层次或方向上的重要著述,请国内学有专长的成熟译者精心翻译成中文出版:一是在元理论层次的工作,我们将遴选近百年来社会科学方法论上的经典之作,同时将把目光投注于当代最前沿的工作;二是跨学科意识和方法论在某一门或若干门具体人文社会科学中得到集中体现的成果,例如行为主义与后行为主义之于政治学形态的变化,理性选择理论之于社会学和经济学的适用性,交往行动理论在伦理学和法学上的运用;三是具体的跨学科实践,这方面的重点将是那些无论在方法论上还是在规范含义上都具有示范作用的具有广泛影响的个案研究。

目前入选的著作旨在集中展现后实证主义转向对社会科学方法论问题的塑造性影响,这是长期以来国内西学译介中的一个巨大盲点。从理论基础而言,后实证主义发端于20世纪50年代美国哲学家奎因对于经验论之两个教条的著名批判,而其基本的理论信条实际上可以追溯到维特根斯坦的后期哲学。这种转变明显地影响到了社会科学方法论的探讨路径,例如目前几乎已经成为经典作品的温奇的《社会科学的观念及其与哲学的关系》就是把维特根斯坦的后期哲学观念推广到社会科学方法论研究上的一个典范。就社会科学哲学这个领域而言,温奇的著作得风气之先。正是在上述转向和潮流之下,社会科学方法论这个理论问题本身逐渐衍化成了一种跨学科的实践,这不仅是指,后实证主义所传递的方法论意识迅速辐射和渗透到各学科例如伦理学、政治学、经济学研究当中,超越和突破了实证主义的藩篱和局限;而且是指,社会科学方法论问题(其核心部分就是所谓社会科学哲学)本身成了凝聚和整合跨学科研究成果的一个平台。

多年来,浙江大学在跨学科研究上做出了持续的投入,也获得了相当的声誉。得到浙江大学文科高水平学术著作出版基金的支持，目前设计的这个译丛既真实地反映了我们对于跨学科研究之重要性的认识，也希望能够自觉地回应已经蓬勃开展的跨学科实践。更为重要的是，我们还试图通过这个译丛努力呈现跨学科理论与实践背后真实的问题意识，使得社会科学方法论这个看似边缘的论题成为人文社会科学最新进展的聚焦点；同时也将通过这个译丛自身的立意、宗旨和品质，塑造和确立它在国内蓬勃开展的西学译介事业中的独特地位。

应　奇

2016 年 3 月

致　谢

自从开始写作本书以来,六年过去了。在这六年里,我得到了太 xvii
多的帮助,以至于有时候我都怀疑,由于自己的种种错误,我是否有
资格要求哪怕是很寻常的称赞,更不要说有更多的要求了。我首先
必须感谢的是我的研究生导师 H. L. A. 哈特教授。在我刚毕业的那
两年,他总是不厌其详且极具建设性地阅读和批评我带给他的大量
材料,这些东西写得既差劲又不成熟。而且从那以后,他对初稿一次
又一次地提出了宝贵的建议,这使得终稿有极大改善。在本书写作
的前两年,我得到了政府基金的资助,唯愿本书最终对纳税人有所裨
益。1960—1961 年,我担任伯明翰大学的劳埃德-穆尔黑德社会哲学
研究员(Lloyd-Muirhead Fellowship in Social Philosophy),在两个
场合,我都获准向我在那里的同事提出一些当时我正在思考的观点。
1961—1962 年,洛克菲勒基金的法哲学与政治哲学研究项目又给我
一笔资助,哈佛大学也让我担任荣誉研究员。那一年我受益良多,其
中我必须专门提到的是,我有机会与约翰·罗尔斯、班费尔德(E. C.
Banfield)以及谢林(T. C. Schelling)进行讨论。我的两位博士论文
答辩委员会委员斯特劳森(P. E. Strawson)先生和约翰·普拉门纳
茨(John Plamenatz)先生都在我的答辩会上提出了很有帮助的批评,

而且,普拉门纳茨先生还非常友善地写下了他的评注并寄给我。在很多问题上,我显然很好地吸收了他们的批评,我已经尽我所能完全应对了或避开了这些批评,但我在书中并没有特别提及它们。不过,在好几个地方,我都想为我的观点辩护以应对普拉门纳茨的批评,在那些地方,我引用了他的批评并指出了是他提出的批评。最后,我要诚挚地感谢南安普顿大学社会科学系的助理馆员戴安娜·玛莎尔塞(Diana Marshallsay)小姐,她准备了本书的索引并在参考文献上给我以帮助。

xviii

南安普顿

1965 年

这本书是献给乔安娜·巴利的,我们于 1960 年结婚,所以这本书在我们最初几年的共同生活里扮演了很重要的角色。尽管我们最近几年已经分道扬镳,她现在是圣公会密尔沃基教区一个默观宗教团体的成员,过着一种非常不同的生活,不过我知道,看到这本书重印她也会很高兴。

我还要在这里感谢一位不知其名的学生,他偷走了加州大学出版社出版的"政治经济学丛书"的编辑之一罗伯特·贝茨(Robert Bates)手里的一本《政治论证》。贝斯具有一个理性选择理论家所具有的那种敏锐的反应能力,他立刻认识到,如果一本书值得偷,它一定也值得买,于是他推动了这本书的重印。

布鲁姆斯伯里

1990 年

中译本序

我们很容易对 21 世纪的政治话语大失所望。修辞无所不见,扭曲语词及其定义是常见的政治实践。当今美国总统特朗普就是这方面的能手。他有这样一段"推文"(tweet):"有人问我女儿伊万卡媒体究竟是不是人民的敌人。她正确地给出了否定回答。正是那些充斥着媒体的**假新闻**才是人民的敌人!"这样的推文在特朗普那里简直就是司空见惯。特朗普利用了具有歧义的语言来支持一个矛盾的说法:媒体不是人民的敌人(在他女儿的意义上),但媒体又是人民的敌人(在他的意义上)。这样的手法很流行。就在我写这篇序言时,美国最高法院大法官的提名人选布雷特·卡瓦诺(Brett Kavanaugh)称某种节育法为"打胎药"。这个说法在媒体上遭到了其诋毁者的讥讽。他们指责他任意改变"堕胎"一词的使用范围,这让人想到了他自己的宗教信仰。

类似的文字游戏无处不在,这意味着分析的政治哲学传统现在已经衰落了。这种传统引以为豪的是它在概念上的清晰以及控制源自语言的偏见的能力。如果新的传统就是反向理解,那么传统在当今的影响似乎就是很小的。要想看到传统是在何处迷失的,以及可以如何拯救传统并让它发挥恰当的影响,在当前形势下回归传统的经典著作就非常重要。

布莱恩·巴利的《政治论证》是分析政治哲学的开创性著作。[①]时隔半个世纪再回过头来读它是很有意义的,而其中译本的问世也正逢其时。它将检验分析的政治哲学是否能够跨越文化和语言,而且也有望在这个关键时刻复兴一种传统,这种传统的根本特点就在于反对在语言上耍花招。

尽管罗尔斯的《正义论》[②]被认为对 20 世纪政治哲学具有深远影响,但是巴利被公认为先驱人物是完全正确的。在《政治论证》之前,政治哲学在分析哲学界被冒失地宣布"已经死亡"。语言哲学家艾耶尔甚至信心十足地把道德哲学与政治哲学当作"情绪宣泄"加以打发。主流的观点一度认为,政治话语必然只是对每个人自己意识形态的一种"欢呼",而不是一种可以被证明为正确或错误的论证。

巴利反对这种共识。在《政治论证》第一章,他提出了一个关于政治证成的观点,这个观点在当时非同小可。他主张,尽管我们未必能够批评与我们的价值系统不同的那些**前后一致的**(consistent)价值系统,但我们可以批评那些前后不一致的。尽管政治争论充满了狂热,但这并不意味着不能用是否前后一致这一标准来加以衡量。巴利用经济学中的无差异曲线来做了类比。我们在权衡价值(比如平等与自由)时,必须呈现出"前后一致的偏好"。[③] 对于有的权衡取舍,我们觉得无所谓。比如,有的人可能更看重自由而非平等,但对于用少量自由去换取极大的平等,他们可能觉得无所谓。如果我们想被看作是理性的,那么在论证时,我们必须坚持这样的偏好模式,而不要改变我们的立场。巴利坚持认为,我们可以评价各种政治价

---

① Philip Pettit, "Analytical Philosophy", in Robert Goodin, Philip Pettit, and Thomas Pogge (eds.) *A Companion to Contemporary Political Philosophy*, Malden, MA: Blackwell Publishing, 2012, pp.5-36.

② John Rawls, *A Theory of Justice*, Revised Edition, Cambridge, Massachusetts: Harvard University Press, 1999.

③ Brian Barry, *Political Argument*, London: Harvester Wheatsheaf, 1990, p.4.

值的相对重要性而无须把它们还原为像功利这样的单一价值。这个观点在功利主义——它把所有价值简化为功利这一单一价值——非常时髦的时代是非常激进的。

巴利希望把这条前后一致标准运用于**所有的**背景与**所有的**文化，他后来的著作把这种普遍主义论述得更加清楚。① 分析哲学经常被轻率地归入英语国家尤其是英国与美国的哲学传统。我们不考虑巴利后来的著作，在《政治论证》中，巴利似乎也采用了这样一种分类，他说："研究的范围在时间和空间上也是有限定的。我选择出来加以处理的原则是 1945 年以来在英国和美国很引人注目的那些原则。"② 既然这本译著是给非西方人读的，这就让我们对其翻译和出版的意义表示怀疑。

不过不应该怀疑。尽管巴利的例子当然都取自英美国家，但前后一致标准在**所有**文化背景下都是适用的，只受到几条可行性条件的限制。《政治论证》之所以是"分析性的"著作，并不是因为巴利集中关注英美的政治原则，而是因为他关注语言。他最初写了三本书，《政治论证》是对它们的浓缩与融合。其中一本书完全致力于把哲学的语言运用于政治话语。正是这一点使得《政治论证》及其继承者在性质上具有独特的分析风格。正如迈克尔·达米特所说，"分析哲学的根本信条"就是"通向分析思想的唯一道路就是语言分析"。③《政治论证》之所以是一本分析哲学著作，是因为它通过分析政治话语的语言，使得各种前后不一、具有歧义、模糊不清且充满文字游戏的论证明白易懂。

---

① 比如，Brian Barry, *Justice as Impartiality*, Oxford: Clarendon Press, 1995; Brian Barry, *Why Social Justice Matters*, Cambridge: Polity, 2001.

② Brian Barry, *Political Argument*, London: Harvester Wheatsheaf, 1990, p. lxxiii.

③ Michael Dummett, *Origins of Analytical Philosophy*, London: Bloomsbury, 2014, p. 122.（中译本见迈克尔·达米特：《分析哲学的起源》，王路译，上海译文出版社，2005 年，第 135 页。本书引文的翻译在参照现有中译本时往往对译文略有改动，不再一一说明。——译者注）

事实上,尽管这本书的书名是《政治论证》,但它其实并没有任何统一的政治论证。他的博士论文答辩委员会委员之一指出,这本书的内容完全是靠装订才凑在一起的。这确实是事实。《政治论证》更关心的是在广泛的政治话语当中展示分析的方法,它既要证明这种方法是可能的,也要为之辩护。尽管在前几章处理了语言哲学与基本的经济理论,但在 20 世纪 60 年代真的没有相关的文献可供巴利回应,因此篇幅比较短小。《政治论证》主要是想表明,前后一致这样一条单薄的标准具有普遍的适用性,尽管在理解诸如"公共利益""正义""自由""平等"以及"自由主义"这些模糊不清且具有歧义的术语时会面临种种困难。

对巴利来说,检验这一标准是否具有普遍适用性,就是要表明我们是否可以弄清楚什么时候一套价值系统真正是前后一致的,而非仅仅在表面上是这样。比如,如果一个人要混淆消极自由概念与积极自由概念,他就可以拒绝在平等与自由之间进行权衡取舍(trade-off)。他可以前后一致地说,自由既包含了获得平等主义意义上的自尊的自由,也包括了免受政府干预的自由。但是把这两种价值都归于"自由"这一术语当中时,必然在这两种价值之间进行了权衡取舍,这种权衡取舍已经被遮蔽,有时候甚至是故意遮蔽的。没有了政府干预,私人之间交往的不平等就会加剧。而很宽松的自由定义会遮蔽这一事实。

巴利的计划就是要揭示这些歧义。特朗普究竟把谁当作人民的敌人呢?他的推文既模糊不清,又具有歧义,这使得他可以不断地改变自己的立场来应对具体的场合。我们完全可以认为,巴利一定会觉得特朗普的论调是前后不一的,我们有义务加以拒斥。尽管巴利在《政治论证》中用"符合理性"(rationality)来代表"前后一致",但我认为，鉴于巴利后来在《作为不偏不倚的正义》①中提倡合理的拒绝（reasonable rejection），用合理（reasonableness）这个词来代表"前后一致"更好。

那么，当我们最需要分析政治哲学时，为什么它却毫无声音？我认为，这是由于作为分析方法之基础的消除歧义和精确表达的过程非常困难，可以说，《政治论证》引入了这一过程。巴利既反对诺齐克基于自由至上主义为"强制"重新下的定义，也反对柯亨基于社会主义为"所有权"所下的定义，他认为这两种定义都是一种带有意识形态目的的文字游戏。② 诺齐克用他的定义来支持其自由至上主义论证，而柯亨用他的定义来强化其社会主义立场。诺齐克与柯亨都声称要澄清各自术语的意思，并将这一任务看作是分析传统的一部分，然而巴利却说，这些所谓的澄清无非是有政治目的的重新定义。我们在《政治论证》第十三章已经感受到了这一点，在那里巴利声称："政府应该寻求公共利益，因为它是公众的受托人，这种说法事实上也无非只是一种文字把戏（verbal move）而已。"③

对于我们用来描述自由的那些语言，也可以说类似的话。我们所使用的语言既可以轻易地忽视，也可以轻易地包含重要的区分。今天，很多人都相信，"自由"一词有**三种**意思，积极自由与消极自由的区分完全遮蔽了另外一种意思，因为这种区分忽视了一些与"支配"（domination）这个术语密切相关的直觉。④ 我们可以质疑这一过程是否是英美式的。用一种不同于英语（比如汉语）的语言来翻译和

① Brian Barry, *Justice as Impartiality*, Oxford: Clarendon Press, 1995；也见 K. Dowding, "The Role of Political Argument in Justice as Impartiality", *Political Studies*, 2013, 61 (1), pp. 67-81.

② Brian Barry, "Review of Anarchy State and Utopia by Robert Nozick", *Political Theory*, 1975, 3 (3), pp. 331-336; Brian Barry, "You have to be crazy to believe it", *Times Literary Supplement*, 25 October.

③ Brian Barry, *Political Argument*, London: Harvester Wheatsheaf, 1990, p. 229.

④ Philip Pettit, *Republicanism*, Oxford: Clarendon Press, 1997; Queentin Skinner, *Liberty Before Liberalism*, Cambridge: Cambridge University Press, 1998.

精确表达就会凸显出不同的区分与混淆吗？对于我们用来控制歧义性、模糊性和无意义的废话的语言，是否也存在一种路径依赖呢？

一个更为直接的问题就是，巴利使用了什么术语，以及他是否有很好的理由这样使用。他后来曾指责诺齐克与柯亨如此轻易就落入了陷阱，那么他自己是否避开了陷阱呢？尽管他后来的著作（尤其是2005年的《为什么社会正义很重要》）努力地让更多的读者了解他的方法，但他在这里用来提倡精确表达与消除歧义的语言对所有自然语言来说都比较抽象。巴利把公共选择理论那一套术语——偏好序列与社会福利函数等——看作是我们在进行重新描述时应该追求的术语。比如，他对"公共利益"的分析就是用公共选择术语来兑现的，他指出，它就类似于完全信息条件下的帕累托最优。如果至少有一个人喜欢 A 超过喜欢 B，而且没有人的状况会因为 A 而变得更糟，那么从帕累托最优的角度看，A 就比 B 更可取。尽管个人可以相互讨价还价以便补偿那些状况因 A 而变得更糟糕的人，但这是一种代价高昂的做法。巴利认为，在讨价还价成本与信息成本都会很高的情况下，如果国家模仿讨价还价过程以便制定有效的政策，那么国家就能促进公共利益。

我个人非常赞成巴利在这里使用的"公共选择"方法。但是我们对政治概念的重新定义最终真有必要用公共选择理论的术语来解释吗？至少，这一点需得到证明，而非仅仅是做出假定。尽管巴利在《政治论证》的结论部分积极支持分析哲学与公共选择理论之间的逻辑联系，但第十四和十五章则致力于批评他所提倡的方法的一种具体运用。

让我简要描述一下这里的关键问题：布坎南与塔洛克主张，实现公共利益的最好办法就是把偏离全体一致并进行讨价还价的成本最小化。他们断言，强硬的多数派应该有能力在立法机关中通过政策。这带有明显的自由至上主义意味。尽管某些联合体短期而言可以受益于更弱的多数派（比如 $n/2+1$），但他们主张，长期而言，每个人的状况都将更为糟糕。布坎南与塔洛克的最后结论就是,政府干预应该最小化,唯有当立法机关的意见接近于全体一致时,法案才应该获得通过。偏离全体一致就会导致一些外部成本,这些外部成本太大了,即便与讨价还价成本相比也是很大的。

巴利主张,把社会选择问题说成是如何将外部成本与讨价还价成本最小化,这种做法太抽象了。他使用了次优法则,[1]他主张:

> 作者只考虑了外部成本与讨价还价成本这两个变量,但是一个政治系统涉及许多变量,如果一个变量被打乱了,其他变量的"次优"状态可能就与它们最初的状态非常不同。比如,作者说,由于存在着讨价还价的成本,肯定会偏离全体一致。但是如果无须全体一致就可以做出决策,那么这种决策条件反过来就会改变因允许贿赂选民……而造成的影响。讨价还价成本使得在任何事情上推行直接民主都极其费时以至于不可能行得通(除非是小群体),而且,如果每个人都不得不与其他每个人讨价还价的话,讨价还价成本会使得直接民主是不可想象的。[2]

如果个人知道全体一致原则会有一定程度的折中,那么选票买卖就不再像布坎南与塔洛克所认为的那样会受到鼓励。这是一个很有道理的观点,但是几乎同样的说法也适用于巴利所理解的国家义务,即维护公共利益。为什么要用讨价还价成本与帕累托最优的变量来描述国家促进公共利益的义务呢?社会选择理论中有一系列的定理证明,用来减少讨价还价成本的机制本身也可能会被操纵,比如讲策略地投票,[3]而且也可能会导致巴利没有考虑到的一些额外成本。他指责布坎南与塔洛克对公共利益的理解是任意的,但我们也

---

[1] Lipsey and Lancaster, "The General Theory of Second Best", *Review of Economic Studies*, 1956, 24 (1), pp. 11-32.

[2] Brian Barry, *Political Argument*, London: Harvester Wheatsheaf, 1990, p. 261-262.

[3] M. Satterthwaite, "Strategy-Proofness and Arrow's Conditions: Existence and Correspondence Theorems for Voting Procedures and Social Welfare Functions", *Journal of Economic Theory*, 1975, 10 (2), pp. 187-217.

可以说,他的理解同样是任意的(甚至是错误的)。他精彩地揭示了
《同意的计算》中的论证所存在的一个问题,但是他并没有提供一套
系统的方法来避免自己的分析出现类似的问题。

我们可以说,分析的政治哲学只是在外围处理政治术语的界定
问题,而在 21 世纪阅读《政治论证》,尤其是从一个非西方的视角来
阅读,会使得这一点更为突出。我本人对此并不感到悲观。我认为
这个领域——尤其是伴随着政治理论中的方法论转向——中的很多
发展可以很好地解决这些问题。我尤其要鼓励新的读者意识到,巴
利在第二章所讨论的语言哲学现在已经过时了,已经有了新的、技术
性很强的文献代替那种语言哲学。① 不过鉴于这种方法论运动刚刚
兴起,这里不适合向新读者介绍这种将具有重要影响的典范。

巴利的书是一项重大的学术成就。他展示了在分析哲学的天下
研究政治哲学的新方法,并用这种方法讨论了一系列不同的话题。
《政治论证》的许多章节(包括最后的注释)读起来都好像是 20 世纪
政治哲学中某些重大发展的初稿。我认为,对现在来说,重要的是要
将它与逻辑哲学、语言哲学的新发展相结合,从而将其精神带入 21
世纪。为此,深入阅读《政治论证》是必须迈出的第一步。

伦敦政治经济学院　威廉·博斯沃思

2018 年 10 月 3 日

---

① S. Soames, *Philosophy of Language*, Princeton, NJ. : Princeton University Press, 2010.

25年后的《政治论证》：再版引言

1.《政治论证》的写作

《政治论证》第一次出版于 1965 年。它在英国已经绝版一段时 xix 间了，而在美国则从未真正地出版过：最初运到美国的几百本售罄后，要想再买到一本，就既要靠坚持不懈，又要靠运气。这本书流通的另一个障碍在于，它从来没有发行过平装本，而精装本的价格则从（十进制币制前的）两镑十先令涨到原价的数倍之多。我很高兴看到，所有这些缺点现在都被这次再版所克服了。

除了增加了"致谢"部分的两个段落并纠正了一个错误①以外，这本书和 1965 年版几乎完全一样。（不过，索引已有所更新，把这份引言中的参考文献也包括了进去。）不调整这本书显然有一些经济上的好处，但是即便节省费用不是目标，也有两条考虑支持直接重印，这

---

① 在第一版中，第 248 页（涉及本书中标注的页码时，均指英文版的页码，也即中文版的边码。——译者注）图四右上角的格子里是"措施未获通过"（measure fails），而且功利值也与那一结果相对应。因为这个格子是根据两个群体对该措施投赞成票这一事实来界定的，所以这显然说不通。大约十年前，我自己发现了这个错误，当时我让一个班的学生阅读这一章，而我自己也要重读一遍。没有谁向我指出过这一错误。因为我认识很多乐意指出本书错误的人（如果他们发现了错误的话），所以我希望这意味着本书的文字材料已经足够令人信服了，以至于图表是多余的。

xx

两条考虑非常重要。首先,在过去的 25 年里,《政治论证》引来了持续不断的引用和批判性评论,确实,这是重印它的正当理由。稍后(在第三、四节)我将谈谈这本书所引起的反响以及其中已经流行起来的那些观念在别人手上的命运。然而,与此相关的一个问题就是,这时再来改写这本书至少会使得我们无从根据现有文献中的引证页码来查找原文,甚至还会使得我们无法把原来的批评与新的文本联系起来。

如果修订是一个可行的提议的话,那种不便还可以忍受。但修订并不可行,因为写作《政治论证》的智识背景已经不存在了。这也是一条支持直接重印的决定性考虑。我们可以重建这种智识背景,事实上,第二节的目的正在于此。但是,对于像《政治论证》这样在很大程度上是特定时代产物的东西,试图去更新它并没有意义,正如试图把一条 PVC 材料的超短裙变成一件运动服一样。

不过,如果所有这些说法都是正确的,又会引出一个问题:为什么不写一本新书而是重印一本旧书?我的回答是,这个问题建立在一种误解的基础上。事实上,我目前正是在做这件事。社会正义三部曲的第一卷(每一卷都将比《政治论证》长得多)出版于 1989 年。①麻烦在于,正如这里所表明的一样,根据我目前对于完成好这一任务所需要的篇幅所持的比较狂妄而夸张的看法,重写整本《政治论证》会让我陷入年迈体弱的境地(有时候,当研究生批评我,说我令人反感——就像我在他们那个年龄时一样——时,我觉得我已经开始慢慢地变得年迈体弱了)。如果有人说我规划的著作的三卷对应于《政

---

① 《社会正义论》的第一卷《正义诸理论》和《政治论证》的重印版由同一家出版社出版;第二卷《正义的可能性》将于 1991 年出版。第三卷题为《正义社会》,将会关注正义在国家当中与国家之间的具体运用。(《正义诸理论》中译本见孙晓春、曹海军译,吉林人民出版社,2004 年与 2011 年;《社会正义论》三部曲中的后两部在出版时分别题为 *Justice as Impartiality*,1995;*Why Social Justice Matters*,2005。这两本书的中译本分别见《作为公道的正义》,曹海军译,江苏人民出版社,2008 年;《社会正义论》,曹海军译,江苏人民出版社,2012 年。——译者注)

治论证》的第六章,这样,重写整本书就要写三十卷,那么这种说法就太过天真了。然而,《政治论证》的范围要广泛得多这种说法确实是正确的,不过在另外一种意义上讲,它的雄心也更小。

我将尝试着在这篇引言最后一节(第五节)从我当前的有利位置出发给出一个总体评价。下一节(第二节)将致力于重建构思《政治论证》时的智识背景。第三、四节将处理某些核心观念,追踪它们后来的命运,并提出一些评论,有时候也做出一些修正。让我先谈谈我是在什么情况下写这本书的,以便为此提供一个背景。

《政治论证》起源于我的博士(Ph. D,或者根据在牛津大学的叫法,D. Phil.)论文,当时,它的题目是"政治论证的语言"。(这一点的意义在第二节就会明朗起来。)当我开始写这本书时,我真的不知道我想干什么,我只知道,它应该以一种建设性和分析性的方式成为一本理论著作,而不是去讨论其他人说过些什么。鉴于有这种虽然含糊其辞但却强烈无比的雄心,一个直接的问题就是,必须找到一个赞成我想法的导师。几年前(当时牛津大学处境艰难),一个有抱负的研究生可以在五位从事这种政治理论研究的导师当中选择,而且他们都是世界级的,即便是现在也有三位可选。① 如果我说 1958 年的牛津大学没有谁和我兴趣相投,那么这就有助于描述背景[当时的教授和准教授(Reader)② 分别是以赛亚·伯林和约翰·普拉门纳茨,他们都主要关注政治思想史]。

纯粹由于机缘巧合,当时刚担任法理学教授职务的 H. L. A. 哈特成为我的导师。情况是这样的。我本科就读于女王学院"哲学、政治学与经济学"(PPE)专业。和大多数 PPE 专业学生众多的学院一样,女王

---

① "世界级"意味着"可以得到美国名牌大学提供的高级教职"。

② 根据传统的英国高校教师职称体系,教职分为 lecturer、senior lecturer、reader 和 professor,鉴于 senior lecturer 类似于美国教师职称体系中的副教授,所以 reader 往往被勉强地翻译为"准教授"。不过后来,包括牛津大学在内的几所英国大学已经取消了 senior lecturer 与 reader 这两种职称,而以 associate professor 代之。——译者注

学院有一个协会,其目的就在于每学期邀请一到两名演讲者。(我们的协会叫作边沁协会,这是为了纪念该学院杰出的、具有批判性的校友之一。)在我毕业前的最后一学期,哈特在我们协会做了一场报告。现在我已经记不清主题了,但是我清楚地记得这次报告对我的影响。我觉得他明显地比我以前见过的任何人都更加思维清晰,对于这个判断,我后来也没有找到任何理由加以改变。[①] 这样,在毕业后的那个十月,我出现在哈特家门口,并请求他把我收入门下。不管是出于什么原因,他接受了我的请求[我怀疑我之所以那么顺利,是因为他的妻子珍妮弗(Jenifer)是 PPE 考核委员会的主席]。

xxii

我开始提高作为一名理论工作者的受教育水平。根据哈特的建议,我阅读了凯尔森(Kelsen)、伦纳(Renner)以及诸如哈格尔斯特罗姆(Hägerstrom)、阿尔夫·罗斯(Alf Ross)这样一些斯堪的纳维亚法律实在论者的著作。这启发我去写一些极其冗长而复杂的专题论文来讨论社会决策程序的类型及其相互关系,我认为这些论文(尽管我再也没有读过它们)是本书第五章的雏形。

社会学理论是我的另一弱项,当我告诉哈特这一点时,他让我阅读塔尔科特·帕森斯(Talcott Parsons),尽管在 1958 年的时候他现有的全部著作尚未达到后来的规模,但已经非常庞大了,耗费了我好几个月的时间。最终,我只利用了帕森斯的第一本(也是写得最好的一本)书,即《社会行动的结构》,这一点可以从本书索引得到证实。我尤其利用了他的这样一个观点:社会既满足欲望又创造欲望。然而,我在我的第二本书中确实从投入中获得了更多的回报(帕森斯的书让我读得太痛苦了,这也算是报了一箭之仇)。[②]

---

① 有的读者可能很纳闷儿,为什么我还不知道哈特的名气呢? 别忘了,1958 年时《法律的概念》(Oxford,1961)尚未出版呢。

② *Socialists, Economists and Democracy*(London,1970;重印于 Chicago,1978,1988).(中译本见《社会学家、经济学家和民主》,舒晓昀等译,江苏人民出版社,2007 年。——译者注)

到 1959 年春,我已经断定自己对提出一套一般性的社会决策程序理论没有兴趣,对投身帕森斯所设想的那种社会理论就更没有兴趣了(不要忘了,在当时,社会学理论几乎与帕森斯理论是同义词)。因此,我选择了一个新的方向,在接下来的大约一年时间里,我写了一篇有博士论文那么长的手稿来讨论评价性语言,它的一份高度压缩版构成了《政治论证》的第二章。该文的最初靶子是黑尔(R. M. Hare)(尽管他的名字没有在这一章的任何地方出现),他所谓词语具有"描述性"和"评价性"意义的观点(再贴上评价标签,就非常像一场蔬菜展上获胜的西葫芦贴上了玫瑰形花结一样)在我看来肤浅得无可救药,他运用了这个观点,牛津大学和其他地方的后辈甚至运用得更多。正如即将看到的,我利用了格赖斯(H. P. Grice)意义理论的最初表述来为我的分析提供框架。它很符合我的目的。就现在的情况来看,我的分析在我看来仍然站得住脚,尽管格赖斯的理论在那以后已经有很大的发展,并且比原来更加复杂。

xxiii

我认为到此为止我所完成的东西可能已经达到一篇博士论文的标准。它当然具有当代"语言分析"的所有特点(见下文第二节)。就是说,它包含了上百个例子,但又与极端关注"日常用法"略有区别。这篇稿子大致的观点如实地保留在本书第二章当中,这个观点就是,把诸如"好"这样的词语(它实际上依附于比如一个玫瑰形花结)看作典型,就扭曲了我们对评价性语言的理解,而且,通常情况下,评价源自描述性意义。

而这篇稿子的问题恰恰在于,把它浓缩为一章的篇幅是可能的。尽管那些例子有助于揭示问题,并使我对自己的回答有些信心,但我没有任何理由将它们强加于任何人。当然,答辩委员例外,被烦扰是他们的工作;但是在此之前,我的抱负尽管在其他方面还很模糊,在某个方向上却已经非常确定了。我想写一本如果运气好的话也可以同时作为博士论文的书,而不是写一篇如果运气好的话也可以改写为一本书的博士论文。

因此,我把我讨论一般的评价性词语之意义的稿子放在一边,把注意力转向了评价的过程,并在随后的 18 个月中写完了一份草稿,这份稿子成为《政治论证》的核心组成部分,即第五章到第十三章,在这几章之前还有一份第三章的提纲。

就像当初涉足意义理论是出于对一种现有理论的不满一样,我这一次深入研究的动力也在于对一种现有理论的不满。(这种情况还继续了一段时间:可以说,从 20 世纪 70 年代中期开始,我才受自己的计划所驱使去写作,而不是因为我公开地或暗地里认为现有的某些观念不恰当才去写作。)就此而言,让我不满的是两位英国哲学家即斯坦利·本恩(Stanley Benn)和理查德·彼得斯(Richard Peters)于 1959 年出版的一本书《社会原则与民主国家》(*Social Principles and the Democratic State*)。①

xxiv　　这本书至关重要,因为它既提供了一个典范,又提供了一个靶子。之所以说它提供了一个典范,是因为它谈论的是政治评价所使用的概念之意义,比如,它有专章论述自由和正义。但它又提供了一个靶子,因为它试图在所有原则之间和稀泥,作者将调和的产物描述为"一种充分考虑了不偏不倚原则的谨慎的功利主义"②。如果本恩和彼得斯的目的在于表明,所有的政治原则都可以在一个声称融合了边沁与康德的洞见的框架中相互协调,那么我的目的则在于证明,不同的原则在根本上是相互冲突的。

为了这一目的,我毫不怀疑我从以赛亚·伯林就任奇切利社会

---

① 对于这里没有出版信息支撑的引证材料,可以在本书参考文献部分找到其出版信息。有的著作在初次出现时我就提供了出版信息。(出于便利读者的考虑,译者已经在译文里尽可能地补充了出版信息。——译者注)顺便说一句,美国读者是以《政治思想原理》(*Principles of Political Thought*,New York,1964)为书名读到《社会原则与民主国家》的。或许出版商认为原来的书名听起来具有危险的社会主义意味。

② S. I. Benn and R. S. Peters, *Social Principles and the Democratic State* (London, 1959),前言(未编页码)。

与政治理论教授时的演讲（"两种自由概念"，发表于 1958 年①）那里
得到了支持。尽管我当时不喜欢（现在仍然不喜欢）他对两种自由概
念的区分，但我确实赞成他对存在一种不可化约的价值多样性这种
观念的捍卫（见下文第三节第二部分）。伯林坚持认为，真的存在着
不同的价值，它们都可以向我们提出有效的要求，而且在某些情况
下，我们将不得不选择追求这种价值还是那种价值。如果说有一条
主线把《政治论证》的内容串在一起（或许真的不太可能有这样一条
主线），那就是试图去发现，要是我们在分析政治原则时认真地把这
个观点贯穿到底，到底会怎样。

1960—1961 学年，我在伯明翰大学哲学系做了一年研究员
（research fellow）。尽管我获得的国家奖学金允许我在牛津再待一
年，但是在牛津待了五年以后我已经受够了。（我后来又回到牛津，
先待了四年，后来又去待了三年，这表明我越来越无法忍受。）伯明翰
大学哲学系很小但很优秀：事实上，几年后，它的所有成员都成为讲
席教授。发现在牛津所从事的那种哲学并不是唯一的一种哲学，这
是很有益的，而且这一发现无疑强化了我的一种倾向：我要在《政治   xxv
论证》中让人看到一种做法，即不再关注语言，转而关注更具实质性
的问题。

在这一学年，我有机会（"致谢"中有记载）向伯明翰大学哲学系
的同事初步阐发博士论文中的两部分（我好像还记得，一部分涉及应
得，一部分涉及利益）。这对我很有帮助。但更有价值的是，我有机
会在一门成人教育课堂上讲授我博士论文当中非常庞大的十章。我
作为研究员的收入与大学最低教职的收入一样，一年 800 英镑。这
笔钱在今天看来很少，在当时也不算多，因此，当哲学系一个教员建
议我承担一门成人教育课程以便适当增加收入时，我做出了积极响

---

① 对于这份文献，现在最方便找到的版本是 Isaiah Berlin, *Four Essays on Liberty*
(Oxford, 1968)。（中译本见伯林：《自由论》，胡传胜译，译林出版社，2003 年。——译者注）

应。回想起来,让我感到吃惊的是,任何人都相信我能胜任这一任务,因为即便是现在,我也确信自己是一个十足的危险人物。让我甚至更为吃惊的是,在经过初期的听众变动后,最后大约有十几个伯明翰市民在 1962 年的整个冬天每周都来听课,并讨论我博士论文这十章的初稿,每次上课前一周我都会完成一部分初稿,一直到这门课程结束。或许一直来上这门课的人觉得从中有所收获;在论文的具体阐述方面,我确实从他们的反应当中收获很多,我要向他们表达迟来的敬意,感谢他们坚持听完这门非常不合适的成人教育课程。

现在我要谈谈在美国的事情。1961—1962 学年,我获得了洛克菲勒基金所资助的研究员职位,我认为这其实是被看作博士后研究。这笔资助并不限定只能待在某个地方,于是我选择了马萨诸塞州的坎布里奇,主要是因为罗尔斯在那里。事实上,当时他已经在麻省理工学院就职,不过在那一学年末,他转到了他现在任职的哈佛。当然,《正义论》的出版还是十年以后的事情,不过当时已经有一个初稿(对应于《正义论》第一编和第二编,而且篇幅也更短),罗尔斯还给了我一份。那一年,我们进行了两次或三次让人振奋和鼓舞的对话,对此,我非常感谢。然而我记得,他根本没有读过我博士论文的初稿(我也没有指望他读),我认为我的下述说法是公允的:如果我只读过《两种规则概念》和《作为公平的正义》这两篇文章并且仍然待在英国,那么我的博士论文完成后也没什么两样。

xxvi　　　不过,在坎布里奇度过的那一年确实对我博士论文的定稿还有其他方面的影响,而且对我的兴趣方向也有一种更为持久的影响。而这些都源于我和哈佛大学的交往。当哈特知道我的计划时,他写信给弗里德里希(C. J. Friedrich)——他非常尊敬哈特(我后来才发现的)——问他能否趁我在坎布里奇的时候为我做点什么。弗里德里希是等级森严的哈佛大学政府系里最德高望重的人物之一,事实证明,获得他的帮助绝对是至关重要的。在他的安排下,我获得了一个研究员职位，而且这一职位通常也是留给已经获得博士学位的人的。尽管无薪，但有了这一身份，我可以旁听我喜欢的任何课程，而且可以自由进入怀德纳图书馆（Widener Library）并享有一些借阅特权，我还成为哈佛教工俱乐部（Harvard Faculty Club）的会员。唯有一个非常富裕的机构才能如此慷慨（伦敦经济学院会收取一笔高额的研究费，而给的回报却少得多），不过为富不仁也很容易。哈佛大学所给予的便利意义重大，我很高兴有机会在这里表达我的谢意。

事实上，我的身份是一名研究生，但选课却不受任何限制，而且不用写期末论文，也无须担忧成绩。我很自然地被我事实上的（如果不是法定意义上的）同学——政府系的研究生——所吸引。在牛津（事实上在英国的任何地方都是这样）攻读博士学位是很孤独的，因为那里没有课程作业。在那里，除了离群索居地写论文，没有别的事情可干。牛津的场景和利陶尔中心（Littauer Center）①顶楼上的公共休息室之间简直有天壤之别。喝着咖啡，吃着自带午餐，然后再来点咖啡，学生们（有时候还有教师）彼此不断地热烈讨论着政治、政治学和天下事。（应该回想一下，那一年发生的事件有苏联人造卫星的发射和古巴导弹危机的爆发。②）我结束在坎布里奇的时光时，我觉得自己已经由于耳濡目染而或多或少地受到了美国政治科学方面的教育，而且也对美国人思维过程的特点略知一二了。

所有这一切无疑都以一种潜移默化的方式影响着我的博士论文，也影响着我在《政治论证》第四章第六节和注释 G 所体现的对美国政治文化独特性的一些想法。[第六章的草稿写于从北卡罗来纳州的威尔明顿到埃文茅斯港（Avonmouth）回国的一艘货轮上。]可以说，对我博士论文（从而也是对《政治论证》一书）终稿更为直接的影 xxvii

---

① 利陶尔中心曾经是哈佛大学肯尼迪政府学院的前身之一哈佛大学公共管理研究生院（建于 1936 年，设政府系与经济系）所在地。——译者注

② 原文如此。

响来自于我在哈佛大学所旁听的某些课程。有两门课程的贡献尽管是具体的，但要小一些。正是因为旁听了保罗·弗罗因德（Paul Freund）开的一门非常出色的法律解释课程，我在第 124—126 页联系禁止种族隔离讨论了"一些中立的原则"；而我之所以在注释 U 中提到萨缪尔·毕尔（Samuel Beer）（但未注明其文献的出处），是因为我参加了一门关于英国政治的讨论课程。

不过，还有两门课程对我有更大的影响，而且在这两门课程的共同启发下，我几乎完成了这本书的五分之一（包括第十四章、第十五章和注释 Q—Z），否则这一部分根本不会存在。其中一门课是托马斯·谢林（Thomas Schelling）开的博弈论导论，从涉及的范围上说，这门课几乎与他最近出版的《冲突的战略》（*The Strategy of Conflict*）一书完全一样，不过课程是从更深远的背景开始的，而且运用性的东西也讲得更多。① 另外一门课程是爱德华·班费尔德（Edward Banfield）开的"政治节俭"（political economizing）。班菲尔德是一位立场鲜明且固执己见的保守主义者，他有一种独特的教学方法。他会就当周的阅读主题讲大概二十分钟，把他的大多都倾向于自由主义的听众引入一种近乎无法控制的愤慨状态。其余的时间就用来论战，班菲尔德单枪匹马对战一群激愤的学生，我不得不说，班菲尔德技艺超群、足智多谋，他冷嘲热讽，风趣幽默，使得他的回应妙趣横生，在应对自由派的虚张声势时也极具效果。这与我们在亲爱的牛津大学的生活截然不同，在那里，在学术领域唯一被认为可以接受的派系之见就是对中间派（即工党右翼）的美德的教条式信仰。

对我来说，这门课程的内容与其方法一样地新鲜。今天，这样一门课程将被冠以"公共选择"之名，但是在 1962 年，几乎没有一份自

---

① 这门课程所发的材料有罗宾·法克哈森（Robin Farquharson）当时尚未出版的研究策略性投票的博士论文（1958）。这便是注释 C 提到的法克哈森（在那里写成了 Farquarson）"未出版的研究投票的著作"。它最终以《投票理论》（*Theory of Voting*，New Haven，1969）为书名出版。

觉的文献。当时有肯尼斯·阿罗（Kenneth Arrow）的书和威廉·维　　xxviii
克里（William Vickrey）的论文（见参考文献），还不存在迅速发展的
社会选择领域；已经有安东尼·唐斯（Anthony Downs），但是还没有
所有后来那些研究党派竞争的正式著作；成本—利益分析仍然处在
萌芽阶段，当时有希奇（Hitch）和麦基因（McKean）的著作。政治经
济学的"弗吉尼亚学派"尚未像后来那样蓬勃发展，但是其势头已经
初见端倪，因为詹姆斯·布坎南（James Buchanan）和戈登·塔洛克
（Gordon Tullock）当时刚刚出版了《同意的计算》（*The Calculus of
Consent*）。

　　我们花了大约一个学期的三分之二时间来研读《同意的计算》，
此后，我就时不时地缺课，因为我当时迅速地写了两万字来批评这本
书。经过大量的改写，这份批评没过多久就变成了《政治论证》的最
后两章。尽管它们从《同意的计算》出发，但是我倾向于认为这两章
实际上是本书最具原创性的两章。然而，作为一本政治哲学著作的
结尾，它们并没有在公共选择理论兄弟会（顺便说一下，对于一个几
乎具有排他性的男性团体来说，这是一个恰当的术语）当中产生影
响，或许这也是必然的。

　　剩下的故事可以讲快些了。接下来的一学年是在北斯塔福德郡
（North Staffordshire）的基尔大学（University of Keele）度过的，我
在那里完成博士论文，并于 1963 年 6 月提交了。这所大学为我安排
了很少的教学工作量，从而使得我可以大多数时间都待在家里不断
地修改论文，除此以外，我认为它并没有为我的毕业论文贡献什么。
当时，我和我的妻子生活在一个叫作朋克胡尔（Penkhull）的城中村，
从那里，可以俯瞰特伦特河畔的斯托克城（Stoke-on-Trent）的陶瓷工
厂。这个村子对拥有一家宜人的酒吧引以为豪，1989 年的《好酒吧
指南》这样描述这家酒吧："人们可以想象 20 世纪 40 年代的酒吧会
是什么样子，但实际上当时的酒吧比这家还要逊色得多。"我们去那
里用高度苹果酒庆祝我完成博士论文，先后庆祝了三次，我都发现其

实并不是真正地完成了。（我发现这种伪黎明已经变成了一种持续的现象，不过恐怕随着时间流逝，庆祝酒已经变成了超市里买的廉价香槟了。）

出版后的样子与博士论文没有太大的差异。我把某些比较冗长而离题的脚注变成了文末的注释（博士论文只有 5 个尾注），同时我又在文末的注释中增加了一些新的内容，这些新内容主要是为了应对我的博士论文答辩委员会委员之一约翰·普拉门纳茨提出的详细质疑。情况就是这样。今天，可能会有一些读者报告，这些报告要求对书稿进行修改，但是当时的编辑过程与此相比却不太正式。作为 Routledge & Kegan Paul 出版社的"哲学与科学方法国际丛书"（International Library of Philosophy and Scientific Method）的副主编，伯纳德·威廉斯建议我出版，我就签了出版合同，事情就是这样。事实上，我确实极力要求威廉斯做出评论，但是他唯一的评论（是在某次哲学会议的茶歇时提出的）就是，第 60—61 页提出的观点在他看来具有不恰当的道德严谨性（moral fastidiousness），而我们可以料到，这种道德严谨性是联合国协会（United Nations Association）的成员所具有的。我可以理解他的观点，但是最终我并没有对那段话做任何改变。

2.《政治论证》的语境

前面的叙述看上去只是在原原本本地回忆往事，但是我认为其实并不是这样。首先，我希望这本书能够通过阐明一个道理来证明，它对今天读到这本书的博士生来说是一种安慰。这个道理人们经常都在讲，但是不知为何，一旦落到自己身上，人们就仍然很难相信它。这个道理就是，除非一篇博士论文是如此之老套，以至于不太值得去写，否则，它在最初阶段几乎不可避免地会面临诸多的纠结和错误的开头，而且后来我们也会时不时地重新思考论文的整体结构，而且在不同时间对于"这篇论文研究的究竟是什么"这个问题很可能会得出

xxix

不同的回答。

　　基于这样一个总体看法,我相信,把《政治论证》看作由不同时间写成的三个主要的部分构成,将有助于我们理解这本书。最先完成的那部分是对评价性语言的分析,现在已经单独成章。中间部分最厚实,包含了各种类型的原则以及对具体原则的讨论。尽管这一部分在不严格的意义上可以说成是"概念分析",但是它主要关心的还是各原则之间的关系,以及这些原则在有关公共政策的争论当中是如何运用的。最后一部分也就是最后两章分析权力分散的宪法和权力集中的宪法。当我们读到最后一部分时,我们可以说,"语言分析" xxx 的框架已经完全被放弃了。那里的讨论仍然是关于政治原则之运用的,因为我在那里的讨论试图发现不同形式的宪法促进公共利益的倾向。但是分析框架是由不证自明的公共选择理论而非语言分析来提供的。

　　这一点意味着,在阅读这本书时,你事实上是在追踪一场思想历程,这一历程让作者远离其母校的正统观念。我刚才说过,一个写作博士论文的人对于自己的论文研究的究竟是什么这个问题经历几种不同的看法,这太常见了。就《政治论证》而言,比较明显的是,我对这个问题有过三种看法,而其中的每一种看法都分别表现在这本书不同部分当中。我认为,这本书由较为厚实的中间部分串联为一个整体。而且,系统地看,这本书是在一种类型学的指导下对政治原则进行的一种实质性讨论。而在进行这种讨论之前,我先给出了关于评价问题的一般性材料,并尤其提到了评价性语言;在这种讨论之后,我又冒险地分析了政治原则的制度后果。我必须承认,也可能有人不那么赞成这本书的完整程度,我的第二位博士论文答辩委员会委员彼得·斯特劳森(Peter Strawson)就是持这种立场的人之一。他以下述评论来总结他提出的问题:"把这篇论文的内容凝聚在一起的唯一东西就是其封皮,你真的认识到这一点了吗?"(幸运的是,他显然并没有把这条评论看作是无法应对的质疑。)

在本节的剩余部分,我想将《政治论证》置于其历史语境当中。这样做将涉及某种知识考古学,在前一节,我已经为此做了一些准备工作。昆廷·斯金纳、约翰·波考克以及他们的同仁已经让我们非常熟悉下述观念:

> 一份过去的文本的意思——弄清楚其意思当然是任何批判分析不可或缺的准备工作——不可能仅仅通过运用现代的解释标准进行精读(或多次阅读)来确定。因为关键术语所承载的意思以及文本所运用的论证逻辑依赖于产生文本的思想环境。因此,为了恰当地解释文本自身的字面意思,我们需要理解写作文本时的观念语境和论辩语境,对此,波考克会称之为政治思想的"语言",而斯金纳则会称之为"意识形态"。除此之外,斯金纳还主张,要想理解一份文本,我们必须不仅抓住其意思,而且还要把握作者写作的意图。而这又要求我们准确地看到著作所处的政治语境:比如,作者自认为要反驳的立场,或者他所依赖的被视为老生常谈的一些假定。①

乍一看,对于一本问世还没有超过四分之一世纪的书而言,这种做法似乎根本没有必要。事实上,20世纪60年代初流行的政治哲学假定距离今天流行的假定虽然已经很遥远,但是与17世纪90年代初流行的假定离今天流行假定的距离相比,并非全都遥远得多。而且,25~30年的时间难免会落入历史的阴影。因为大多数人要么太年轻,不可能对它有所记忆;要么太年老,已经记不住它。而与此同时,这段历史离我们又太近了,尚未被系统地记录下来。

如何最好地重温1958年我开始写作《政治论证》时的世界呢?无法回避的是,本书的起点肯定是彼得·拉斯雷特(Peter Laslett)为1956年出版的《哲学、政治与社会》文集所写的著名的或声名狼藉的

———————————

① David Miller, "The Resurgence of Political Theory", *Political Studies*(即出).(该文后来发表于 *Political Studies*, vol. 38, Issue 3, September 1990。——译者注)

导言。① 似乎比较清楚的是,该文集的出版是由出版方发起的,他们
急于想趁着两卷本《逻辑与语言》的成功再赚一笔,这两卷以提纲挈
领的方式反映了"语言分析"学派得到高度赞成的成果。② 这篇导言
一开始就不断抱怨很难找到合适的文献加以收录,③而且还试图解释　xxxii
为什么缺乏合适的材料。在一句广为引用的话中,拉斯雷特这样总
结这种情形:"不管怎么说,就目前而言,政治哲学已经死了。"④不得
不承认,该文集的内容已经很好地证实了这种悲观的评价。如果这
是在 1956 年可以找到的最好的一本书(或许真是这样),那么政治哲
学也许还没有死,但至少已经奄奄一息了。

　　至于为什么政治哲学陷入了这种岌岌可危的状态,拉斯雷特略
显敷衍地提到两种可能的解释。一方面,"政治已经变得非常重要
了,不能让哲学家去涉足";另一方面,社会学的兴起在某种程度上抑
制了政治哲学家的思辨。⑤ 但是接下来,他直接把原因归结到哲学自
身内部的发展上。

　　　　我们自己这个时代的哲学家的世界与鲍桑葵时代甚至拉斯
　　　　基时代的哲学家的世界具有如此显著而彻底的差异,以至于很
　　　　容易指出罪魁祸首,这是逻辑实证主义者使然。正是罗素、维特

---

① P. Laslett(ed.), *Philosophy*, *Politics and Society*(First Series, Oxford, 1956).

② A. G. N. Flew(ed.), *Logic and Society*(First Series, Oxford, 1951; Second Series, Oxford, 1953).(此处文献信息似乎有误,应为 *Logic and Language*, First Series, Oxford, 1952,该书 1951 年出版时书名为 *Essays on Logic and Language*。——译者注)在 20 世纪 50 年代中期,这两卷构成了 PPE 专业学生名副其实的随身读物。拉斯雷特编的文集当中的两篇或三篇肯定要比弗卢(Flew)编的两卷本当中的任何文章都有更多的人查阅,这一点让人深思。

③ "必须承认,编辑的选择范围非常有限,自 1945 年以来,唯有一个领域即法理学领域出版了数量可观的著作。为了编辑这本文集,我翻阅了我们的哲学期刊,给我留下的印象是,这些期刊的编辑们经常是仅仅出于他们平常那种义务感而采用了一些论述政治问题的论文。这些期刊的作者们有时候也让人觉得,只是出于他们大学课程设置的要求,他们才把注意力转向政治问题。……如何编辑已经成了一个难题,当编辑的任务已经成了围绕一个洞来画一个圆(draw a circle round a hole)时,这也是意料之中的事情。"Laslett (ed.), *Philosophy*, *Politics and Society* (First Series, Oxford, 1956), p. xi.

④ Ibid., p. vii.

⑤ Ibid., pp. vii-ix.

根斯坦、艾耶尔和赖尔使得哲学家相信,他们应该暂时退回到他们自身,重新审视他们的逻辑工具和语言工具。而这种重新审视的结果实际上具有根本性的影响。它质疑所有伦理陈述的逻辑地位,并为何种陈述是可以理解的设定了严格的标准,这些标准一度有把传统伦理体系还原为一堆废话的危险。由于政治哲学是或曾是伦理学的延伸,这便提出了一个问题:政治哲学究竟是否可能。①

尽管拉斯雷特的诊断被广泛引用,而且通常在未经任何批判审视的情况下就被信以为真,但是我认为他的诊断是非常成问题的。首先,如果有人认为罗素、维特根斯坦、艾耶尔和赖尔可以被归入一类,全都被称为"逻辑实证主义者",那么我们就必须对这个人的水平表示一定的怀疑。罗素一生当中信奉过许多不同的观点;维特根斯坦的一生必须划分为前期维特根斯坦和后期维特根斯坦;而赖尔在任何时候都非常不乐意被称为一名逻辑实证主义者。[我作为赖尔每周一次"非正式教学"(informal instruction)的一名比较忠实的参与者大约有四年时间,可以说,我从来没有听说他担忧某个命题根据实证主义的信条是否具有"意义"。]在拉斯雷特所列的杰出哲学家当中,在 1956 年,唯有艾耶尔可以被合理地看作一名一贯的逻辑实证主义者。

无论如何,下述说法都是不正确的:坚持逻辑实证主义就不再可能从事与道德或政治问题有关的实质性哲学活动。假设[就像斯蒂文森(C. L. Stevenson)在《伦理学与语言》中所坚持的那样]一个说"功利最大化的行为是好行为"的人应该被看作是在说"我赞成功利最大化的行为。这样做吧!"。那些准备接受这一指令的人仍然可以相互争辩接受它会带来什么实际后果;而那些不愿意接受这一指令的人也可以向那些愿意接受的人指出,如果他们接受这一指令就将

---

① Ibid., p. ix.

因此而赞成一些他们可能会发现难以接受的具体指令（比如陷害无辜）。事实上，即便在逻辑实证主义的全盛时期，关于功利主义的这种争论也经常出现在哲学期刊上。即便类似的争论没有围绕政治问题而展开，这也不仅仅是因为对原则没有什么可说的。

不过，到此为止我所做的一切都还只是简单介绍，而不是系统性地讨论这个问题。主要的问题在于，1956 年的"牛津哲学"不是逻辑实证主义。（因为在最受欢迎的两种学位中都包含了哲学，① 所以牛津大学集中了英国很大一部分哲学家，无疑是哲学的中心。）毫无疑问，从足够远的地方来看，比如从英吉利海峡对面来看，逻辑实证主义以及所谓的"日常语言"哲学看上去都是同一种古老的盎格鲁-萨克逊实证主义的无足轻重的变种。（当然，盎格鲁-萨克逊人通过把许多相互敌对的学派都冠以"大陆哲学"来表示回敬。）但是如果从近一点的地方看，J. L. 奥斯汀和吉尔伯特·赖尔的观点不能轻易地被等同为艾耶尔的观点，而且事实上，艾耶尔与另外两人之间是水火不容的。② 还可以补充一句，任何一个熟悉奥斯汀与赖尔著作的人都不会认为他们是两个可以相互替代的人物。赖尔更喜欢谈论"概念"（concepts），而奥斯汀坚持谈论"词语"（words），这只是二人对其事业之本质持有不同观点的征兆。在我看来，奥斯汀确实把自己看作一个书斋里的词典编纂者，试图用聪明睿智替代索引卡片（index cards）；而赖尔最终感兴趣的是观念，其仅仅把我们对词语的使用看作是在为我们提供有用的线索。（正如这种或许带有成见的概述所

xxxiv

---

① 牛津大学的很多学位都属于联合学位（joint degrees），往往涉及两个甚至三个学科，比如著名的 PPE 学位即"哲学、政治学和经济学"学位涉及三个学科，"数学与哲学"学位则涉及两个学科。目前，牛津大学包含哲学的学位一共有 7 个。——译者注

② 奥斯汀关于"感觉与可感物"的讲座——奥斯汀在这些讲座上对时间的把握无可挑剔，这些讲座让那些本科生大为震动——就是对艾耶尔知识理论毫不留情的抨击；而当艾耶尔在赖尔反对的情况下仍然当选为牛津大学哲学主席时，赖尔竟然辞去了牛津大学哲学主席选举委员会委员职务。（奥斯汀的讲座于他去世后出版，见 J. L. Austin, *Sense and Sensibilia*, ed. G. J. Warnock [Oxford, 1962]。[中译本见约翰·奥斯汀：《感觉与可感物》，陈嘉映译，华夏出版社，2010 年。——译者注]）

表明的一样,我总是觉得赖尔的进路比奥斯汀的进路更合我意。)

不过,就当下的目的来说,我必须回避细枝末节上的差异,并遵循惯例把一种包含多种要素的牛津正统观念一起称为"语言哲学"或"日常语言哲学"。对于一场严肃的(而且我还要强调一点,尽管令人不快但却是有益的)运动,如果以一种不太认真对待的方式去描述它,就可以说,它是一种后期维特根斯坦观点,只是对结果较少**焦虑**(angst)而较多关注(concern)。它从下述预期开始,采纳了所谓的"语言转向":传统上被认为是与实在之本质有关的那些深层次问题,经过更仔细的审视后我们会发现,它们其实反映的是某种由语言导致的困惑。因此,赖尔试图在《心的概念》一书中来驱除"机器中的幽灵",为此,他表明,我们关于思维活动想说的一切,都无须假定存在着一个脱离于肉体并以某种方式在拖拽着"身体"之肌腱的"心灵",就可以说出来。奥斯汀在《感觉与可感物》中主张,只要仔细关注类似于"看"这样再寻常不过的词语,就可以消除艾耶尔对我们是否可能认识事物的种种质疑。

这场运动对政治哲学有何影响呢?我认为,答案是,政治哲学将被边缘化,但不会彻底被冷落。政治哲学必定被边缘化,因为在政治哲学所占据的领域找不到赖尔和奥斯汀所追捕的庞大的形而上学的猎物(可以合理地这样认为)。比如,毫无疑问,社会契约理论家们在把政治义务建立在同意的基础上时,他们就已经严重地滥用了这个概念。但是,要向所有人满意地证明这一点,从主流哲学的立场来看,所需要的仅仅是局部调整。而由此给任何问题造成的影响,几乎都不能与接受赖尔关于心灵的主张或奥斯汀关于感觉的主张所产生的影响同日而语。然而,与此同时,"语言哲学"的基本方法也完全不禁止把这种方法运用于政治问题上,如果一个人碰巧对政治感兴趣的话。《政治论证》作为一个例子表明了这一点,尽管它(正如我已经指出的那样)并不仅仅是一个例子。

xxxv

如果拉斯雷特在 1956 年找不到多少哲学家写的当代政治著作加以收录,那么我并不认为原因是他所说的那样,即"对政治哲学家来说,冬天来了",这带来了一种"气候",在这种气候下,"如此之多的政治思想幼苗刚刚发芽就枯萎了"。① 我倾向于认为,原因毋宁说在于我已经提到过的一件事,即从 20 世纪 50 年代到 60 年代初,功利主义在哲学家当中非常盛行。

坚持功利主义导致了政治哲学单调乏味,因为一旦认定了目标(边沁的"最大幸福原则"的某种版本),剩下的事情就是争辩达到那一目标最有效的手段是什么。是否有义务服从法律?这取决于对总体功利的影响。是否可以用武力正当地推翻政府?答案同样如此。经济平等可欲吗?答案也是这样。对于可以提出的任何问题,概莫能外。对于这些手段—目的关系中的大多数,很难想象可以提出什么有用的概括性说明。在大多数情况下,唯一可能的答复就是,答案取决于具体情况。无论恰当的答案是现成的还是需要加以思考,这些问题似乎都不适合哲学家处理。因为这些问题的答案依赖于如何评估行为、法律、宪法安排等所具有的提高或降低总体福利的趋势。而对于这些问题,只要存在着相关领域的专家,似乎就应该由社会科学家而非哲学家的专业知识来回答。因此,政治哲学的复兴依赖于功利主义吸引力的衰落。

坚持功利主义学说与相信政治哲学家无用武之地,这二者之间是有联系的,这种联系有助于解释威尔顿(Weldon)现象。在那篇导言中,拉斯雷特对 T. D. 威尔顿的《政治学词汇》(*The Vocabulary of Politics*)以及《哲学、政治与社会》中一篇总结威尔顿一书论证的约稿这样说道:"这些论著是我所知的仅有的尝试,它们试图用当代的逻辑术语来对政治哲学的传统内容进行一种一般性的思考。"②这

xxxvi

---

① Laslett (ed.), *Philosophy*, *Politics and Society* (First Series, Oxford, 1956), p. ix.

② Ibid., p. x.

个判断事实上包含了一个错误，即搞错了当代哲学正统观念的本质，我已经指出，这个错误是拉斯雷特那篇导言的整个讨论的基础。① 因为，尽管威尔顿只比赖尔年长四岁（顺便提一下，这使得他刚好够年龄，从而参加了第一次世界大战），但他的观点接近于逻辑实证主义。他写道："说得难听一点"，传统政治哲学家"提出了一些无法给出可被经验证实的答案的问题，而这样的问题是废话"。② 要想说得不那么难听的话，只需要补充一句："他们对政治家提出的建议往往很有眼光，也很有用。"③

在《政治论证》倒数第二页，我谈论"分析哲学"的前景时，顺带地抨击了威尔顿，我在那里写道：对于《政治学词汇》一书，"我们不用看这本书的书名，这本书把僵化的逻辑实证主义意义标准运用于传统的政治思想，它并不是对概念的详细分析。"（p. 290，注释 2）。这种说法完全正确，但是我现在要指出，正如我在那里所暗示的一样，逻辑实证主义不一定缺乏对概念的详细分析。因为讨论实质性建议（斯蒂文森所谓的"命令"或黑尔所谓的"规范"）——比如功利主义的建议——的做法与逻辑实证主义的前提并不矛盾，我已经指出了这一点。因此，威尔顿完全可以在分析具体原则的同时，又不放弃他的一个看法，即古典政治理论家所提供的"基础"没有价值。

那么，为什么他会得出结论说，"唯有通过认真研究事实，我们才能得出站得住脚的评价"，而一旦清理了用词混乱，传统政治哲学问题就成为经验问题，因此"研究政治制度的学者和政治家而非哲学家

xxxvii

———————

① 我担心，随着时间的流逝，拉斯雷特的评价会被越来越多的粗心评论者接受。有一本刚刚出版的书就是例子，即 *New Developments in Political Science: An International Review of Achievements and Prospects*, ed. Adrian Leftwich (Aldershot, 1990)。John Horton 在收录于这本文集的论文 "Weight or Lightness? Political Philosophy and Its Prospects"（pp. 126-142）中对《政治学词汇》一书这样写道：这本书是"政治哲学中的语言分析的最佳典范"（p. 128）。

② Weldon, *The Vocabulary of Politics* (Penguin, 1953), p. 74.

③ Ibid., pp. 74-75.

才是处理这些问题的恰当人选"①? 我认为,最好的解释就是,从他对具体问题的谈论来看,威尔顿或多或少是一名功利主义者。因此,一旦我们提出了目标,政治学中所有的规范性问题都变成了经验问题,也就是手段问题。因而,原则不是被理解为诸如自由或平等这样的价值,而是被理解为不可能总是有效的归纳(generalizations of dubious validity)。它们"在做出政治决定与政治评价中所发挥的作用与在作战或批评艺术作品时所发挥的作用是一样的。它们节约了时间,消除了麻烦,而且有时候帮助我们避免了一些基本错误,但是它们不能为我们做出决定或做出评价"②。

关于功利主义之影响的这些说法,应该稍做限定。从功利主义立场来讨论不同的原则(比如自由与平等)是可能的,但是结果必然是非常怪异的,即认为所有的原则具有同样的内容。我们最多可以说,不同的原则让我们注意不同的考虑因素,那些考虑因素由于可以促进功利主义标准的满足因而最终而言都很重要。说这是《社会原则与民主国家》一书的任务,并不是在过分取笑这本书。

由于这本书出版于 1959 年,它出现得太晚了,拉斯雷特无法提到它,不过在《哲学、政治与社会》第二辑导言中,拉斯雷特把这本书与哈特的《法律的概念》一书一起看作是政治哲学复兴的标志。③ 为了完成昆廷·斯金纳(Quentin Skinner)所设定的任务,我必须通过回到《社会原则与民主国家》这本书来结束这里的讨论。因为如果要我说出我写作《政治论证》一书中各章的意图的话,最诚实的回答就是,为了让本恩和彼得斯相形见绌。我不得不承认,我当时把他们的著作所体现出来的那种枯燥乏味与平庸看作一种对我个人的冒犯。 xxxviii（自那以后,我已经变得平和多了,或者我自认为如此。）尽管《政治论

---

① Ibid., p. 129.

② Ibid., p. 180.

③ Peter Laslett and W. G. Runciman (eds.), *Philosophy, Politics and Society*, Second Series (Oxford, 1962), p. viii.

证》一书的脚注中（尤其是第 48、120、171 页）有一些批评之辞，但我并不认为从内在证据来重现这一意图是可能的。然而，我要尽力地区分开不同的原则，并坚持它们具有不相容的含意。这种努力根源于我的一个基本目标，即埋葬本恩和彼得斯所支持的那种"谨慎的功利主义"。

3. 三个主要观念及其命运

(1) 引言

前面两节旨在为这篇再版引言的主要任务铺平道路，而这篇引言的主要任务就在于，追踪《政治论证》所提出的观念后来的经历，并从我当前的有利位置对这些观念进行评价。在这一节，我首先考查三个观念，可以很公允地说，它们在英美政治哲学中已经得到广泛接受。尽管我不能声称其中的任何一个是我的原创，但是我在《政治论证》中对它们的表述已经获得了一定的权威地位。第一个观念是用无差异曲线分析的方法来处理"价值多元论"；第二个观念是区分关注欲求的（want-regarding）原则与关注理想的（ideal-regarding）原则；第三个观念是区分加总（aggregative）原则与分配（distributive）原则。

书的命运取决于读者对它的理解。一旦一本书完成了，作者就不能再控制其中的观念的使用，就像一个小孩儿把一根细枝放进一条小河以后就不能再控制其方向和终点一样。总体而言，对价值多元论的分析以及加总原则与分配原则的区分还算得上是一帆风顺，但是对于关注欲求和关注理想之间的区分，就不能这样说了。因此，我将抓住这里提供的难得机会朝着正确的方向推它一把。

为了便于参阅，在本节的每一部分小标题后面，我都会注明对相应观念的主要讨论在《政治论证》中所对应的章节。

(2)价值多元论(第一章第二节)

价值多元论简单地说就是这样一种观念,即"同样基本的道德原则之间具有不可还原的多样性"。[①] 因此,价值多元论就在于对价值一元论的否定,而价值一元论认为,只存在一条可以运用于所有评价的原则。仅仅从表面来看,价值一元论提出的主张就是极其不合理的,我认为,这种立场之所以得到哲学家们顽固的支持,唯一的原因就是他们担心,不接受价值一元论,就必然陷入混乱。

《政治论证》对这个问题的处理的独特之处当然不在于肯定价值多元论,而在于试图用无差异曲线对消费者行为进行标准的新古典经济学分析,从而减轻对混乱的担忧。以前,经济学事实上是功利主义分析的一个分支,消费者的理性选择被认为必定是一种旨在将"效用"最大化的选择。但是在我作为本科生攻读 PPE 时所学到的新古典经济学体系当中,符合理性无非意味着选择时前后一致(consistent)。一个理想的理性消费者在一个多维的空间(每一个维度都代表一种商品)中有一系列曲面(surfaces),每一个曲面都对应于同样值得选择的商品的所有组合。

在只有两种商品这样一种简单的情况下,这一组多维的曲面就简化为平面上的一组曲线。这些曲线被称为无差异曲线,因为它们将一些点连接起来,这些点代表了两种商品的各种组合,在这些组合当中,消费者是没有偏好差异的。这样,理性的选择就被理解为这样一个问题,即在选择两种商品的组合时要选择这样一种组合:它能够让消费者的效用达到最高且可行的无差异曲线上。对于购买量尚未大到足以影响市场价格的任何消费者来说,"预算约束"(budget

---

① Joel Feinberg, *Harm to Others* (New York and Oxford, 1984), p. 247, n. 12. (中译参阅乔尔·范伯格:《对他人的伤害》,方泉译,商务印书馆,2013 年,第 278 页。——译者注)

constraint)就是一条与两种商品的相对价格相对应的直线。对于社会整体来说,"生产可能性边界"(production possibility frontier)一般会凸向原点。无论如何,要想达到最高且可以实现的点,条件就是选择无差异曲线与可行边界(feasibility frontier)相切的那个点。

xl 　在我看来,同样的分析可以用来处理相互竞争的价值,我在《政治论证》第 3—8 页提出了这一建议。现在,我对那里所提出的处理方式有两条保留意见。首先,我给出的例子是与公道进行权衡取舍(being traded off against equity)①的效率,而这个例子很成问题,尽管这个例子曾经是(而且现在仍然是)经济学家著作中的老生常谈。因为正如朱利安·格兰德(Julian Le Grand)最近所主张的一样,效率并非显而易见地是一种可以与其他价值进行权衡取舍的价值,相反,或许最好把效率看作是指最佳且可以实现的权衡取舍。② 其次,我在那里给出的解释在我看来似乎有缺陷,未能系统地解释无差异曲线是如何与可行性边界相互作用从而产生所选择的结果的:对于这一点,我只是在第 8 页末的脚注里提到了一下。

戴维·米勒(David Miller)最近阐述了这些至关重要的观点,他的阐述在我看来避免了这两个问题,对我来说,最好的做法就是将它引用如下:

> 尽管一元论很有诱惑力,但必须加以拒斥。当我们认真思考政治问题时,我们很少能够碰巧发现一条单一的指导性原则,单靠它就能解决问题。相反,我们发现我们不得不在几种相互竞争的价值之间进行裁断,而对于那些价值,经过反思后,我们不想放弃任何一个。我们会选择这样一种解决方案:它总体而言将给我们最多的我们所看重之物,或者用一种半带专业化的

---

　① 由于作者区分了 fair 与 equity,我们一律将前者译为"公平",将后者译为"公道"。——译者注

　② Julian Le Grand,"Equity versus Efficiency:The Elusive Trade-off",*Ethics* 100(1990),pp. 554-568.

话来说,它将把我们置于最高且可行的无差异曲线上,这条曲线反映了我们在重要价值的各种组合之间的偏好。这些无差异曲线的斜率也无法从某种一般性理论(general theory)推出来。我们应该完全依赖于我们在下述问题上的一些判断,即应该在何处取得自由、正义和具体情况下的总体功利这样一些考虑因素之间的平衡,同时,我们也必须尝试着让这些判断形成一个前后一致的模式。①

没有多少人会质疑,自《政治论证》以来,对价值多元论最著名也是最有影响的讨论要数罗尔斯在《正义论》中的讨论。② 然而,罗尔斯对这个问题的处理(就像罗尔斯的很多著作一样)比它初看上去的要复杂得多,而且我认为经常被人误解。由于他提出了一些关于方法论——我将在第五节讨论方法论——的重要问题,而且在价值多元论观念中给我们带来了一些未被察觉的歧义,因此有必要特别注意。

罗尔斯在措辞时用的不是"价值多元论"而是"直觉主义"来展开他的整个讨论。他是这样开头的:"我将在一种比习惯意义更加宽泛的意义上来思考直觉主义,就是说,我把直觉主义看作这样一种学说:有一系列不可还原的首要原则,我们不得不对这些首要原则进行相互权衡,而为此,我们问自己,在我们深思熟虑的判断中,哪一种平

xli

---

① David Miller, *Market, State, and Community*: *Theoretical Foundations of Market Socialism* (Oxford, 1989), p. 4.(米勒提到了《政治论证》第一章,并把它作为对价值进行无差异曲线分析的源头。)

② John Rawls, *A Theory of Justice* (Cambridge, Mass., 1971),第 7 节,"直觉主义",pp. 34-40。(第 34 页注释 18 提到了《政治论证》,把它当作价值多元论的源头之一;在第 37—38 页,罗尔斯也用无差异曲线分析来阐明这种观念,在第 37 页注释 19,罗尔斯也提到了《政治论证》。)

衡是最正义的。"①罗尔斯所谓的"直觉主义"大致对应于我所谓的"价值多元论",但只是大致对应。罗尔斯自己说:"我们把这种宽泛意义上的直觉主义说成是多元论或许更好。"他不这样做的理由已经提前暗示出了其复杂性,他说:"一种正义观可以是一种多元论的正义观,同时又不要求我们用直觉来权衡它的各种原则。它可能包含了必要的优先规则。"②

罗尔斯承认他对"直觉主义"的用法有些怪异,因为直觉主义通常被理解为一种方法论或认识论,涉及的是所有伦理主张之基础。一个人在这种意义的直觉主义上所采取的立场,与他在完全被解释为对价值一元论之否定的价值多元论上所采取的立场之间没有必然联系。比如,亨利·西季威克(Henry Sidgwick)认为,功利主义(典型的一元论道德理论)可以从一种直觉推出来。③ 反之,价值多元论也无须依赖直觉主义的基础,我们很快就会看到,罗尔斯本人的情况就表明了这一点。

xlii

如果我们把价值多元论理解为对价值一元论的否定(我认为这是对价值多元论唯一有用的定义),那么罗尔斯显然是一名价值多元

---

① Ibid., p.34.(中译参阅罗尔斯:《正义论》,何怀宏等译,中国社会科学出版社,2009年,第27页。——译者注)当然,通过谈论一些相互竞争的原则——这些原则是为了在什么东西是**正义的**这个问题上得出结论就必须加以权衡的——来界定这个观念的做法具有误导性。通常情况下,人们会认为(就像在《政治论证》中一样),对于在考虑了所有情况的条件下什么东西是正确的这个问题,正义是应该进入到其结论中去的要素之一。然而罗尔斯有一个很怪异的正义概念,根据这种正义概念,正义的原则无论可能是什么原则,它们都是那些应该成为支配社会基本结构的首要原则(也就是相对于其他原则具有优先性的原则)。这样,对罗尔斯来说,功利主义是一种可能的正义观(事实上,也是他自己的正义观的主要对手),而不是一种没有为作为一条基本原则的正义留下任何空间的道德观。

② Ibid., p.35.(中译参阅罗尔斯:《正义论》,何怀宏等译,中国社会科学出版社,2009年,第28页。——译者注)

③ 事实上,他认为这是直觉主义方法不可避免的结果。"我最终得出结论……:严格运用直觉方法最终就会得出一种纯粹的普遍主义的快乐主义(Universalistic Hedonism)学说,用'功利主义'这个词来指代这种学说比较方便。"Henry Sidgwick, *The Methods of Ethics*(London, 1930), pp.406-407.(中译参阅西季威克:《伦理学方法》,廖申白译,中国社会科学出版社,1993年,第421页。——译者注)

论者,即便在正义问题上;而且他承认除了正义以外还有其他价值。[①]
那么,究竟是他的何种立场使得他可以说自己不是一个直觉主义者
呢? 罗尔斯给出了两种回答,这两种回答就其逻辑地位而言非常不
同。它们的共同之处在于都拒斥下述直觉主义学说,即"不存在更高
阶的建设性标准来确定相互竞争的正义原则的恰当分量"[②]。

最直接的回答(这个回答也被普遍认为是罗尔斯唯一的回答)
是,他的正义理论包含了"必要的优先规则"。没有必要用"直觉"来
权衡各种原则,因为它们本身带有词典式的优先规则:规定平等的自
由的第一原则优先于第二原则的第二部分(平等的机会),而这一部
分又优先于第二原则的第一部分,即所谓的差别原则,该原则要求社
会与经济不平等应该符合社会中处于最不利地位的社会经济群体最
大的可能利益。[③]

然而罗尔斯承认,这些优先规则仅仅在有利的条件下有效。这
三条原则背后那种关于正义的"一般观念"是,"所有的社会基本益
品——自由与机会、收入与财富,以及自尊的基础——都应平等地分
配,除非不平等地分配任何一种或全部基本益品有利于处于最不利
地位者。"[④]这样,在不太理想的情况下,有可能"如果(机会不平等)被

xliii

---

① 罗尔斯说,一种正义观处理"社会基本结构的分配方面。……如果一种完整的观
念既为基本结构的所有美德规定原则,又规定了它们发生冲突时各自相应的重要性,那么
这种完整的观念已经不仅仅是一种正义观了;这是一种社会理想"(ibid., p.9)。这里关于
重要性的谈论听起来就像罗尔斯意义上的"直觉主义"。但根据罗尔斯的解释,它又无损
于罗尔斯的正义论,因为位阶最低的正义原则也即差别原则"相对于效率原则以及最大化
利益总量原则而言具有词典式的优先性"(ibid., p.302),而且大概相对于其他非分配性的
原则来说也具有词典式的优先性。(中译分别参阅罗尔斯:《正义论》,何怀宏等译,中国社
会科学出版社,2009 年,第 8、237 页。——译者注)

② Ibid., p.34.(中译参阅罗尔斯:《正义论》,何怀宏等译,中国社会科学出版社,
2009 年,第 27 页。——译者注)为了得到一种对直觉主义的宽泛定义,我们也不应该提及
正义。

③ 正式陈述见前引 pp.302-303。

④ Ibid., p.303.(中译参阅罗尔斯:《正义论》,何怀宏等译,中国社会科学出版社,
1988 年,第 292 页。——译者注)

取消,共同体中处于最不利地位的群体的机会将更加有限"①。在讨论自由的优先性时,他说道,在物质稀缺的条件下,可以在这里给出的唯一指导意见源于那个"一般的观念"。"在个人的基本欲求能够得到满足之前,不可能预先确定自由带给他们的利益的相对紧迫性。这将依赖于从制宪与立法阶段来看处于最不利地位的那些人的主张。"②事实上,罗尔斯的阐述可以用一张无差异曲线图来给予很好的说明,因为他谈到,随着条件的改善,"更多的经济与社会利益给我们带来的好处的边际意义相对于自由带给我们的利益来说越来越小",直到"超出了某个点",为获取更多的物质利益而牺牲任何自由都"成为非理性的而且之后也仍然是非理性的"。③ 因此,用经济学术语来说,自由就是一种"奢侈品"(superior good),预算约束越是得到放松,这种益品也就变得相对而言越是有价值。

这是否意味着罗尔斯仅仅在很顺利的情况下才反对直觉主义?很容易下此结论,而且罗尔斯本人有时候给人以一种印象,就好像他自己也是这样认为的一样。但是在他对"优先性问题"做一般性讨论时,④罗尔斯仅仅把词典式优先性提出来作为处理其正义理论框架中的问题的"第二种可能性"。第一种可能性要适中得多,但是一旦我们认识到词典式优先性这一第二种可能性的潜能非常有限时,第一种可能性就变得重要起来。

那么这种替代性方案是什么呢?简单地说就是,即便我们不得不满足于勉强接受在原则之间所做的权衡取舍(trade-offs),我们也可以避免纯粹"出于直觉的"平衡,也就是无法提供进一步证成的替

① Ibid., p.302.(中译参阅罗尔斯:《正义论》,何怀宏等译,中国社会科学出版社,2009年,第237页。——译者注)

② Ibid., p.543.(中译参阅罗尔斯:《正义论》,何怀宏等译,中国社会科学出版社,1988年,第530页。——译者注)

③ Ibid., p.542.(中译参阅罗尔斯:《正义论》,何怀宏等译,中国社会科学出版社,1988年,第529页。——译者注)

④ 第8节,"优先性问题",ibid., pp.40-45。

代率(substitution rates)。"这样,我将假设,在原初状态下,各方试图就如何平衡正义原则达成某种一致。对原则的选择这一概念的部分意义就在于,那些使得人们一开始就采纳这些原则的理由也可以用来支持赋予它们某种权重。因为在作为公平的正义中,正义原则并不被认为是自明的,相反,它们的正当性(justification)在于一个事实,即它们会被选择;至于如何对它们进行平衡,我们可以在它们得以接受的理由当中找到一些指导或限制。"①

　　根据我的理解,这里的观点是,为相互竞争的原则之间的权衡取舍之结构提供一条理据,这是可能的。罗尔斯的正义理论是一种"建构主义"理论,他后来就是这样叫它。我们首先建构一个"原初状态",一种在道德上具有特殊地位的选择环境,然后追问在这种环境下会选择什么样的原则。由于这个环境是公平的,在这个环境下所选出来的原则也将是正义的:这是作为罗尔斯理论之基础的"作为公平的正义"的基本观点。尽管很难立刻弄清楚作为一条实践性建议它意味着些什么,但是在我看来,罗尔斯正是在提出一种极富启发性的关于权衡取舍的观点。因为他所说的话展现出一种希望,即我们可以持带有权衡取舍而非词典式优先性的价值多元论,然而与此同时,所获得的又不仅仅是一些没有什么更多可说之处的权衡取舍。我将在第五节回到这个问题上来。

(3)关注欲求和关注理想的区分(第三章第三节)

　　在引入关注欲求的原则和关注理想的原则之间的区分时,我指出,对于沿着这些思路在原则之间做出我这样的根本区分的决定,"只有通过这种区分所具有的一种能力来证成,即这种区分能够阐明一些其基础目前很不清楚的政治争论"。(p.38)我认为这一区分已

xliv

---

① Ibid.,p.42.(中译参阅罗尔斯:《正义论》,何怀宏等译,中国社会科学出版社,2009年,第33页。——译者注)

经被证明具有阐明作用,而且它构成了当代哲学家围绕一个观点所展开的讨论之基础,那个观点就是,一个自由主义国家应该在"各种善观念"之间保持"中立"。然而我要推迟对这个问题的讨论,在此之前我要先对这一区分稍做说明,并试着处理一些对它的误解。

首先要澄清的是,理想是指旁观者——也就是评价者——眼中的理想,而不是其处境作为评价对象的人眼中的理想。一种关注欲求的评价只考虑欲求满足的程度而不考虑其他任何因素,并平等地计算所有得到满足的欲求而无论其性质。因此,在评价过程中,个人理想或社会理想也被当作一些与更粗俗的欲望(desire)完全平等的欲求。相反,一种关注理想的评价在各种欲求满足之间做出区分,认为某些欲求满足比其他欲求满足更有价值,而且还可能认为某些欲求的满足价值为零甚至具有负面价值。再强调一下,所谓的理想是指做出评价者的理想:一种源自一个人自己的理想的欲求,其满足可能被他人认为具有负面价值,就像休谟鄙视"僧侣式的美德"一样。

关注理想的原则现在一般被称为"完善论"(perfectionist)的原则,这一说法遵循的是罗尔斯在《正义论》中所确立起来的用法,事实上,罗尔斯说,"关注理想的考虑"就是一种完善论道德理论的支持者在对公共政策进行争论——比如用公共财政来支持艺术的问题——时会提出的那种考虑。① 然而,罗尔斯自己的讨论提出了一些与关注欲求和关注理想的区分有关的重要问题,反思他的讨论可以让我对我的分析做出我想要的修正。

罗尔斯问,他自己的理论到底是一种关注欲求的理论还是一种关注理想的理论,他回答说,出于三条理由,他的理论应该被看作一种关注理想的理论。理由之一是,"我们要鼓励某些品格特征,尤其

① Ibid., p.331.(中译参阅罗尔斯:《正义论》,何怀宏等译,中国社会科学出版社,2009年,第259页。——译者注)

是一种正义感"①。这当然属于《政治论证》中所界定的那种关注理想的进路,因为我说"有人可能会把价值赋予……人们的品味、品格或信念这样的东西"(p.40),这也是关注理想的理论的一部分。这一主张实际上是否正确是另一个问题。一个相关的问题是,关心正义这样一种品格特征在罗尔斯的理论中是否具有内在价值,或者是否只具有工具价值。对罗尔斯来说,正义只有在"正义的环境"下才是一种美德,而"正义的环境"包括了相对于要求而言的稀缺状态,以及在何为最重要的社会目标问题上缺乏共识的状态。② 我们假定这些环境并不存在,从而休谟所谓的"正义这一警戒性、防备性的美德"在世界上毫无用处。③ 我们是否不得不说,由于缺乏恰当的品格特征,世界就是一个更为糟糕的地方? 我看不出《正义论》中有任何说法能迫使我们接受这一结论。

　　对于为什么罗尔斯说他的正义论是一种关注理想的理论,他给出的第二条理由暴露出他对关注理想这一概念的一种误解,这一误解在我看来很有启发性。他说:"那些与[正义原则]不相容的欲望的满足根本没有任何价值。"④然而,所有这一切意味着,正义原则是一种分配原则而非加总原则,接下来我会讨论这一区分。因此,与一种正义分配不相容的欲求之满足并不能被看作是一种改善。⑤ 但是一种分配原则只要不根据各种欲求被认定的道德属性来对它们区别对待,就仍然是一种关注欲求的原则,而罗尔斯的正义原则并没有这样

xlvi

————————

　　① Ibid.,p.327.（中译参阅罗尔斯:《正义论》,何怀宏等译,中国社会科学出版社,2009 年,第 256 页。——译者注）

　　② Ibid.,pp.126-130;也见我的 *Theories of Justice*(Berkeley,1989),pp.152-163.

　　③ 见 *Theories of Justice*,p.154.

　　④ Rawls,*A Theory of Justice*,p.327.（中译参阅罗尔斯:《正义论》,何怀宏等译,中国社会科学出版社,2009 年,第 256 页。——译者注）

　　⑤ 严格地说,即便这一点也不是完全正确。因为就像我在第 xlii 页的第二条脚注所指出的那样,罗尔斯明显认为他的正义原则具有一种相对于其他原则——比如最大化功利总量这样的原则——的词典式优先性。因此,如果两种情形是同等正义,那么那种具有更大功利总量的情形就比一种情形更好。因此,我们所能说的就是,欲求满足的总量并不能抵消掉非正义。但是它作为一种打破平局的因素确实具有价值。

区别对待不同道德性质的欲求。

　　根据罗尔斯的解释，唯一一种可能存在的关注欲求的原则是一种加总原则，当罗尔斯说他的理论"介于完善论与功利主义之间"①时，他无异于告诉我们这就是他的观点。这体现出对概念关系的一种错误看法。不存在一种具有连续性的统一体（continuum），其两端分别是功利主义与完善论，中间某个地方又是分配原则。关注欲求的原则只考虑欲求的满足，而无论其欲求的对象是什么。但是关注欲求的原则除了关心欲求满足的总量以外，也可以关心欲求满足的分配。

xlvii

　　在同一个地方，罗尔斯让我们参阅他的书中之前的一节，他说那一节证明，"正义原则包含了某种理想"②。但是在我看来，这引起了一些问题，这些问题与他主张自己的正义原则是关注理想的原则时所提到的第一条理由引起的问题是一样的。如果看看罗尔斯提到的那一节，我们会发现他重复了一个观点，即对于那些与正义不相容的欲求，"其满足是没有价值的"，但是我们也发现了一个进一步的说法："社会体系应该抑制这些欲求"。③ 然而没有理由说，根据罗尔斯的理论，这样的欲求本质上就是不好的。如果我的正当收入不足以让我拥有一辆远洋游艇，而且很多与我收入相当的人都渴求拥有一辆远洋游艇，那么一个社会体系抑制这种渴求就是一件好事。但之所以如此，只是因为我们的正当收入无法满足我们的愿望。对于那些正当收入足以承受这种奢侈享受的人，我们没有必要抑制他们产生这样一种喜好。随着一个社会变得更加富裕，应该加以抑制的欲求在范围上大概就会缩小。我们再次发现，这里不存在任何真正的

---

　　① Ibid., p. 327.（中译参阅罗尔斯：《正义论》，何怀宏等译，中国社会科学出版社，2009 年，第 256 页。——译者注）

　　② Ibid., p. 326.（中译参阅罗尔斯：《正义论》，何怀宏等译，中国社会科学出版社，2009 年，第 256 页。——译者注）

　　③ Ibid., p. 261.（中译参阅罗尔斯：《正义论》，何怀宏等译，中国社会科学出版社，2009 年，第 205 页。——译者注）

关注理想的观念。重要的是欲求满足，只不过欲求满足必须在正义安排所设定的界限范围内。这里要补充的就是，如果人们的欲求可以为他们的正当收入、公民权利与政治权利等所允许，他们就会获得更多的满足。

罗尔斯的第三条也是最后一条理由在形式上与另外两条理由截然不同。这条理由是，"正义原则甚至未提及福利的数量或分配，而只是提到了各种自由与其他基本益品的分配。"①用后来围绕这一广泛讨论的主题所形成的行话来说，《正义论》因此是一种"资源主义"（resourcist）而非"福利主义"（welfarist）理论。②

在《政治论证》中，我事实上准确地预见到了这个观点。因此，在对关注欲求与关注理想的区分的讨论的结尾，我说道，一条分配原则可以关心资源的分配，而非幸福或快乐的分配。几十年前我就预见到人们最近对"昂贵嗜好"所爆发出的那种兴趣，我提到，如果收入平等被当作一种实现福利平等的尝试，那么就可以说，"这就要求容易满足的人的工资应该低于难以取悦的人"。但是我得出结论说，没有必要这样来理解收入平等的要求，之所以要求收入平等，无非是因为，"每一个人都应该有机会获得同等价值的稀缺益品这一点被认为是公平的"（p.43）。 xlviii

收入平等在这里被当作一条关注欲求的原则。这意味着，我们必须这样来理解关注欲求的原则：它不仅关心欲求满足的实际数量或分配，而且也关心欲求满足之机会的数量或分配。我在《政治论

---

① Ibid., p.327.（中译参阅罗尔斯：《正义论》，何怀宏等译，中国社会科学出版社，2009 年，第 256 页。——译者注）

② 见 Ronald Dworkin, "What is Equality? Part I: Equality of Welfare", *Philosophy & Public Affairs* 10 (1981), pp.181-246; Part II: "Equality of Resources", *Philosophy & Public Affairs* 10 (1981), pp.283-345. 有用的讨论见 G. A. Cohen, "On the Currency of Egalitarian Justice", *Ethics* 99 (1989), pp.906-944.（中译本参阅德沃金："什么是平等？第二部分：资源平等"，曾晓平译，《世界哲学》，2002 年第 3、4 期；柯亨："论平等主义正义的通货"，载于柯亨：《马克思与诺齐克之间》，吕增奎编，江苏人民出版社，2007 年。——译者注）

证》第38页的定义事实上恰恰涵盖了这一点。因为关注欲求的原则
在那里被定义为"这样的原则,它们把人们碰巧具有的欲求看作是给
定的,把注意力完全集中于一种政策在多大程度上会改变欲求满足
之总量,或一种政策会以何种方式影响欲求满足之机会在人们中间
的分配"。我想做出的唯一修正就是要消除一种暗示,即所有的加总
原则都是关注福利的(welfare-regarding),所有分配原则都是关注资
源的(resource-regarding)。我认为有一种强烈的趋势做此理解,但
是不应该将这种理解放进关注欲求的原则之定义当中。一个一般性
的声明应该是这样的:欲求满足本身或欲求满足的手段(或欲求满足
的机会)都可以作为关注欲求的原则的主题。

之前我曾指出,罗尔斯错误地认为,存在着一种具有连续性的统
一体,其两端分别是完善论(关注理想的原则)和功利主义(被理解为
一种加总的、关注欲求的原则),而中间某个地方又是分配原则。我
仍然坚持这一点。但是与此同时,我不得不承认**存在**着一种下述意
义上的连续统一体。关注理想的原则被界定为与关注欲求的原则互
补的原则。但是无论在什么地方,只要画出关注欲求的原则的边界
线,我们就会发现有些关注理想的观念恰好跨过线,而有些则离线
很远。

我把这条线画在我在第三章第三节第三部分所提议的那个地
方,我想为我的这个做法辩护。这样画线就把快乐与幸福放在了关
注理想的那一边。这样做的理由(我想重点强调这一理由)就是我在
第41—42页所列的三条理由中的第一条;事实上,我在一定程度上
想放弃我花了更多篇幅阐述的第二和第三条理由。这样,关键的一
点就是,通过把欲求满足(以及欲求满足的机会)放在界线的一边,而
把其他东西放在另一边,我们就把界线画在了一个至少从原则上说
很确定的地方。

关注欲求的原则被界定为这样一些原则,它们把偏好或满足偏
好的手段作为自己的主题。关注理想的原则考虑到了一种可能性,

xlix

即在什么使得一个人的状况得以改善的问题上,用别人的判断去取代他自己对事物的看法是可能的。(关注理想的原则也可以做其他事情,但是那样以来要想认出它们就不难了。)我在书中指出(p.41),"'幸福'一词就我们的通常理解来说包括了大量的'理想'要素",这一点或许足够明显。但是做出我已经表述过的那种区分将使得我能够非常清楚地表明,被理解为一种心理上的数量的"快乐"必须被归入关注理想的概念之列。这样,我很想在本书交稿的最后期限完成这份引言,但是如果我要追求快乐的话,我可以做其他很多事情。因此,任何一个根据快乐标准来评判我的福利的人都不得不说,我的实际福利比我可以拥有的要少,即便除了写这篇引言我没有任何想做的事情。当然,可以这样来回应:如果我真正最想做的事就是完成这篇引言,那么这样做就必定最有希望获得快乐。不过这完全是我在第三点中讨论过的做法(pp.41-42)。快乐要么被等同为欲求的满足,要么不这样等同。如果这样等同,那么它就是关注欲求的原则的组成部分;如果不这样等同,那么它就是关注理想的原则的组成部分。不得不承认,这样做就使得享乐主义的功利主义成为一种关注理想的道德理论。(在《政治论证》第41页提到西季威克时我含蓄地提出过这一观点。)但是我并不认为这是一条反驳。我认为,指出享乐主义——如果得以认真对待的话(这是一个很重要的限定条件)——就是一种关注理想的观念,这事实上有助于阐明问题。

然而,这把我带向了主要的问题:某些关注理想的概念比其他关注理想的概念更加关注理想。因为这个问题对第六章开篇的一些评论具有重要意义。我在那里(pp.95-96)指出,在《政治论证》中对关注欲求的原则给予了系统的分析,而对于关注理想的原则,是不能给予这种系统的分析的。我并不确定我这种说法的理由是否得到了很好的说明,不过关键的段落出现在讨论的结尾之处,在那里我说道:"一旦你已经断定好人将具有属性 x,y 和 z,并断定这是一个**政治**判断,那么其他与之相关的每一个问题要么是达到那一目的之手段的问题,要么就是一个权衡取舍问题。……这些问题……都不容许有太多一般性讨论的空间"(pp. 95-96)。我现在认为,我当时写下的文字过于狭窄地集中关注如何改善人们的品格或提升他们的品味了。要是我当时留意了一些关注理想的判断,那些判断认为某些欲求的满足比其他欲求的满足更为重要,那么我当时就会得出一个更为积极的结论了。

这一点对于快乐和幸福的意义在于,它们是关注理想的概念的例子,这样的概念可以进入(而且确实进入了)在形式上与关注欲求的原则完全一样的原则。我们可以关心快乐或幸福的总量与分配,就像我们可以关心欲求满足或欲求满足之手段的总量与分配一样。这一点还具有一些更加深远的影响。第十一章题为"其他加总性概念",那一章首先在第一节讨论"福利"与"善"(good)。① 我指出,"福利"完全可以作为一个部分关注欲求的概念(a partial want-regarding concept),就是说,它可以把注意力集中于欲求满足的某些从战略上讲很重要的方面,但又不能被认为具有独立的价值(pp. 187-188)。但是,我指出,"福利"一词"在使用时也可以带有一种关注理想的意味"(p. 188),因为事实上可以把它与不做区分的(undifferentiated)欲求满足相权衡。我坚持认为(pp. 189-190),对某个人的"善"的谈论通常在关注理想的语境中进行。尽管如此,我非常正确地把"福利"和"善"看作加总性判断的可能组成部分。现在我想补充的是,它们也是分配性判断的可能组成部分。不过这一点表明,我在第六章开篇部分所说的话必须部分收回。在加总原则与分配原则中,某些关注理想的概念也可以和关注欲求的概念(比如机会、资源、利益与偏好)扮演同样的角色。

---

① 根据不同的情况,我们将 good 译为善、好、益品、产品。——译者注

　　我在这一部分一开始就说,我最终将处理一场争论,这场争论可 以用关注欲求与关注理想之间的区分来阐明,国家应该在"各种善观念"之间保持"中立"这一主张就包含了这一区分。现在我可以兑现我的诺言了。国家中立这一观念从根本上说是这样一种观念,即权利、机会和收入等的分配不应该依赖于接受者的"善观念"。这相当于说,关注理想的标准不应该在政治论证中使用。换句话说,理想应该被置于政治之外。

　　在《政治论证》中,我称这种与关注理想相反的立场为"自由主义",不过也补充了一个告诫性的说法,即它只是古典自由主义的一支(p. 62)。最近,罗纳德·德沃金(Ronald Dworkin)和布鲁斯·阿克曼(Bruce Ackerman)把同样的立场等同为自由主义,却忽视了这一告诫性的限定。[1] 阿拉斯戴尔·麦金太尔(Alasdair MacIntyre)也乐于进行同样的等同,尽管他的目的是埋葬自由主义而非赞美它。[2]

　　最近几年,这种意义上的自由主义之利弊已经变成了一场横跨大西洋的激烈争论的主题,但是当我写作《政治论证》第四章第四节到第六节时,根本不存在什么争论。当时存在的是一种广泛持有的英国式看法和另一种广泛持有的美国式看法(这种看法在哈佛大学

---

　　[1]　见 Bruce Ackerman, *Social Justice and the Liberal State*(New Haven, 1980) 以及 Ronald Dworkin, "Liberalism", in Stuart Hampshire (ed.), *Public and Private Morality*(Cambridge, 1978), pp. 113-143;重印于 Ronald Dworkin, *A Matter of Principle*(Cambridge, Mass. , 1985), pp. 181-204. (阿克曼的书名应为 *Social Justice in the Liberal State*。这两部著作中译本见布鲁斯·阿克曼:《自由国家的社会正义》,董玉荣译,译林出版社,2015 年;德沃金:《原则问题》,张国清译,江苏人民出版社,2008 年。——译者注)对阿克曼、德沃金以及罗尔斯的讨论,见拙文 "How Not to Defend Liberal Institutions", *British Journal of Political Science* 20 (1990), pp. 1-14.

　　[2]　Alasdair MacIntyre, *After Virtue*(Notre Dame, Ind. , 1981),第十七章,以及 *Whose Justice? Which Rationality?*(Notre Dame, Ind. , 1988),第十七章。(中译本参阅麦金太尔:《追寻美德》,宋继杰译,译林出版社,2003 年;《谁之正义? 何种合理性?》,万俊人等译,当代中国出版社,1996 年。——译者注)对后者的批评,见我的评论文章 "The Light that Failed?", *Ethics* 100 (1989), pp. 160-168.

中尤其广泛),前者认为关注理想的考虑必须在政治中发挥作用;后者认为关注理想的考虑在政治中不合适。我只不过是让这两种看法相互面对,并追问,如果它们被提高到意识层面而不得不为自己辩护,那么可以为支持每一方分别提出哪些说法。

尽管我不会那么冒失,竟至于声称将自由主义等同为一种反理想的立场是我的首创,不过我并没有意识到我是从其他任何人那里获得了这种看法:我认为我完全是从给我以深刻印象的英国和美国政治文化之间的差异当中提炼出这一看法的。现在我也没有想起任何前人提出过这一看法。然而,这势必对阿克曼和德沃金所坚持的那个观点提出质疑,他们坚持认为,中立性是自由主义在历史上的核心。在我看来,我那个更为温和的看法——中立性只是自由主义的一部分——是可以合理主张的最有说服力的立场。

(4)加总性与分配性之区分(第三章第四节)

与关注欲求和关注理想之间的区分相比,加总原则与分配原则之间的区分是一帆风顺的。在表示这一区分时,人们继续在使用我提出的这两个概念,而且我觉得我应该感到欣慰的是,这一区分已经成为常见的观念的一部分。毫无疑问,它为人接受的过程得到了罗尔斯的帮助,因为罗尔斯在《正义论》中使用过这一区分,在那里,他引入了"加总性—分配性二分法"(aggregative-distributive dichotomy)却没有指出是谁提出来的,也没有加以解释,就好像他的读者已经很熟悉这一概念一样。[①] 那里的语境是在本节前面部分讨论过的对价值多元论所做的无差异曲线分析,我认为,这一语境可能已经使得罗尔斯对加总性—分配性之区分所做的解释有一种怪异的转向,幸运的是,这一转向似乎还没有流行起来。

---

① Rawls, *A Theory of Justice*, p.36.(中译参阅罗尔斯:《正义论》,何怀宏等译,中国社会科学出版社,2009年,第29页。——译者注)

这样，罗尔斯为他所谓"加总性—分配性二分法"给出的例子是一个带有"两条原则"的观念："社会的基本结构要被设计得首先能够生产最多的益品（也就是最大的满足净余额），其次能平等地分配满足。"①这两条原则的关系要靠直觉来判定，"因为没有提供优先规则来决定它们之间如何相互平衡"②。而这一点是用一张无差异曲线图来阐明的，这幅图的一条轴表示"平等"，另一条轴表示"总福利"。③

这是一个很好的例子，可以使用两个维度（就像一个平面上的图表一样）来说明，但是当罗尔斯继续往下写的时候，他好像认为"加总性—分配性二分法"必须用两条正义原则来代表，其中一条是加总性的，另一条是分配性的。这样，他在下一节写道："加总性—分配性二分法无疑是一个有吸引力的观念，但是……它并没有把社会正义问题分解为足够小的部分。"④然而，《政治论证》试图阐明，事实上存在一系列分配原则。罗尔斯所采取的那条原则——即欲求的满足应该平等分配——只是可能的原则之一，但它甚至不在最受欢迎的原则之列。［在很多接受各种各样分配原则的人那里，它甚至没有任何地位，无论它采取的是关注满足的（satisfaction-regarding）形式，还是关注资源的（resource-regarding）形式。］确实很明显，罗尔斯试图只凭几条原则——这些原则比我在《政治论证》一书中所审视的原则少多了——就取得成功，因此我不得不说，我确实对下述说法有点儿不以为然：加总性与分配性之间的区分并不具有足够的概念上的丰富性。

让我整理一下我的观点，然后结束这里的讨论。在讨论关注欲求与关注理想之区分的结尾处，我引入了一种修正。对加总原则与

liii

① Rawls, *A Theory of Justice*, p. 36.

② Rawls, *A Theory of Justice*, p. 37.

③ Rawls, *A Theory of Justice*, p. 37.

④ Rawls, *A Theory of Justice*, p. 44.（中译参阅罗尔斯：《正义论》，何怀宏等译，中国社会科学出版社，2009 年，第 35 页。——译者注）

分配原则的讨论应该与这种修正相一致。就是说,应该明确指出,分配原则既可以是关注资源的,也可以是关注满足的;反过来说,加总原则既可以是关注满足的,也可以是关注资源的。

事实上,可以非常合理地认为,所有四种可能性都有真实的例子。这样,如果我们考虑一下作为一条分配原则的应得(desert),并追问比如说确定罚款金额的依据,那么下述建议看来就是合理的:实施同样的违法行为的人财富状况不同,罚金应该根据不同人的财富状况来定,以便罚金的数额对所有人来说"具有同等意义"。这显然是一个关注满足的观念,因为它要求我们不仅要注意资源的分配,而且还要注意落到每个人头上的欲求满足之分配。

另一方面,我们可以找到关注资源的加总原则,无论它们最终是否被看作一条合理的原则。比如,有时候有人认为,我们应该在我们所考虑的任何社会中"将自由总量最大化"。而对自由最合理的看法是把它看作一个关注资源的概念,它所处理的事实上是向人们开放的机会之范围(或者使人们丧失机会的那些障碍),而不是实际上的欲求满足。我们也可以将理查德·波斯纳(Richard Posner)——"法律的经济分析"的主将——的建议铭记在心:法官应该追求的目标(尤其是在侵权案件中)是"财富的最大化"。①

liv

4. 权利、应得与需要

(1)权利(第八章第四节)

在《社会正义》一书中,戴维·米勒辨识出社会正义的三个要素:

---

① Richard Posner, *Economic Analysis of Law*, (Boston, Mass., 2nd edn. 1977); *The Economics of Justice* (Cambridge, Mass., 1981). (中译本参阅波斯纳:《法律的经济分析》,蒋兆康译,法律出版社,2012 年;波斯纳:《正义/司法的经济学》,苏力译,中国政法大学出版社,2002 年。——译者注)对波斯纳的批评,见 Tom Campbell, *Justice*(London, 1988),第五章。

权利、应得与需要。^① 其中,权利在《政治论证》中没有受到多少关注;
对于应得,我在这本书里指出,它最有可能摆脱困境的办法就是被看
作社会评价中的一个重要因素;至于需要,由于它没有任何独立的规
范性力量,我没有考虑它。由于我认为米勒对这个问题的看法会得
到非常广泛的认同,所以二十五年后似乎有必要重新审视这些概念。
我首先考查权利。

由宪法或法律所确立的权利不存在问题。由于宪法或法律的条
款是确定的,它们确立了确定的权利。我们也可以以准法律权利为
模型来谈论源自承诺或正当预期的道德权利,而且这种谈论完全可
以为人理解,比如,我们可以说,一个多年来一直照顾着一位年迈亲
戚的人有一种道德权利(不同于法律权利)继承某种东西。所有这些
权利都是规则或惯例的产物。^②

让我们把这些用法放在一边,并追问其他意义上的权利之地位。
这里,我们应该区分开关于权利的一般主张(general assertions)和具
体主张(specific assertions)。一般主张是美国《独立宣言》和法国《人
权与公民权宣言》中所包含的那种主张。用《政治论证》中的术语来
说,它们构成了关于"根本上的平等"(fundamental equality,pp. 119-
120)的主张。每个人有平等的权利这一主张相当于主张每个人都是
一个"所指群体"(reference group,pp. 11-15)的一部分。所指群体的
确立是进行任何政治论证都不可或缺的准备工作,因为它告诉我们
政治原则的适用对象是谁。人从根本上说是平等的这一主张有时候
是通过下面这种说法来表达的:每个人都应该被平等考虑,或者每个

lv

---

① David Miller, *Social Justice*(Oxford, 1978).
② 见 ibid., pp. 68-70 以及 H. L. A. Hart, *Essays on Bentham: Studies in Jurisprudence and Political Theory*(Oxford, 1982), pp. 83-85. (中译本见哈特:《哈特论边沁——法理学与政治理论研究》,谌洪果译,法律出版社,2015 年。——译者注)

人应该被平等对待。我不会停下来追问如何辩护这样一条主张。①
在这里,重要的是这样一个观点:以这种方式来理解,脱离了制度背
景的权利概念是完全可以理解的。

关于权利的具体主张是另一个问题。当然,我们都很熟悉存在
各种各样的"自然权利"或"人权"这样的主张,权利语言是联合国的
通用语言:除了《世界人权宣言》所列的权利以外,联合国大会一直在
寻找新的权利,比如经济发展权。我的观点是,对这一类权利的谈论
是完全可以理解的,但是也只有当被看作是在**提出**一个主张而非**证
成**一个主张时,这种谈论才是可以理解的。换句话说,说人们对某物
(言论自由、带薪休假或其他任何东西)有权利就是说有某种很好的
理由支持他们拥有它,但并没有说那一理由是什么。

这样,具体的"自然权利"或"人权"并不是政治中的要求之道德
基础。毋宁说,它们就是要求本身,在每一种情况下,对这个要求的
证成尚有待给出。各种理由可以属于而且也将属于非常不同的类
型。这样,主张一种"经济发展权"就是在说富裕国家应该帮助贫穷
国家(包括援助、有利的贸易和特许安排等等),而且这样的主张背后
或许还有一些与分配有关的论据。主张一种"带薪休假权"就是在
说,政府应该颁布法律来要求雇主为雇员提供带薪假,而这一主张或
许同样可以由一些诉诸社会正义的分配性论据来支持。主张一种自
由言论的权利就是要求政府(或制宪者)为一种自由言论制度提供恰
当的法律框架。要捍卫这一主张,可以诉诸自由的价值,而自由的价

lvi

---

① 对于是否能为人在根本上是平等的——也就是说,人类构成了一个所指群体——
这一主张提供基础,存在着大量争论。有一种观点认为,这是一个终极性的伦理前提,因
此不可能再给予进一步的支持。有一种相反的观点认为,有一个经验性主张——几乎所
有的成年人都具有基本的理性、自制力和道德能力等等——与主张根本上的平等有关。
我在 Lawrence Becker 编的 *Encyclopedia of Ethics*(即将由 Garland Press 出版,New York
and London)"平等"词条中讨论了这个问题(并决定支持第二种观点)。(该词条见
Encyclopedia of Ethics, Lawrence Becker and Charlotte Backer eds., New York and
London, 2001, pp. 478-485。——译者注)

值（正如我在第八章第三节所指出的一样）反过来又可以从各种各样的其他考虑因素中推出来。

因此，这一讨论的结果就是，权利在政治评价与政治证成中并不扮演一种根本性的角色。这样，对于"自然权利"和"人权"，我在这里采取了一种比第八章第四节所体现的立场更加强硬的立场，我在那里说："对消极自由最常见的证成是这样一种主张：消极自由是一种'自然'权利和'人'权"（p.149），但是我并没有做进一步的评论。现在我想说，这一说法把问题搞得前后颠倒了。然而，在那一节剩余部分，我继续说，除了"消极"权利以外，其他权利必须从某些分配原则中推出。现在我想指出，应该对"消极"权利提出同样的说法。

（2）应得（第六章第四节）

1965 年，我写道："在考查应得概念时，我们是在考查一个已经在衰落而且可能最终会消失的概念。"（p.112）从现在的有利位置来看，似乎我当时是在一段时期（从 20 世纪 30 年代一直持续到 70 年代）的结尾写作，在那段时期，"应得"一词的声望正处于低谷。直到 1976 年，戴维·米勒还指出，"应得概念近些年已经变得不那么流行了"，但是当时它的势头已经开始上升，到 1988 年，汤姆·坎贝尔（Tom Campbell）主张，"应得是正义的一个核心特征这一观念最近又重新出现了"。[①]

无论如何，在英美的哲学文献中，对应得概念重新感兴趣（而且一般而言也是持支持态度的）是一个非常引人注目的现象。在我写作《政治论证》的时候，自西季威克《伦理学方法》之后，认真对待应得概念的唯一哲学文献（也是我在本书中提到的唯一一份相关文献）是范伯格（Jeol Feinberg）于 1963 年首次发表的论文《正义与个人应得》

[①] Miller, *Social Justice* (Oxford, 1978), p.102; Campbell, *Justice* (London, 1988), p.151.

("Justice and Personal Desert")。① 从此以后,类似的文献就变得更

lvii 多了。戴维·米勒在其大作《社会正义》中把应得作为社会正义的三个要素之一,并在那里对应得在当代经济条件下的有限作用提出了看法,但后来他放弃了那个看法。在一本近作中,他主张,(如果资源的最初分配是正义的,)市场结果反映了应得。② 詹姆斯·斯特巴(James Sterba)在《正义的要求》一书中以一种类似的方式把需要和应得(由市场确定)作为他的社会正义观的核心。③ 另外,最近还有两本书——分别由沃伊切克·萨德斯基(Wojciech Sadurski)和乔治·谢尔(George Sher)所写——整本书都是在处理应得概念及其实践含意。④

必须要指出的是,罗尔斯在《正义论》中对基本益品(尤其是收入)——其分配正是社会正义的主题——采取了一种强烈反应得立场。在关键的段落,罗尔斯写道:

> 也许有人会认为,具有较高天赋的人应得那些资质以及使得那些资质的发展成为可能的优良品格。因为在这种意义上他更应该得到这些东西,所以他也应得他用它们所能得到的更为有利的条件。然而,这一观点当然是错误的。没有谁应得他在天赋分配中所处的位置,正如没有谁应得他在社会中最初的起点位置一样,这似乎是我们深思熟虑的判断中一个确定的观点。认为一个人应得那种使得他能够努力培养自己能力的优良品格

---

① 与本书参考文献中所列的最初版本相比,这篇文章还有一个更容易找到的版本,见 Joel Feinberg, *Doing and Deserving: Essays in the Theory of Responsibility* (Princeton, NJ, 1970), pp. 55-94。(这个版本包括了一篇关于"Personal Income as Deserved"一文的附录,这一附录是最初版本中所没有的。)

② Miller, *Market, State, and Community: Theoretical Foundations of Market Socialism* (Oxford, 1989),第六章。

③ James P. Sterba, in *The Demands of Justice* (Notre Dame, Ind., 1980). 也见他的"Justice as Desert", *Social Theory and Practice* 3 (1974), pp. 101-116.

④ W. Sadurski, *Giving Desert its Due: Social Justice and Legal Theory* (Dordrecht, 1985),坎贝尔在他的书第 151—178 页讨论过这本书;George Sher, *Desert* (Princeton, NJ, 1987).

的说法同样是成问题的;因为他的品格在很大程度上依赖于幸运的家庭环境和社会环境,而对于这些环境,他根本不能说是他自己的功劳。应得概念似乎不适用于这些情况。①

然而,与这里的语境相关的问题不是罗尔斯写了什么,而是对罗尔斯的回应是什么。自 1971 年以来,回应基本上都是负面的。事实上,我无法想到任何捍卫罗尔斯论应得的文献,而最具权威性且带注释的文献目录著作(它收录了一直到 1981 年的文献信息)列出的相关文献有十七条之多,其中所有的文献都包含了批评性的评论,而且自那以后已经更多了。② 下述说法已经成为常识:说能力本身是应得的是一回事,说人们通过运用自己能力所获得之物是应得的则是另一回事。经常有人指出,坚持第二种说法而否认第一种说法并不矛盾。

lviii

针对罗尔斯所说的甚至努力(efforts)本身也有社会原因这一点,批评者们发生了分歧。强硬派说,只要涉及努力(按照通常的说法,即自愿的行为),它是否有社会原因并不重要。温和派承认社会原因的重要性,但他们指出,甚至罗尔斯本人也只是声称,努力"在很大程度上"依赖于有利的环境,而从这一说法中并不能得出对应得的彻底否定。两派的共同之处在于,他们都不喜欢罗尔斯对待应得的方式。

很自然要问,关于应得的大量文献对《政治论证》关于这一问题的讨论有何影响呢? 我的回答是,我没有看出有任何理由做出任何重大修正。扩大应得概念运用范围的尝试在我看来扩大了它的含义,使得它大体上意指"美好之物"。因此,乔治·谢尔在其大作《应

---

① Rawls, *A Theory of Justice*, pp. 103-104.(中译参阅罗尔斯:《正义论》,何怀宏等译,中国社会科学出版社,1988 年,第 99 页。《正义论》修订版此处略有修改,中译参阅罗尔斯:《正义论》,何怀宏等译,中国社会科学出版社,2009 年,第 79 页。——译者注)

② J. H. Wellbank, Denis Snook and David T. Mason, *John Rawls and His Critics: An Annotated Bibliography* (New York, 1982)," "概念索引"中的"Desert"(从第二到第六个小标题)。

得》中提出了下述主张："我们确实说某个经受了剧烈或长久疼痛的人现在应得舒适……"①我并不说类似的话,我也相信我所认识的任何人都不会这样说。固然,我们可能会说"不应得的痛苦",不过也只有当受害者对自己的痛苦是否负有责任这个问题存在着争议的时候才可能会这样说。但是我不可想象下述说法:那个人应得更少的痛苦。因为痛苦是不应得的这种说法的整个意义就是要否认应得与它有任何关系。

我现在倾向于认为,我自己对应得的分析本身过于迁就了,不过并不像谢尔的分析那么怪异。因此,我想收回我在第六章第四节第二部分最后两段提出的一个说法,即应得概念有一种与比赛相联系的"次要意义"(subsidiary sense),这样,满足了获胜之限定条件的人就被说成是"应得"奖品,仅仅因为他满足了那些条件(p. 112)。戴维·米勒说服了我,让我相信这甚至并不是应得概念的一种次要意义。② 确实,奖励以及与之相伴的任何物质利益都是那个达到了获胜标准的人(比如,他绝对是第一个到达终点的人)的应有之物(due)。但是应有之物与应得并不是一回事。③

这并不是说,坚持下述说法总是不合适:那个事实上获胜的人应得胜利。因此,假定有人主张,另外某个人而非那个获胜者应得胜利,或许那个人在比赛中表现更好,只不过时运不济罢了。对此,可以回应说,如果加以更仔细的审视,就可以看到,运气真的是平等的。在这里可以说,胜者确实应得胜利。更进一步,这种质疑可以被预见

---

① Sher, *Desert*, p. 19.

② Miller, *Social Justice*(Oxford, 1978), p. 84.

③ "一个正义的制度给予每个人其应有之物,就是说,一个正义的制度把每一个人根据制度本身的规定有权获得之物分配给他。"Rawls, *A Theory of Justice*, p. 313.（中译参阅罗尔斯:《正义论》,何怀宏等译,中国社会科学出版社,2009 年,第 246 页。——译者注）将应有之物与应得相混同的做法非常普遍,比如阿拉斯戴尔·麦金太尔(Alasdair MacIntyre)就把它们看作是可以互换的,他写道:"根据一种亚里士多德的观点,正义被界定为给予每个人其应有之物或应得"(*After Virtue*, p. 188)。（中译参阅麦金太尔:《追寻美德》,宋继杰译,译林出版社,2003 年,第 256 页。——译者注）

到,完全可以直接说胜者应得胜利:他或她经历了艰苦训练,克服了重重障碍,战胜了坏运气,等等。

然而,根本性的问题仍然存在。如果有人说达到获胜标准的那个人以外的某个人应得胜利,那么仅仅是反复地说达到获胜标准那个人确实胜利了,这并不是一种回应。反击必须与挑战使用同样的术语,要处理努力、个人素质与运气这样的东西。达到获胜的标准本身并不能证明一个人应得胜利,而只能证明一个人有权利获胜,这里的"权利"是指本引言第四节第一部分所区分出那种基于制度的权利。由于这种权利不能为评价提供基础,因此下述追问就总是合适的:不把奖品发给那个有权利获得奖品的人到底有什么错。但是答案并不遥远:把奖品发给其他任何一个人都是不公平的,正如答应了 lx 一个人只要他做某事就给他报酬随后却拒绝兑现的做法是不公平的一样。

在结束这一部分的讨论时,有必要指出,我这里所说的话只适用于比赛中所授予的奖品(以及胜利的荣誉)。很重要的是,不要认为比赛在体育赛事——体育赛事就是人们为了造成比赛现象而有意识设立起来的——以外是很普遍的现象。因此——让我们直接进入到最重要的一种运用——职位往往并不被看作奖品,就好像只要在一场比赛中表现良好就有权利得到它们一样。它们也可以被看作奖品,比如,如果我们预先宣布基于一场比赛性的考试来招录公务员岗位,那么这些职位就被看作是奖品。这样,某个得分高于录取线的人就基于一种正当预期而有权利获得一个职位,不加以兑现是不公平的。但是拒绝以这样一种方式把一个职位变成一个奖品的做法并没有什么不公平之处。

当然,最佳候选人应该获得这个职位,这就在总体上排除了行贿、裙带关系以及其他不相关的标准。但是使一个候选人成为最佳人选的那些因素不可以被还原为一些可以使他获奖的素质。有可能,鉴于现有雇员的情况,所需要的是一名女性或一名少数民族;或者,也许能够与现有团队成员融洽相处是一个不可或缺的条件。简而言之,招聘就是要任命一个人去履行一种职能;而颁奖或许除了鼓励培养那些有助于获胜的素质以外别无目的。奖励是基于过去的表现而给出的;而任命书则是基于所预期的未来表现而给出的。①

现在我想回到这里讨论应得时首先提到的那个问题。如果应得概念的声誉在 20 世纪 30 年代到 70 年代之间衰落了,而自此以后已经在一定程度上有所复苏(尽管还没有回到其在维多利亚时代的鼎盛状态),那么如何解释这种现象呢?我注意到有两种方式可以解释应得概念的衰落,但是这两种解释方式似乎都不能解释最近它为何又时来运转。不过,我认为可以对第二种解释加以修正从而完成这一任务。

有一种很常见的理论认为,对应得概念的信心由于相信决定论而遭到了破坏。② 这个观点是这样的:应得依赖于自愿行为,如果决定论是正确的,那么就不存在自愿行为。这个观点不太合理,理由有三。首先,正如我以前所指出,有一些强硬拥护应得的人,他们坚决主张,非自愿的长处和成就可以构成合理的应得主张之基础。然而,假定我们接受第一个前提,即应得依赖于自愿行为,我们仍然可以质疑另一个前提,即自愿行为与决定论是不相容的。"人们既愿意相信一个人由于他的所作所为而应得报酬和其他利益,又愿意相信这些行为可以用因果律来解释。"③还要进一步指出的是,很难主张,与应得概念的时来运转相伴随的是对决定论学说的日益抵制。大多数接受决定论的人都认为决定论纯粹是统一的自然秩序的产物,据我所知,这个观点的吸引力最近几十年也没有减小。决定论的兴起依赖

lxi

---

① 见 Michael Walzer, *Spheres of Justice: A Defense of Pluralism and Equality* (New York, 1983), pp. 135-139.(中译参阅沃尔泽:《正义诸领域》,褚松燕译,译林出版社,2002 年,第 176—181 页。——译者注)

② 比如,见 Campbell, *Justice*(London, 1988), p. 150.

③ Miller, *Social Justice*(Oxford, 1978), p. 102.

于实际的科学发现,就此而言,神经生理学领域的发展应该已经推动了决定论,神经生理学已经更加准确地表明了大脑活动是如何与思维和情感相关的,因为很难否认大脑是一个服从因果法则的电化学系统(electrochemical system)。如果否定决定论就必须相信,有一个拥有"自由意志"的"心灵",这种自由意志使得心灵可以以一种反因果律的方式来引发人的行为,那么,就越来越难以明白,反决定论如何还可以继续得到支持,除非相信每天都发生着 50 亿个奇迹。

对于应得概念之衰落的第二种解释已经由米勒所提出。这实际上是对《政治论证》所提出的一个观点(见第 112—113 页)的详细阐述,那个观点就是,"'应得'概念在一个自由社会中非常盛行,在这个社会中,人们被看作理性的、独立的原子,一份所有人必定从中受益的'社会契约'使得他们团结在一个社会中。每个人的价值(应得)都可以准确地弄清楚,这便是他的净边际产量(net marginal product),而且在某些假定的条件下(出于方便,我们认为现存的经济条件接近于那些条件),市场价格就体现了每一种生产要素的净边际产量"。米勒指出,把净边际产量归于一个人的做法预设了一个生产者彼此独立的世界。然而,在一个现代的"组织化社会"中,"每一个人都被看作一个共同提供产品或服务的企业团体的一部分。因此,要想根据每一个人的产品的价值来衡量个人的应得,这是不可能的"①。任何试图分清各自的贡献的尝试都或多或少是任意的。②

我相信,这种考虑确实使得应得在一个由大型公司企业构成的世界中,不太可能具有它在另一个社会中所具有的那种自然而然的吸引力,在那个社会中,报酬可以被看作是更为直接地源自市场关系。但是公司的规模往往与日俱增,自由职业者在人口中的比例仍然非常小。如果这就是问题的全部,那么我们如何解释应得概念的时来运转?

lxii

---

① Miller, *Social Justice*(Oxford, 1978), p. 308.

② Miller, *Social Justice*(Oxford, 1978), p. 309.

一个简单的回答是,成功者越来越自命不凡、自视高尚,认为自己应得成功。而这一现象与背后的现实当中的任何改变都没有关系。毋宁说,这是由一些政治家刺激起来的,那些政治家认识到,在一场削减同胞过去 40 年的收益的运动中,通过争取 40% 左右在经济上最成功的人的支持来赢得权力是有可能的。要想使这一点合理化,除了告诉人们他们应得市场所产生的收入之外,还有什么更好的办法呢?

我相信这种说法在很大程度上是正确的,但是我想指出,社会现实中也有一些变化与应得概念之流行有关。20 世纪 30 年代是一个经济极为混乱的时期,那时,数百万头脑清醒而辛勤劳作的公民发现他们的技能和力气毫无价值。然后,二战又把所有人都卷了进去,使得个人几乎无法控制自己的命运。在战后的重建时期,整个工业都崩溃了,因为生产转移到了成本更低的国家,而且技能也随着技术的革新转眼间就过时了。在这些情况下,下述观点缺乏一种基本的说服力:不成功者之所以失败是由于其个人的不足,而成功者完全可以说他们的成就是个人的功劳。我并不想夸大所有这一切与当前之间的差异:现在仍然有失业,仍然存在工业的转移(relocation of industries),仍然存在技术革新。然而,西方发达工业社会中的人们如果觉得,与之前半个世纪的任何时代相比,在过去十年中他们不再那么像命运的玩物了,那么他们并没有什么不合理之处。

我所说的以下述主张的正确性为前提,即应得概念非常适合于一个自由社会。这一说法与阿拉斯戴尔·麦金太尔近些年所提出的一个主张完全矛盾。他提出,自由主义这种学说缺乏资源来支持把应得归予人们。让我通过主张麦金太尔显然是错的来结束这里关于应得的讨论。

麦金太尔承认,应得概念确实进入了当代关于收入分配的很流行的论点当中,但是他指出,无论是约翰·罗尔斯还是罗伯特·诺齐克(他认为他们二人代表了自由主义哲学的两个主要流派)都没有为

lxiii

应得概念留下任何空间。① 严格地说,正如我们已经看到的一样,罗尔斯承认了应得概念潜在的意义,但是他坚持认为,就收入分配而言,无论如何都不存在运用应得概念的条件。诺齐克有一套庞大而一元化的理论,它把权利(rights)作为基础性的东西,因此必然没有为应得留下任何空间。②

诺齐克的理论完全是错误的,因为正如我在本引言第四节第一部分所指出,并不存在具体的非制度性权利,比如诺齐克所诉诸的那种财产权。事实上,诺齐克在哲学界没有找到多少追随者。就罗尔斯来说,我已经提到了哲学家们对他的应得观的普遍拒斥。麦金太尔的观点是,尽管普通人(他们糊里糊涂地将前自由主义的要素融入了自己的思想当中)不断谈论应得,但是哲学家们避免谈论应得,就此而言,他们与自由主义的那些前提是一致的。这个观点无望成功,因为罗尔斯与诺齐克在拒斥应得方面一点儿都不具有代表性。

不过,麦金太尔还可以主张,罗尔斯和诺齐克是正确的,而其余的人是错误的。根据他的观点,应得概念的使用需要一个共同体作为背景,这个共同体必须参与一些具有自己内在成就标准的共同实践。③ 自由社会无法产生那种必要的共识,因此它们就不能产生对应 lxiv 得的主张(claims of desert)。对这一点的回应必定是,自由社会无不极为重视财富的生产,而这为把应得归予人们提供了一个依据。这并不意味着财富生产必须被当作一种比其他任何活动都更有价值的

---

① MacIntyre, *After Virtue*, pp. 232-235.(中译参阅麦金太尔:《追寻美德》,宋继杰译,译林出版社,2003 年,第 313—318 页。——译者注)

② Robert Nozick, *Anarchy, State, and Utopia*(New York, 1974)。

③ MacIntyre, *After Virtue*, pp. 143, 188.

活动,尽管一种所谓"企业文化"的提倡者们愿意看到这种事情发生。[1] 所需要的仅仅是这样一种观念,即"劳动者配得上他的工钱",更大的贡献应得更多的报酬。

仍然可以反对说,如果生产是在大型公司里进行的,那么明确的贡献这个概念就是很含糊不清且有争议的,无法形成酬劳的依据。(我们会想起,这正是戴维·米勒为应得概念之衰落而提出的解释。)但是事实上,对工作评价方案的分析表明,对于哪些因素与工作的价值有关,存在着大量共识,尽管在赋予不同因素多大的权重问题上会有一些分歧。[2] 因此,基于种种应得观的正当工资差别与一个自由社会的存在完全是相容的。

(3)需要(第三章第五节第一部分)

要记住,《政治论证》中对需要的讨论极其简要(只占了两页多一点),但我的讨论已经引起了大量关注,几乎所有的关注都是批评性的。然而,这种关注大多集中于一个在我看来无关紧要的问题。那些对这个问题讨论很多的人并不认为它无关紧要,但是我认为他们在这一点上是错误的。我要补充一点,即我的批评者们全都误解了我所采取的立场,我的立场事实上比他们通常所认为的更加接近于他们的立场。

lxv

---

① "一种企业文化是这样一种文化,在这种文化中,每一个人都认为,世界并不亏欠他或她一种生活,因此我们全部都相应地共同行动,全部都为英国有限公司(UK plc.)的成功而工作。……成功的公司——它们不断获利并壮大——是企业文化最重要的东西,它们的董事都是英雄。……在一种企业文化中,整个国民都认为,我们在与其他国民相互竞争。我们是一场经济战当中的士兵。……一个国家可以把任何数量的国民投入经济战场,没有任何限制。对于给予我们经济战中的战士的训练与技术,也没有任何限制。"这种想象出来的为了经济战而做的总动员似乎完全满足麦金太尔为卓越表现之标准问题上的共识所设定的条件。这段引文出自英国董事学会(Institute of Directors)主席的一次演讲,见 *Sunday Times* 4 March 1990,p. C6。

② 见 Karol Soltan, *The Causal Theory of Justice* (Berkeley and Los Angels, 1987)。

　　我指出(pp.47-48),对于任何陈述,只要其意思是说某人需要某物,我们都可以为它补充上"为了……"这样的表述。就是说,指明行动者的一个目的或最终状态(比如营养)必定是可能的,那一最终状态或许是或许不是那个行动者的目的,而所需要的东西则是达到那一目的或最终状态的一个手段。然而,我继续说(p.49),如果最终状态是一种通常的状态,比如生理健康或心理健康,那么不说出"为了"这个分句,在语言上就并没有什么不合适;我甚至还说,在这些语境下,加上这个分句的做法太学究气了。

　　很多人都反对这种分析,包括戴维·米勒、戴维·威金斯(David Wiggins)、戴维·布雷布鲁克(David Braybrooke)、盖瑞特·汤姆森(Garrett Thomson),[①]他们都认为"需要"一词有两种意思。一种意思与某种最终状态有关,但是另外一种既不要求也不允许附加一个"为了"分句。在这些批评者当中,唯有布雷布鲁克承认我在这个问题上的观点的第二部分,他说我看到了"相对性表述(relational formula)(即附加一个'为了'分句——引者注)在基本需要方面给出的是毫无启发性的结论",而这使得我"算不上相对性表述的全心全意支持者"。[②] 其他人没有认识到我最终和他们自己的立场是何其接近。其余的差异在我看来无关紧要,但是不管怎样,我所有的直觉(无疑都是由赖尔和奥斯汀灌输给我的)都告诉我,诸如"需要"这样的词语不太可能有两种不同的意思。更合理的做法是假定,在"需要"一词的任何用法中,总是有某种最终状态做背景,但是,这种最终状态越是明显且无争议,明确把它说出来在语言上就显得越是怪异。

　　这个问题事实上从两个方面来看都是无关紧要的。不仅"需要"的两种意思之间只有一种细微差异,而且选择第一种还是第二种意

---

　　① Miller, *Social Justice* (Oxford, 1978); David Wiggins, *Needs, Values, Truth: Essays in the Philosophy of Value* (Oxford, 1967); David Braybrooke, *Meeting Needs* (Princeton, NJ, 1987); Garrett Thomson, *Needs* (London and New York, 1987).
　　② Braybrooke, *Meeting Needs* (Princeton, NJ, 1987), p.312, 第二章第一节注释。

思并没有任何影响。就我而言,这就是主要的问题。我的主张是,"需要"并没有独立的规范性地位,原因很简单,即满足一种需要的理由必定总是源于实现某种最终状态——满足该需要正是实现这一最终状态的一种手段——的理由。而我所提到的那些人希望坚持的观点是,在"需要"一词所谓的非相对意义(non-relative sense)上(对此,他们的措辞有所不同),它是一个具有独立规范力量的概念。然而,更仔细地审视他们说的话就会发现,他们真正的意思其实并不是这样。我们暂时把布雷布鲁克放在一边,可以说,其余三位理论家彼此都持一种非常相似的立场。根据米勒、威金斯和汤姆森对非相对性需要的界定,一个人的非相对性需要如果没有得到满足,就会对这个人造成伤害。① 威金斯还提出了一种表述,根据这种表述,一个人没有得到满足的需要将导致(或就在于)对一种"重大利益"的否定。②

这样,假定我们追问为什么这种需要具有某种道德重要性。无疑,回答将是这样的:除非这些需要得到满足,否则就会伤害或侵犯一种重大利益。但是这样一来,这就是认真对待关于需要的主张(the claim of need)的依据。因此,我提出的关于需要的主张是派生性的这个观点仍然站得住脚。事实上,汤姆森在他的大作最后一段说的正是这个意思。他说:"如果评价——无论是道德评价、政治评价还是审慎性评价——的意义就在于从某个方面改善人们生活的质量,那么需要概念就是一个为那种评价量身定做的依据。……换句话说,需要相对于其他评价性概念是一个重要问题或头等大事,因为评价的意义就在于改善人们的生活质量或提升他们的福利,而且需要不可能不如人的福利重要。"③对于所有这一切,我都非常乐于赞

① Miller, *Social Justice* (Oxford, 1978), p.130; Wiggins, *Needs, Values, Truth: Essays in the Philosophy of Value*, p.10; Thomson, *Needs* (London and New York, 1987), p.19.

② Wiggins, *Needs, Values, Truth: Essays in the Philosophy of Value* (Oxford, 1967), p.24.

③ Thomson, *Needs* (London and New York, 1987), p.128.

成。我只是希望补充一点，即需要不可能比人的福利**更加**重要；说得更强硬一点，需要所具有的任何优先性都纯粹是由于人的福利所具有的优先性。

很重要的是要认识到，一方面承认一种"基本需要"（即与伤害等相联系的需要）的存在，另一方面却并不因此而主张，确保它得以满足是一个以政治的方式组织起来的社会的任务，这在逻辑上是有可能的。（我应该说明白的是，"确保"并不意味着直接提供，它可以包括创造一种制度框架，在那种框架中，可以预见的是，需要将得到满 lxvii 足，或许是由家庭成员来满足，或许是由市场的运转来满足，或者以其他某种从国家的观点来看是间接的方式来满足。）威金斯承认确实如此。他试图捍卫需要概念，使它免遭下述指责：需要概念"试图强迫人们去做某些事情，或者帮助和助长某种不正当的过渡，即从是什么的陈述（statement of what is）过渡到必须是什么的陈述（statement of what must be）"。而且，他还迈出了捍卫的第一步，他指出："下述说法并没有真正的矛盾：这个病人需要输血，但是她不能得到血液，唯一适合她的血液已经被分配给另外某个人了。"①

在这种情况下，不满足一种需要的唯一理由是资源是有限的。那么我们是否可以说，在资源并非有限的情况下，需要就总是构成了一种压倒性的主张呢？并非如此。相信它确实如此这种信念很诱人，这种诱惑力源自一个人道主义的前提，即每个人的福利都很重要。但是这个前提是可以反驳的。假设希特勒的医生被招募进施陶芬贝格（Claus von Stauffenberg）暗杀领袖的密谋当中，他很可能已经对自己说过："希特勒需要注射，否则他就会死去，因此他一定不能给他注射。"

这里的靶子并不是假想出来的。它在戴维·布雷布鲁克身上有

---

① Wiggins, *Needs, Values, Truth: Essays in the Philosophy of Value*, p. 5 以及该页注释 7。（此处第一句引文引用有误，译文系根据威金斯原文译出。——译者注）

着非常真实的体现。布雷布鲁克的书既厚又复杂,但是其主旨无非是,需要概念在一个"Selfgovliset"[指操某种语言的人当中的一个"自治的语言亚群体"(self-governing linguistic subset)]当中的作用就在于,标记出一致赞成要在一个"所指群体"(往往就是 Selfgovliset 本身的成员)当中优先分配的东西。需要是这样一种东西,即 Selfgovliset 的所有成员,或者,"排除一些极端的或离奇的观点",他们当中 90%的人,都赞成在资源的分配中应该具有优先性的那种东西。①

对于这种观点(也是我将在这里提到的唯一观点),最显而易见的质疑是,它会使得关于需要的主张出现在对应该做什么这个问题的论证的结论之中,而非其前提之中。我们来考虑如下说法:"轮椅坡道是应该提供的,因为残疾人需要它们。"通常,我们会认为需要构成了提供某物的一条理由,而且是一条很好的理由。然而,它并不是一条决定性的理由,因为它可以被另一条主张所推翻,即尽管需要非常真实,但与有望实现的利益相比,满足这种需要会付出很大的代价。无论如何,在一个贫穷国家,这样一条反对性的主张可能是非常合理的,因为在这样一个国家,向国库提出的很多急切要求都未得到满足。然而根据布雷布鲁克的理论,任何一个人只要承认存在着需要,就将因此而必须承认它应该得到满足(这是一个语言规范问题)。

事实上,布雷布鲁克的理论现在确实有一些实例。因此,英国的法律向地方政府设定了一种义务,即要为满足残疾人的特殊需要采取一些措施,这些法律进一步规定,在评价需要的时候,地方政府可以把与可用资源相对的供给成本考虑进去。在这条法律之下,唯一成功的一场官司是这样一个案件,其中,一名市政委员会官员太粗心大意了,竟至于在书面上承认存在一种需要,同时又继续说市政委员会不打算满足它。当然,那位官员原本应该这样说:由于市政委员会

lxviii

---

① Braybrooke, *Meeting Needs* (Princeton, NJ, 1987), p. 64.

无力提供满足,所以这种需要并不存在。这在我看来是"需要"一词的病态用法,这是在以反证法来反驳布雷布鲁克的理论,而不是在证实它。

在《政治论证》中,我从需要之满足的派生价值得出结论说,需要在阐述政治原则时并没有独特的地位,而且我用这一结论来解释为什么在这本书中再也没有提到过需要。现在对我来说显而易见的是,这种做法太草率了,应该主张需要(考虑到它们的派生性地位)与快乐、幸福和福利相类似。事实上,"需要"与"福利"尤其接近,我关于福利的说法也适用于需要。就是说,它从所有欲求(或潜在的欲求)中挑选出一部分,它挑选出那些其满足阻止了伤害或实现了重大利益的欲求,并赋予这部分欲求以优先性。这使得它初看上去是一个关注理想的概念,但是就像福利一样,既可以为它提出一条关注理想的理据,也可以为它提出一条关注欲求的理据。因此,戴维·米勒主张,我们最好这样来看待需要优先原则,它仅仅是在贯彻平等满足欲求这条原则的道路上的重要一步而已。[①] 同时,威金斯非常明确地把优先满足需要这条原则变成了一条关注理想的原则。[②] 根据这种观点,我们可以说(遵循斯坎伦所提出的术语),相对于偏好,需要具有"紧迫性"(urgency)。[③] lxix

5. 今日的《政治论证》

在这份引言的前面部分,我把重点放在了《政治论证》的思想世界如何消失的问题上。可以简单而完全准确地这样来描述这种差异,即《政治论证》属于前罗尔斯世界,而我们现在生活在后罗尔斯世

---

① Miller, *Social Justice*(Oxford, 1978), pp. 143-150.

② Wiggins, *Needs, Values, Truth: Essays in the Philosophy of Value*, p. 43(以及其他地方)。威金斯谈到优先满足需要这条原则时把它作为一条分配原则。因此,它是关注理想(以福利为基础)的分配原则的一个例子(见前文第三节第四部分)。

③ Thomas M. Scanlon, "Preference and Urgency", *Journal of Philosophy* 72 (1975), pp. 655-669.

界。毫无疑问,就算根本不存在《正义论》这本书,在 1990 年,我们仍然不会按照 1965 年的方式来从事政治哲学。但是这似乎并不是一条非常富有成果的思路。在现实世界,《正义论》构成了划分过去与现在的分水岭,这是没有任何问题的。

尽管《政治论证》不仅仅是"语言分析",但它所渴望达到的最高目标(无论如何,正式地说)是一个分类系统。实际上,它在好几个方面超出了这一点。这样,正如我们在前面所看到的一样(第四节第二部分),在讨论应得时,我考虑了其流行所需要的条件,或者用更堂皇的话说,我还考虑了这个概念的形而上学前提与社会学前提。我们再次发现,在各种概念被赋予何种意义这个问题上所采取的立场,将对实质性的政治争论具有比较明显的影响。比如,我在第十一章到第十三章捍卫公共利益(public interest)概念时提出的论据就是对政治科学中一场运动的回应,这场运动认为,"公共利益"概念是没有内容的(contentless),说某种公共政策符合公共利益,其实就是在表达对该政策的认可而已。在我看来,坚持下述说法非常重要:谈论公民的共同利益完全是有意义的,而且"公共利益"这种表述被用来指代符合公民共同利益的政策。我很高兴地说,认为"公共利益"体现了一种具有实质内容的主张这一观点已经得到普遍认可,而且我坚信,这种理解有助于实现一种更加健康的政治,从而人们可以谈论公共利益而无须感到愧疚。

然而,下述说法仍然是正确的:这些例子以及其他类似的做法都是一些孤立且没有关联的初步尝试,已经超出了一个分类系统的框架。罗尔斯《正义论》所造成的影响在于,他把政治哲学的重要性提高到一个新的层次。尽管《正义论》这本书的结构掩盖了这一点,但是它代表了向宏大政治哲学的回归,它包含了一种关于人类善的理论、一种道德心理学、一种关于正义之主题("社会的基本结构")和对象("基本益品")的理论,当然,还包含了一种非常复杂的论证结构,该论证是用来支持一套特定正义原则的。罗尔斯已经使得对政治哲学做一般性处理非常困难,正如贝多芬使得谱写交响曲非常困难一样;与以前相比,现在要涉及的东西多多了。

那么这对《政治论证》有何影响呢?显而易见,它的理论范围不及一本像《正义论》这样的书。不过它有另外一些优势来弥补自身的不足。《政治论证》渴望贴近语言学领域,试图尽可能准确地抓住可以在关于制度与政策的实际争论中发现的各种用法。这在我看来是一件具有持久功效的任务。我认为,任何更为系统的政治哲学必须接受《政治论证》所提出的那些材料。比如,我们实际上确实利用了平等、公道(equity)、正义与公平这些概念之间(以及当中)的复杂区分,我提醒人们注意这些区分。一种系统的政治哲学没有义务让一切照旧,但它必须让我们相信它不会破坏道德上很重要的那些区分。

非常难能可贵之处在于,罗尔斯接受了挑战,试图表明他的正义原则不仅源自对一种正义理论之任务的一般看法,而且在关键问题上也符合我们"深思熟虑的判断"。然而,正如我在本引言第三节第二部分所表明的一样,凭借三条用词典式优先性联系起来的原则,他真的无法应付,除非他说这在某些特殊情况下可以构成共识的基础。

罗尔斯背后的想法是,我们正在试图得出一些原则,这些原则可以作为一条共同的、公共的检验标准,用来评价自由民主社会中的制度。他指出,如果这些原则要服务于这一目的,它们就一定不能太多,而且必须是明确的。另外,它们之间的关系必须是词典式的,因为否则的话,不同的人就可能会赋予这些原则不同的分量,从而得出相互冲突的指示。我无法想象还有人打算改进罗尔斯的努力,以便实现罗尔斯认为是必要的那种简洁程度。因此,必须得出的结论就是,这种简洁程度是无法实现的。我认为,我们将不得不承认权衡是不可避免的,而且,除了罗尔斯为之留有空间的那些原则以外,我们不得不接受更多类型的原则。

那么,为一种系统的方法——比如罗尔斯所支持的那种方法——留下的是何种角色呢?要回答这个问题,让我们再次回过头

lxxi

去参考一下本引言第三节第二部分,在那里我指出了罗尔斯的一个备用立场:即便词典式优先性不可实现,也仍然可以用一般的理论思考来对平衡加以指导。让我们再重复一下那里所引用的一段引文的关键部分:"因为在作为公平的正义中,正义原则并不被认为是自明的,相反,它们的正当性(justification)在于一个事实,即它们会被选择;至于如何对它们进行平衡,我们可以在它们得以接受的理由当中找到一些指导或限制。"①

罗尔斯"作为公平的正义"的基本观念是,有效的原则必须能够得到所有受这些原则影响的人的自愿同意。这显然是一个极富雄心的目标,让人想起卢梭在《社会契约论》中明确说出的那个意图,即打算找到一种让人们和以前一样自由的联合形式。极端右派和极端左派会同样地将它看作一种乌托邦而不予考虑。或许它就是一种乌托邦。但是如果我们承认没有哪一套原则能够赢得所有人的自愿同意,那么我们就不得不说,从本质上讲,唯有通过压制,各种社会才能和睦相处,也就是说,武力是必要的,不仅是为了让大家遵守彼此赞成的规则,这一目的(卢梭也意识到)很寻常,也是为了让大家遵守另外一些规则,对于那些规则,我们不可能合理地指望某些人会接受。

lxxii 这里无法进一步研究这个问题。关于一种恰当的"原初状态"的具体规定(罗尔斯所提出的具体规定绝不是唯一可能的)以及我们可以以何种方式从这种具体规定中推出各种原则,我有很多话要说。②我这里的目的只是要解释政治哲学中的罗尔斯革命在我看来会对《政治论证》产生何种影响。简要地说,我的回答是,就目前来看,它没有破坏《政治论证》一书中的分析的有效性。(当然,这并不是说我这本书里的分析已经好得不能再加以改进,而且我已经在这里提出

---

① Rawls, *A Theory of Justice*, p. 42.(中译参阅罗尔斯:《正义论》,何怀宏等译,中国社会科学出版社,2009 年,第 33 页。——译者注)

② 在这些问题上,我已经在《正义诸理论》一书第九章中提出了一些初步的想法。

了一些改进建议;但是这种改进并不是源于任何一般性的理论。)由罗尔斯以及那些追随他的足迹的人摆在我们面前的,正是启蒙运动所留给我们的任务。我们必须表明政治原则与理性(reason)是一致的,这里所谓政治原则与理性是一致的并不是在下述荒唐的意义上而言的,即政治原则可以从逻辑法则中推出,而是说,政治原则值得合乎情理的(reasonable)人赞成。

1965 年版引言

这本书研究的是原则与制度之间的关系。它的关注焦点是分析 lxxxiii
的(analytical)而非因果的(causal)。① 它主要关心某些原则的制度
(或实践)意义;或者,从另一个角度来看这同一个问题,它主要关心
某些制度的原则性(或理论性)证成。我只是顺便提出一些因果性、
历史性问题,这些问题构成了"知识社会学"领域的一部分,比如,关
于某些原则的起源的问题,以及在何种程度上原则在社会行动中构
成了一个重要而独立的推动力量。不过毫无疑问的是,我们可以非
常确定地认为,如果我们并不相信原则在社会行动中具有某种因果
性的功效,那就没有谁会花时间去研究原则意味着什么。如果政治
舞台上的行动完全受制于腺体或钱包,而原则仅仅是无意识冲动或
物质利益的合理化(rationalizations),那么认真对待原则当然就是很

---

① 对此,乔纳森·沃尔夫解释说,巴利所谓因果的方法是指"收集数据或历史信息以
便做出科学解释",或者"通过积累证据来支持或动摇理论";而他所谓的分析的方法是指
"论证、对他人论证进行反驳以及做出种种区分"。见 Jonathan Wolff, "Analytic Political
Philosophy", *The Oxford Handbook of the History of Analytic Philosophy*, ed. Michael
Beaney, Oxford University Press, 2013, p. 809。——译者注

愚蠢的。①

本研究的范围在时间和空间上也是有限定的。我选择出来加以处理的原则是 1945 年以来在英国和美国很引人注目的那些原则。自然,这些原则中的大多数在 1945 年以前也很引人注目,但是在我看来似乎有必要用某个标准来做出选择,无论是何等粗略的标准。

同样很自然的是,一种适用于英国和美国的分析也将或多或少地适用于其他国家,当然,这要视它们在相关的方面与英国和美国的相似程度而定。加拿大、澳大利亚、新西兰以及三个斯堪的纳维亚君主制国家就是与英国和美国"相似"的国家的例子。

何谓"相关的方面"呢(即一个国家必须在哪些方面与英国和美国类似,我的分析才足以适合它从而对它有用)? 我可以提出两点,尽管这样做有过于简单化的危险。第一,必须已经就下述问题达成了某种有效的一致意见:国家疆域的范围,政府的形式以及改变政府形式的方法,宗教的地位,以及是否存在一些因为"种族"、血统、语言等就拥有世袭特权的群体,这些问题涉及一个国家之存在的核心问题。它们是一个国家不统一和分裂的根本原因,如果这些原因在一定程度上可以得到控制,我们就可以追问政治秩序框架应该促成何种社会这样的问题了。第二,只有当大量社会成员没有生计之忧时,种种比较复杂的分配问题——它们构成了我的讨论的很大一部分——才具有相当的适用性。

如果要对这两个条件加以概括,我会说,在最低限度的秩序与物质福利得以实现之前,存在着技术上的困难,但并不存在任何哲学上

---

① 如果帕累托这个名字可以与刚才提到的这种思路相联系的话,那么查尔斯·斯蒂文森(Charles L. Stevenson)这个名字就让我们想起一种截然不同的思路,尽管它似乎也反对理性选择在原则的选择与运用当中的地位从而表面上看是类似的。这一立场并不否认原则(或至少是口头表达的原则)的因果力量;相反,它将原则与这种力量相等同。这种理论建立在一种人类语言观的基础上,根据这种语言观,词语相当于巴普洛夫条件刺激(Pavlovian stimuli)。这种理论与第一种理论相比更是如此,它仅仅依靠对日常经验的解释。因此,我们完全可以在书斋里处理它,我将在第二章对它进行批评。

有趣的问题；只有当在目的之间做选择真正可行时，才会出现哲学上有趣的问题。几乎没有必要补充说，这并不意味着哲学上有趣的问题（总是或通常）比技术上的困难更为重要。全面核战争是极其不受欢迎的，这一点是如此显而易见，在哲学上很无趣；但是很有可能，哲学上有趣的问题以及为这些问题担忧的哲学家们将在这个星球上被消灭，因为找不到可以普遍为人接受的手段来实现避免全面核战争这一明显可欲的目的。在国与国的关系上，建立和平秩序的问题使其他所有问题都显得无足轻重。毫无疑问，重要的一般性原则被提出来并得到广泛接受，这是可能的，比如这样一条原则，富裕国家有某种义务帮助贫穷国家发展经济。但是，如果不存在一种国际秩序，要想尝试着提出一种关于政治原则的详细的决疑法（casuistry），似乎多半都是徒劳的。

目　录

第一章 评 价

1. 研究的范围

(1)"说服"("Persuasion")

好公民会——或者说应该——在任何时候都充满热情地致力于许多一般性原则,这些原则往往是最近获得的,往往是古代知识遗产的一部分,而且这些原则之间往往在很大程度上是相互矛盾的。实际上,他会无意识地对它们进行折中,或者根据他所面临的当前的修辞(rhetoric)潮流所赋予它们的重要性在它们当中进行选择。美好事业的实际支持者在劝说运动中会有意识地或者基于性情或者不自觉地,为了强调的需要而选出一条一般性原则,或选出少量根据假定可以相互协调的一般性原则,并把它或它们作为(至少在现有条件下)最高原则,同时他也会任由那些敌视他事业的人在他的论证中去寻找思想上或实践上的缺陷。还有第三种修辞也具有逻辑上或实际上的权利主张自己的价值或有用性,它们的任务在于考查原则之间的冲突,找出比例、关系与程度的重要性,为特殊的价值发现它们在说服过程中的恰当地位。在我看来,最后这种修辞似乎才最适合于学者,而且,对一所重要的大学来说,为那些试图运用这种修辞的人提供道德支持与物质支持,似乎就是它在得出有价值的社会政策决定的过程中所能提供的最有价值的服务。①

这本书是一项秉承了雅各布·维纳(Jacob Viner)所谓"第三种修辞"之精神的研究,其大部分篇幅都是在处理一套概念之发展和运用,我认为这套概念对这项研究来说是有用的。不过,在这一章和下一章,我将局限于讨论某些与评价和语言有关的一般性问题,而且我尽量不涉及过多的细节,除非这对于为之后的讨论提供基础来说是必要的。

首先,我想更仔细地审视维纳的一个说法,即所需要的是这样一种"修辞"(rhetoric),在这种修辞中,我们要"为特殊的价值发现它们在说服过程中的地位"。我相信"说服"太宽泛了。"说服的过程"大概是指一个人用来使另一个人改变其想法的任何一种手段,尽管把公开的威胁包括进去或许具有讽刺意味,但诉诸无意识的恐惧和希望当然是这一过程的一部分,爆发激情或愤怒、谄媚以及类似技巧也是这一过程的一部分。无疑,这一"说服的过程"可以由心理学家来研究,但是我认为,唯有这一过程的某一部分才更适合由哲学家来处理,也就是为下述想法提供**理由**:某项政策是可欲的或不可欲的。在前面那段引文中,维纳或许心里想的就是这一点,但如果是这样,选择"说服"就是不幸的,在某种程度上,选择"修辞"也是不幸的。

(2)"证成"与"评价"("Justification" versus "Evaluation")

即便"说服"由于不适合作为我们研究的主题而被拒斥,我们仍

---

① Jacob Viner, "The Intellectual History of *Laissez Fair*", *The Journal of Law and Economics*, Ⅲ (October 1960), pp. 62-63.

然可能会认为"评价"而非"论证"(argument)或"证成"应该成为我们研究的主题。我试图表明，二者之间的相互背离有两个重要的根源，当二者相互背离时，哲学分析必须遵循论证而非评价。

让我首先表述将论证与评价相等同的理由。有人可能会说：评价一项政策就是在从事一个推理过程，目的在于断定它是不是一项可欲的政策；但是通过评价来做出一个断言不同于（比如说）通过抛硬币来下断言，因为如果你已经做了一个评价，你就必定能够证成你的断言，或者向别人论证它。简言之，如果你**有**理由，你就必定能够**给出**那些理由。因此，评价一项政策无非就是要采取必要的措施来证成或论证一个人关于该政策可欲或不可欲的断言。

有两条反对这种观点的论据。首先，一个人可能会审视证据，目的在于基于这种证据得出一种评价，而且他也相信他所得出的结论得到了证成；但与此同时，他可能并不能用语言来准确表述作为其结论之基础的确切原则。（这种事情太常见了，以至于我们有"直觉"和"第六感"这样的词语来处理它。）[①]其次，即便一个人能够通过把自己的结论置于某些概念或原则之下，从而在一定程度上证成他的评价结果，他可能也没有办法（借助于进一步的概念或原则）证成他对评价对象之重要性所做的排序。比如，一个建立起来评价某些（实际的或建议的）安全措施的委员会可能会断定，那些措施可能会让一些自己没有任何过错的人们陷入艰难处境，不过没有任何更弱的措施可以确保足够的安全；这样，该委员会可能会断定，在他们看来，为了满

——————

① 有时候有人主张，可靠的**政治**判断几乎很少依赖于一般性的原则。我在第四章第二节第三部分讨论了这种观点。

足国家安全的要求,偶尔的艰难处境与不公道(inequity)是可以允许的。[①]

如果我现在已经成功地揭示了评价一个断言与证成(或论证)一个断言之间的差异,那么剩下的事情就是要指出为什么证成而非评价应该成为本研究的主题。答案就在于,语言的限度就是哲学分析的限度。无疑,让人沮丧的是,对于评价过程中那些无法用语言来陈述的要素,无法详细说明,而且也没有其他办法。就像弗兰克·拉姆塞(Frank Ramsey)所说,"对于我们不能说的,我们不能说,而且我们也不能用口哨吹出来"。不过,也可以从总体上对这些要素略谈一二,这正是我在这一章要做的。

2. 评价中的符合理性与不可通约

(1)符合理性(rationality)即前后一致(consistency)

我在上一节第二部分指出,一个人或许能够说出指导他做出评价的那些原则是什么,但与此同时却无法说出为什么面对这些不同原则的要求之间的冲突,他得出了他所得出的那种结论。很多人都会认为,除非一个人的所有原则可以以某种方式简化为一条"终极"原则,否则,任何决定都不可避免是"盲目的"或"非理性的"。比如,密尔写道:

> 必须有一条标准用来确定欲求的对象或目标是好是坏(无论是绝对而言还是相对而言)。无论那条标准是什么,都只能有一条

---

① 据我所知,如果我们持一种相反的假定,认为委员会应该自己提出一条政策,那就只是徒增复杂性,因为这一要求相当于让他们去评价所有可能的政策并选择最好的政策。当然,实际上,只要稍增审视,需要评价的可能政策在范围上就会急剧减少,但下述说法仍然一定是正确的:如果这种减少可以得到辩护(它往往无法得到辩护),那么我们就必定可以提出,在被排除的候选政策当中没有包含任何潜在的胜者,或者至少可以提出,被排除的候选政策中包含潜在胜者的可能性是如此之小,花更多的时间在如此之多的可能性政策之上是不理性的。

标准：因为如果有几条终极的行为原则，那么对于同样的行为，这些原则中可能就会有一条原则赞成它，而又有另一条原则谴责它，这样，又需要某些更具一般性的原则作为它们之间的仲裁者。[1]

同样的观点更为温和的版本可以在拉蒙特（W. D. Lamont）的《价值判断》一书中找到，在那里，拉蒙特主张，如果要在两种可能的行为中做出选择，那么只有当我们可以将这两种行为的预期后果与某种"共同的要求"相关联时，才能够做出理性的选择。[2]

与这种观点相反，我想主张的是，只要所做出的选择（无论是实际做出的还是假定做出的）体现了一种前后一致的（consistent）偏好，我们就可以合理地说，基于一些不能全部简化为一条单一原则的原则而做出的选择是符合理性的。我们最好先看看我们作为消费者的日常选择，因为正是在这方面，我想给出的那种回答已经得到了详尽的阐述。

当我决定到底是用微不足道的六便士购买葡萄还是土豆时（让我们使用一本著名教科书中的例子）[3]，难道只有我能够用某种共同尺度来衡量它们，我的选择才能被认为是理性的？经典的回答是，一个理性的消费者试图"将他的效用最大化"，而效用被看作一种心理上的数量（快乐或满足）。但是现在大多数经济学家都会赞成的一个回答是，一种选择模式只要是前后一致的，就可以看作是理性的。[4]"前后一致"不仅意味着每当面临选择时，一个人都会选择三颗葡萄与四个土豆（除非一个人承认他的口味发生了变化），而且也意味着

5

---

[1] John Stuart Mill, *A System of Logic*（London，1898），pp. 620-621.（中译本见密尔：《精神科学的逻辑》，李涤非译，浙江大学出版社，2009 年，第 145 页。——译者注）汉普谢尔（Hampshire）教授几年前在牛津的一次谈话中使用了完全相同的论证来证明，所有价值有必要简化为一种价值；当时，"自由"是他所偏爱的那种价值。

[2] W. D. Lamont, *The Value Judgement*（Edinburgh，1955），第三章。

[3] Alfred W. Stonier and Douglas C. Hague, *A Textbook of Economic Theory*（London，1953），第三章。

[4] J. R. Hicks 的 *Value and Capital*（Oxford，1946）是这里最基本的参考文献。（中译本见希克斯：《价值与资本》，薛蕃康译，商务印书馆，1962 年。——译者注）也见他的 *A Revision of Demand Theory*（Oxford，1956）。

一个人喜欢五颗葡萄与三个土豆胜过四颗葡萄与三个土豆。①

　　无论葡萄和土豆的例子如何,这个观念在我看来都非常适合运用于政治原则。假定我们认为,只存在两条非常一般的原则,我们可以称之为"公道"(equity)与"效率"。(只考虑两条原则的好处在于,它们可以体现在平面几何中。)这样,对于每一个用这些原则来评价的人而言,我们都可以画一组无差异曲线,每一条线都显示了二者的不同组合,这些组合中的每一种在他看来都是无差异的。这样,我们可以认为一个人的无差异图如图1所示。②

————————

　　①　一个更复杂的版本允许引入概率,这样,人们也可以被问及到底更喜欢三分之一的概率获得四个土豆还是更喜欢三分之二的概率获得两个土豆。这当然就把更多的前后不一的可能性引入进来了。见 J. von Neumann and O. Morgenstern, *The Theory of Games and Economic Behaviour* 2nd ed. ,(Princeton, 1947);(中译本见冯·诺伊曼、摩根斯顿:《博弈论与经济行为》,王文玉、王宇译,生活·读书·新知三联书店,2004 年。——译者注)A. A. Alchian, "The Meaning of Utility Measurement", *American Economic Review* XLⅢ (March, 1953), pp. 26-50;以及 R. B. Braithwaite, "The Theory of Games as a Tool for the Moral Philosopher", Cambridge Inaugural Lecture (Cambridge, 1955). 或许应该加以强调的是,尽管这一方法有时候被认为会导致"基数效用"(cardinal utilities),但是这仍然是谈论选择模式的唯一方式,而且并不涉及向这一模式"背后的"心理数量观念的回归。

　　②　存在着多种多样的"终极价值",它们仅仅因为可替代性关系(relations of substitutability)而存在着关联。这一基本观念比下述假定要复杂得多,即只存在一种"终极价值",其他所有价值都可以还原为这种价值。但如果这一假定不符合事实的话,这也并不是拒绝上述基本观念的理由。就大多数人的评价而言,我相信它确实不符合事实。然而,一旦只存在一种"终极价值"这种观念被拒斥了,那么很诱人的做法就是引入一个比我已经使用过的观念更简单的观念,即在一种限定条件下将一个变量加以最大化。我并不想否认,对于某些具体问题,如果我们将之看作一种限定条件下对某种东西加以最大化的问题,这些问题便可以得到有益的简化。比如,一个地方政府可能会发现,将其财政收入看作固定的,并思考如何使用财政收入才最好,而不是在每一项目上都把所有相关价值考虑进去再来确定最佳使用金额,这样做可能大体上是有用的。但是,只有当我们将下面一点铭记在心,这种做法才是可以接受的,即这是对真正问题的人为简化。

　　"很随便地选择的或任意的限制条件可以轻易地使得系统成本增加许多倍,或者使系统的功效减少许多倍,而且会得出一些最初设定限制条件的人也不会接受的解决方案,如果他知道它们意味着什么的话。"

　　"(注释)我们知道,在有些研究中,由于对伤亡人员的人数做了任意限定,结果导致一些解决方案用1亿美元的边际成本来救一条人命。即便我们认为一条人命'值'这么多钱,但是同样多的钱可以用来救更多人的命。"C. J. Hitch and R. McKean, *The Economics of Defense in the Nuclear Age* (Cambridge, Mass. , 1960), pp. 186-187. (中译本见查尔斯·J. 希奇、罗兰·N. 麦基因:《核时代的国防经济学》,闵振范等译,北京理工大学出版社,2007 年,第 181 页。——译者注)

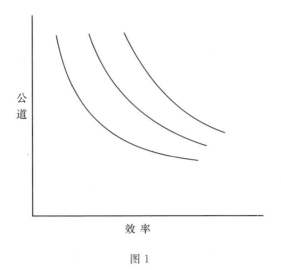

图 1

（2）替代与重要性

6

对于用无差异曲线来讨论效率与公道这样的东西，一条显而易见的反驳就是，与葡萄和土豆不同，它们不能量化。如果这种反驳谈论的是能否为它们赋予有意义的数值，这种反驳当然是正确的；但是如果这种反驳只是意味着，我们不能说一件事比另一件事更公道，或一件事效率极其低下而另一件事效率只是稍微较低，那这种反驳当然就是不正确的。我们只需要承认这一点就能够主张，即便在不止一条原则被接受为"终极"原则的情况下，也可以存在前后一致的政策选择。无可否认的是，对任何实际的无差异曲线（比如图1所示的那些无差异曲线）都认真对待就太学究气了，但是把它们记在心里是有用的，因为它们所暗示的观念与政治原则有关联。它们所暗示的基本观念是，尽管两条原则无须可化约为一条原则，但是它们通常被认为在一定程度上是可以相互替代的。因此，一个做评价的人所面临的问题可以看作是这样一个问题，即他必须确定各种原则的何种混合（这种混合是从所有可能的混合方式中挑出来加以或多或少地贯彻的）在他看来是最好的。

就政治经济学的现状而言……我们意识到，我们拥有的任 7
何东西都是通过放弃其他东西换来的，而且，我们被教导说，要
比较我们的所得与所失，在做出选择时要知道自己在做什么。[①]

这个基本观点的一个必然推论——它在经济学中很熟悉，但我
们有必要联系原则来阐明它——就是，在不存在单一标准来裁决其
他所有原则的情况下，"相对重要性"概念就变得非常复杂了。事实
上，只有根据一种价值对另一种价值的边际替代率来赋予它一种
意思。

让我们回到葡萄和土豆的例子。如果葡萄和土豆都促进了"快
乐"或"效用"这样一种同质性东西的数量的增加，那么对于"葡萄在
琼斯的日常饮食中比土豆更重要吗？"这个问题，我们就可以通过看
看哪一种食物为他提供了更大数量的快乐或效用来回答。（一个相
似的类比是这样一个问题：两个水龙头中哪一个为装满浴缸做出了
更大贡献。）但是，如果不能以这种方式来对比葡萄和土豆，那么这个
问题也就不能这样来解释。相反，我们必须追问：他失去一个土豆后
必须得到多少葡萄才能得到弥补？"重要性"如果要有意义的话，就
必须与商品的边际替代率相联系。

几乎同样的推理可以用于政治原则上。如果价值是不可通约
的，那么"他认为效率比公道重要"就不能被解释为"他认为效率与公
道相比能够为一种事态的总体善（total goodness）贡献更大的数量"。
因为"一种事态的善"不是一个可以由效率和公道加以促进的量，而
只是以一种缩略的方式表达了一整套那个人的无差异曲线，这些曲

① Oliver Wendell Holmes, Jr., "The Path of the Law", *American Thought from the Civil War to the First World War*, ed. Perry Miller (New York, 1954), p. 202. （霍姆斯的《法律的道路》有多个中译本，可以参阅张千帆等译，《南京大学法律评论》，2000 年秋季号；许章润译，《环球法律评论》，2001 年第 3 期；陈新宇译，《研究生法学》，2001 年第 4期；陈绪刚译，见《法律的道路及其影响》，斯蒂文·伯顿编，张芝梅、陈绪刚译，北京大学出版社，2005 年；明辉译，《法律的生命在于经验：霍姆斯法学文集》，清华大学出版社，2007年。——译者注）

线体现了公道与效率之间让他同等满足的各种权衡取舍。我们必须这样来理解这一说法的意思，即"如果这是一个在效率与公道之间进行选择的问题，那么要想让他接受效率方面的一种潜在的降低，就必须在公道方面有很大程度的潜在增加（反之亦然）"①。

在提出这一必然推论时，我通过谈论葡萄和土豆之间或者效率与公道之间那种边际替代率而有意识地做了过度简化。事实上，我们只有在某一个点上谈论边际替代率才是稳妥的。这种说法有两个不同的方面，这两个方面都与政治原则有关。首先，无差异曲线不必是直线；其次，无差异曲线不必相互平行。第一点意味着，如果我们继续维持一些被认为同等可欲的情形，那么很可能在一种情形中，公道越多且效率越低，剩余的效率数量就变得越是重要；换句话说，必须引入更多的公道来补偿效率的进一步降低。

第二个方面处理几条无差异曲线之间的关系。如果一条无差异曲线表示的是与三颗葡萄和三个土豆这样的组合无差异的所有组合方式，那么另一条无差异曲线就代表了所有与三颗葡萄和四个土豆这样的组合无差异的情形，诸如此类。只有当葡萄和土豆在任何总体满足水平上都保持相同的相对吸引力时，这些无差异曲线才是平行的。但这是不可能的：在饥饿仍然有待减轻的情况下，下述想法当然是合理的，即如果要让一个人不要吃相等数量的葡萄和土豆，而要多吃葡萄，那么每少吃一个土豆，就要多给他很多颗葡萄；然而，一旦他达到了某种状态，在那种状态下，要是吃相等数量的葡萄和土豆的话，土豆对于消除饥饿感来说都太多了，而额外数量的葡萄仍然是他所欢迎的，那么他当然愿意接受更少数量的葡萄以便放弃一个土豆。假定我们用"食物"代替土豆，用"政治自由"代替"葡萄"，我们当然就

8

---

① 对于不可通约的东西，当它们发生冲突时，我们只有根据（现实的或潜在的）选择来断定它们的"重要性"。如果我们有两条原则，而且我们无法想象它们的要求会发生冲突，那么我们就绝不会谈论它们的相对重要性。

得出了一种容易识别且前后一致的立场(尽管当然不是唯一可能的立场),这种立场大致而言就是,如果政治自由只有以忍饥挨饿为代价才能获得,那么它就不那么值得拥有;相反,在我们可以获得食物的情况下,政治自由就更值得拥有。①

9   3. 评价与视角

(1)评价与评估(Evaluating and Appraising)

迄今为止,我一直把"评价"概念视为理所当然;总体上,我更关心的是对它的使用,而不是要在关于这个主题的浩繁文献中再补上一份。然而,与"评价"一词的通常用法相比,大多数讨论似乎对该词做了很多限定,因此或许我应该说,我打算在该词通常的宽泛意义上使用它。

"评价"(evaluate)一词源自法语"évaluer";这个英语单词有一个用法与这个法语单词的用法很像。正如"évaluer"一词的结构所示,它与从某物中提取(drawing)或抽取(extracting)价值这种观念有关;因此,"évaluer"一词与"估计"(apprécier)、"确定价值"(fixer la valuer)、"估价"(estimer)相联系;这样,我们可以说"为某块土地估价"(évaluer la valeur d'un terrain)。同样,在英语中,"评价"也与从某物中提取或抽取价值这种观念有关,但当然不是从中得出(derive)价值的意思:"评价"与"appreciate"一词有联系,不过是在该词与"估量"(sizing up)有关的意义上有联系(毫无疑问,"估量"是这个有趣的词语最基本的意思),比如,"估量事实""对日德兰海战的估量"。"评价"也与"确定价

---

① 这里的评论只适用于"需求"方面;为了知道实际上会选择什么政策,我们还必须知道"供给"方面,即必须放弃多少数量的一种事物来换取多少数量的另一种事物。比如,如果与忍饥挨饿相比,那么自由的价值就相对较小,但即便如此,自由的彻底丧失几乎不会带来饥饿的消除,因此选择自由是符合理性的。

值"、"估价"（estimating）有联系。①

在这段引文中，保罗·齐夫（Paul Ziff）正确地用"价值"（value）来界定"评价"，因此有必要考虑一下这个词语。"value"作动词用时有两个意思。第一，它指的是一种确定某物之价值（一般是用金钱来衡量）的活动。因此，一个评定房产价值的地方政府估价官可以说"我花了一整个下午来估价（valuing）"。（"评估"一词也可以用在这里。）第二，"value"一词也用来指一个人的"心理状态"。② 在这种意义上，说一个人"珍视"（value）某物就是说该物对他很重要，对他非常有价值，但这里的价值通常并不是指金钱方面的价值。因此，这一用法的典型例子就是，"我极为珍视他的友谊、服务、支持或鼓励"。我认为下述说法是恰当的[这是在对"规约"派（"prescriptive"school）做出温和的让步]：可以认为这些说法不仅在表达感激，而且也表达了一种意愿，即如果有必要的话愿意全力以赴地保住所珍视之物。

或许正是因为作为一个动词用来表示确定价值的活动的"value"一词已经先占了确定某物售价（或在某种意义上的应售价）的意思，稍显冗长的"evaluate"一词根本就不在那种意义上使用。实际上，必须指出的是，在**任何**一种意义上，这个词都使用得不多。③ 根据我的观察，它最经常出现的语境是：(a)"评价证据"（这种用法尤其出现在有大量原始数据的情况下，比如卫星传播的信息或核试验的记录）；(b)"评价政策"（通常，这种表述往往用于政策已经生效一段时间然后做出一些尝试来看看政策运行情况如何的情况下，比如，一

10

---

① Paul Ziff, *Semantic Analysis*（Ithaca，New York，1960），p. 242.

② 对比下面两个说法："十分钟前我赞成那个计划"；"我赞成实施那个计划"。再对比下面两个说法："我曾经欣赏过……（I gave an appreciation of...）"；"我欣赏……（I appreciate...）"。

③ 奇怪的是，正统的"牛津"道德哲学中的两个关键词语是"evaluate"（评价）与"commend"（称赞），它们都是很少见的词语。这也是一种破坏性的反思，因为这暗示着，它们并没有非常稳定地扎根于非哲学语言。实际情况是，"称赞"的意思是"说某物好"，"评价"的意思是"确定某物好还是不好"。当然，如果目标在于界定"好"，这也没有多大帮助。

个医院可以评价从取消固定探望时间这一政策的实施过程中所获得的经验）。① "评估"（appraise）——我已经指出，该词可以用作"value"一词的同义词——也有很多种用法。这样，我们可以"评估"一个人，这相当于"估量他"（weighing him up），我们也可以从事"逻辑评估"（logical appraisal）。②

如果我们把"value"（在该词的第一种意义上，即"确定某物之价值"）、"appraise"与"evaluate"放在一起，我们可以对它们说些什么呢？我能提出的最具一般性的描述就是，它们都涉及处理一些事实以便回答某种问题：这能卖个什么价钱，这证明了什么，等等。更准确地说，它们都涉及"估量"（物、人或证据）以便看看它们到底有何"价值"。我将称这一过程为"评价"，即便某个同义词更为自然。

11　　**（2）方面**

评价可以从不同的**方面**（aspects）并使用不同的**所指群体**（reference groups）来进行。这两种区分都可以涵盖于**视角**（points of view）的名下，而且人们通常也是这样提到它们的。因此，在"方面"的意义上，我们可以从经济、政治或审美的方面或视角来评价一套新房产，也可以从文风、逻辑或事实的方面或视角来对一部作品加以评价，诸如此类。对于一间屋子里的家具，木匠可以评价其工艺，审美家可以评价其外表，工效学家可以评价其舒适性与便利性，拍卖商可以评价其现金价值，纵火狂可以评价其燃烧性能。具体情况下哪些视角是"恰当的"，取决于一个人的目的或态度是什么，而反过来

---

① 一个典型的用法出现在一篇拉蒙特·科尔（LaMont C. Cole）对雷切尔·卡森（Rachel Carson）《寂静的春天》（*Silent Spring*）的评论文章当中（见 *Scientific American*，November 1962, pp. 173-180）："我怀疑对人来说，正如对自然来说一样，获得进步不可避免的方式就是以一种几乎是灾难性的方式来尝试新事物，抛弃失败，一心指望成功。……长远来看，除非一条新建议可以基于之前的知识而被抛弃，否则评价它的唯一方式就是去尝试它。"

② 见 P. F. Strawson, *Introduction to Logical Theory* (London, 1952)，第一章。

这些目的或态度当然也可以由自己或他人来评估。尼禄可能因为在审查罗马大火事件时采取了一种审美的而非灭火的视角而受到批评,尽管人们承认他可能更精于竖琴而非消防水桶。或者,一个人可能会因为在考虑英国进入欧洲共同市场的利弊时只采取一种经济的视角而受到批评。[1]

(3)所指群体

考虑一下"所指群体"(reference group)意义上的"视角"的一些例子,这些例子都出自一篇短文:

……从单个国家的视角来看的国际贸易问题……

……有一种情形实际上从每一个人的视角来看都要比其他情形更好……

……关税所导致的浪费从作为一个整体的宇宙的视角来看并不意味着它们对单个国家的福利有负面影响……[2]

当一个人谈到"美学的视角"时,谁也不会认为必须存在一个有一种"视角"的"美学"实体。这里的"视角"是评价者的视角,而不是其评价对象的视角。当一个人谈到"一个国家的视角"或"每一个人的视角"时,我们更容易认为这意味着**根据"一个国家"的意见**(in the opinion of)或**根据"每一个人"的意见**。如果存在着全体一致的话,就可以说"每一个人"都有一个意见,但是把一个观点归于一个有所分化的群体却会引起严重的逻辑困难。[3] 然而,认为才"一个国家"具

12

---

① "道格拉斯·杰伊(Douglas Jay)先生并没有提到欧洲共同市场在政治上的重要性。很难明白他为什么回避围绕欧洲共同市场的争论的这一核心方面。……尽管我们完全可以认为杰伊先生是**故意**只关注经济方面,但是他从经济角度来总结欧洲共同市场肯定是不对的。"见 H. Scott Stokes 于 1961 年 12 月 1 日发表在《新政治家》(*New Statesman*)的一篇快讯,第 829 页。

② T. Scitovsky, " A Note on Welfare Propositions in Economics", *Review of Economic Studies* Ⅸ, No. 2 (Summer, 1942), pp. 89-110.

③ 参阅 I. M. D. Little, "Social Choice and Individual Values", *Journal of Political Economy*, LX, No. 5 (October 1952), pp. 422-432.

有那个观点与认为"美学"具有那个观点一样是错误的。"一个国家"仅仅是指评价者做出自己的评价时所考虑进去的那些人;我将称这些人为评价者的"所指群体",这种用法与该词标准的社会学用法略有不同。这样,一个人就可以说某条政策"从某个群体的视角来看"是有利的,即便其成员从未听说过那条政策,他所不能做的就是,完全忽视他提出来作为其所指群体的那个群体的某些成员的利益。对于他所谓该条政策从这个群体的视角来看是有利的这种说法,如果有人指出,"琼斯的境况会变得更糟糕,而且他是这个群体的一员",从而以此来加以质疑,那么他必须要么回应说事实并非如此,要么回应说据他估计,所失可以被该群体其他人的所得抵销。他不能说"琼斯并不重要"或者"那又怎样?"。

和方面一样,所指群体的确立也是进行评价的前提,尽管它本身也可以成为进一步的评价的对象,比如说:"你不考虑其他任何人的利益的做法是自私的"。然而,除了使用像"自私"这样表示责备的词语以外,很少有什么说法可以明确地用来说服一个人在做评价时采纳一个所指群体而非另一个所指群体,尽管或许有"为什么在这里停下而不是在那里?"这种形式的争辩,这种争辩倾向于把一个人带向自我中心主义或普遍主义(即把自己当作所指群体或把每个人都当作所指群体)。① 由于这两种极端的立场很重要,我在后面的章节将用专用的名称来指代它们。我将把以自己或自己的家庭作为对象的
13 评价称作"**私人取向的**"(privately-oriented)评价,把以每一个人或某个大型群体比如一个国家作为对象的评价称作"**公共取向的**"(publicly oriented)评价。②

---

① 我认为西季威克在《伦理学方法》(London,1930)一书中采取了这种思路。

② 要是能用"涉及自己"与"涉及公众"这样的表达当然比较方便,但由于密尔在《论自由》中该用"影响"时却用了"涉及"(即"涉及自己的行为"与"涉及他人的行为"),从而先占用了"涉及"一词,至少在英国哲学的用法中先占用了该词。不过也见 Lamont,*Principles of Moral Judgement* (Oxford,1946),pp. 118-119,他在那里使用了"涉及自己"和"涉及他人",把它们运用于目的,并用来指代判断中所关心的所指群体。

　　评价上的分歧可能并不是由于原则上的任何差异,而是由于评价者赋予了许多一致赞成的原则以不同的相对权重,同样,所指群体的不同也可以解释许多不涉及任何原则差异的分歧。① 事实上,正如忠诚冲突的问题会引起某些最为棘手的个人道德问题一样,应该把哪一个所指群体考虑进去的问题也引起了许多最为棘手的政治问题。

　　我认为将会有一种大体趋势:当被问到时,人们会说,在评价一项政策时,恰当的所指群体包括了所有受该政策影响的人。但如果是这样,这种口头上的反应明显不符合实际评价。我们国家有多少人担忧核武器呢,尽管只有苏联人才是核武器的打击对象?如果我们真的愿意认为每个人都只算作一个人,谁也不能算作更多,那么我们愿意放弃多少国民收入呢?

　　在世界难民年年底,有一个人写了封信给《卫报》并署名"中产阶级百万富翁"。信里说,与难民相比,他可以被看作是一个百万富翁了。他寄了 50 英镑给基金会;在接下来的几个月里,又有好几百人给基金会寄钱。我对这些人最尊敬了,他们所给的远远比我更多。但是我必须指出,如果他们问过自己:"在哪一点上,一英镑给我带来的好处就不再少于给一位难民带来的好处了?",那么他们大多数人至少会捐助 500 英镑。因此,看来好像没有谁会把每个人都算作一个人;我们每个人或多或少都愿意做出任意的计算,无论我们最后捐　　14

---

　　① 正因为如此,产生分歧的这两种原因都被金斯伯格(M. Ginsberg)用来论证,虽然评价结果在不同社会之间存在差异,但这些差异背后的原则是相同的。见 M. Ginsberg, "On the Diversity of Morals", *Essays in Sociology and Social Philosophy*, I (Mercury Books, London, 1962)。

出的是 50 英镑还是世界难民年全国捐助的平均水平 4 先令。①

但是即便实际上所指群体往往以国为界,我认为,在过去的一个世纪甚至更久以前,也已经形成了一个明显的趋势,即认为一个国家的所有成员构成了一个单一的所指群体,而不是挑选出国家中的特殊群体作为所指群体。

　　一个享有特权但并不承担相应特殊职责的贵族阶层似乎不具有正当性。然而具有这一特点的贵族阶层在历史上比比皆是。这样,我们就不得不问,在那些他们君临其上的人眼里,他们究竟是基于何种理由而得以证成的? 从根本上说,我们必须相信,阶层上的这些区分已经由于人们当中一个非常流行且多少有些模糊不清的观念而得到承认,根据这个观念,高贵的出生与低贱的出生之间有一种本质性的区别,就像人与低等动物之间存在一种本质区别一样。否则,大众几乎不可能默许上层社会所具有的经济与社会优势,而这种默许已经持续很久了。②

在其余的所指群体中,种族群体是最重要的,即便在这里,那些希望证成歧视的人也有一个总体趋势(尽管这一趋势很容易被夸大),他们要么认为黑人(等等)真的"低人一等",要么认为种族隔离对所有人来说都更好。有人可能会认为,虽然这些理由都是糟糕的理由,但是从普遍主义的视角来看,这确实是对另外一种情形的改进,在那种情形下,人们认为根本不需要任何理由。甚至一个南部的白人优越论者也愿意响应梅因笔下的婆罗门吗?

----

　　① "我们的演讲者 Glover 先生并没有自鸣得意,他甚至比我们对社会正义更加热情……他会说:'你想要正义,但是你知道正义意味着什么吗? 如果你知道,那么你还会真的想要正义吗? 对你而言的正义涉及对全世界数百万人而言的正义;涉及对非洲黑人、华人和印度贱民。正义并不意味着你应该得到更多,而是意味着你应该得到更少,因为相对于黑人、华人和印度贱民,你已经生活得像个王子。如果你想要的只是对你自己而言的正义,而华人的境遇却糟糕透顶,那么你就和乔·张伯伦一样自私。'讲到那里,他突然发出一阵大笑。"W. Allen, *All in a Lifetime* (London, 1959), pp. 135-137.

　　② W. W. Willoughby, *Social Justice* (New York, 1900), pp. 44-45.

亨利·梅因爵士告诉我们说,他亲自听说过一位上层种姓的印 15
度人声称,一个婆罗门有资格获得的幸福是其他人的 20 倍,这是宗
教教义,这并不基于个人功绩(个人功绩源自其生活方式或行为),而
是因为,从本质上说,作为一名婆罗门,他要比低等种姓的人高贵
20 倍。①

---

① Willoughby, *Social Justice* (New York, 1900), p. 36, 他在那里参考了 Sir Henry
Maine, *Lectures on the Early History of Institutions* (London, 1914), p. 399. 然而我的同
事 Ajit Dasgupta 指出,婆罗门很可能会基于大概属于前世的非凡功绩而声称他有资格获
得额外的幸福。人们发现,要想避免为区别对待给出**理由**(无论是多么稀奇古怪的理由)
是何等之困难!

第二章　语　言

1. 引言

(1)本章的论证

在上一章开始之处(见第一节第一部分),我提出了我的理由来解释,为什么我认为研究的主题应该被说成是存在于政治证成与政治论证的领域而非政治评价的领域。我指出,很可能政治评价的某些方面是无法用语言来表达的,这一特点也使得我们无法对它们进行哲学分析。

这样,在本书中,我关心的是语言的某些用法,也就是出现在政治证成与政治论证中的那些用法。既然如此,接下来似乎很自然要问,是否能够对语言的这些用法给出某种一般性的刻画。比如,有的人可能想说,它们是语言的"评价性"用法而非"描述性"用法,而且,如果注意到它们当中也有一些特殊的"评价性"词语,我们就可以发现这一点。我将在本章试图表明为什么我认为这种观点即便严格来说不是错误的,但无论如何对我的目的来说也没有太大帮助。尽管我希望我已经成功地避免了专业性，但这在某种意义上仍然是一场很专业的讨论。因此，我在这里要指出，任何一个读者只要愿意相信我的话，认为试图将我要处理的词语区分为"描述性"词语与"评价性"词语，或者将"评价性"词语区分为"描述性的"成分与"评价性的"成分，并没有多少意义，那么他就完全可以跳过这一章的主体部分，从第五节开篇之处（第32页）重新开始阅读，也不至于错过任何对于他理解本书剩下部分来说是不可或缺的东西。

（2）下一步的方法

接下来的三节我将遵循下述方法。我首先陈述两种非常简单的理论，这两种理论都涉及"一句话有意义意味着什么"这个问题。然后，通过反思这两种解释的不当之处，我将提出一种似乎更令人满意的解释。接下来（第四节）我将把这个关于意义的一般性理论运用于手里的具体问题，即所谓"评价性"意义这个问题。我们将会清楚地看到，这三节的主题本身完全可以用一部鸿篇巨制来加以充分讨论。因此，在继续我的讨论之前，我想诫告读者两点。首先，我只在某些方面以及某种程度上详细阐述本章所提出的这种意义理论，具体怎样阐述就要看怎样阐述对于提出与我当前目的直接相关的观点来说是必要的；其次，有时候我会提到意义问题上的其他一些观点，这样做完全是为了让我的观点更加清楚。声称在这么小的篇幅中讨论他人的观点是恰当的，这很愚蠢。

2.两种意义理论

（1）因果理论

一个很方便的做法就是先拿"关于意义的因果理论"开刀，根据这种理论：

> 当且仅当符号所具有的影响听者的倾向是由一个复杂的条

件反射过程(process of conditioning)——这个过程与符号在交流中的使用相伴随——所产生,并且要是没有这样一个过程,这种倾向就不会形成,……那么这种倾向就被称为一种"意义"。①

因此,这种理论是根据巴甫洛夫式的术语来想象语言的。言语(utterance)相当于吃饭铃声以及该言语所引起的狗流口水的效果。

这种理论面临一个简单、明显且具有决定性的质疑:如果一个人并不相信他所听到的,那么他所听到的就对他没有任何影响,但是言语并没有失去意义。正如我所说,这一质疑是决定性的;但是为了表明没有任何细微改动(比如谈论"通常的"效果)能够让这种理论回避这一质疑,有必要给出足够的说明来指出,未能处理不真实的陈述只是普遍的缺陷的征兆之一而已。

非条件反射——比如膝跳反射——并没有任何心理过程(信念、预期等)的介入。根据我的理解,条件反射在这方面是类似的:狗之所以自然而然地流口水,不是因为它"相信"可以吃到食物了。不过,如果要用来类比语言的话,更好的类比不是巴甫洛夫的狗,而是这样一个人,他听到自己住的酒店里敲锣了就来到了餐厅。他不是基于**条件反射**而来:他只是恰好来了。他之所以来,是因为他看到过一份通知,或他被告知过,或他知道一个普遍的惯例,即吃饭时间会敲锣。

说出的话与写下的字并不直接作用于人,如果它们具有某种影响的话,这只是由于它们被理解了,而且被相信(或接受)了。如果一个人告诉我某件事,而我相信他,或者一个人命令我做某事而我做了,那么下述说法就具有误导性:是那个人的言语**导致**我相信了那件

---

① C. L. Stevenson, *Ethics and Language*(New Haven, 1944), p. 57. (中译本参阅斯蒂文森:《伦理学与语言》,姚新中、秦志华等译,中国社会科学出版社,1991 年,第 66 页。——译者注)因果理论更复杂精致的版本可见 Charles W. Morris, *Signs, Language and Behavior*(New York, 1946)。(中译本见莫里斯:《指号、语言和行为》,罗兰、周易译,上海人民出版社,1989 年。——译者注)

事或做了另一件事。除非这种说法的意思仅仅是说,要不是他告诉我或他命令我的话,我是不会相信那件事或做另一件事的。如果我们照下面这种方式来解释这种说法的意思,就大错特错了:正如头部被击打导致一个人头疼一样,言语也以同样的方式导致了那种信念或行为。即便当一个人说的话**导致**了另一个人生气,也并不是他表达时发出的声音本身具有这种效果,而是他的言辞的**内容**。而且,"你是一个说谎者"这句话的意思并没有包括对变得生气的人的任何指涉(我还会回到这个观点上来)。

(2)"意图"理论

如果拒斥了因果理论,那么接下来一种最简单的理论就是"说者意图"理论("speaker's-intention" theory)。根据这种理论,一句话的意义被等同为说者试图在听者那里引起的效果。① 因此,锣声"意味着"(means)饭菜准备就绪,因为敲锣是为了引起这种信念;"关上门"的意思可以通过指出一个事实来解释,即这句话是由想让门关上的人说出来的;等等。

这种理论勉勉强强能够处理我对因果理论所提出的那条质疑;基于人们指望自己的言语得到接受这一假定,我们可以说,当人们说话时,他们试图导致的效果正是他们的言语如果**得到**接受便会具有的那些效果。因此,如果一句特定的言语没有得到听者的接受,那么由此而引起的效果(或缺乏效果)就不是说者意图的一部分。然而,这并不是一个恰当的回应,因为没有必要认为上述假定是有效的。假设我知道琼斯喜欢唱反调,那么为了让他去做某事 x(这是我想他去做的),我就不得不叫他不要做 x。我的意图是他去做 x,但是,"不要做 x"的意义真的没有因此而发生改变吗? 事实上,恰恰是因为

19

---

① 这一理论由保罗 · 爱德华兹(Paul Edwards)在他的 *The Logic of Moral Discourse*(Glencoe, ILL., 1955)中明确提出,他谈到了言说行为的"目的"。

"不要做 x"具有它确实具有的意思,我才能为了让琼斯去做 x 而使用这句话。

这条批评可以加以普遍化。言语的意思不能被等同为说者使用它时的实际意图。除了我叫琼斯不要做 x 以便让他去做相反之事这个例子以外,我们再考虑一下称某人为说谎者的例子。如果"你是一个说谎者"这句话的实际效果是激怒了听者,那么因果理论就不得不把"愤怒"包含在这句话的意思当中;但是,如果说者试图在听者那里引起愤怒,那么说者意图理论就必须把"愤怒"包含在这句话的意思当中。(对于说者意图理论来说,他是否成功地实现了他的意图不重要。)

对于说者意图理论所遭遇的那些批评,我们在一定程度上可以通过引入格赖斯(Grice)所做的一个修正来应对。根据这种修正,言语的意思应该被等同为说者试图通过听者对该意图的承认而在听者那里引起的效果。① 这样,即便你承认我让你生气的意图,现在也没有必要说这与"你是一个说谎者"的意义有什么联系,因为我并没有试图让你仅仅通过承认我这样做的意图而生气。在那个作为对比的例子中,当我说"关上门"时,我的意图是让你仅仅通过承认我的意图而关上门。根据当前这种理论,唱反调那个例子也变得清楚起来。当我对琼斯说"不要做 x"时,我当然不是试图让他通过承认我的意图而去做 x。我是在谎称,我试图通过他对**那个**意图的承认而让他**不要做** x,而这正是我必须被认为要表达的意思。②

———————

① H. P. Grice, "Meaning", *Philosophical Review*, LXVI (1957), p.383:"对于 A 通过 x 来表达某种意思来说,哪些东西是必要的,或许我们可以总结如下:A 必须试图通过 x 在听者那里引起一个信念,而且他还必须试图让他的言语被承认具有这样的意图。"在这篇文章中,格赖斯关注的是为某人通过言语来"表达某种意思"找到一条标准;对于如何确定他的意思是**什么**,我所提出的是同样的标准。

② 注意,真与假在这里是不相关的。我到底试图通过向琼斯说假话来让他相信(据我的估计)为真的事实呢还是相反,这对意义问题没有任何影响。这种说法对于意义来说确实一般也是有效的:"猫在垫子上"的意思完全是一样的,无论说者自己是否相信它。

(3)惯例因素(The Element of Convention)

20

不过,格赖斯的理论实际上也并不是完全正确的,因为它无法让我们区分开"琼斯的意思"与"(琼斯所使用的)这些词语的意思"。"琼斯的意思是什么?"完全可以被理解为"琼斯希望通过他的意图得到承认来达到什么效果?"(或者说得更随便一点,"他试图传达什么?")。但是"他的话是什么意思?"需要一个更为复杂的回答。大体上,它相当于"任何一个使用这些词语的人通常情况下试图通过那一意图得到承认来导致什么效果?"①不过,这仍然倾向于表明,"人们的意思是什么"是首要的,而"他们的话是什么意思"是次要的;后者不过是前者在统计学上的总结(statistical summary)。但是这样来思考二者的关系就完全搞反了。除非人们所用的词语有某种意思,否则,人们使用词语来表达某种意思就是不可能的。唯有存在一些惯例,这些惯例规定着使用这些词语的人必定具有的通常意图,才有可能通过语言来交流。② 当然,语言也可以以不符合惯例的方式(也就是以一种怪异的方式)来使用,但是下述说法仍然是正确的:在这种情况下,我们之所以能够确定说者的意思,只是因为他所使用的词语 21 是有意思的(这里,"有意思"要以刚才所解释的那种方式来理解)。

---

① 下述引文很好地说明了这一区分:"英国的律师在解释议会法案和法律文件时依照的是其中出现的词语在他们看来为人共同接受的意思是什么。他们的假定是,议会或大臣的意思就是他们所说的,如果他们词不达意,他们总是可以换一种说法以便让他们的意思更清楚。……但是六国集团(the Six)中每一个国家的大陆律师在解释法律时都是自问,立法者**试图**用法律中的词语来**表达**什么意思。为了找到这些解释,他们追溯到法律序言中的陈述,或追溯到议会中的争论与类似的源头。"William Pickles, *Not with Europe*; *The Political Case for Staying Out*(Fabian International Bureau, Tract 336, April 1962), p.15. 这样,根据威廉·皮科(William Pickles)的说法,对于一份文件,英国律师问的是"这份文件的意思是什么",而大陆律师问的是"制定这份文件的人的意思是什么"。显然,这里有一个区分,这个区分是任何恰当的语言理论都必须考虑进去的。
② 一个与语言无关的例子就是理发师的红白相间的条纹杆。除非已经存在一个将这样的条纹杆与理发店相联系的惯例,否则一个理发师就不能用一个红白相间的条纹杆来表达他是一个理发师的意思(这不同于让人注意到他的理发店)。

但是我猜想格赖斯可以把某个借助图画来传达信息的人作为自己的核心例子,从而认为惯例并不重要。但正是因为惯例因素非常之少(minimal),所以用图画来类比语言中的言语才是非常糟糕的类比。对此,可以给出一个很简单的说明:建筑师往往很容易说出图纸所描绘的是什么,但是他不可能确定碑文的意思,除非他已经认识铭刻碑文所使用的语言(或一种与之相似的语言),或者除非他可以找到用那种新的语言所写成的同样的文字而且他又认识这种语言。①

更接近的类比是交通信号灯或铁路信号(signal),它们的意思就是它们通过信号代码所表示的意思。不过,这里就像在语言中一样,仍然存在"信号的意思"与"信号员的意思"之间发生背离的可能,而图画则并非如此。当有人操作一种信号设备使得它发出在信号代码中具有特定意思的信号时,问"信号员是什么意思?"是没有意义的,正如当一个人说了一句话而这句话是在以通常的方式用词且就其语境来看没有任何怪异之处时,问"他是什么意思?"是没有意义的一样。不过,假设出现了信号代码中没有预想到的情形,这样,信号员就可以通过以不合惯例的方式安排信号来尽力传达他的意思。如果他真这样做了,那么正确的反应就不是"那是什么意思?"(这种反应意味着它在信号代码中确实有某种意思,只不过我们不知道是什么意思而已),而是"**他**是什么意思?"②这就类似于语言的一种不合惯例的用法。

---

① 有一个例外证实了我的观点,这个例外是一种仍然属于真正象形文字的符号系统,就是说,在这种符号系统中,符号在记录口头语言的时候还没有因为其音值(phonetic value)而"形成惯例"(我们这样说是富有启发性的)或被使用。

② 那个例外可以再一次启发我们。如果它是一种自动的信号,那么任何对规定模式的偏离都必然是由故障造成的。这样,追问一种偏离常规的信号"那是什么意思?"就是合适的,但"意思"(mean)一词的意义就等同于它在"云意味(mean)着雨"这句话中的意义。换句话说,我们就不是在追问这是一种代表什么的信号,而是在追问它是什么的征兆["符号"(sign)一词将两种意思都涵盖了,这造成了大量的混乱]。

3. "约定俗成的意图"理论 22

(1) 本节概要

在前一节通过批评"因果"理论和"意图"理论，我得出的理论可以被称为"约定俗成的意图"（conventional intention）理论。在这一节，我首先要对到此为止所提出的这种理论给出一种更为正式的陈述。然后我要补充各种复杂的说明，这些说明是很有必要的，因为它们使得这种理论可以应对所谓"评价性词语"和"评价性语句"所引起的那些问题。

让我们把**言语**（utterance）说成是环境中的某种变化，这种变化旨在通过接受者对言说者意图的承认来导致一些效果；让我们进一步把接受者叫作**听者**（hearer），把言说者叫作**说者**（speaker）。这样，一句言语发生于特定的时间与地点。与此相对，一种**言语形式**（form of utterance）就是指一种交流媒介（下文将给出定义）的某种可重复的用法。一个在特定场合发出声音的蜂鸣器是一种言语，而蜂鸣器的声音被看作一种事件时就是一种言语形式。我们可以根据环境中所造成的变化的种类来区分出不同的言语**媒介**（media）。言语媒介的例子包括图片、写出来的符号、彩灯、蜂鸣器、手势、说出来的声音等等。所有的言语媒介要想有用，就必须至少容许人们区分出两种不同的言语形式（比如灯或蜂鸣器必须能够要么开要么关），但是除此以外，一种媒介中还必须有一定数量的言语形式。不同媒介中的言语形式可能是相互关联的（比如说、写、盲文、莫尔斯电码）。

我们把言语的**内容**定义为说者试图通过听者对他意图的承认从而在听者那里引起的所有效果；把一种言语形式的**通常**内容（normal content）定义为那种言语形式通常所具有的内容。一句言语的实际内容可以与那一言语形式的通常内容一样，但也可能会与之偏离；而且未必存在通常内容。（一种言语形式的通常内容相当于"言语的意思";当一句言语偏离那种言语形式的通常内容或根本就没有通常内容时,该言语的实际内容就相当于"说者的意思"。)

(2)语言的形式

一种语言之所以不同于一套符号,就在于语言包含一些要素,这些要素中至少有一些要素本身并不是完整的言语形式,但却可以以各种方式组合起来形成无限数量的言语形式。我们可以称之为"语言的形式"(linguistic forms)。[①] 对于像英语这样一种分析型语言的使用者来说,词语是语言的形式显而易见的例子;但是即便在英语中,也存在着词语的变形(词缀和语法上的变形)以及诸如词序这样的句法要素,所有这些东西都可以单独地影响它们所在的句子的意思。[②] 现在我们可以指出,要想弄明白一个词语(等等)的意思,我们可以看看,当这个词语取代其他词语时,它给言语形式的通常内容所带来的各种变化的共同之处是什么。这一点的重要性就在于,它使得我们可以更准确地看出一个说者为什么可以使用一个并没有通常内容的句子来向其听者传达某种东西:尽管这个句子没有通常内容,但构成它的那些词语(等等)确实是有意思的,而正是由于这些词语促成了一些确实具有通常内容的句子,它们才是有意思的。

(3)语言内容与社会内容

现在我想指出的是,对某些目的来说,区分开言语的通常内容的两个部分是有用的,一部分要归因于词语的意思,而另一部分则不然。我要称前者为**语言内容**(linguistic content),称后者为**社会内容**(social content),只不过如果无视这些术语的定义的话,它们就具有

---

① 参阅 L. Bloomfield, *Language*(New York, 1933), pp. 264 及下文。

② 词语和词语的变形之间的区分是很明显的,但这种明显程度很容易被高估。见 M. Braithwaite, "Words", *Proceedings of the Aristotelian Society*, LIV (1953-1954), pp. 209-232.

误导性。一个无可争议的例子可能有助于阐明我所提出的这一区分。"大"的意思（大体上）就是"大于所谈种类的一般成员"，这里，所谈种类当然取决于"大"所修饰的名词（见第十一章第二节第二部分）。一个人如果知道"大"就是这个意思，也知道某一句说出的话当中其他词语的意思，那么他就能够理解这句话的语言内容，但是他可能仍然不知道其完整的通常内容；正是为了涵盖这种可能出现的情况，我们才不得不引入社会内容概念。比如，假设一个人知道"大"的意思就是"大于同类平均数"，也知道"去拿一个大勺子"这句话中其余词语的意思，他可能仍然会由于没有弄清楚勺子大小的程度而搞错。如果出于某种怪异的原因他除了舀茶的勺子和舀咖啡的勺子以外从来没有见过任何勺子，那么他可能会认为"大勺子"就是舀茶的勺子而把它拿来。

24

　　如果要说他犯了一个语言错误的话，这种说法在我看来是令人不解的，因为这种说法把这种情况混同于另外一种情况了，在那种情况下，一个人认为"勺子"代表的是一种带有尖齿的吃饭工具。然而，如果把它归入猜测特定言语的（不同寻常的）内容时犯下的一种错误，那就更具误导性了，因为它根本就没有内容。"去拿一个大勺子"完全是一个很通常的句子，我们在现在所设想的特定具体场合下（在这种场合下，这句话被用来让某人去拿一个大勺子），也完全是以一种很普通的方式在说这句话。因此，这个错误完全不同于未能理解一个很牵强的比喻或其他某种晦涩的合成词，或者未能明白当一句话的通常内容在一种语境下显然不合适时，一个人还要使用这句话的意图何在。

　　说到言语的语境，这把我带向了我想提出的最后一个观点：单个词语可能具有不同的意思，我们通过看看哪一种意思与句子其余部分相符合来发现哪一种意思是合适的；同样，一个句子也可能具有不同的意思，我们通过考察说出这个句子的**语境**来发现哪一种意思是合适的，这里所谓的语境既包括语言方面的语境（之前说过些什么），也包括非语言方面的语境(这句话是在何时何地由何人说出的,等等)。

(4)言语的种类

我们可以根据说者试图通过听者对其意图的承认而在听者那里引起的效果种类来对言语的通常内容进行分类。比如,一个简单的三分法就是把言语分为试图引起信念的言语、试图引起行为的言语和试图引起口头回应的言语。语法上的陈述句、祈使句和疑问句之间的区分就暗示了这种分类框架,尽管意义的种类(根据刚才提到的那种分类)与句子的种类之间并不存在完全的关联。"你把门关上好吗?"通常具有一种说话者试图达到的效果,即让听者关上门,而不是让他发表对一个问题的看法。

我之所以引入这一关于"意义种类"的三分法,不是因为我想详细阐述它,这更多的是作为一种预防措施。就是说,我想把它提出来,以便强调尽管它可能有它的用处,但不能过于认真地对待它。当然,承认三种意义要比只承认一种意义好得多:这至少可以防止问句(questions)被还原为一个人想知道某某事这样的陈述句,或防止疑问句(interrogatives)[①]被还原为一个人希望某某事被做这样的陈述句。不过并不存在先验的理由认为三个范畴就足以涵盖所有的现象,或者认为对于"我们应该使用多少个范畴"这个问题应该有一个明确的回答。无论如何,正确的程序肯定是提出一些范畴来适应我们所发现的东西,而不是硬性地把一切都塞进预先确定的分类框架当中。一种好的准备工作就是想想我们刻画言语的某些方式,比如,他警告,他称赞,他严厉指责,他颂扬,他谴责,他批评。[②] 警告的例子

[①]　从此处的语境来看,此处似乎有误,"疑问句"应为"祈使句"。——译者注

[②]　"他评价"与"他评估"放在这里是不合适的,因为它们并不涉及言说行为(speech-performances);然而,评价与评估可以被**表达**或被**给出**,因为这是对评价过程之结果的口头呈现。还要注意的是,"他珍视(valued)"放在这里也是不合适的。如果对于一种言语行为,一个人说"他珍视",那么这不会是一种一般性的刻画,而只是一种间接引语或改述(相当于"他说'我珍视'……或具有类似效果的措辞")。

比如"工资很低"或"道路结冰了"；称赞的例子比如"好大一个西葫芦"或"十年来琼斯上班从来没有迟到过一次"。这些例子——它们可以无限增加——的重要性在于，这里不存在任何词语可以被称为"评价性词语"，当然，除非一个人只是挑出每一句话中的那个形容词并说它发挥着"评价性词语"的"功能"。但是对于表述"它出现在一个用来警告、称赞等的语句当中"这一事实来说，这种做法是一种彻底让人费解的表述方式。大体上说（我稍后将对此做出限定），警告就是为不做一件事或另一件事给出理由，称赞就是说一些为某人增加荣光的话，诸如此类。一句言语之所以成为一种警告或称赞等等，是由那种与我们可以称之为"社会背景"的东西结合在一起的语境造成的。所谓的"社会背景"，我指的是一种共同知识，即一种情形下的某些特征确实构成了不做一件事或另一件事的理由，而其他某些特征确实给人增加了荣光，诸如此类。正是这一点使得我们可以说，言语的警告特征或称赞特征可以作为其通常内容（在给定的语境下）的一部分，它们并不是说者希望听者"理解"的某种东西，就像"大勺子"的（在一种通常的烹饪语境中）意思是"甜点勺或更大的勺子"一样。用"我警告你"作为一条警告的开始，除了带有强调的意味与严肃性之外，并没有为其通常内容增加任何东西（对比提出一个主张之前先说"我告诉你……"），但是我们或许可以说，通常内容就变成了语言内容而非社会内容。同样，在烹饪语境下，"拿一个和甜点勺一样大或更大的勺子来"和"拿一个大勺子来"的意思是一样的，但是后面这种情况使得在前一种情况下具有社会性的意思在语言上变得明确起来。

　　对于"我警告他……"（I warned him that...）这种说法来说，说警告就是在为不做某事（或者，有时候是做某事）给出理由（正如我在上一段所说），这差不多就够了，但是这并不适合于"我警告他去做……"（I warned him to...）（加不定式）或"我警告他不要做……"（I warned him against...）（加动名词）这些说法。① "我警告他不要走"这句话所指代的言语完全可以是"不要走！"，也可以说"走是很鲁莽的"或"我警告你不要走"。在这里，一个人并没有给出理由，但是他暗示了存在着一些理由，如果听者听到了这些理由是会接受的。如果根据当时的语境，"不要走"并没有暗示这一点，那么这可能就是一条命令或请求，而不可能是一条警告。②

这一节的讨论的意义就在于，它使我们能够区分开两种句子。一种句子是"我警告……"这样的表述，这种表述可以说**自然而然**（ex officio）就与警告相联系，并把任何以它开头的句子都变成一个只能用来警告的句子；而在另一种句子中，并没有出现这样的自然而然就具有警告性的标志，但是这些句子在某些语境中仍然是警告性的言语，这是它们通常的（社会）内容的一部分。

27　4.评价与意义

(1)语言与评价

语言可以通过两种方式在评价中发挥作用。首先，将要做出的评价所基于的"事实"可以用语言来表述；其次，评价过程的结果可以用文字来表述。要考虑第一种方式的话，我们可以以推荐信为例。对于推荐信，我们认为它应该提供一些相关的信息给一个正在考虑要不要为被推荐人提供一份工作的人。③

---

① "我建议（advise）"（去做或不要做）相当于"我警告"（去做或不要做）。然而，"我告知（advise that）……"在公文用语中就只是意味着"我通知你……"。

② 当然，"我警告他不要走"也同样可以指"道路无法通行"这一言语；而且，通常情况下，"我警告你不要走"（等等）这样的言语事实上都有理由加以支持。

③ 推荐信的作者当然可以有一些与此不同的目的，比如，他可能希望确保被推荐人获得那份工作（或不能获得那份工作），但是他通常不会通过让推荐信的接收者意识到这个意图来实现这一点（比如通过劝告或请求等等）。相反，他会**自称**提供"一些事实"使得接收者可以做出明智的决断，但他实际上会说任何他认为有可能实现其目的的话。因此，一份推荐信的"通常内容"就是提供信息（不过是与一个判断相关的信息）而非直接影响行为。

推荐信要想恰当,其中的每一条都必须与决定有关。换句话说,不能为雇用一个人提供支持的理由或反对的理由的那些特征是无须写进推荐信的(当然,究竟写哪些东西会因所涉及的工作而异)。但是要想恰当,未必要用一个自然而然就具有评价性的词语来表达一个特征。比如,如果所涉及的工作要求举重物的能力,那么"可以举起几百磅的东西"就是一条非常恰当的信息。

语言被牵扯进评价中的第二种方式就是去表达一种评价活动的结果。在这里,仍然没有任何特别的词语是**不得不**使用的。是否有可能存在一个现成可用的自然而然就具有评价性的词语来表达意见,主要取决于评价所依据的视角(方面)有多怪异。比如,一个纵火狂可能会通过心怀满足地指出某套房子"很容易点燃",而从他自己的特殊视角来表达评价的结论。

不过,应该指出的是,语言在评价中发挥作用的这两种方式并不是相互排斥的。某句言语或许既可以表达一个评价的结论,同时又可以为一个更广泛的评价提供一部分作为评价依据的材料。比如,一个人可能会评价一个政治家的策略技能或演讲能力,然后把这些评价和其他评价放在一起,以便对他作为一名政治家所具有的总体能力做出判断。不过,我要把这种复杂性放到下一节再讨论,现在我要把注意力转向自然而然就具有评价性的词语。

(2)自然而然就具有评价性的词语

有些词语用于表示**排序**的句子中,这种排序是通过评价而得出的("最佳","次佳"……);有些词语则道出了**分数**,这种**分数**是通过评估而得出的(A+,A,…;100,99,…;优,良,中,差;一等,二等……)。不过还有些词语道出的是态度或反应,鉴于相关事物的属性,这种态度或反应被认为是恰当的。恰当的态度或反应可以用抽象的词语来表达(令人赞许的,令人厌恶的,值得称赞的,值得敬佩的),也可以用"值得"一词来做具体的说明("值一镑","值得读上一个小时","值得

28

去看,如果你就在附近的话",等等)。

上面这一组词语在涉及不同的方面时都是完全抽象的(general)。它们只是意味着它们的陈述对象就某种排序、分数或恰当的反应来说达到了或没有达到相应的水准。然而,还有一些词语在涉及某些方面时稍微具体(specific)一点。这样,有些词语被限定于指某种东西完成某种**任务**完成得好或不好。它们就是"有效率的"(efficient)、"有效的"(effective)、"恰当的"、"令人满意的"、"有用的"这样一些表述。要注意,有效率的(等等)东西初看之下是好的(等等),但是好的(等等)东西未必是有效率的(等等)。其他专门用于某个方面的术语包括"真的""令人信服的""有效的"和"漂亮的",它们分别指的是从事实、逻辑和审美视角做出的评价结果。

最后,还有一些词语与某些更加具体的方面相联系。比如用来表示人的美德与恶习的词语("友善""勇敢""节制"),这些词语一起为"一个(道德上的)好人"提供了一条标准。再比如用来表示行为或组织之"美德"或"恶习"的词语:"正义""公平""自由"等等。还有一组词语,它们表达的是对行为、法律、政策或制度影响某人的方式所做的评价之结果:它们"符合他的利益""有助于他的福利""对他来说是好的""有利于他""有害于他"或"有损于他"。

29   对这几组词语的"意思"做任何探究都会把我们带向有争议的领域,但是我认为语言意义与社会意义之间的区分在很大程度上有助于阐明这个问题。假设我们要思考的是"好"(good)这个老生常谈的例子,它有时候是一个形容词,这时它很少用于道德与政治讨论。通常的"规约主义"(prescriptivist)观点认为,"好"的意思不可能包括任何"自然的"或"描述的"属性,因为一棵好的卷心菜和一个好国王(比如说)是如此之不同,它们确实没有任何共同之处;然而我们并不想说,它可以修饰多少名词,它就有多少种意思。

我们先讨论第一个观点。我认为有很多理由可以用来支持保罗·齐夫在《语义分析》(*Semantic Analysis*)一书中提出的一个观点。这个观点相当于说，几乎在所有情况下，凡是将"好"这一属性归于一个对象，就暗示着该对象服务于某些人类利益（或许"某个有感觉能力的生物的利益"这种说法更可取）。我看不出下述说法有什么不合理之处："这个东西服务于一种人类利益，但它是好的吗？"这种说法完全可以被解释为这样一种意思，即"是否存在某种相反的人类利益会遭到它的损害？"。

然而，"规约主义者"可以回应说，即便如此，这也无非是反映了一个事实，即说某事物"好"就是将它置于一个较高（尽管不是最高）的分数等级当中；而这在我看来是可以接受的。事实上，我恰恰要把同样的论点运用于规约主义用选择来分析"好"的做法。我们可以合理地主张，如果某种东西被正确地给了一个很高的分数，或许它就满足了某种人类（或其他）利益；因此，选择它而不是选择某种类型相同但分数较低的东西或许就是明智的（在其他条件相同的情况下）。

我所提到的第二个"规约主义"观点大意是说，我们并不想说，"好"可以修饰多少名词，它就有多少种意思。这个观点同样完全可以由一个支持下述观点的人提出来："好"所有的用法的共同之处在于一种断言，即所说的事物满足了一种利益。因为这两种观点的特征都在于认为，词语的意思就在于它对包含它的所有言语的意思所做的共同贡献。

但是在这里，我想回忆一下我对"大"的讨论。"大勺子"的部分社会内容（在英国的烹饪语境下）就在于，它指的是一个具有某种型号的勺子。同样，"好鸡蛋"的部分社会内容也在于，它指的是新鲜的鸡蛋，这里仍然是在英国的烹饪语境下。[①] 因此，"大勺子"的社会内容依赖于各种型号的勺子实际的大小，"好鸡蛋"的社会内容依赖于

30

---

① 在一个说英语且保留着传统口味的中国人社区里，"好鸡蛋"可能具有这样一种社会内容："至少是 n 天以上的鸡蛋。"在某种特殊的语境下，一个人如果不是从吃的角度而是从砸人的角度评价鸡蛋，他可能会说对于砸人来说，"好鸡蛋"就是臭鸡蛋。

鸡蛋的那些事实上使得人们想要吃它们的特征。

如果一个人希望把归于词语的"意义"限定于词语总是做出的那种共同贡献，那么他就必须承认，一句言语的通常内容不仅仅是其中的词语的意义和语法结构所赋予的。换句话说，他必须承认言语超出语言内容的社会内容。这一点的重要性就在于，如果有人认为说者只是选择他们自己关于好的标准并运用这些标准，而完全让其听者去"理解"他们关于对象在说些什么，去"理解"该对象被给予高度评价这一事实，那他就完全错了。好鸡蛋就是新鲜鸡蛋（或更明确地说，坏鸡蛋就是臭鸡蛋），这是"好鸡蛋"通常内容的一部分。当一个说者说"好鸡蛋"时，我们就认为他的意思是"新鲜鸡蛋"，除非他实际上解释过，他评价鸡蛋的视角或所谈情形不同于一般情形的某种特征，使得这种情形下鸡蛋之所以成为好鸡蛋，是由其他某种性质造成的。

可能会有人认为，这个观点已经被涵盖于词语"既有描述性意义又有规范性意义"这一观念之下了。但其实不然，因为（至少就"好"这个词来说）所有这一切似乎相当于说，如果你对说者很了解，你或许就能猜到，某一种类的东西要具有哪些特征才会被他称为好。这就类似于看到一个朋友过马路就说"那意味着他要去买报纸"，也就是说，你猜测报亭就是他要去之处。但是当然，如果事实证明他不是去报亭，你也不能说他故意要误导你，因为他并没有试图在你那里引起任何效果。下面这种情况则完全不同。一个人对食品杂货商说："你卖给我的鸡蛋是坏的。"除非有一条明确的免责声明（该声明差不多相当于："当我说鸡蛋时，我的意思是苹果"），否则，如果顾客的抱怨**不是**鸡蛋已经变质，那么食品商就可以做出恰当的反驳。尤其是，为了理解（而非猜测）说者所谓"坏鸡蛋"所指何意，食品商根本无须知道他的口味或标准。

注意，为了免遭故意欺骗，说者光说他的坏鸡蛋标准很特别是不够的，因为如果你没有明确地说明自己不接受通常标准，那么你就承

31

认了通常标准。要是他说自己不知道通常标准,这也是没用的,因为如果是那样,那么他就不会使用"坏"这个词,而只会说明自己的抱怨。可以允许的辩护就是:(1)他不知道"坏"(在"通常"的意义上)是什么意思,而以为它的意思是比如说棕色;(2)他知道"坏"是什么意思,并且**以为**他知道通常标准,但事实上搞错了什么是通常标准。

(3)最后的说明

在这本书中,我要处理的词语必然主要都是一些自然而然就是评价性言语组成部分的词语,因为最重要也最广泛的政治评价往往都是用这些词语来表达的。但是我希望我的分析能够表明,自然而然就具有评价性的词语同其他词语之间的区分并不是那么重要,因为就算没有这些词语,也完全可以很好地进行评价。事实上,一个词语是不是自然而然就具有评价性仅仅意味着,即如果它是这样的词语,那么无须考查该词出现的语言方面的语境,也无须考查言语所出现的超出语言方面的语境,就可以知道,任何使用了这个词语的言语都与评价有关。但是这意味着(我认为是正确的),一旦我们抛开表示分数的(grading)词语和表示排序的(ordering)词语,把词语划分为自然而然与评价相关的和自然而然与评价不相关的这种想法就过度简单化了。相反,对于有些词语,我们可以认为,只需要**较少**的语境信息,我们就能够知道它们出现在评价性言语中;而对于其他词语,则需要**较多**的语境信息。在上述第二组词语(比如效率)和第三组词语(比如正义)中作为自然而然与评价相关被提出来的那些词语就全都属于第一种。

5. 初步的论据与结论性的论据

(1)区分

在上一节我已经指出,同样的言语既可以产生某种评价性结果,也可以为某种进一步的、更高层次的评价提供部分材料。在这一节,我想对这一观点加以扩展,它对于理解政治领域实际上还有其他领域的论证与证成来说具有一定的重要性。

这样,如果我正在考虑要不要接受一份工作,可能就有六个方面是我考虑利弊时所要注意的。比如,我可能断定我很喜欢工作的内容(利),但是不喜欢工作的地方(弊),而且这份工作要求我背弃我现在的雇主(弊),等等。显然,这些结果中没有任何一个结果仅凭自身就可以提出来作为我是否接受那份工作的答案,只要我还认为其他任何一个结果也是很重要的。然而,一旦在六个评价方面的每一种结果我都想到了,我可能就会断定其中某一个结果要比其他任何一个都重要得多。比如,我可能会认为背信弃义可能比清单上的其他任何一项都更为严重。如果是这样,当解释我为什么会拒绝这份工作机会时,我就可以简单地说,"这会涉及背信弃义"。然而就所设想的这种情况而言,这一简单的说法必须被拆解为三条:(1)总体而言,反对接受这份工作的论据强于支持的论据;(2)反对的论据中有一条是,这份工作涉及背信弃义;(3)第二条论据具有压倒性的分量。显然,有必要把这一复杂的用法与一个简单明了的用法相区分,根据这种简单明了的用法,"这份工作涉及背信弃义"仅仅给出了应该记在心上的考虑因素之一,全然没有暗示它是压倒性的或结论性的(conclusive)。因此,我要把后者叫作"初步的"(prima facie)用法,把前者叫作"结论性的"用法。①

(2)在政治论证中的运用

初步的言语和结论性的言语之间的这一区分在分析政治论证时相当重要,因为某些表达("符合公共利益""公平""正义""公道""为了共同善"等)有时候实际上只是**主要的**论据,而在被人使用时就好像它们是**结论性的**论据一样。②

根据目前的分析,说某项政策符合公共利益,就是说总体而言它是令人满意的,但是真正支持它的理由在于,它符合公共利益。如果它在某个方面太不让人满意了(比如,它太不公平了,以至于完全抵消了它符合公共利益这一优势),那么这一新的方面就可以作为一条结论性的考虑因素被提出来以**反对**它(比如,"它不公平")。

比如,"公众"通常意味着"消费者"。这样,就这种意义上的"公众"而言,只要不影响效率,让工作条件处于尽可能简陋的状态显然"符合公共利益"。为什么没有人(公开地)将这种做法当作"符合公共利益的"来建议呢?毫无疑问,这是因为这种明显不可接受的建议已经在初始阶段被排除了,因此,这一点实际上起着一个结论性论据的作用,就会使得其余的建议作为"符合公共利益的"建议而被提出来。因而,如果一个规范委员会被告知要规范一个行业以便"符合公共利益",这**确实**就意味着它应该规范该行业以便符合消费者利益;③

₃₃

---

① 这套术语也不完全让人满意,因为它暗示着,一条非结论性的理由根本不是一条真正的理由,不过它有一个优势,就是为人熟知。参阅 Sir William David Ross, *The Right and the Good*(Oxford,1930)(中译本见戴维·罗斯:《正当与善》,林南译,上海译文出版社,2008 年。——译者注)以及 *Foundations of Ethics*(Oxford,1939)。

② 对比关于"原因"的说法。说一场道路交通事故的原因是路滑,这并没有否认路滑不是一个充分条件,也没有否认还有很多其他必要条件,比如车辆应以某种速度行驶,道路中的拱形是怎样,等等。这种说法只是在断言,路滑只是值得关注的特殊因素(因为其他条件都是"通常性的"条件,可以被认为是理所当然的)。

③ Bernard Schwartz, *The Professor and the Commissions*(New York,1959),p. 116:"毫无疑问,规范委员会的首要目的就是保护进行消费的公众。"

但是有一个暗含的限定,即该行业应该得到"公平的"收益,并支付"公平的"工资。[①] 并不是说这些是公共利益的额外标准,而只是说,只有在一项好政策的其他要求也得到了充分的满足这一点得到了默示的理解的情况下,"公共利益"才能被用作一条**结论性的**论据。

在这里,我们可以考虑一下雷克斯福德·塔格韦尔(Rexford G. Tugwell)在《公共利益的经济基础》一书中的讨论。他在这本书中写道:"公共利益学说……显然是一条用来定义经济上的公平交易的规则。"但是当他进一步分析公共利益学说时,显而易见的是,当公众受损时,"公共利益"就是一条进行干预的正当理由,因为"市场上出现了一种有害的价格或标准"。[②] "公平交易"显然也适用于其他许多情况,而不仅仅是有一方属于"公众"的情况。"公平交易"的意义不在于界定"公共利益","公共利益"已经很清楚了,即价廉物美;其意义在于界定出,在什么情况下,才应该为了公共利益而采取一些国家行为去做比市场当下所做的更多的事情。奴役生产者"符合公共利益",但却是不公平的,正如允许他们强要比"合理"价格更高的价格不公平一样。因此,当这一说法被当作支持一项政策的结论性论据时,这种做法不会作为"符合公共利益的"做法而被提出来。

34

---

① Schwartz,p. 126:"符合公共利益的规范活动要求效用(utility)仅限于除成本以外的公平利润。"

② Rexford G. Tugwell, *The Economic Basis of Public Interest* (Wisconsin, 1922), pp. 45,108.

第三章 政治原则

1. 引言

在前两章,我们已经提出了一些与评价和语言相关的观点,这些观点将在本书剩余部分使用。这一章和接下来的两章同样要做一些准备工作,以便分析政治论证中的具体原则;不过与前两章相比,它们与**政治**论证更加相关。在这一章接下来的一节,我要阐明两种现象之间的区分,这两种现象都被称为"政治原则"。我分别称之为"个人原则"(personal principles)与"最终考虑因素"(ultimate considerations)。对于这两种现象,我在本书中只关注第二种。然而,在本章剩余部分,我引入了一套基本范畴,这套范畴可以被运用于所有的"最终考虑因素";同时,我也试图表明,它们实际上可以处理一开始看上去令人头疼的概念。

2. 个人原则与最终考虑因素

假定一个人要问一名政治职位候选人他的政治原则是什么。如果他回答说他支持和平、自由与正义,我们就可以非常合理地指责他谈论陈词滥调。这不是因为这些词语"没有意思";比如,和平与战争之间的差异在大多数情况下都是比较清楚的,至少,只要和平被理解为无非就是没有战争,那么这种差异就是清楚的。不是因为这些词语"没有意思",麻烦来自两方面。一方面,这些偏好太常见了,因此无助于我们在相互竞争的候选人之间做出选择。另一方面,一个候选人的这些声明与他在具体政策问题上的决定之间的差距是如此之大,即便它们是完全真诚的,它们也几乎没有预测价值。可能有的手段—目的的链条很长也很复杂,这样,一个把"和平"作为目的来信奉的人,也可能会根据他对许多不同政策导致和平的相对可能性所做的估计来支持任何政策。而且,许多词语(比如"正义")为解释过程中耍花招留下了很大余地,这样,不同的事态都可以被当作是满足了正义的要求。最后,由于具体情况下的大多数决定取决于赋予许多不同考虑因素的相对分量,因此我们几乎无法自信地说,我们有能力预测一个人会如何决定一些具体问题(即便我们详细地知道在一个具体问题上他在做决定时需要加以权衡的是哪些考虑因素),除非我们还知道他赋予这些考虑因素的相对分量。

与此同时,"原则"还必须具有某种程度的一般性。一张列有候选人在诸多具体问题上的"立场"的清单作为对其原则的声明同样是有缺陷的。它也只有有限的预测价值,因为它不会告诉我们候选人对于未列入清单的问题会如何决定。这样,一份关于原则的声明所需要的是某种介于一系列高度抽象的原则与一种具体"政纲条目"清单之间的东西。具体而言,它应该包括:(1)具有中等抽象程度的目标,比如维持私有制或转向公有制,忠于北约或保持中立,等等;(2)一份声明,以便说明适中范围的考虑因素在可能相互冲突时会被赋予的相对分量,比如经济增长与通胀的相对重要性,或工会独立性与一项收入政策的要求的相对重要性。

这一点的隐含意义是很重要的。问一个人"你的政治原则是什么"并不是要追问对他来说很重要的那些不可简化的最终考虑因素是什么,而是要让他表明,在诸多可能问题中的任何一个问题上,他会采取何种立场。两个人之间政治原则上的一种差异通常情况下是可以进行进一步讨论的,因为每个人通常情况下都愿意用更具一般性的考虑因素来证成他的政治原则。特别是,政治原则上的差异可能源自对政策(民族化、中立)或事态中的因素(通胀、工会的独立)可能会具有的**影响**的不同估计。

我在这本书中不会过多讨论那种可以归于具体的人的"政治原则",而是要关注它们背后的那些考虑因素。然而,首先有必要弄清楚这些"政治原则",因为大量哲学讨论往往都假定,唯一的原则就是"我的原则"或"你的原则"。因此,威尔顿(T. D. Weldon)对原则的看法就是,原则发挥着"禁止入内"这样的警示牌的作用,每个人只要愿意都可以立这样的警示牌,这样他就不必在面对每一种新情境时都从头思考什么是正确的反应。① 但是他并没有将这些临时性的(ad hoc)个人原则与它们背后的最终考虑因素进行对比,相反,他将二者

① 这一说法在某种程度上是我对"政治原则"("Political Principles")一文中某些说法的总结,见 *Philosophy, Politics and Society*, ed. P. Laslett (Oxford, 1956), pp. 22-34;"The Justification of Political Attitudes," *Proceedings of the Aristotelian Society, Supplement*, XXXI (1955), pp. 115-130.

混为一谈,而且把"自由"这样的观念也包括进个人原则当中。①

38　　　用"考虑因素"一词来表述正义与自由这样的东西有一个优势,即模糊性。我将用这个词语来涵盖进行评价时最终的决定因素,它不同于处于中间位置的(mediate)"政治原则",我们把政治原则看作是可由个人选择或拒绝的东西。然而,为了避免一成不变,我也会把这些最终因素称为"原则"(比如"自由原则"与"正义原则"),但是必须要看到,我们不可能去追问它们是谁的原则或一个人是什么时候采纳它们的。这样,如果我谈论"正义原则",我就是指该词所涵盖的、对当前英国人和美国人来说很重要的那些考虑因素。②

---

①　"Political Principles", p. 32. 在"The Justification of Political Attitudes"一文中,他指出,这些各种各样的"原则"(大概甚至也包括自由这样的最终考虑因素)如果真能得到证成的话,可以通过它们所促成的生活方式来得到证成。这种说法在我看来恰恰把方向搞反了。生活方式只能通过一般性的最终考虑因素来证成。结果是夸大了政治信念那种怪异的个人性的方面,低估了为人广泛接受的最终考虑因素的重要性。在当前某些道德哲学中或许可以发现同样的趋势。我在这里要特别考虑一下黑尔(Hare)先生的书。他就像威尔顿看待政治原则那样,把"道德原则"看作"我的原则"和"你的原则"。在他的书中,他对"道德**原则**"的强调具有和威尔顿对政治原则的强调同样的自愿主义含意。在《道德语言》(*The Language of Morals*, Oxford, 1952)(中译本见黑尔:《道德语言》,万俊人译,商务印书馆,1999年。——译者注)一书中,黑尔先生给人以这样一种印象:整个道德都被道德原则的领域所包含。在《自由与理性》(*Freedom and Reason*, Oxford, 1963)一书中,黑尔先生对道德概念加以扩展,从而使得它把"道德理想"也包括进去,而"道德理想"之不同于道德原则,就在于它们不可普遍化。显然,这些"理想"与最初的"原则"相比,甚至更加具有个人性,更加怪异。无论一个人如何严格地坚持说道德原则必须是可普遍化的,它们都远远不能和规定责任与义务的道德规则涵盖同样的领域,也远远不能和用来说人是邪恶的或品德高尚的那些概念涵盖同样的领域。说不撒谎或不杀人属于我们道德原则的范畴之列是一种归类错误,这就非常类似于说正义与自由属于我们政治原则的范畴之列是一种归类错误一样。

我们可以说,政治原则("我的原则"或"你的原则"意义上的"政治原则")处于中间位置(medial),而道德原则(也是这种意义上的道德原则)位于夹缝之中(interstitial)。就二者中的任何一个而言,如果被置于图片的中心,图片都是扭曲的。

②　本书有一个基本的预设:像"正义"这样的词语确实只涵盖了某些考虑因素,而且也不能把它们加以扩展从而运用到**任何**政策上去,无论与它相关的考虑因素是什么。在我看来,由于"正义""自由"与"民主"在所有语境下都不可互换,所以它们不能仅仅作为评定分数或等级的词语。

3. 关注欲求的原则与关注理想的原则

(1)关注欲求的原则(Want-Regarding Principles)

毫无疑问,可以用多种方式对政治考虑因素与政治原则进行归类,每一套分类方法都会在某种程度上反映出作者的观点以及他认为重要的东西。在我所谓"关注欲求的原则"与"关注理想的原则"(ideal-regarding principles)之间做出一种根本区分实际上涉及一种决定,该决定只有通过这种区分所具有的一种能力来证成,即这种区分能够阐明一些其基础目前很不清楚的政治争论。我愿意提出这一主张,至于是否恰当,则由读者来判断。

这样,关注欲求的原则就是这样的原则,它们把人们碰巧具有的欲求看作是给定的,把注意力完全集中于一种政策在多大程度上会改变欲求满足之总量,或一种政策会以何种方式影响满足欲求的机会在人们中间的分配。通过把这样的原则称为"关注欲求的原则",我想强调的是,为了用这样的原则来评价一种事态的可欲性,我们所需要的所有信息无非就是欲求满足的总量或欲求的满足在人们中间的分配。我在两种原则之间做了根本性的区分,一种原则只提到欲求的满足,另一种原则在评价一种情境时则考虑的是其他特征。在做出这种区分时,我实际上在暗示,至少出于某些目的,下述看法是具有启发意义的:功利主义与另外一种信念——即快乐和痛苦应该与应得(desert)成比例,而无须参照后果——是同一种自由主义传统中密切相关的两种观念。①

因此,尽管边沁式的功利主义是关注欲求的原则最显而易见的

---

① 黑尔在《自由与理性》一书中把加总(aggregation)与分配(distribution)都作为他称之为"功利主义"的那种理论的变化形式,但是他并没有明确地把除平等以外的任何原则包括进"分配"当中。

例子,但是做出这种分类从而把关注欲求的原则仅限于功利主义立场,这就完全违背我的意图了。边沁式的功利主义之所以是关注欲求的理论的例子,就是因为他的这样一个观点:"当快乐的数量相等时,针戏与诗歌一样好。"无论一个人是否因此而像边沁一样进一步主张目标就是将快乐总量最大化,无论一个人是否修改目标从而要求平等分配,也无论一个人是否相信唯一的问题就是让欲求的满足与应得相配,他都已经接受了关注欲求的理论。功利主义立场只是关注欲求的理论的一种而已。①

(2)关注理想的原则(Ideal-Regarding Principles)

关注理想的理论可以被简单地界定为关注欲求的理论的对立面,这样,这两种理论合起来就穷尽了一切可能。对关注欲求的立场最轻微的偏离就是,承认欲求的满足是评判政策的唯一标准,但是否认做出该政治判断的人应该完全尊重每一个人就不同欲求的满足对他的重要性所做的排序。根据这个观点,从一个观察者的视角来看,一群人当中诗歌的轻微增加就可以在价值上绰绰有余地补偿针戏的大量减少,即便实际上经历这种变化的人不会赞成。② 举个更确切的例子,假定要对威士忌征税来补贴剧院。根据福利经济学的通常标准,我们可以弄清楚人们是否会因为他们所面对的相对价格发生了变化而"境况更好",要做到这一点,我们可以看看在某种给定收入水平上,现在可供他们选择的威士忌与剧院的组合方式中是否有一种是他们更喜欢的,以至于喜欢的程度超过了对以前最受欢迎的组合方式的喜欢程

40

---

① 对于把边沁那里的"快乐"当作欲求满足的同义词这种做法的证成,见本节第三部分。我要强调的是,我在这里指的仅仅是**边沁的**功利主义。特别是,如果某种目的论被当作一种"功利主义"理论(正如我们今天有时候会发现的那样),那么这种意义上的"功利主义"与欲求满足理论之间并没有任何必然联系。乔治·摩尔《伦理学原理》一书中的价值理论就是这种意义上的"功利主义"理论,但与此同时却是关注欲求的理论的对立面。

② 这是对密尔在《功利主义》一书中的学说的一种解释;但是我猜测,密尔真的会主张,如果只用"快乐"这个一维的评价尺度来衡量的话,所谓的"高级快乐"的分值会更高。

度。根据现在所提出的这种替代性标准,我们就可以发现他们对威士忌与剧院的消费是如何变化的,并能够断定剧院消费的增加是否能够补偿威士忌消费的减少(根据一个人自己的估计)。

一种对关注欲求的理论更极端的偏离会说,要么某些欲求的满足根本没有任何价值,因此在评判一种情境是否好过另一种情境时完全可以不用考虑它们;要么(还要更为极端)某些欲求的满足肯定是一件坏事,因此在任何一种事态中,对它们的压制都应被看作一种美德。甚至这种偏离也没有穷尽从根本上关注欲求的理论的可能形式,因为到此为止我们仍然没有离开把所有价值都赋予欲求的满足(尽管不是把价值平等地赋予所有的欲求,而且,或许对于某些欲求甚至不赋予任何价值)这样的观点。但是有人可能还会把价值赋予除了好的(或至少"不是坏的")欲求之满足以外的东西,赋予人们的品味、品格或信念这样的东西。

实际上,如果一个人愿意,他可以在这里就两种理论做出一个根本的区分:一种理论主张,至少有某种欲求满足是唯一有价值的;另一种理论则主张,其他东西也是有价值的。因为,说某些品味得到满足是好事,这完全不同于说某些品味的存在本身就是好事,无论是否能够得到满足。即便所有欲求都没有被给予行动者将会给予它们的那种分量,即便某些欲求的满足被宣布为没有价值,甚至本身是有害的,根据前一种说法,**某些**欲求的满足也仍然具有价值,而根据后一种说法,培养出某种欲求可能是好事,即便我们无望满足它。前一种说法仍然是一种享乐主义,尽管在其关注理想的外表下它变成了一种改良版的享乐主义。后一种观点与某种形式的欲求满足是唯一的好事这种观念截然不同,它或许单单在一种宗教基础上就可以得到支持。

41

(3)欲求满足、快乐与幸福

这里在关注欲求的理论与关注理想的理论之间所做的区分非常类似于西季威克在《伦理学方法》一书中的一个观点,即关于"终极善"的观念可以分为两种,一种把它看作"幸福"(happiness),另一种把它看作"卓越(excellence)或完善(perfection)"。不过,我有几条理由可以认为,用"欲求满足"来界说我们这个根本的二分法比用"幸福"更有用。

首先,应该指出的是,"幸福"一词就我们的通常理解来说包括了大量的"理想"要素。一个人可能满足了大量欲求,但是如果他满足这些欲求的方式被认为是一种极其邪恶的生活方式,他仍然不会被看作幸福的人。这样,西季威克提出的"幸福"与"卓越或完善"之间的对立就并不是一个断然两分的对立。

第二条理由建立在福利经济学的发展的基础之上,它既适用于"幸福",也适用于"快乐"。福利经济学的经验对权威性有一种特有的要求权,因为我们可以合理地主张,现代福利经济学与古典的边沁式功利主义之间具有一种直接的思想渊源关系。在那些试图坚持不懈且极为巧妙地把不关注理想的标准运用于判定事态的相对可取性的人当中,任何连续而持久的思想倾向都值得认真对待;因此,如果我们在一个世纪以上的时间中发现一种稳定的趋势,即不再把"功利"等同为"快乐"或"幸福"在心理上的数量(这种数量据说可以为人感觉到),而要把"功利"等同为单纯的欲求满足,无论欲求的对象是什么,那么我认为我们跟着做就可以做得很好了,除非有某种有力的相反考虑因素。

之所以更喜欢用"欲求满足"而非"幸福"(或"快乐")来界说那个最基本的二分法,最后一个也是最重要的一个理由是一个与实际相关的理由,即政治判定事实上往往取决于欲求满足而非幸福或快乐。

比如，根据我的理解，自由在"自由主义的"（liberal）或"消极的"（negative）意义上赋予了欲求满足本身一种价值，或者说至少赋予了欲求满足的人为障碍不存在这件事一种价值。密尔在《论自由》一书中有一个说法：提升一个人自己的幸福不能作为干涉其自由的一条充分理由。这个说法在我看来是这个问题上正统的"自由主义"观点，这个说法似乎有效地排除了欲求满足仅仅是一种达到幸福的手段这个观念。它简直就是一种"权利"。

我们可以将这一点加以普遍化。我们来考虑一些与下述问题有关的当代争论："计划"、"福利国家"、对大众交流媒介的"国家控制"、增加国民收入相对于维系或提升其他价值的重要性。争论呈现的是这样一种形式吗：一方是把"快乐"或"幸福"作为其终极价值的人，而另一方则是把"卓越或完善"作为其终极价值的人？我们是看不出这样一幅场景的。[①] 毋宁说，我们所发现的是两类人之间的分野：一类人认为欲求作为欲求就应该得到满足（典型的就是通过"价格机制"来满足）；另一类人主张，如果公共权威有很好的理由认为某些欲求的满足无助于幸福或快乐（很少引入"完善"），那么就应该确保它们不被满足，并试图培养不同的欲求。因此，把"快乐"与"幸福"这些考虑因素作为最温和的"理想的"考虑因素而不是作为"理想的"考虑因素的对立面，就可以更清楚地呈现背后的分歧。

具体地看一看与分配有关的判断，我们也可以得出同样的结论，即欲求满足本身的数量与分配对于政治判断来说是相关的。分配问题源于不相容的欲求，它们并不会因为涉及快乐或幸福就有所缓解。

---

① 我应该清楚地指出，我的意思只是说，当涉及的是这些类型的问题时，我们是看不出这样一幅场景的。还有其他一些问题，比如同性恋、避孕、堕胎、安乐死、自杀、用丈夫的精子人工授精与用精子库的精子人工授精，一定程度上说还包括结婚与离婚，在这些问题上，"理想"与"幸福"的二分法具有更大的相关性。然而，即便在这些问题中，主要的"自由主义"观点也不是"做某事会让人幸福"，而是"如果人们想做某事而又不会对任何人造成伤害，他们为什么不应该做？"沃尔芬登报告并不是主张同性恋者是幸福的，而是说他们是无害的。

43　比如说，如果地位或财富是人所欲求的，这就提出一个问题：它们应该如何分配？即便一个人可以令自己满意地表明，获得地位或（某种最低限度之上的）收入无助于任何人的快乐或幸福，这也无法阻止分配问题继续成为问题，除非一个人事实上成功地促使了足够多过分欲求名望与财富的人消失。我认为，如果认为分配原则必须关心"幸福"或"快乐"的恰当分配，那么它就在不经意间被误解了。收入平等作为一种为人珍视的事态有时候被人取笑，说它的意思是"从消费当中所获得的效用的平等"（这里，"效用"被解释为一种可以进行人际比较的心理上的数量），因此有人指出，这就要求容易满足的人的工资应该低于难以取悦的人。① 但是为什么不能承认，收入平等之所以是可欲的，仅仅是因为，每一个人都应该有机会获得同等价值的稀缺益品这一点被认为是公平的。

4. 欲求满足的分配与加总

(1) 区分

在整个关注欲求的原则领域，我要提出两种原则，一种原则把注意力放在欲求满足在人与人之间的分配上，另一种原则则不然。这个一般性的区分是一个为人熟知的区分，而且会出现于"效率对公道(equity)""正义对有利(expediency)"这些名称之下，但是这些表达式往往被限定于某些语境。效率与有利都属于加总性考虑因素的特例，正如公道与正义是分配性考虑因素的特例一样。

更准确地说，一个加总原则是这样的原则，它只提在一个所指群体成员当中欲求满足的总量，而一个分配原则在其表述中要求提到

---

① 见 Paul Samuelson, *Foundations of Economic Analysis* (Cambridge, Mass., 1948)，第八章。（中译本见保罗·萨缪尔森：《经济分析基础》，何耀等译，东北财经大学出版社，2006 年。——译者注）

欲求满足如何在一个所指群体成员当中分配。① 比如,有可能欲求满 44
足应该在一个群体的成员之间平等地分配,或者没有哪一个群体成
员的欲求满足应该低于某个最低限度,或者在欲求满足方面的特殊
对待应该与一些品质与成就而不是其他任何品质或成就相关联。这
些分配原则还可以进一步区分为**比较性的**(comparative)分配原则与
绝对的(absolute)分配原则。第一种原则在运用于一个人时涉及同
其他某个人或某些人的处境的比较,就是说,与其他某个或某些人相
比,那个人应该得到更多、更少或数量完全一样的欲求满足。而绝对
的分配原则有一个本质属性,即它使得我们可以明确说出一个人应
该得到什么(鉴于他属于某个范畴),而且不需要我们联系其他任何
人的处境就可以做到这一点。在我已经给出的那些例子中,每个人
应该获得平等的欲求满足这条原则显然是第一种原则,而一个所指
群体中没有谁的欲求满足应该低于一个固定的最低水平这条原则属
于第二种原则。应该根据某种品质或成就来进行特殊对待的这一原
则,可以属于这两种原则中的任何一种,这完全取决于如何规定"特
殊对待"。

(2)人际比较

已经有人(尤其是经济学家)主张,任何涉及"效用的人际比较"
的判断要么是莫名其妙的胡言乱语,要么无论如何都不可能包含任
何可以恰当地被描述为"相加"(addition)的过程。显而易见,如果这

---

① 这并不意味着联系加总原则来使用的统计数字不能分解为比整个所指群体更小
的范畴,而是说,引入范畴时必须考虑到它们对于确定欲求满足总量的意义。因此,对于
道路事故伤亡人员的分类,根据有一种理论,可以按年龄来划分,那种理论认为,一个人因
事故致残时越年轻,从欲求满足的角度看事情就越严重,但是在加总性计算中并没有为
"应受责备的"和"无辜的"伤亡人员之间的区分留有余地。而且,如果一个人主张一英镑
对于一个穷人所具有的满足欲求的意义要大于对于一个富人所具有的意义,那么既分析
国民收入的总量又分析其分配就是一种很好的加总性做法;但是不平等程度的增加当然
不能基于加总性理由而被抨击为本身就是不好的。

些说法中有任何一种说法是正确的,那么"加总性"范畴的可能内容就会急剧缩小。① 不过我想论证的是,这两种说法都不正确。

第一种观点认为"效用的人际比较"是莫名其妙的胡言乱语,这种观点通常被当作一个"哲学的"或"科学的"质疑提出来,但是在我看来,哲学的或科学的方法应该和亚里士多德一道主张,我们应该仅仅要求"主题所容许的精确程度,因为我们不能在所有讨论中寻求同样的准确性"。② 当然,对于 A 一条腿骨折是否比 B 被针扎一下更糟糕这个问题,我们不可能就像读取仪表盘上的数字那样一眼就看出答案,但是这并不意味着,无法为这个问题提出相当于简单问题中的证明的那种证据。要确定不同的人欲求之挫败或满足的相对重要性,这似乎并不比要在一个复杂的社会现象链条中确定因果依赖性更难解决(或者说,毫无疑问更容易解决)。

对于我们不能做人际比较这一指责,一个更具体的回应就是,我们每天都在进行人际比较。(一个被告知法官们不能立法的法官据说已经给出了答复:"是的,他们确实不能立法,我自己能立一些法。"③)我们如何判定在哪一个点上更慢的交通会因为更低的事故率而得到补偿? 我们如何判定癌症研究、心脏病研究与常见感冒的研

---

① 关于不涉及任何人际比较的"最优化"(optimizing)原则的讨论,见第五章第二节。

② 莱昂内尔·罗宾斯(Lionel Robbins)写道:"**没有办法测试出与 B 的满足相比的 A 的满足强度**。……如果其他某种文明的代表向我们保证说,我们肯定错了[因为我们认为人们从平等的收入所获得的满足是相等的],从给定的收入当中,他的种姓(或种族)所能体验到的满足是另一低等种姓(或另一'低等'种族)成员所能体验到的满足的十倍,那么我们是无法反驳他的。……我们不能声称为我们处理事情的方式所做的辩护在任何意义上都是**科学的**。"Lionel Robbins, *An Essay on the Nature and Significance of Economic Science*, 2nd ed. (London, 1984), pp. 139-141,重点符号为原文所有。(中译本见莱昂内尔·罗宾斯:《经济科学的性质和意义》,朱泱译,商务印书馆,2000 年,第 113—114 页。作者此处的引文与罗宾斯的原文略有出入,此处系根据作者的引用所译出。——译者注)

③ 这句话中的"不能"对应的英文是 can't,can't 与汉语中的"不能"一样,既有"不允许""不可以""不应该"等意思,也有"没有能力""没有办法"等意思。所谓法官"不能"立法,当然是在"不能"的第一种意义上说的;而此处引文中的"不能"则是在第二种意义上说的。作者在此处是在进行类比。他指出,对于不能(can't)做功利的人际比较这个观点,我们可以回应说,其实完全有能力或有办法进行人际比较;正如对于法官不能立法这个观点,一个法官可以回应说,他有能力或有办法立法。——译者注

究哪一种更重要？或者，在一些更平常的决定层面上，一位母亲如何判定乔尼的鞋子优先于比尔的雨衣？[①] 边沁在整个人际比较问题上的立场在我看来非常合理；至少在这方面，正是那些贬低他的人看上去是那么天真而脱离现实。

> 你不妨假定把 20 个苹果加到 20 个梨上……这样既不会有40 个苹果也不会有 40 个梨，而是每一样水果各 20 个，就和之前一样。……把不同主体的幸福进行这样的相加……是一种假定，没有这种假定，所有的政治推理都无法进行。[②]

根据该论证的一个变化形式，尽管获得信息以便做出一个明智的加总性判断或许不是不可能的，但是这既费时又费心。那么我们如何判定到哪一点为止我们就要停止收集信息呢？因为我们不知道我们可以收集到的进一步的信息会在多大程度上影响我们的决定。这个问题的答案事实上已经有了，这些答案涉及大量数学上很艰深的东西。[③] 然而，这些答案的严密性取决于一个假定，即做决定者至少一开始就知道各种可能的结果的概率分布，这样就只能问，哪一种结果值得获得更详细的信息，比如，他知道明天有三分之一的可能性下雨，并决定是否要获得确定的预告。但是，尽管这是一种理想化的图示，我们一般情况下确实**在一定程度上**知道各种后果相对的可能性，而且这就是为什么判定要收集多少信息事实上并不像对该立场的最初说法所说的那样是一件完全任意的事情。[④] 鉴于人们已经具有的知识，我们可以而且确实在理性地批评人们收集了过多或过少

① 从这样一个视角出发对家庭决定过程所做的评论，见 Jerome Rothenberg, *The Measurement of Social Welfare*（Englewood Cliffs, N. J., 1961）最后一章。

② Mary P. Mack, *Jeremy Bentham: An Odyssey of Ideas* 1748-1792（London, 1962）, p. 244. 也见 I. M. D. Little, *A Critique of Welfare Economics* (Oxford, 1957)，第四章。

③ 尤其参见 Jacob Marschak, "Towards an Economic Theory of Organization and Information," in R. M. Thrall, C. H. Coombs and R. L. Davis（eds.）, *Decision Processes*（New York, 1954）, pp. 187-220.

④ Marschak, pp. 196-197.

的信息。①

我前面提到的第二种观点就是,尽管"效用的人际比较"可能不是莫名其妙的胡言乱语,也仍然没有任何东西可以被恰当地描述为"效用相加"。比如,米达尔(Myrdal)写道:

> 我们确实每天都在进行效用比较。每一种政治信念都预设了这样一种社会估价。但是我们可以通过运用我们的判断来做这件事,这种判断在最好的情况下是一种基于对事实的正确理解且充分知情的判断,但它根本上仍然是一种道德判断。它体现的是,根据我们的理想或欲望,我们认为在一种情形下应该做的是什么。如果要衡量不同人的欲望与需要的重要性,这就涉及一种新的评价。②

正如看上去的一样,这段话很晦涩,不过总体的意图似乎是要主张,下述说法是不可理解的:"这项政策会增加欲求满足的总量,但不应该付诸实施,因为它是如此之不正义",因为这两种说法之间没有意思上的差异③(而"这将降低死亡率"和"应该做这件事"这两种说法之间有意思差异)。

在这一背景下,我们只能说,似乎**确实**有两个不同的阶段,从下述事实便可以看出这一点:我们**既**可以将加总性标准**又**可以将分配性标准运用于具体情况下应该怎么做这个问题上。一位母亲在乔尼的鞋子与比尔的雨衣之间做决定时可以沿着分配性思路进行推理:

---

① 这并不是说,后来被证明是严重错误的东西总是可以避免;就这种情况的本质而言,在一种不确定的情形下,甚至最理性的行为也可能在事实上被证明是有害的。但是要阐明基于特定的最初信息,什么样的行为是最明智的行为(也假定任何有利因素与不利因素之间或收益与成本之间具有可对比性),这从理论上说不是不可能的。(对武器系统研究的投入问题,相关的讨论见 Hitch and McKean, *The Economics of Defense in the Nuclear Age*,第十、十一章。)

② Gunnar Myrdal, *The Political Element in the Development of Economic Theory* (London, 1953), p. 103.

③ 此处的"这两种说法"分别是指:政策是否会增加欲求满足的总量与政策是否正义。根据功利主义的观点,这两种说法意思是一样的,因此,说一种政策能增加欲求的满足总量却又说它是不正义的,当然就自相矛盾,无法理解。——译者注

"有一段时间没有给乔尼买过新东西了,而上个月才给比尔买过好几样新东西(公平份额)。"或者,她也可以追问:是否鞋子为乔尼的福利所做的贡献更大,而雨衣为比尔的福利所做的贡献更小。谁的"需要"(目标就是福利)最大呢?如果认为这个问题完全就是在掩盖乔尼应该得到鞋子这个决定,那么我认为这种看法就忽视了与这里很相关的一些考虑因素的本质,比如哪一个孩子如果得不到相应的东西最有可能感冒,哪一个孩子对他的形象最为敏感,等等。做出分配性判断以及做出涉及效用的人际比较的加总性判断,其中所包含的推理过程会因做出判断的人而异,而这在我看来是证明它们的差异的唯一证据,这种差异要么是必然的,要么是可能的。

5. 两种困难的情形

(1)需要

在最后这一节我要考查两条原则。这两条原则有时候会有人提出来,而且乍一看既不属于加总性范畴,又不属于分配性范畴。我要表明,它们之所以不属于其中任何一个范畴,是因为它们根本就不是独立的证成性原则。

首先考虑作为一种证成政策的理由的"需要"(need)。如果我们看到一些说法大意是说,人类每天需要很多卡路里的能量(而且国家应该做出一切努力来确保每个人获得这一数量的能量),或者大学教师需要图书(因此国税局应该允许把这种需要作为教师要求开支的权利),那么我们可能一开始就会认为,这里有一种证成政策的理由既不诉诸分配性考虑因素,又不诉诸加总性考虑因素,而是诉诸用来确定"需要"时所凭借的那种"客观的"或"科学的"程序。但是,需要概念的运用之所以不断变化,不是由于它是一个独特的证成性原则,而是由于它本身根本就不是一个证成性原则。

48

一旦有人说"x 是为人所需要的",我们总是可以有意义地追问需要用它来达成何种目的（尽管在某些语境下这样问可能显得很学究气）。一旦给定了一个目的，如何找出达到该目的的必要条件就确实是一个"客观的"或"科学的"问题，当然，条件是该目的必须得到了准确的陈述。在我举的第一个例子中，目的可能只是单纯的生存，或健康，或消除饥饿；不同的研究所发现的"需要"的差异无疑大多数都可以归于所假定的目的的差异。同样，在我举的第二个例子中，图书对一个大学教师来说可能被认为是他履行大学教师职责所必需的，或者只是对于他实现其最高潜能来说是必需的。

当我说"需要"本身不是一个证成性原则时，我的意思是说，对于任何一个陈述来说，如果其大意是为了产生 y，x 是必要的，那么它都不能提供一条做 x 的理由。在它能够提供这样一条理由之前，y 必须被表明（或被认为）是一个可欲的追求目标。为了在一定程度上提供一条做 x 的理由，这是必需的。一条**结论性的**理由要求我们表明，x 的代价（即可以去做的其他可欲之事，而非 x）并没有使得 x 不如做其他某种行为有利，而且 x 带来的任何不利的副作用都可以被它带来的好处绰绰有余地抵消，因为 x 能产生 y。

这样，相对于谈论政策的最终证成理由，谈论需要实际上处于一种更低的一般性水平。[①] 可以**结合**任何一种证成理由来使用"需要"，但是它本身不能作为证成理由。比如，它既可以与关注理想的原则一起使用，又可以与关注欲求的原则一起使用，因此，我们可以说"该镇需要一个剧院"（这是为了**创造**一种需要），同样也可以说"该镇需

49

---

① 因此，在处理"应得"和"需要"时，认为它们好像是收入分配的并列标准一样，就犯了一个范畴错误。S. I. Benn 和 R. S. Peters 在他们的《社会原则与民主国家》（*Social Principles and the Democratic State*, London, 1959）第六章就犯了这样的错误。把需要作为应得的一个基础就犯下了两个错误：一个错误是关于"需要"的，另一个错误是关于"应得"的。在这方面，可以参阅范伯格（Joel Feinberg）在一篇论文第 73—74 页注释 8 提到的一个例子，"Justice and Personal Desert", in *Nomos VI*, ed. by John W. Chapman and Carl J. Friedrich (New York, 1963)。

要一个停车场"(这是为了**满足**一种需要)。我们还可以说"为了摧毁地球上的生命,我们需要 x 兆吨的爆炸力"。

到此为止,我一直在强调"需要"是一个派生性的概念,而强调这一点似乎是值得的,因为将它作为一条独立的证成性原则是很危险的。然而,在论证这一点时,我没有考虑这个概念的某种微妙之处,这种微妙之处如果考虑进去,至少可以解释为什么人们会对它产生那种错误认识。

正如我已经指出的那样,尽管我们在任何语境下都可以说,为了产生 y,就需要 x,但是当 A 指的是一个人时,这一点对于"A 需要 x"来说并非同样正确。这个概念仍然是派生性的,但它所指向的目的是受到限制的。"需要"所具有的任何"客观性"或证成上的独立性(比如与"人的基本需要"相联系时)都源自目的上的这种限制。位于中心的是生理健康(比如前面提到的饮食的例子);还可以在一定程度上延伸到心理上的福利(比如人需要隐私,人需要共同体)。这样,还可以进一步扩展到某种职责的履行,或实现某种目标(前面提到的大学教师的例子)。最后,我们还需要达到某种水准,这种水准可以独立于具有相应需要的那个人的任何职责或目的(年老的领退休金的人如果要和共同体中的其他人员具有同等的富足程度,他们就需要更多的钱)。"需要"的使用离中心越近,语言上的准确性就越不要求目标应该出现在句子当中,而且理所当然的是,也就越容易认为,可以独立于一种目的来以某种方式确定一种需要。然而,这种修正并不影响我的一个命题,即无须给"需要"以特别的考虑,因为它依然是派生性的,而且唯一有趣的问题都只有和目的相联系时才会出现。

(2)帕累托最优

如果至少有一个人的状况在第一种情况下比在第二种情况下更好(就是说,有更多的欲求得到了满足),且没有谁的状况在第一种情 50

况下比在第二种情况下更糟,那么第一种情况相对于第二种情况就是帕累托最优的。① 与其他一些关注欲求的原则比如公平或平等不同,这条原则是由一个专业的经济学家所提出的,而且在专业的经济学家中间仍然是最经常使用的原则。然而它却是一条很成熟的最终性原则,而且,尽管它受限于帕累托最优这一名称,但是它也以一种更复杂的形式作为"公共利益"(the public interest)与"共同善"(the common good)中的一个要素而出现。一种改变至少使得一个人的状况变好,同时又至少使得一个人的状况变糟,这种改变是否可欲呢? 如果认为帕累托最优原则对这个问题不置可否,那么它当然就属于加总性范畴了。它分享了那个规定性的加总特征,即欲求满足上的任何增加,无论是落到谁的头上,都同样可以看作是一种改进。根本无须追问这种改变总体上的分配效果(这种改变加剧了不平等吗?),也无须具体地追问具有何种资格的人的欲求满足才能得到增加(欲求满足的增加是否落到了那些应该得到增加的人头上? 或者这种增加纯粹是偶然的意外之福吗? 这种意外之福能否落到一个人头上,就要看他是否具有某种道德上相关的特征?)。但是它是有局限的,因为当一些受到一项政策影响的人与其他人相比是在不同的方向上受到影响时,它就无法发挥作用了。这样,帕累托最优与最大化(比如边沁式的功利主义)就变成了加总性范畴中的两个亚类型。② 最大化涉及比较不同的人的收益与损失以便找到一种平衡,而最优化只涉及确保所有改变都是朝着同一个方向的。③

---

① Little, *A Critique of Welfare Economics*, 2nd ed. (Oxford, 1957),第八、九章。
② 从词源学上讲,这两种表达当然都属于最高级;但是把"最优的"用于仅有的两种情形之间的对比这一习惯已经固定下来了。我在这里把这种用法也扩展到了"最大化的"。("改善"具有一种它自己的略显独特的意思,然而似乎不存在与"最大化"相对应的比较级形式。)
③ 对比帕累托所谓为了一个共同体的效用(utility for a community)与一个共同体的效用(utility of a community)。然而,帕累托把任何非最优的判断都包括进了一个社会的效用当中。

对我所讨论的帕累托最优原则的这种解释符合使用它的人对它的常见介绍,但比较奇怪的是,它的实际用法有时候有所不同。其定义要求,如果从一种情形改变到另一种情形时有人受益有人受损,那么这种改变的可欲性也不能被人指摘。但是与此相反,该原则有时候又被认为意味着,如果有人从一个变化中受损,那么就**不**应该进行那种改变。如果这样来解释的话,帕累托最优原则就很难归类了,但是我认为,这是由于这样解释后该原则就包含了一个基本的混乱不清的事实。它当然本身就包括了已经讨论过的最优化原则(optimizing principle),即如果有人受益而又无人受损,就是一种改进,反之亦然。但是它又接着说,如果有人受损,无论其他人是否受益,都**不**存在任何改进。我认为,麻烦就在于,必须将这一条比较古怪的原则与某种更加抽象的原则相联系,才能把它当作一条证成性原则。为什么唯有损失要被考虑进去?为什么不颠覆这条原则,而主张任何变化只要让某人受益了(无论有多少人受损)就是一种改进?无疑可以找到一些理由来证成这条原则,比如让人的情况变得更糟总是不正义的,或者受损总是比受益更加令人不快,但是这些理由或许并不是非常合理。要是没有这样一条证成理由,这条原则就要求以不同的方式对待收益与损失,而这是无法解释的。我们所具有的是一条关注欲求的原则,该原则声称要提供一些结果,但却完全忽视很大范围的欲求满足,即忽视存在着损失的情况下的收益。我们不可能把那种版本的最优化原则归入我所提出的那些范畴中,这反映的是那条原则的不彻底性,而不是范畴的不完备性。

人们之所以支持这样一条怪异而令人不满的原则,动机似乎有两个。第一个动机是,最优化原则被解释为只能在有收益却无损失(反之亦然)的情况下才能给出答案,这条原则显然只能被极其有限地运用,因为我们所能想到的大多数变化既涉及收益又涉及损失。将该原则加以延伸从而谴责所有在其中有人遭受损失的变化,就意味着它为所有可能会有人提出来的改变都给出了一个答案,但这仍然没有涉及"效用的人际比较"。第二个动机是意识形态上的动机：最优化原则的扩展性运用通过某种障眼法式的手段，表现得就好像实现了一个壮举一样，即从认识论上的纯洁性和一个总体上关注欲求的立场出发，推出了一个极端保守主义的评价标准。

52 无论如何，这里的论证是这样的：如果欲求满足是好的，如果我们不能比较一个人的收益与另一个人的损失，我们就只能说，当至少有一个人受益且无人受损时，一种情形就比另一种情形更好。因此，唯有这样的改变应该得到推荐。正是通过"因此"一词，兔子才被神不知鬼不觉地放进了帽子里。从这些前提，我们最多只能推出，对于其他改变，只要至少有一个人从中受益，我们是否做出那些改变就没有任何区别。①

---

① 在这些评论中，我尤其想到了冯·米塞斯在《人类行为》(*Human Action*, London, 1949)一书中的观点以及詹姆斯·布坎南的观点，尤其是他的论文 "Positive Economics, Welfare Economics, and Political Economy," in *Fiscal Theory and Political Economy* (Chapel Hill, 1960)。

第四章　保守主义、多数主义与自由主义

1. 引言

断定如果做了某事某一原则就会得到满足，这是一回事；说那件事是应该做的，这是另一回事。因为最终真正重要的是第二类判断，所以有必要考查一下这两种判断之间的关系。这一点对关注理想的原则来说特别重要，因为有一个为人广泛持有（而且通常为人狂热支持）的观点认为，一种情形好过另一种情形的关注理想的判断绝不能被解释为这样一种判断："为了产生那种更好的情形，国家应该做某某事。"本章的大部分内容（第四、五、六节）都将致力于考查这个观点，我称之为"自由主义"（liberalism）。但是在此之前（第二、三节），我要快速地审视另外两种理论，它们限制通过政治来实施原则的企图，而且与"自由主义的"观点相比，它们还走得更远，不仅禁止实施关注理想的原则，而且禁止实施**所有的**原则。我要把这些观点称为"保守主义"（conservatism）与"多数主义"（majoritarianism）。

理所当然，在进行这些讨论时，我们随时可能会犯错误，因为所涉及的论证具有最高的一般性（generality）。事实上可能会有人问，

要对评价的最终极的基础进行论证到底是否可能（遑论富有成效）。
如果所有的论证在形式上都应该是演绎推理，事实上就无法进行论
证，因为在任何演绎系统中，必须有一些无法在系统内部得到证明的
公理。但是道德论证与政治论证并不是单向的（one-way）论证，一般
而言，它们既可以向上进行，也可以向下进行。关于具体情况的结论
既可以是从更高层次的原则推出来的，也可以用来支持更高层次的
原则（当然，不可能同时属于两种情况）。而且，因为我们更熟悉对具
体情况进行思考，所以通常情况下，我们对于自己对具体情况的态度
比较确定，而对于自己对一般性原则的态度则没有那么确定。因此，
尝试着向某个人表明他声称支持的那条原则在某些具体情况下会产
生一些他不愿意接受的后果，这就是一条论证合理而有用的一
部分。①

2.保守主义

(1)定义

我这里所谓的"保守主义"，指的是任何一种大意如下的观点：所
有试图根据原则（无论是关注欲求的原则还是关注理想的原则）来改
造社会的努力都是有害的，就是说，这种努力既是危险的，同时又是
自我挫败的。这个一般性的保守主义立场有两种变化形式，我们可

---

① 无论是演绎模型还是归纳模型都不完全适合道德与政治推理。我已经质疑过最
常见的演绎模型。普理查德（Prichard）在他的论文"Does Moral Philosophy Rest on a
Mistake?"（*Moral Obligation*，Oxford，1949）中提出了归纳模型。根据这一模型，原则仅
仅是归纳了我们过去在面对具体情况时所做出的决定。但是如果他不得不就某件事情做
出决定，而这件事又是他的"直觉"（即训练）没有为他提供充分准备的事情，那么他要想做
出决定，当然就不得不通过寻找困难的情形与他对正确答案确定无疑的情形之间的相似
之处来做决定。这样，他就是在使用他的原则来帮助决定具体的问题。

无论是对更低层次的决定还是对更高层次的原则，我们都没有十足的把握。我们所
知道的就是，必须以某种方式把它们置入一个前后一致的相互关系当中；但是这往往就是
通过更高层次与更低层次之间相互适应的过程来实现的。

以分别称之为"反政治的"（anti-political）保守主义与"反理性主义的"（anti-rationalist）保守主义。二者的差异或许在于所强调的方面不同：前者强调，对任何政治行动的过多期望都是危险的，后者则尤其强调，认真对待原则是危险的。我将对二者都做出一个简短评论。

（2）反政治的保守主义

第一个命题我认为可以从哈耶克的《通往奴役之路》和茹弗内尔（B. de Jouvenel）的《主权》中提炼出来。[1] 可以这样来表述它：当人们普遍地认为国家无非就是维持国内秩序并抵制外来侵略的工具时，由谁来控制它就意义不大了。因此，政治斗争可以保持在一定限度内。但是一旦人们开始认为，为了带来社会正义或改变人性，可以改造国家，那么冲突就可能变得非常严重，以至于无法得到控制，社会也将被撕裂，或者被一个建立在恐怖统治基础之上的极权主义政府野蛮地统一起来。

难以否认的是，这个观点能够适用于某些地方与某些时代；但是因此也就很难否认，几乎**任何一个**这样的一般性陈述都具有这样一种适用性。问题在于，它是否具有普遍的适用性。考虑一下收入再分配。在非共产主义国家中，国家被指望有一种个人收入政策，但是这些国家当中没有哪个国家在这个问题上处于一种近乎内战的状态，而且其中很多国家（尤其是英国、斯堪的纳维亚国家、前英国属地以及美国）在这个问题上还具有广泛的内部共识。[2] 当把这种理论运用到关注理想的原则（我称之为"改变人性"）时，它变得更加合理，因

---

① F. A. Hayek, *Road to Serfdom*(Chicago, 1944)；(中译本见哈耶克：《通往奴役之路》，王明毅等译，中国社会科学出版社，1997 年。——译者注) B. de Jouvenel, *Sovereignty: An Enquiry into Political Goal*(Cambridge, 1957).

② 茹弗内尔太奇怪了，他接受的是马克思主义最有争议的部分，即这样一个观念：物质占有是如此之重要，以至于那些具有大量财产收入的人**总是**会为了反对剥夺而战。他的前提几乎与 20 世纪 30 年代的拉斯基完全一样，他却从这些前提里得出了完全相反的结论。

为毫无疑问,在某种意义上,一个社会的凝聚力有可能会被"道德法律化"(legislate morality)的尝试所侵蚀(比如美国的禁酒令)。但是这当然不足以表明,**所有**贯彻理想的尝试都会导致和美国宪法第十八条修正案类似的结果;而且我没有看出这样一个结论如何能得到坚持。

一个更有限的主张——或许也是茹弗内尔和哈耶克想要提出的那个主张——就是,尽管在某些特殊时代,相互竞争的原则之间并非相去如此之远,以至于贯彻它们的努力会导致不可控制的冲突,然而,原则在政治中具有正当地位这种观念的传播是很危险的,因为你永远都无法确定不同人的原则在什么时候才不会极其不相容以至于具有灾难性后果。但是这就假定了没有办法在原则的可允许的运用与不可允许的运用之间做出一个一般性的区分。而事实并非如此。关于关注欲求的原则的运用,一个大致的现成的规则可能就是,除非处于紧急情况下,否则不能让任何一个已经习惯奢华的人从奢华陷入贫困。这构成了下述观念的基础:向资本征收重税后,就应该把收入的很大一部分支付给一代人。如果所涉及的是关注理想的原则,规则的阐明还更为复杂,我将在本章第六节考虑这个问题。

(3)反理性主义的保守主义

第二种"诉诸结果"的观点完全有权要求被看作是保守主义观点。这种观点由柏克(Burke)详细而有力地论述过,最近又得到了奥克肖特和纳米尔(Namier)的支持。① 概而言之,这种观点就是:原则

---

① M. Oakeshott, "Political Education", *Philosophy*, *Politics and Society*, ed. Laslett (Oxford, 1956);重印于他的 *Rationalism in Politics* (Methuen, 1956)(中译本见欧克肖特:《政治中的理性主义》,张汝伦译,上海译文出版社,2007 年。——译者注)。L. B. Namier, "Human Nature in Politics", *The Varieties of History*, ed. Fritz Stern (Meridian Books, 1956). 在美国,萨姆勒(Sumner)是这个观点最有力的倡导者,见他的 "The Absurd Effort to Make the World Over," *American Thought*: *Civil War to World War I*, ed. Perry Miller (New York, 1961).

挑选出生活的某些方面,并引导其信徒忽视追求它们会给生活的其他同等重要的方面所造成的代价。而且,人类理性是一种不完美的工具,即便它能够对某种改变的后果做出预测,我们也只能指望它做出一丁点儿预测。因此,即使原则本身是好的,它们的运用所产生的效果也会很糟糕。

我们先不管这种思路的来路,我表示怀疑的是,它是否能够证明其倡导者所建议的那种一概而论的命题。该论证的前半部分针对的是原则的不当运用,而非原则的运用。它指出,一个人可能会非常痴迷于一件事(比如实现正义)而忽视了其他事情(比如安全与幸福的关系)。但是据我所知,还没有人证明,我们不可能(或者很难)同时信奉许多理想与原则,并认识到其中某种理想或原则的实现往往会受到其他理想或原则的要求的限制,又认识到必须作为目标来实现的是最佳且可能的平衡,而不是以其他理想或原则为代价来实现某种理想或原则的彻底胜利。

该论证的后半部分——人类理性是一种不完美的工具——无疑建立在牢固的基础上。当然,没有谁能够预测某种改变所带来的所有纷繁复杂的后果。但是这一点有什么意义呢?在用它来证明基于原则的行为有可能导致糟糕的后果之前,我们必须补充一个假定,即未预见到的后果有可能是糟糕的后果而非好的后果,而且它们将是如此之糟糕,以至于超过了所带来的好处。我认为,至少在某些情况下,做出一个比较可靠的猜测是可能的,即这个条件并不成立。我们可以以 1948 年英国建立"国家医疗服务体系"(National Health Service)为例。不可否认的是,该体系肯定产生了引入该体系的人没有预见到的许多间接后果;但问题是,根据他们最初的原则,当他们看到了该体系的运转效果时,他们到底有没有充分的理由为引入该体系而后悔。我认为答案是"没有"。当然还可以举出其他许多重大法律变革的例子,这些变革已经被证明和它们的发起者所预期的一样,即便不完全一样,至少在某种意义上,他们会认为这些变革对以

57

前的状况来说是一种改进。

那些反对原则的人又提出了什么样的替代性方案呢？其中的一种替代性方案说，人们不应该相信话语推理（discursive reasoning），而应该信任直觉判断。（通常还有人——比如柏克和奥克肖特——补充说，这种直觉必须得到特殊的训练，因此也就只为少数幸运的人所具有。）假定话语推理不是智力所采取的唯一一种形式。[①] 假定就算我们不能描述一件事，我们也可以知道如何去做那件事。[②] 即便如此，原则与理想在政治中也具有一种不可或缺的作用。

第一，它们对于学习来说是必要的。仅仅通过观察老一代人如何行事绝不能让我们知道什么是"传统"，因为要是没有归纳总结的能力，我们就永远也无法将过去的经验运用于新的情形。[③] 要做到这一点，我们就必须不仅知道做了些**什么**，而且还必须知道**为什么要做**。换句话说，价值到底存在于深思熟虑的努力所导致的情境的哪些特征当中？无论老一代有没有明确提出他们的"改进"标准，也无论年轻一代是不是必须通过观察来得出这种标准，结论都是一样的，即年轻一代必须以某种方式得出下述形式的判断："最好去做某某事，因为这将导致某某结果。"这里的"某某结果"是一种**一般性的**描述。

第二，原则对于取得一致意见来说是必要的。即便有一个人无法在头脑中呈现出自己所做决定的根据也能够做出决定，也不可能有更多的人可以做到这一点。当然，负责做决定的每一个群体成员都可以通过一个隐秘的过程得出他自己的建议，但是如果他们的建

58

[①] Susanne K. Langer, *Philosophy in a New Key*(Mentor Books, 1948).

[②] Ludwig Wittgenstein, *Philosophical Investigations*, 2nd ed. (Oxford, 1958); Gilbert Ryle, The Concept of Mind (London, 1949).（中译本见维特根斯坦：《哲学研究》，陈嘉映译，上海世纪出版集团，2005年；也见《哲学研究》，韩林合译，商务印书馆，2015年。吉尔伯特·赖尔：《心的概念》，徐大建译，商务印书馆，1992年。——译者注）

[③] 见 Hare, *Language of Morals*，第四章。（中译本见黑尔：《道德语言》，万俊人译，商务印书馆，1999年。——译者注）

议相互冲突,他们将没有办法讨论这些建议。因为只有当有一些一般性的标准可以诉诸时,讨论才是可能的:"那将是不公平的","那将对 x 造成不利影响",等等。讨论必须采取这样一种形式,即尽力去表明,某一行为会(或不会)导致一种情形,而那种情形总是与某种价值(积极的或消极的)密切相联。如果没有下述形式的一般性标准——"价值总是与具有下述特征的情形密切相联",根本就没有进行争论的余地,那些争论旨在表明,这样或那样的情形可以放进这个或那个名目之下。唯有当权威集中于一个人的时候,比如一个希特勒或戴高乐式的人,运用"直觉"才是恰当的。

3. 多数主义

(1)论点陈述

多数主义论点不是诉诸结果,而是诉诸一条原则本身;但是它声称如果你接受了这一条原则,你就不能再坚持其他任何原则(除非是以下文将做出解释的那种经过限定的方式坚持),否则就会陷入自相矛盾。我将称这条原则为多数主义原则(majoritarian principle),因为人们经常联系这条原则来提出这个论点。[①]

我们可以将之陈述如下:假定你赞成所有需要政治解决的争议都应该由多数票来解决,或者由选举出来的人根据多数人的意见来解决;如果是这样,你就不能同时又坚持其他任何政治原则。因为如果你还要坚持其他政治原则,它们就会使得你在某种情况下说不应该做 x,而多数派的意愿是应该做 x。这样,你可能就会陷入矛盾。如果你真的相信多数派想要的就是应该做的,而多数派想要做 x,那 59

---

① 尤其见 Howard R. Smith, *Democracy and the Public Interest* (Athens, Georgia, 1960); Jerome Rothenberg, *Measurement of Social Welfare*。

么你说不应该做 x 就必然会自相矛盾。①

　　更一般化的形式可以表述如下：如果你所坚持的理想或原则当中没有提到他人的意见，那么从逻辑上说，你就有可能是唯一一个秉持该理想或原则的人。因此，有可能在某种情形下，你说"应该做某某事"，而除你以外的每一个人都说"不应该做某某事"。你实际上就把自己变成了一个独裁者。② 当然，面对其他每一个人的反对，你可能不会有能力让你想要的事情得以实施，然而你就是在说，如果你有能力你就会这样做。（你不可能一方面真诚地说"应该做某某事"，而另一方面一旦你有了做那件事的能力却又不做。）

（2）初始愿望和纠正后的愿望

　　一个好的多数主义者因此就只有一个愿望吗，即一种多数主义程序应该被用来解决所有争议？当然不可能是这样，因为如果每个人都持这样一个观点，那么这种决策程序就根本没有发挥作用的基础。在让程序发挥作用之前，**除了**对程序本身的欲求之外，必须存在其他一些欲求。更准确的表述必须使用更精致的工具。显而易见，我们必须区分开对政策的**初始**愿望（primary wish）和**纠正后的**愿望（corrected wish），前者并没有把其他任何人的观点考虑进去，后者则不然。对某个坚持多数主义原则的人来说，初始愿望可能具有任何一种性质，但是次级（secondary）愿望必定是希望一种特殊的结果，那种结果把一个人自己的初始愿望仅仅当作众多愿望当中的一个愿望。因此，要做一个多数主义者，就必须有一种分裂的心灵：这要求一个人不应该总是希望自己的（初始）意见占上风。比如，一个多数

---

　　①　在本书第 292 页的注释 A，我对比了这种定义下的"多数主义"与卢梭《社会契约论》一书中可以找到的那个表面上看与它很相似的观念。第 293 页的注释 B 简要而批判性地讨论了理查德·沃尔海姆（Richard Wollheim）最近对这里提出的这个问题的论述。

　　②　见阿罗（Arrow）在《社会选择与个人价值》一书中为"独裁"下的定义。（中译本见肯尼思·阿罗：《社会选择与个人价值》，陈志武等译，四川人民出版社，1987 年；肯尼斯·阿罗：《社会选择与个人价值》，丁建峰译，上海世纪出版集团，2010 年。——译者注）

主义者可能会说："我反对用立法的方式禁酒；如果对此进行投票，我会投反对票。但是如果投票的结果表明多数人赞成这样做，那么我认为就应该允许这样做。"①只要第一个主张被当作一个有所限定的主张，这种说法就并不是什么自相矛盾。就是说，第一个主张必须被认为是在表达提出该主张的人试图以何种方式去影响结果（通过投票、游说等等），而不是在表达一种愿望，即希望禁酒成为结果。我们可以做一个类比：一个人试图尽其所能地赢得一场游戏，但是唯有当他比他的对手玩得更好时，他才仍然希望获胜。他的行为也会给人一种自相矛盾的印象，因为如果对手玩得比他好，他会希望他的对手赢，而同时又试图尽其所能地阻止他赢。但是，如果我们认识到，他尽其所能地玩（"试图赢"）是最佳玩家获胜的一个必要手段，正如要想弄清多数派的意志就有必要根据一个人自己的信念投票一样，那么就可以消除他给人造成的那种自相矛盾的印象。②

一旦理解了初始判断与纠正后的判断之间的区分，甚至更大的

①　"在决胜局，布莱克（Black）宣布了他在禁酒问题上的立场。六年的时间并没有改变他的一个信念，即酒是罪恶的罪魁祸首，但是六年的时间也从另外两个方面改变了他的一些信念。他不再认为，面临可怕的大萧条，禁酒是一个最重要的问题；他也不再认为（如果他曾经这样认为的话），面对一个并不想禁酒的民族，支持禁酒的人们强制实施禁酒是可以做到的。他宣布，无论是就他个人来说还是在政治上，他仍然是一个支持禁酒的人；但是是时候把这个问题重新交给大众来投票表决了。作为一名议员，他会投票赞成将废除禁酒令的修正案提交给人民决断；作为亚拉巴马州的一个选民，他会投票反对该修正案。"（John P. Frank, *Mr. Justice Black: The Man and His Opinions*, New York, 1949, p. 61.）当然，认为人皆伪善的人在这里会更多地认为布莱克是一个精明的政客，让自己置身事外，而不是把他看作一个坚定的民主派，让自己的意见从属于一个可能的多数派的意见；但是确实，布莱克肯定仍然认为，他的说法作为一种立场本身就是站得住脚的。

②　另一个例子就是，一个人根据自己的财力去雇佣最好的律师为自己打官司，同时又希望具有最佳理由的一方能胜诉。

"特定的善应该由特定的人以恰当的方式去捍卫，这一点对于共同善本身来说特别重要。当一个杀人犯的妻子为共同善想要处死的那个人的生命而战时，她恰恰是在做共同善想要她做的事情。她仅仅是在实质上（material）不赞成共同善的要求；通过做共同善想要她去做的事情，她在形式上是欲求共同善。从形式上来理解的共同善就是对每一种真正的美德的关心，但是公共领域的人（public person）所关心的是实现从实质上来理解的共同善，而这可能是私人领域的人（private person）实际上所反对的。"（Yves R. Simon, *Philosophy of Democratic Government*, Chicago, 1951, pp. 41-42.）

表面上的自相矛盾也可以被表明是正当的。因为如果运行中的实际
程序没有根据你的多数主义原则来发挥作用，你可能就不得不投票
61 **反对**你的初始判断。比如，我们假定你的原则采取的是这样一种形
式：在任何一个问题上具有明确意见的多数派应该获胜（而不是参与
投票的人当中的多数派）。再假定在某个问题上，你自己的初始判断
是支持 x，但是你知道，那些支持 y 的人当中有相当多的人会弃权，在
这种情况下，如果你投票支持 y（也就是投票**反对**你的初始判断），与
你投票支持 x 相比，你就会使得投票结果**更接近于**你纠正后的判断
所认定的结果。（然而，这要依赖于没有太多的人遵循同样的规则，
在这里，存在着无穷后退的可能性，即每一个人的行为依赖于其他每
一个人的行为。）另外一个例子就是这样一个人的立场，他认为一场
选举的结果应该由大众选票（popular vote）来确定，然而事实上却是
由各选区中各个多数派基础上的多数派来确定的。① 因此，如果一个
保守党人纠正后的立场是大众选票多数票决意义上的多数主义
（popular-majority majoritarianism），而他的初始立场是保守主义，他
就会发现自己是在投票支持工党；一个具有同样观念的民主党人就
会发现自己是在投票支持一个共和党总统候选人。②

(3)对该观点的批评

我已经试图表明，面临自相矛盾的指责，我们是能够为多数主义
观点辩护的。我现在必须要问的是，我们是否应该**接受**多数主义论
点。我认为，之所以接受它，主要的诱因就是我们不喜欢让人觉得我
们好像不顾他人的愿望与意见一样。但是多数主义原则确实走向了

---

① 比如根据美国的总统选举制度，美国的总统人选就不是在大众选票的基础上直接
由多数票来决定的，而是先在每个选区（即州）产生一个多数票，然后再在此基础上确定出
一个多数票，得票多的总统候选人当选。——译者注
② 如果我们考虑多数主义原则的支持者的情况，如何界定投票中的"真诚"与"策略"
就变得复杂起来。我在第 294 页的注释 C 中分析了这个问题。

相反的极端，并使得我们（至少在政治问题上）信奉多数票相对主义（majority-vote relativism），而布劳德曾经就以此来指责过休谟。[①]一个人把自己对应该采取什么措施的判断毫无保留地交给一个群体中的多数派，而在这个群体中他自己的（初始）意见只是众多意见中的一个，这至少是很草率的。如果希特勒获得过德国选民的明确"授权"，我们就不得不根据多数主义原则不仅要谴责那些积极反对他的人，甚至还要谴责那些认为他的所作所为是错误的人。

　　然而，要想完成对多数主义原则吸引力的处理，就必须消除这种处理让人不快之处。而它让人不快之处就在于一个指责，即拒绝多数主义原则就是全然不顾别人的意见和愿望。因此，我将指出一个人通过哪些方式才能既考虑别人的欲求而又不采纳多数主义原则。

　　对多数主义原则最轻微的偏离就是把强度（intensity）也考虑进去，而不是只考虑人数。"反应强烈的少数派"（intensive minority）问题是民主理论家们一直很担忧的问题，而且，显而易见的是，如果一个人在决定什么是应该做的这个问题上保留亲自估计强度的权利，他有时候就会反对多数派，而这样做又纯粹是因为希望具有"最大"强度的那一方占上风。[②] 但是这种偏离很少是恰当的；确实，我们完全可以想象一种情况，在那种情况下，"最坏的人充满了强烈的激情"。[③] 我们可能仍然希望反对反应最强烈**而且**人数众多的一方。

　　偏离多数主义原则的同时又仍然不忽视他人欲求的另一种思路就是，一方面主张，人们对**结果**的欲求应该考虑进去，但另一方面却

62

[①]　C. D. Broad, *Five Types of Ethical Theory* (London, 1930), pp. 114-115.（中译本参阅布劳德：《五种伦理学理论》，田永胜译，中国社会科学出版社，2002年，第94—95页。——译者注）

[②]　比如，见 Robert A. Dahl, *A Preface to Democratic Theory* (Chicago, 1956).（中译本参阅：罗伯特·达尔：《民主理论的前言》，顾昕译，东方出版社，2009年。——译者注）这个问题是否可以在制度上得到解决呢？我将在第十四、十五章考虑这个问题。

[③]　语出爱尔兰诗人叶芝（William Butler Yeats, 1865-1939）的诗歌《二度圣临》（*The Second Coming*）："The best lack all conviction, while the worst ... Are full of passionate intensity."——译者注

拒绝承认人们对政策本身的欲求也应该考虑进去。换句话说，根据这个观点，一个人应该尊重人们的目标，但却在可能会推进这些目标的政策上保留与他们持不同看法的权利。① 可以想到，这可能会使得这个人成为唯一一个认为某项政策正确从而支持它的人，因而也就使得他成为一个"独裁者"；然而，这个人可能只是不赞成达到多数派想要的目标的那种手段而已。不过，这种做法的麻烦在于，它仍然使得一个人不得不接受多数派的任何意见，只不过这次不是接受多数派想要的任何政策，而是接受多数派想要的任何结果。或许在很多情况下，一个人希望坚决抵制多数派的意见，是因为他认为他们所支持的政策不会带来他们所拥护的目标。但是如果认为，一个人反对的是目标本身（即便这些目标是多数派的目标）这种情况永远都不会出现，那就确实太草率了。

　　对多数主义原则的一种更激进的偏离就是在目标当中做出区
63　分，只把私人取向的（privately-oriented）目标考虑进去。② 所谓"私人取向"，我的意思是指把自己（最多还有自己的家人）作为所指群体；或更准确地说，是指影响到自己或自己的家人。当我在这里说"受到影响"时，我的意思是使得一个人的生活因为机会方面或例行程序（routine）方面的某种改变而受到实质性的冲击。我的意思不是让人去感受（to feel），就像在"一派动人的景象"（an affecting sight）

---

　　① 杰罗姆·罗森伯格（Jerome Rothenberg）好像承认，对于"社会福利"何在的问题，如果多数派受了错误信息误导，那么一个人可以不赞成多数派的意见。见 *Measurement of Social Welfare*。
　　② 我在第一章第三节第三部分引入了这个概念。

这一说法中那样。① 因此,在"受到影响"这一说法与这里相关的那种意义上,一个经营旅馆的瑞士人如果被问到他是否受到了战争的影响,他可以回答说战争减少了他的生意,但是他不能回答说一想到城市被炸他就难受。再比如,一个美国北方的黑人会受到歧视的影响,不能得到某种工作或房子,等等,但是他不会受到南方发生的事情影响。

只把私人取向的欲求考虑进去的理由在于,这样做一劳永逸地避免了多数主义原则最让人反感的一个特点,即它以某种方式使得一个人要把对错问题、正义与非正义问题交给一个群体的多数派来判断,而在这个群体中,他自己的声音只是众多声音中的一种而已。然而与此同时,这一修正又使得一个人可以自由地考虑一些欲望,那些欲望仅仅是被人们当作对自己有影响的事情中的欲求而提出来的。这可能第一眼看上去太任意了,但是进一步的反思可以表明,我所谓"公共取向的欲求"实际上根本就不是被当作欲求而提出来的。把它们当作欲求是贬低它们,会陷入荒谬。②

假设我要判定群体 A 比群体 B 得到更多的某种东西是否公平,再假设唯有 A 和 B 直接受到了分配的影响,这里的影响是在我已经界定过那种意义上的"影响"。我在做决断时应该考虑群体 C 在这个问题上的意见吗? 我当然可以把这些意见看得很重要,就好像它们

64

---

① 相关意义上的"受到影响"不仅仅是比"去感受"(即"在某个与自己直接相关的问题上去感受")**更为狭窄**。"受到影响"的人或许根本就没有任何感受,就像在下述说法中一样:"新的列车时刻表影响到你了吗?""是的,火车比以前早五分钟出发,但是我对此完全无所谓。"事实上,相关意义上的"受到影响"这一说法可以被运用到无生命的事物上,而意思不会有改变。比如"八月的大雨影响到了庄稼"或"暴风雨影响到了一大片地区"。"受到影响"这个说法的一个重要的用法是用于一类活动做主语的情况,比如"航行受到了影响……","耕种受到了影响……","打板球受到了影响……"。在这里,并没有提到船员、农夫或板球手的情感反应,尽管可能会出现这些情感反应。

② 我认为,对于这里所采取的立场,有一个事实提供了支持,即当所争论的问题可以被说成是一场欲求之间的冲突时,要接受"民主原则"是比较容易的,而当所争论的问题看上去就像是一场关于何为正确、何为公平等等问题上的意见冲突时,要接受"民主原则"就没那么容易了。

具有一定的权威性一样,但是把群体 C 的欲求——由于他们认为群体 A 具有最佳的理由,因此他们希望 A 胜出——与群体 A 和群体 B 的私人取向的欲求混合在一起,并认为它们具有同等地位,这是荒唐可笑的。[①] 比如,假定要就某个问题进行投票,有的人基于私人取向的理由投票,而其他人仅仅基于公共取向的理由投票:投票的结果就既不能反映多数派为了自己成员的利益考虑而想要的是什么,也不能反映多数派(采取一种公共的立场时)认为应该做的是什么,而只是一个偶然的混合而已。我们可以说,这里的问题是,群体 A 是否应该比群体 B 得到更多的某种东西,或者两个群体是否应该得到数量相同的某物。群体 A 的成员超过群体 B,但是群体 A 的大多数成员都认为(从一个公共的立场看)平等是更公平的,而群体 B 内部的不同意见则恰好平分秋色。如果每个人都根据私人欲求投票,那么群体 A 会赢;如果每个人都根据自己基于一种公共立场的态度来投票,则群体 B 会赢;但是如果有的人基于一种因素投票,而有的人则基于另一种因素投票,结果就完全是不确定的,取决于每一方到底有多少人以及人数究竟是如何构成的。[②]

在调查了群体 A 和群体 B 的处境后,如果我断定群体 B 具有最佳的理由,我也就必须断定他们应该比群体 A 得到更多,而无论这一结论是否会挫败群体 C 的公共取向的欲求。

考虑一个"事业团体"的具体例子:霍华德联合会(Howard League)。如果霍华德联合会向内政大臣提交一份书面报告,要求改

---

① 如果在一种选举制度中,对于人们究竟应该基于公共取向的理由还是基于私人取向的理由来投票这个问题并没有一个明确的理解,这种选举制度恰恰就会导致这里所反对的那种混合。

② 民主国家中的大众意见似乎两边都不愿意支持。有的人似乎认为,每个人都应该纯粹根据他自己作为某个阶层的一分子的利益来投票,并依靠程序本身来产生可以忍受的结果;有的人则认为,我们应该投票支持"对于作为一个整体的国家来说是最好的"那个政党;或许大多数人都试图回避这两种立场相互冲突的可能性。比如见 Abrams 的论文,收录于 *Must Labour Lose?*, ed. Abrams, Rose and Hinden (Penguin Books, 1960)。

善监狱条件,它无疑会给出一系列理由来说明为什么这是应该做的;　65
但是这些理由不会包括霍华德联合会的成员想要监狱条件得到改善。相反,其成员大概只是因为监狱条件应该得到改善才想要它得到改善。

私人取向的欲求必然带有一种要求,即要求得到满足。与私人取向的欲求不同,公共取向的欲求虽然也要求得到满足,但是这种要求只是一种对应做之事的欲求。对于关注欲求的理论,我们完全可以解释说,它要受制于"欲求"一词意义上的限制,这种限制使得"欲求"相当于"私人取向的欲求"。至少在我看来,如果公共取向的"欲求"同样被认为必然会要求得到满足,而无论它们是轻率的还是严肃的欲求,也无论它们是以正义还是以非正义为目标,那么关注欲求的理论就变得更加不合理了。[①]

但是,当每一个人都基于一个恰当的所指群体("公众")的私人取向欲求来做出他自己的公共取向判断时,会出现什么情况呢? 如果这些判断不一致(这是可以预料到的),必须有某种办法在它们之间做出决断;这样我们不是又回到多数主义了吗? 对此的回答就是,我们或许回到了多数票决(majority voting),但是并没有回到多数主义。多数主义原则意味着你必然接受"某某事应该做"这个(纠正后的)判断,只要这是多数派的观点。但是即便你认为多数票决的方法最有可能(穷尽了可能被接受的其他任何方法之后)导致你的一些原则得以贯彻,你最终所信奉的仍然是这些原则。多数票决只是一个工具,一旦你的那些原则在一套不同的体系下有更大概率得到贯彻,这个工具就有可能被放弃。[②] 确实,当一个非多数主义者**在**支持多数

————————

①　公共取向的欲求的地位问题将在下文一个不同的语境中重新讨论(第六章第一节),而且在那一节所对应的一个注释中(第 297 页注释 E)我还进行了更一般化的讨论。

②　见 I. M. D. Little, "Social Choice and Individual Values", *Journal of Political Economy*, LX, No. 5 (October 1952)以及 Dahl and Lindblom, *Politics, Economics and Welfare*(New York, 1953), pp. 44-45.

票决时,肯定也和信念坚定的多数主义者一样支持多数票决的具体结果。① 如果他说出下面这样的话,他就是自相矛盾的:"多数派想要的事情就应该做;但是这件事(也是多数派想要的)不应该做。"然而。

66　他的立场与一个接受了多数主义原则的人的立场是截然不同的。对后者而言,一个多数派决定如果否决了他自己的初始判断,这个决定就比他的初始判断更好;但是对前者而言,他的初始判断仍然更好,如果他说这件事情上多数派应该占上风,那么他其实是在着眼于随后的一些情况,他希望在那些情况下自己处于多数派从而可以让自己的判断得以贯彻。当他说"某某事应该做,因为多数派想要它"时,他不是在"纠正"他的意见,他只是在宣布自己在继续坚持民主的决策规则。当多数派否决了一个人的判断时,如果他可以让自己的判断得以贯彻而又不会产生负面的长远后果,他就会更愿意自己的判断得以贯彻;而那个在原则上是一位多数主义者的人则不然。区别就在这里。

4. 自由主义

(1)自由主义的定义

到此为止,我一直在讨论两种具有一个共同结论的理论,这个结论就是,无论是关注欲求的原则还是关注理想的原则,都不应该用来规范政治行动者的行为。在本章剩余部分,我要考查另外一种观点,那种观点认为,在政治中,只应该禁止用关注理想的原则去规范政治行动者的行为。为了方便起见,我将称这种立场为"自由主义"。毫无疑问,除此以外,古典自由主义还有很多观点,但是其中的一个观

---

① 罗森伯格(Rothenberg)对此有精彩的讨论,他事实上抹去了两种人之间的区分,一种人只是暂时地支持民主,一种人则在原则上支持民主。见 Rothenberg, "Conditions for a Social Welfare Function", *Journal of Political Economy* (1953)。

点确实是,国家是满足人们碰巧具有的欲求的工具,而不是缔造好人的手段(比如在其公民身上培养可取的欲求或倾向)。

这本书的范围只涉及**政治**评价。因为评价可以从很多不同的方面进行,当我们判断说一种情况很糟糕时,未必都是在做政治判断;一种判断要想成为政治判断,它就必须与另外一个判断——即应该采取某种政治行动来改善那种情况——相联系(即便只是间接地联系)。比如,所有对报纸、小说或电视节目做出的评价,如果意思是说它们还有待改进,就还不是一种政治评价。如果这种状态被归因于教育制度,而人们又认为国家对教育制度的状况负有责任,或者,如果国家被认为应该在补贴艺术、报纸所有权或控制电视节目方面有所作为,那么这种评价就变成了一种政治评价(或者更准确地说,它构成了一种政治评价的根据)。相反,如果这种活动被认为完全不是国家的事情,这种评价就仍然是一种彻头彻尾的审美评价而并没有获得任何政治意义。

把这一点运用于我们当下所讨论的情况,就可以看到,一方面主张某些欲望、信念和行为比其他欲望、信念和行为更好,另一方面又声称这些东西都与政治无关,这完全不矛盾。比如,17 世纪的宗教宽容提倡者通常很少怀疑在宗教问题上存在一个可为人知的真理(这个真理当然掌握在他们手里);但是至少有的人认为,照料公民的灵魂完全不是国家的事情。[①] 而且,密尔在《论自由》一书中也并不怀疑某些信念真的要比其他信念更为正确,但在这本书中他反对国家为塑造品格或信念而做出的任何干预。

(2)例证:沃尔芬登报告

现在,让我们用一个真实的例子来审视两个观点之间的关系:一

---

① "这个词语最初的用法暗含了得到教会或国家所赞成的某些意见、信念与做法,而其他某些意见、信念或做法尽管既没有得到当权者的接受也没有得到他们的认可,却仍然可以被'宽容'。"(Ritchie, *Natural Rights*, London, 1924, p. 157.)

种观点认为，**出于政治目的**，唯有关注欲求的学说可以适用；另一种观点认为，在**所有的**问题上，关注欲求的学说都是恰当的。为了达到这一目的，我将把《关于同性恋与卖淫的沃尔芬登报告》的发表所引发的公众争议加以简化。①

这样，我们可以非常粗略地说，这里涉及两个问题。首先，同性恋的存在是否可取？其次，同性恋行为是否应该由国家来禁止？把这两个问题放在一起来考虑，我们就可以得出关于同性恋的四种可能结论：

结论一：同性恋是不可取的，而且应该由国家来禁止；

结论二：同性恋是不可取的，但不应该由国家来禁止；

结论三：同性恋不是不可取的，但是应该由国家来禁止；

结论四：同性恋不是不可取的，而且不应该由国家来禁止。

68　　这些立场中的第三个立场似乎初看之下就是一个非常不合理的立场；如果把它排除，我们就还剩下三种立场，在讨论中，其中的每一种立场都可以找到很多支持者。

我们还可以区分出四个可能的前提：

前提一：应该把关注欲求的理论既用来确定同性恋是否可取，又用来确定同性恋是否应该禁止；

前提二：应该只用关注欲求的理论来确定同性恋是否可取，而用关注理想的理论来确定同性恋是否应该禁止；

前提三：与前提二相反，用关注理想的理论来确定同性恋是否可取，而用关注欲求的理论来确定同性恋是否应该禁止；

前提四：把关注理想的理论既用来确定同性恋是否可取，又用来确定同性恋是否应该禁止。

就像前面一样，有一个前提可以被排除掉：据我所知，没有人会支持前提二，这个前提使得品味、信念、行为等问题与政治评价相关

---

① 为了简化起见，我将只提及同性恋。

却不与道德评价相关。这样,我们还剩下三种组合。

让我们从前提一开始。我们知道,同样的理由会被认为既与道德判断相关,又与政治判断相关。因此,如果认为成年人之间基于同意的同性恋行为没有给其他任何人造成伤害,就没有理由得出不同于结论四的结论。另一方面,如果认为同性恋行为给他人造成了伤害,那么由此也并不能直接推出同性恋行为应该被禁止,因为禁止也会导致随之而来的很多弊病,比如惩罚、勒索、可能的警察腐败等等。因此,这里的结论要么是结论一,要么是结论二,到底是哪一个,则取决于做评价的人如何权衡允许这种错事和禁止这种错事各自的弊病。

跳过我们已经排除了的前提二,让我们来考虑一个持前提三的人。这是一个在做评价时使用双重标准的人:有时候,他做出自己的私人判断时所根据的那些理据并没有把所有欲求看作是平等的,但是他不愿意用武力将这样的判断强加于人。他可能认为也可能不认为同性恋本身就是错误的,但是这在理论上讲并不影响他对禁止同性恋的做法是否可取所做的判断。因此,在决断政治问题时,他所经历的过程和那个持前提一的人完全一样。与他一样,他也可能会得出结论一、结论二或结论四。事实上,他唯一的不同之处在于,他有通向结论二的另外一条思路,因为他完全可以断定同性恋实践是不可取的(基于理想的理由),即便它们并不会影响到其他人。

最后来考虑这样一个人,他主张,无论是对于同性恋是否可取的判断来说,还是对于是否应该由国家来禁止同性恋的判断来说,关注理想的考虑因素都是相关的(前提四)。如果他断定,同性恋行为无论是对于那些直接相关者来说,还是对其他任何人来说,都不是一件坏事,那么他就可以得出结论四,即同性恋既不是不可取的,又不应该由国家来加以禁止。但是如果他断定同性恋是不可取的,这对他来说就成为一条禁止同性恋的初步理由。与一个持前提三的人不同,在希望国家禁止同性恋之前,他不必先看看是否有一条关注欲求

69

的理由来反对同性恋。与此同时,他也未必会得出赞成禁止同性恋的结论一,因为他可能仍然认为,法律手段要么是无效的,要么会被其他一些关注理想的考虑因素(比如勒索、警察腐败等风险)所抵消。因此,他可能会得出结论二,即同性恋是不可取的,但不应该由国家来加以禁止。

在这一简要且必然略显造作的分析中,我已经尽力表明,在不同的人那里,这三个结论中的任何一个都可以从这三个前提中的任何一个推出来,具体情况取决于他们对所处情境中的各种事实的评估以及他们所诉诸的确切原则。

5.理想在政治中软弱无力

在本章剩余部分,我要评价两种通常被用来支持"自由主义"立场的论证。第一种论证就其最简单的形式而言包含这样一个观点,即为了理想的目标而运用国家权力是徒劳无益的,因为品格与信念是不可能通过使用国家权力来改变的。但是这个观点是完全错误的。即便成年人相对来说不会受到这种努力的影响,下一代确实可能会受到影响。希特勒和耶稣会会士都赞成,只要他们能够控制年龄足够小的孩子,他们就能保证结果。[①]

不过,我们可以更仔细地来陈述一下这个论证:就品格或信念而言,通过政治手段不会产生**好的**结果,因此在"理想"方面并不能产生任何好处。如果我们认为"政治手段"无非就是向成年人运用粗暴的

---

① "'当一个反对者宣称,"我不会站到你那一边"',他(希特勒)在1933年11月6日的一场演讲中说,'我平静地说,"你的孩子已经属于我们……你算什么? 你是要死的。然而你的后代现在站在了新的阵营里。很快,他们将除了这个新社会以外一无所知。"'1937年5月1日,他宣布,'这个全新的德意志帝国不会把自己的青年交给任何人,它会自己管他们,并让青年接受它自己的教育与抚养。'这不是无聊的吹牛,当时实际发生的情况确实是如此。"William L. Shirer, *The Rise and Fall of the Third Reich* (Crest Reprint, 1962), p.343.(中译本见威廉·夏伊勒:《第三帝国的兴亡》,第一册,董乐山等译,生活·读书·新知三联书店,1974年,第353页。——译者注)

强制,这种说法或许就是正确的。但是如何看待在国家支持下向孩子提供的教育? 如何看待由国家补贴的或可以免费获取的图书、音乐和艺术等等? 又如何看待由国家对新建筑的设计进行控制以便提高公众品味的档次这样的努力呢?

不过我们假定一个人说:"我拒绝承认任何人品格上的任何变化可以被看作是可欲的,除非这是他自己(自由的、自主的)决定的结果。"我认为,这种说法可以排除掉纯粹由理想的考虑因素所推动的任何严重的国家干预;但很重要的是要认识到,一个提出诸如此类主张的人事实上是在**承认**关注理想的标准对政治评价来说是恰当的。因为他的说法当中所诉诸的理由必须本身就是一个涉及理想的理由。我认为,如果我们考虑到,根据关注欲求的理论,唯一重要的事情是欲求满足的数量和(人际间的)分配,那么就可以看到这一点。这些欲求如何产生无关紧要;把一种欲求的满足看作比另一种欲求的满足更重要,唯一可以允许的理由就是因为它被人感受到的强度更大。如果采纳了这种理论,那么理所当然的是,由国家进行的欲望操纵本身就既不应受到称赞,也不应受到谴责。如果操纵的结果是提高了欲求满足的数量或改善了欲求满足的分配,就应该受到称赞;如果导致了这些因素的下降或恶化,就应该受到谴责。但是操纵**本身**是中性的。

这样,根据关注欲求的理论,唯一不好的操纵就是不成功的操纵。

一个社会将使得一种行为对其公民来说既得体又自然,也就是说,他们会觉得那种行为很好。如果那种行为同时也是这个社会的控制手段要求他们去做的行为,那么这个社会就是自由的。①

---

① George C. Homans, *The Human Group* (New York, 1950), pp. 332-333.

71   根据关注欲求的理论,完美的操纵没有引起敌意,并使得人们除了想要给他们的东西以外什么也不想要,因此是一种非常好的做法;然而根据一种视自主为理想的关注理想的理论,操纵越是顺利有效,它就越是不好。在阿道司·赫胥黎(Aldous Huxley)的《美丽新世界》中,操纵手法已经如此之完美,以至于没有人会对他的生活境遇感到不满,不过美丽新世界的问题恰恰就在于,根据关注欲求的理论,它是一种乌托邦。

6. 理想在政治中不恰当

(1)引言

我在本章第五节开头提到了两个反对政治中的理想的论证,其中的第二个论证与其被描述为一个论证,或许还不如被描述为一连串普遍存在的顾虑更好。对于其核心观点,我们可以大致表述如下:"为什么一群人要命令另一群人去做什么,如果后者并不是在伤害前者的话?"或者说得更冒犯一点,"为什么人们不能只把心思放在自己的事情上?"根据这种观点,没有谁有权把他自己的理想强加给别人;在什么东西可以把布朗变成一个更好的人这个问题上,琼斯的意见从政治上说是冒失且不恰当的。[①]

这个观点背后是这样一种立场,即一种关注理想的判断完全可以被当作一类特殊的欲求。如果琼斯认为,人们要是发展出一种比

---

①   这里所提出的这个观点在逻辑上和历史上与政治理论的契约论传统具有密切联系。在这个传统中,接受国家所运用的强制唯一的理由就是集体自卫之利。除了这些目的以外,以任何目的而使用国家机器无论如何都构成了对契约的违背。洛克明确地从契约条款过渡到一个结论,即国家的任务应该被限定于治安功能,而且,确切地说,国家不能去处理有关公民灵魂的事情。(这一点在《论宽容》一书中尤其明显。)密尔在《论自由》一书中关于"独占权利"(sole right)的著名段落并没有使用契约框架,但是所依赖的是完全一样的观点,即唯有当国家作为"集体安全"的代理人而行动时,它才是一个可以得到证成的工具。不过,密尔的思想太丰富了(也可以说太"杂乱"),他在《论自由》一书中绝没有把自己的论据完全建立在这个根据之上。

如说对戏剧的品味的话,他们就可以从生活当中获得更多的东西,那么这一说法出于政治计算的目的可以被转换为"琼斯想要人们去看戏"。一旦沿着这样的思路进行了转换,问题马上就成为这样一个问题:为什么仅仅因为琼斯想要人们去看戏就应该鼓励人们去看戏? 72 (或者为什么仅仅因为百分之六十的人想要人们去看戏就应该鼓励他们去看戏?)一旦以这种方式提出这个问题,要找到一条理由来主张这种欲求无权得到满足并不太难。[1] 如果一个关注理想的判断要被当作一个欲求,那么它必须显然是一个公共取向的欲求而非一个私人取向的欲求。但是正如我在本章第三节第三部分末尾处已经指出的一样,公共取向的欲求似乎并不能像私人取向的欲求那样,仅仅作为欲求就可以考虑是否应该加以满足。我们完全可以认为,琼斯对自己未来状况的欲求,与琼斯对布朗未来状况的欲求相比,应该得到一种完全不同的考虑。[2]

　　一旦将一种理想等同为某种公共取向的欲求这种做法得到了承认,用来支持关注理想的判断不恰当的论据就变成了一个强有力的论据。但是我们有必要接受这种等同吗? 为什么不干脆就说存在着理想**和**欲求,而不要试图把前者还原为后者的一个特例。在本节剩余部分,我试图不再把通过政治来贯彻关注理想的判断这种做法说成是一个人把他自己的(公共取向的)欲求**强加给**另一个人,而要把重点放在另一件事情上,我要把理想看作一种合作事业,在这种合作事业中,经济制度、社会制度与政治制度完全可以发挥重要作用。出于我自己分析的目的,我要把讨论分成两部分,尽管这种区分在实践上不可能是泾渭分明的。在第一部分(也就是本节的第二、三部分),我要考虑这样一些情况,在这些情况下,一个人希望提出他自己的关注理想的判断,这是合理的。在第二部分(也就是本节第四部分),我

---

① 关于黑尔在《自由与理性》一书中对这个问题的处理,我的分析见第 295 页注释 D。
② 对这一点的进一步考查,见第 297 页注释 E。

要处理这样一些情况,在这些情况下,一个人乐意看到他人提出**他们的**关注理想的判断,这是合理的,即便在他本人受到了影响的时候也是如此。

(2)通过政治来支持一个人自己的理想(一)

那么在什么情况下,一个人可以说"如果鼓励了对某事物的品味,这个社会就会是一个更好的社会",并紧接着做出一个**政治判断**:"应该利用国家来鼓励对该事物的品味"? 让我从一种情况开始,在那种情况下,一个人希望在自己身上培养起某种品味,并认为让国家来做这件事是达到这个目的最有效的手段。为什么任何人都会相信这种事? 为什么任何人都希望自己受到束缚以便在性格上做出一种他无论如何都会喜欢的改变? 对于这个问题的回答就是,一个人可能希望改变他的品味或品格,但却不相信自己在没有帮助的情况下能够完成这种改变。假设在某个政治单位内恰好有很多这样的人,他们都希望在某个问题上有所改变。再假定,由于担心仅凭个人,自己缺乏意志力在重复出现的情境中做出必要的决定来产生那种改变(比如戒烟),他们认为自己具有足够的意志力投票支持一项法案(或支持一个人,那个人保证,如果当选,他就会投票支持那项法案),每当选择情境出现时,该法案都可以改变他们所面临的诱因的结构。表面上看,这群人极力要求在这个问题上采取集体的、政治的行动确实是理性的。[1] 作为一个简单的例子,我们可以举第三章第三节第二部分中所使用过的那个例子:向威士忌征税,并用所得来补贴剧院。如果一个人担心他会喝太多威士忌(除非价格被人为地定得很高),并担心要是他必须支付对剧院来说合算的价格才能去看戏的话他就

---

① 用一种让人联想到鲍桑葵(Bernard Bosanquet)的《关于国家的哲学理论》(*The Philosophical Theory of the State*,London,1899)(中译本见伯纳德·鲍桑葵:《关于国家的哲学理论》,汪淑钧译,商务印书馆,2010 年。——译者注)一书的出色方式来陈述这个观点的话,我们就可以说,国家因而可以体现其公民最佳且最坚定的判断。

不会经常光顾剧院,那么投票支持这种做法可能就是理性的。(通过税收或补贴来改变价格当然是一种显而易见的"改变诱因结构"的办法。)

我之所以从这样一种情况开始,我想,动机是比较明显的。这种情况不是那种初看之下就让人反感的情况,在那种情况下,一群人利用国家来把他们的理想强加给另一些人,相反,在这种情况下,人们是利用国家来把理想"强加给"他们自己。或许有人争辩说,我刚刚阐述的这个例子根本就不是一个公共取向的、关注理想的判断的例子,而是一个公共取向的、关注欲求的判断的例子,在这个例子中,私人取向的欲求碰巧也是私人取向的理想。我不想费太多力气来反对这一结论,因为我在本节剩余部分所引入的例子明确地属于公共取向的、关注理想的判断。然而,即便在这里,我事实上也并不认为这个结论是站得住脚的。理由有二。

这里所提出的对该判断的另一种归类方式似乎误解了我所认为的得出该判断的根据。我不是在提出这样一种情况,即一个人说:"如此之多的人想要做出这种改变以便推进他们的私人取向的理想,因此最好做出这种改变以满足他们。"我在这里处理的是一种假设的情况,即一个人说:"既然某种品味得到鼓励是一件好事,无论在我身上还是在他人身上来说都是如此,而集体行动又是鼓励这种品味的最佳手段,因此我应该在这个问题上欢迎集体行动。"

一个说这种话的人就是一个"独裁者"(在本章第三节第一部分所提到过的那种专门的意义上的"独裁者"),因为他会把投票纯粹看作是达到其目的的手段。然而,即便我们将这个例子加以弱化,并假定,只有当多数人都支持那种理想时,那个人才希望该理想被贯彻,这种情况也未必会转变为我在上一段明确拒绝过的那种情况。这是因为他可能会像很多人一样主张,相对于人们作为个人来做出选择,当人们作为公民来做出选择时可以做出"更好的"选择。因此,n个

74

人投票的结果要"好过"同样的 n 个人作为个人进行决定的结果。[①]
这里的"好过"显然指的是这两种情况中所表达的欲求之内容,因此
很明显,我们这里所得到的也是一种关注理想的、公共取向的判断。

(3)通过政治来支持一个人自己的理想(二)

如果"应该"意味着"能够",那么国家**应该**在理想之间保持中立
这种观点大概就意味着国家**能够**在理想之间保持中立。根据自由主
义的观点,国家必定能够履行和一个站岗警察的职责一样谦卑的职
责,那个警察帮助汽车驾驶员在不相互撞车的情况下达到他们各自
的目的地,但是并没有任何权力去影响那些目的地。[②] 如果国家与那

75 个警察不同,禁不住要改变其公民想要到达的目的地,那么似乎就很
难争辩说,提出国家用来改变欲求的方式究竟是不是最好的方式这
个问题是不正当的;而这当然是一个关注理想的判断,它对政治行动
意味着什么是显而易见的。[③]

在这一部分,我要主张的是,国家不可避免要在很多方面影响人
们想要些什么。我自己的观点是,在这些方面,追问国家的影响是不
是最好的,这没有什么不对;准备去支持符合一个人关注理想的、公
共取向的判断的政治变革,这也没有什么不对的。我反对国家具有
完全保持中立的可能性,我的论证可以分为两部分。首先我要主张,
欲求依赖于社会环境;然后我要主张,社会环境又依赖于国家。

---

① 引证来支持集体决策与个体决策会引起不同反应这个观点的文献,见第 299 页注
释 F。

② 由于"守夜人国家"观念与自由放任主义(laissez faire)相联系,我也许应该说明的
是,从概念上讲,这里所界定的自由主义并不必然涉及自由放任主义,甚至也不必然涉及"混
合"经济。它所唯一坚持的就是,国家应该去满足独立于国家的影响而产生的那些欲求。

③ 也许很难,但绝不是不可能。如果一个人坚持认为,"我们知道某种欲求源自国家
的某种特征,但是我们一定不要去追问让国家具有这种效果究竟是不是一件好事"这种说
法对他来说完全是说得通的,那么我不知道还可以再对他说些什么。(作者此处的意思是
说,如果某种欲求产生于国家的塑造或灌输,那么我们自然而然就想追问,国家这样做是
否是一件好事,或者是否合适。——译者注)

　　欲求依赖于社会环境，这是一个社会学的老生常谈，我们几乎可以说，只要加以认真对待，就必定得出这样的思想结论。帕森斯（Parsons）所谓的"社会学定理"恰恰就是这样一个观念，即欲求（品味、品格）既不是与其余的社会环境"完全无关"，也不是完全由生物学因素所决定。[①] 每一种文化都有一些内在固有的压力，这些压力迫使我们接受某些被认可的欲求模式，远离其他一些欲求模式，那些欲求模式要么得不到认可，要么被认为不重要。为自己从头开始规定一种欲求模式，这是一项很费力的任务（而且如果超出了某一范围的话甚至是不可能完成的任务），事实上，这样做可能会耗费太多精力，以至于无暇顾及其他任何事情。因此，如果每一个社会都提供了现成的模式，这也几乎没有什么好大惊小怪的。如果我们想弄清楚在一个特定社会中这些模式是什么，我们就必须追问这样一些问题：花了多少钱来提升各种各样的品味（例如与补助艺术相对的香烟广告）？何种人被尊重、羡慕或被看作"成功人士"（圣徒、智者还是地产投机商）？当人们谈到"进步"的时候，他们到底是什么意思（更好的行为、更好的品味还是人均拥有更多的汽车）？如何看待学校的目的（"品格"、宗教正统或政治正统、学习、交友，还是影响人以及让学生在经济体系中谋得一份高薪的满意工作）？

　　我们来考查一下最重要也是讲得最多的例子：品格与经济体系的相互依赖。经济发展（我们只拿一方面来说）不仅仅意味着提供更多的产品与服务；经过若干代人之后，它还会再造整个社会以及社会成员的人格。[②] 消费品味会因全新的商品、广告以及相对价格的急剧

76

---

　　①　见 Talcott Parsons, *The Structure of Social Action* (Glencoe, ILL., 1949). （中译本参阅帕森斯：《社会行动的结构》，张明德等译，译林出版社，2003 年。——译者注）莱斯利·斯蒂芬（Leslie Stephen）对这个观点及其政治意义的陈述读起来仍然给人以新鲜感，见 *The English Utilitarians*, vol. Ⅲ (London, 1900), pp. 289-297.

　　②　因果式的影响当然在两个方向都存在；我强调的是在这里有关的那个方向。

变化而发生改变。① 传统的家庭结构会瓦解，而且很有可能传统的宗教与政治制度也会瓦解。与此相伴的城市化与工业化也会改变整个生活环境。

而且，资本主义要求并培养了一种趋势：一方面，人们变得贪得无厌；另一方面，人们只去做可以开价的事情（除非是为了朋友或亲人，这些人是以一种完全不同的方式被"看待"的）。生活被看作是一件"人人为己"的事情。反过来说，我们也可以想象出另一种经济体系，在那里，所有这一切都被颠倒过来。

> 1952 年 2 月 16 日的《纽约客》(*The New Yorker*)描述了一对逃到美国的苏联夫妇的困难，他们很难习惯于市侩习气(*meschanstvo*)("为自己而活，而不考虑自己的兄弟")，也很难习惯于没有支部(*yacheiki*)("即一些社团，它们让一个人有机会去为集体目标工作")。比如，为 Horn & Hardart 工作的妻子就有一种向她的同事们滔滔不绝地说话的冲动，说他们全都负有一种重大责任，应该向该市上千的居民提供好的食物以便维持他们的健康。②

另外一个例子是一种宗教与一个社会的其他制度之间的关系。艾略特(T. S. Eliot)的观点与这里提出的观点是一致的，他否认一个社会可以在基督教与"异教"之间保持"中立"。

77
> 在一个基督教社会，大部分民众都不应该有机会接触这样一种生活方式，在这种生活方式中，对他们来说很容易做到的事情或他们的环境所指示的事情与符合基督教的事情之间存在着过于剧烈且频繁的冲突。如果强迫人们以某种方式生活，而在那种生活方式中，符合基督教的行为只有在非常有限的情况下

---

① 尤其是，生产变得更廉价而服务变得更昂贵。见 T. Scitovsky, "What Price Economic Progress?", *Yale Review* (1960)。

② E. A. Shils and E. C. Banfield, "Individual Ends and the Structure of Social Choice"(未刊稿)。

才是可能的,那么这种强迫就是一种非常强大的反基督教力量;因为行为可以有效地影响信念,正如信念可以有效地影响行为一样。……我们必须放弃这样一种观念:基督徒应该满足于礼拜的自由,满足于自己由于信仰而不受尘世之苦。无论这种说法听起来是多么的顽固,基督教徒都只会满足于一个以基督教方式组织起来的社会,它与一个完全由虔诚基督徒构成的社会完全是两码事。它将是这样一个社会,在那里,人的自然目的(即共同体中的美德与福祉)为所有人所承认,而超自然的目的(即至福)只为那些对它有鉴别力的人所承认。①

在我看来,无论是基督徒还是非基督徒,都可以在同等程度上完全接受艾略特在这里的断言,尽管他们当然会得出相反的实践结论。②

该论证的第二个阶段可以很快地提出来。为此,我们只需要指出,社会制度与经济制度通常具有一种法律基础。这样,如果继续回到那个与经济相关的例子,我们可以说,正如经济体系的类型的确定必然有助于确定人们想要的物品之种类,一个国家所拥有的经济体系的类型最终取决于其法律及其政府的行为(或不作为)。因为正如阿尔弗雷德·马歇尔(Alfred Marshall)所说,"欲求与活动相关联",选择一种经济体系不仅仅是在选择一台满足欲求的机器,毋宁说是在选择一台**生产**未来欲求的机器。因此,这种选择必然要在一定程 78

_____

① "The Idea of a Christian Society", in *Christianity and Culture*(Harvest Book, n. d.), pp. 24, 27.(中译本见艾略特:《基督教与文化》,杨民生、陈常锦译,四川人民出版社,1989年,第22—23、25页。——译者注)

② 比如,我发现艾略特的"基督教社会"被他描述为令人反感的,但是我完全可以相信,唯有基督教社会才足以把基督教变成今天大多数人的生活中一个活生生的现实。当然,如果除了"希特勒与斯大林"(第50页),唯一的选择就是上帝(即艾略特的令人沮丧的乌托邦),我们可能就会很不情愿地选择上帝而不选择"希特勒与斯大林"。但是由于几乎整个世界都在朝着一种明显不同于这三种类型的社会前进,对可供选择的社会所持的这样一种观点是非常不合理的。现代的"异教"传统也是不合理的,这个传统充满了诸如密尔《功利主义》这样的具有高贵人道主义精神的著作,而这些著作在艾略特看来是如此之空洞无物。

度上基于理想的理由而做出。① 但是由于任何经济体系必须依赖于一个法律基础，所以对经济体系的选择最终必定是一个政治选择。拒绝选择的机会就是在选择现状而又不为此承担责任。

在政治制度本身就是讨论对象这种特殊情况下，论证的两个阶段就变成了一个阶段，只需要表明政治制度本身对品格有影响，而要做到这一点并不难。这样，长期而言，与一个民主政治体系相比，一个威权主义（authoritarian）政治体系显然会导致一种不同类型的品格。（比如，我们可以把美国人、英国人、德国人对诸如"请勿践踏草坪"这样微不足道的规定的态度与他们的政治史相联系。）即便我们把注意力限定于那些从形式上看大体上是民主制的政治体系，我仍然可以在这些政治体系中区分出对品格的不同影响。② 比如，一个政治体系会使得除了职业政客以外积极参与政治几乎是不可能的；另一个政治体系会使得参与比较容易，但仅仅是出于有限的或"私人的"目的；而还有的政治体系会鼓励基于"公共的"理由而参与。③

最后应该指出的是，必须对该论证加以特别的改变以便处理孩子的养育所引起的那些特殊问题。如果一个社会完全由永远不死且绝不会有孩子的成年人组成，那么自由主义的预设出于许多实际目的就可能具有充分的准确性，尽管我们已经看到这种预设不是完全准确。但显而易见的是，孩子表现如何在很大程度上取决于他们如

---

① 帕森斯在《社会行动的结构》中敏锐地揭示出，马歇尔明显是基于理想的理由为自由放任主义辩护的，说它会产生非常独立且足智多谋的人，而这正是因为他看到了欲求不是一个源自外部的因素。参阅 Gunnar Myrdal, *The Political Element in the Development of Economic Theory*, Paul Streeten 译（London, 1953）。

② 对英国、美国、西德、意大利和墨西哥所做的与此有关的有趣调查，见 Gabriel Almond and Sidney Verba, *The Civic Culture* (Princeton, 1963)。（中译本见加布里埃尔·阿尔蒙德、西德尼·维巴：《公民文化》，徐湘林等译，东方出版社，2008 年。——译者注）

③ "每一个人公民（对密尔来说）无论是在政府的立法职能中还是在其行政职能中都要有参与的份儿。这样一种教育必定对道德品格产生巨大影响。它可能会促进或阻碍一种道德或另一种道德，但它不可能是没有影响的。"Stephen, *English Utilitarians*, Ⅲ, p. 291. 也见第本书 299 页注释 F。

何被养育。复杂之处就在于，国家实际上有可能对孩子如何表现不　79
承担任何责任；然而，尽管对于成年人，我们可以不无道理地主张，没
有国家干预，人们才好追求他们自己的目标，但对于孩子来说，没有
国家干预就完全意味着把他们交给父母、私立学校、教会、童子军
（scout troops）或其他可以让他们参与进去的组织。因此，在这里，
国家确实**可以**（can）做到保持中立；但是中立无非意味着认可其他组
织的塑造活动。① 国家应该在何种程度上卷入孩子的养育不是这里
要讨论的问题（一个显而易见的回答就是，这取决于国家有多好以及
父母与私人组织有多好），但是至少可以说，当涉及孩子时，反对有意
识地用国家来影响品格的理由变得很弱了。因为这里的问题不是究
竟**是否**应该做出刻意的努力去改变品格，而仅仅是应该由**谁**来做出
这些努力，以及由于何种身份（父母或公民）他应该做出这些努力。②
因为无论决定是出自政治共同体还是出自某种更小的、包容性更弱
的群体，别人都可以对孩子做出关注理想的判断。

（4）通过政治来支持他人的理想

根据本节第一部分所提出的计划，我现在要尝试着提出一些情
境，在那些情境下，一个人欢迎另一个人实施那个人自己关注理想
的、公共取向的判断，这可能是合理的。这种可能性并不依赖于某些
人是天生的统治者这种观念，也不要求应该存在着不同的社会阶层，
这些阶层因地位与受敬重程度的标志而彼此分化。它真正依赖的是
这样一种承认，即承认有些人在具体问题上比其他人具有更好的品
味和判断，应该给他们积极运用这些品味与判断的机会。

---

① "对很多人来说，父母的选择不如让孩子接触他们的文化遗产重要。在一个给定
的语境下，真、美、善未必是选择问题。"John Vaizey, *The Economics of Education*
(London, 1962), p. 32.

② 所谓"改变品格"，我的意思并不是仅仅指灌输与"品格训练"。我用的这个表述还
包含了灌输怀疑主义与自主性的意思。（当我们试图把孩子从灌输中**拯救**出来时，出现了
一些问题，这些问题将在第七章第二节第三部分涉及国家与教会学校的关系时加以讨论。）

　　要想看到这种承认意味着什么,最好的办法就是审视一下不承
认这一点会导致什么后果。如果出于所有实际的目的,每个人的品
味与每个人的意见都要被看作是平等的,那么善的唯一标准就正如
我所指出的那样,就是欲求的满足。每一件事物都要从一个具有自
己"需求"的"消费者"的视角去看:谁给吹笛手钱谁说了算,而不是谁
懂音律谁说了算。

　　在一个广泛持有这一假定的社会,我们可以预料到会发现,"公
共意见"在政治上将会很重要,即便在预算赤字是否可取这样的问题
上也是如此,在这样的问题上,未接受过正规教育的人的意见本来是
毫无价值的。我们也可以料到会发现,选出的官员如果试图按照他
们自己的主动权去行动,他们就会失去信任,而当诸如建一所新学校
或一个新公园这样的事情都要求通过全民公决来决定时,选民通常
就会拒绝遵从他们委以官职的那些人的建议。① 对于教堂会众来说,
如果他们不赞成他们的牧师在诸如宗教隔离这样的问题上公开发表
的意见,解雇他并不是什么罕见的事情。学校教师会被政治家告知
要使用什么教材,被政治家、父母和孩子告知应该教些什么。由公共
财政支持的大学会被期待着只教授纳税人赞成的观点,只雇佣纳税
人赞成雇佣的人。投机建筑商的审美判断(如果他们有审美判断的
话)对于城市的面貌来说会比城市设计者或公共建筑师的判断更加
重要。电视节目的内容会被赞助商控制,他们渴望的只是不要在节
目中涉及有争议的问题从而唤起任何一部分观众的脆弱情感;只要
试图减少无聊的节目和充满暴力的节目,就会被广泛地看作是"审
查"甚至"独裁"(不仅仅是相关的公司会这样看)。尽管这些例子有

---

　　① 《纽约时报》(1962 年 8 月 26 日星期日,第 42 页)以"债券发行问题上持反对意见
的选民"为题报道了一则消息,该报道指出,选出的代表所提出的建议中大约有三分之一
在一次全民公决中被驳回。根据我所知道的一种情况,一个州的多数选民在一次全民公
决中驳回了他们刚刚选出的州长的施政纲领中最重要的一条法案,该条法案涉及为改善
学校而大量发行债券。

很多都可以在美国以外的其他地方找到,但是否认这些例子全部都取自美国是不真诚的。当然,美国也有其他一些现象,并非一概如此;但是我们仍然要说,美国对"自由主义"在政治中反理想这种哲学的吸收比任何一个国家都要多。

替代刚才所描绘的那种社会的是这样一种社会,在那里,制度与 81 传统赋予符合条件的人的职业正直性(professional integrity)与个人正直性(personal integrity)极大的空间,并使他们能够达到自己的最高标准,同时也鼓励着他们去到达这种标准。一旦受托(去从事教学、写作、制作电视节目、设计一个新的市中心),被委以那种工作的人就自行负责,而不是每一步都要由雇用他的人来审查。代表理论要依赖的是柏克和密尔,而不是依靠一种关于立法者工作的橡皮图章理论。[①]

正如我在本章开篇之处(第一节)所指出,在最具一般性的原则之间做出决断的唯一办法就是去看看它们的具体后果。我已经做了这件事,我只能留待读者自己在此基础上去判断他更喜欢哪些后果。在本节剩余部分,我将仅仅尝试着表明,如果他更喜欢第二种后果,他就必须放弃我所界定的那种自由主义。换句话说,我要试图表明,唯有基于关注理想的思路,第二种社会才能得到辩护。所使用的方法就是用排除法来论证:我要主张,没有任何一条或一组关注欲求的原则可以充分地支持第二种社会。

我们首先考虑加总原则。根据这样的原则,应该允许有才干的

[①]　最近以一种温和方式表达柏克立场的著作,见 Nigel Nicolson, *People and Parliament*(London, 1958)和 Stimson Bullitt, *To Be A Politician*(Anchor, 1961),尤其是第四章。注意,他们都区分了原则的问题(matters of principle)与一些情况,在那些情况下,一个政治家被要求通过获得具体的地方性利益来代表他所在的地区。他们都赞成,在第二种情况下遵循选民的意愿是正当的,但是第一种情况下,一个政治家如果有必要的话应该准备着抵抗压力。这就支持了这里所采取的一种观点,即私人取向的欲求作为欲求伴带有一种要求,即要求得到满足,而公共取向的欲求之所以要求满足,不是因为它们被人欲求,而是因为它们是正当的。

"专家"放手去做的唯一情况就是当他对自己认为最好的事情的欲求很强烈,以至于超过了他的主顾或雇主对相反事情的欲求的时候。但是遵循这条规则的结果根本不同于遵循关注理想的规则的结果。比如,我们假定有两位建筑师,其中一位建筑师总体而言是不称职的,而且如果他的设计没有得到接受可能就会怒气冲天,另一位建筑师是一位性情温和的天才,可以出色地完成工作,但是对于他的设计是否被采用,他并不太关心。事实上,让我们假定,就算他知道他做出的东西属于三流,只要他是在遵循自己的标准,他就会很高兴。根据那种加总版本的关注欲求的理论,第一位建筑师在与顾客的争论中通常都应该得偿所愿,因为他通常都会带有非常强烈的情绪,以至于压倒了顾客并不强烈的反对。而第二位建筑师永远都不应该在争论中得偿所愿,因为他对采纳哪种设计并不关心。基于一种关注理想的考虑,相反的说法才是正确的:应该让那个优秀的建筑师放手去干,因为他是优秀的建筑师,而他是否带有强烈的情绪与此无关;那个拙劣的建筑师就会像无知的门外汉一样被忽略,无论他带有多么强烈的情绪。

是否有某种分配原则可以做得更好呢?在我看来,最有希望的一种思路就是指出,应该让有才能的人放手去干,这是对他们的才能与影响力的**奖励**。与最后那种理论相比,这种思路不是那么古怪而不合适,但是它也不行。奖励是一个人想要的某种东西,之所以给他是因为他的某种成就。既然唯一重要的事情就是提供欲求满足,就没有必要采取让他放手去干这样一种具体形式的奖励。比如,让一个人选择到底是出版他的作品还是要一笔钱但不再出版自己的作品,这种做法是很让人满意的。如果他更喜欢后者,那么显然后者就是一种更好的奖励。实际上,因产生了影响而受到的广泛关注可能会让一些人感到很痛苦。显然,影响对这样一个人来说根本就不是一种奖励。

还有一种分配思路就是主张,每个人只要想运用自己的天资,就有"权利"不受他人干涉地去运用。就像我们所考虑的其他关注欲求的论证一样,这个论证建立在一个人的一种"欲求"(即希望产生影响或得到承认)的基础上,而不是建立在一种利益(用关注理想的术语来设想的利益)的基础上,那种利益是其他社会成员如果允许他放手去干就可以获得的。因此它也和其他思路陷入了同样的困境:它不能恰当地处理有人天资聪慧却对运用自己的天资没有强烈情绪这种情况,也不能恰当地处理有人天资愚钝却对运用自己的天资具有强烈情绪这种情况。

更严重的是,这种思路把运用天资从一种**对**社会的贡献降格为一种**向**社会主张的权利。当我们把运用天资作为一种特权而不是作为服务的机会提出来时,就很难理解为什么应该授予这种特权。因为这里必须作为权利来主张的绝不仅仅是在不直接影响他人的事情上不受干涉的权利;还有通过改变他人的品味与信念来对他人造成深刻影响的权利。尽管有人可能会说,第二个社会的特点在于职业自由(professional freedom),但这种说法如果指的是某种纯粹消极的东西,那就具有误导性。它当然包含了不受主顾和雇主的干涉;但是有一件事是一定不能干涉他们的,那就是,用他们的钱去努力改变他们,而无论他们是否喜欢那些努力!① 这里谈论的东西与通常的"公民自由"(civil liberties)之间的差异可以通过思考"言论自由"来揭示。"言论自由"通常被解释为这样一种意思:每个人都有权利说他喜欢说的,写他喜欢写的(当然也要受到一些限制,比如不能是诽谤性的或色情性的),不能对他采取法律行动。然而,从"理想"的角度看,与此对应的说法就是,那些有很重要的东西要表达的人应该有机会获得各种设施与便利以便表达出来以后产生最大的影响。因此它将涉及这样一些事情,比如赞助商敦促电视纪录片改变,或者报纸

83

———————

① 过去对这个问题的处理,尤其是借助于"大众社会"概念来分析这个问题的那种比较现代的处理,我在第 300 页注释 G 进行了讨论。

所有者让编辑在一个问题上采取何种立场,这两件事情都不能被合理地说成是电视制片人或报纸编辑的个人"权利"。正如"没有成为一名警察的宪法权利"一样,也没有成为一个共产主义教师或一个思想独立的编辑的**权利**。唯有基于关注理想的思路,这些东西才能得到辩护。[①]

---

① 对"自由"的讨论,见第八章。与当前话题相关的一个问题是,自由(甚至在最低限度意义上的自由即"公民自由")对进行领导的少数人的依赖,尤其是对各种专业人士的依赖。相关的理论探讨,见 Robert E. Lane, "The Fear of Equality", *American Political Science Review*, LⅢ (1959);一些来自美国的统计数据表明,一般的领袖,即便是美国革命女儿会(Daughters of the American Revolution)或美国退伍军人协会(American Legion)这样的组织的领袖,一般而言比其他民众更倾向于公民自由,对此,见 Samuel Stouffer, *Communism, Conformity and Civil Liberties* (New York, 1955)。对这项研究的概述,见 Lipset and Glazier, "The Polls on Communism and Conformity", in Bell (ed.), *The New American Rights* (New York, 1955)。

第五章　社会决策程序的类型

84

1. 社会冲突与社会决策程序

(1)为什么要研究程序?

下一章要开始分析在英国和美国捍卫或抨击政策、法律与制度时所使用的具体词语和表达。在此之前,剩下的唯一一件事情就是简单勾勒一下用来解决冲突的各种程序,而这便是相对较短的这一章的任务。掌握各种各样可能的程序,就可以以两种相互关联的方式使得对各种原则的分析富有成效。首先,需要铭记在心的是,对于在"谁何时以何种方式得到何物"这样的具体问题上产生的分歧,有一种解决方法就是,一方通过援引(或解释)双方一致认可的原则来赢得另一方的支持,但这种方法绝不是最常见的方法。而且,这甚至不是使用原则的最常见语境:原则本身更多的是在宏观层面而非微观层面被使用,换句话说,不是要用原则来解决具体的冲突,而是要用原则来确定,对于将来所有的冲突,应该以何种方式来解决,以及应该根据何种规则来解决。第二,一个词语(比如"公平的")的确切意思取决于在使用它的时候是否试图解决一个具体的冲突，或者是否试图建立一套解决冲突的程序。在前一种情况下，一个词语的确切意思又在很大程度上取决于运用于具体冲突的是何种程序。

（2）冲突与程序

根据我的定义，一旦两个或更多的行动者对世界的未来状态具有不相容的欲求（包括出于这一目的的公共取向欲求），并试图为所欲求的状态做些什么，冲突就出现了。这样，如果对于一辆我打算出售的自行车，我要价 2 英镑，而你只出价 1 英镑，我们就处于一种冲突状态。我想要的世界是这样一种状态：一辆自行车换 2 英镑；而你想要的世界是另外一种状态：一辆自行车换 1 英镑。而这两种欲求显然是不相容的。"冲突"因而与"意愿的不谋而合"（spontaneous coincidence of wills）相反，如果我在心里要价是 30 英镑，而你在心里出价也是 30 英镑，那么就出现了这种"意愿的不谋而合"。只要不要让身体暴力这样一些不相干的因素来妨碍这里的讨论，那么"冲突"的这样一种扩展用法也不会带来什么害处。

如果两个行动者（他们可能是个人、组织或国家）因为从属于不同的所指群体（关于这个概念，见第一章第三节第三部分）而产生了不相容的欲求，那么要是他们都从属于一个更大的所指群体，这个更大的群体把他们都包括在内，解决冲突就是有可能的。比如，如果我判定好最适合我的价格以后确定了我的要价，而你也判定好最适合你的价格以后确定了你的出价，那么我们双方都会自然而然地断定，"公平"的价格（把我们双方作为一个所指群体）就是介于我的私人取向要价与你的私人取向出价之间的某个价格。这样，这一价格就会变成我们的第一偏好，我们也就达成了一种"意愿的不谋而合"。

然而，即便行动者使用同一个所指群体，他们也可能不能自发地得出同样的决定；当然，他们很可能**不会**使用同一个所指群体。正是在这些情况下，才需要程序。行动者可能就问题的对与错展开争论；

他们可能实施威胁、打架、抛硬币或投票等措施；他们可能举行某种比赛（事先同意让比赛结果以某种方式来确定最终结果）；或者，他们也可能赞成让其他某个人来决定。最后，一个行动者可能会借助他的权威单方面地解决问题。我现在就要开始评论这些可能性。

2. 社会决策程序概览

（1）角力（combat）

解决争议的第一种方式就是，一方强迫另一方屈服，所使用的办法包括打他、让他挨饿等等，总之，就是要使得对另一方来说投降而非抵抗才是可取的。这种程序很少单独被使用。至少，一方或双方通常会尝试着以施加制裁相威胁而非一开始就施加制裁来实现其目的。而且通常情况下，除此以外，还有对优点的讨论（discussion on merits）。比如，在国与国之间关系的领域，明显缺乏稳定的手段来解决争议，这里充满了道德争论和法律争论，充满了威胁和旨在让威胁看上去合理的花招，也充满了实实在在的实施强制的企图。

（2）讨价还价（bargaining）

第二种可能的程序就是讨价还价。所谓讨价还价，我指的是一种讨论，在这种讨论中，是不会引入所讨论的东西的优点的。在讨价还价的领域，应该做出一个区分，自由主义整个的形而上学都建立在这个区分的基础上。这个区分就是两种讨价还价之间的区分：在一种讨价还价中，唯一的制裁就是不达成交易，而在另一种讨价还价中则涉及威胁。① 在第一种情况下，如果没有达成协议，双方和以前的状态没什么两样；但是在第二种情况下，至少有一方会说，如果另一

---

① 参阅 von Mises, *Human Action*；Hayek, *The Constitution of Liberty*（London, 1960）. 这一区分在契约法中也具有重要作用，据此，胁迫使契约归于无效。

方不接受某些条款,他就会让另一方的状况变得比以前糟糕。到此为止,我所给出的"讨价还价"的定义把交谈作为一个必要组成部分包括了进来,我认为这也是这个词语的通常用法。不过,分析起来,是否出现讨论并不重要。如果店主张贴了一个标签并在上面写下了价格,而买家给他的就是这个价,那么分析起来,这种情形就和他们讨价还价后会达到的情形是一样的。[①] 因此,我要扩展"讨价还价"一词的意思,使得它能够涵盖所有下述情形:一方要么给另一方某种好处,要么不再以某种不利因素相威胁,以此来换取另一方做出某种具体行为。[②]

初看之下,"契约"一词看上去比"讨价还价"更合适,但"契约"一词既过于宽泛,又过于狭窄。之所以过于宽泛,是因为契约可以基于任何根据——包括对优点的讨论——而签订。之所以过于狭窄,是因为"讨价还价"的结果无论是在最初所提到的那种意义上,还是在其扩展意义上,都未必具有法律约束力。而且,至少,在协议的达成是基于威胁这样一种最骇人听闻的情况下,契约是无效的。[③]

(3)对优点的讨论(discussion on merits)

作为一种"理想类型",它要求完全不存在威胁与诱惑。争论的各方着手(从最初不相容的立场——否则就是"意愿的不谋而合"了)就什么是道德上正当的分配、什么政策符合他们所有人的利益或将促进最大的欲求满足等问题达成一致意见。这种讨论还包括一些争论,这些争论涉及,对于各方承认能够为他们的争议提供答案的某条

---

① 在这种情况下,"讨价还价"是否就变成了"意愿的不谋而合"呢? 未必,因为卖家可能想要更高的价,而消费者可能想出更少的钱,每一方都因为害怕无法成交——而这是一种"制裁"——而没有这样做。

② "威胁"就像"讨价还价"一样,根据通常的理解,它包含了一种语言要素;但我们确实也用它来说说和语言无关的威胁,比如"用枪威胁某人"。这里是在一种更宽泛的意义上使用"威胁"一词。

③ 对于"价格机制"是一种程序这一观点的拒斥,见第 301 页注释 H。

规则或某套规则,应该如何正确解释。"谈判"(negotiation)一词将既涵盖讨价还价,又涵盖对优点的讨论。

无论在具体情况下要在讨价还价与对优点的讨论之间划清界限有多么困难,要在原则上对这种界线加以说明还是容易的。如果一致意见是通过对优点的讨论达成的,争议的各方就已经改变了他们对自己想要些什么这个问题的想法;即便有一方完全有能力为所欲为,他也不想改变解决方案。相反,通过讨价还价达成一致意见仅仅要求每一方都承认,对于他所想要的东西,他无法指望得到比最终结局所体现的更多。但是每一方都仍然希望实施他最初坚持的那种解决方案,而且如果他有能力实现那种解决方案,他就会用它来达到那一目的。当然,很多(或许几乎所有)谈判都既涉及讨价还价,又涉及对优点的讨论,但是这并不能消除二者的区别。因为首先,仍然有一些非常清楚的情况;其次,即便在包含了两种因素的情况下,我们也可以区分出讨价还价与对优点的讨论各自对所达成的协议做出的贡献。

比如,在分析一场就工资展开的谈判时,我们可以说,当工会真正地相信自己的要求太过分而雇主也真正地相信自己开的工资太低时,工会的要求与雇主开的工资之间最初的差距就缩小了一半;但是这个差距的另一半只能由一个事实来消除,即如果罢工的话每个人都注定会受损。或者,让我们考虑一个正在进行深思熟虑的陪审团。他们最初的分歧有一部分可以通过一个人说服另一个人来消除(就像在电影《十二怒汉》里一样),但是其余部分则可以通过激烈的讨价还价来消除:你说这是谋杀,我说他是无辜的,因此我们将称之为过失杀人。我故意选择这个例子是为了强调,讨价还价与公共取向的态度是完全可以是一致的。我相信,这也完全符合通常的用法:说一个人是一个难缠的讨价还价者,未必是在说他用自己的讨价还价能力去实现自私的目的(无论是他自己的还是其他任何人的目的)。事实上,有可能在涉及私人取向的问题时他是一个很好打交道的人,但是在推进他认为很好的目的时,他不屈不挠且无所顾忌。[①]

(4)投票(voting)

当争议各方超过两方时,解决争议的办法之一就是投票。投票可以是立即投票,也可以是经过一个很长的谈判过程后再投票。[②] 还有,投票可以是公共取向的,也可以是私人取向的(这是另外一种区分)。投票可以是公开的,也可以是秘密的。对于决策来说,可以要求过半数的任何比例。[③] 之所以要在这里提到这些不同的可能性(没有详细讨论),是因为作为一种程序的投票在任何特定情况下的利与弊必定取决于投票的具体形式,正如一个人必须先知道讨价还价中的具体程序,然后才能决定是赞成它还是反对它。

(5)机缘(chance)

一种非常不同的解决争议的方式就是运用某种机缘机制:抛硬币、掷骰子、抽签等等。也许,现代使用机缘来决定某物应该如何分配的做法中最重要的一个例子就是,美国人使用了一种带有机缘色彩的程序来挑选服兵役的人。总体而言,其使用是比较少的(比如在选举中用来打破平局),但是它造成了一个看法,即公平就是任意(arbitrariness),我们在下文将会看到,这会导致一些完全超出了机缘程序的后果。

89

---

① 对"妥协"(compromise)的地位的讨论,见第302页注释Ⅰ。

② 讨价还价与对优点的讨论之间的区别在这里清楚地展现出来了。无论投票是秘密的还是公开的,对优点的讨论都具有同样的效果,因为如果某人相信 x 是应该投票支持的正确政策,那么无论是否有人盯着他,他大概都会投赞成票。但讨价还价则只有在投票是公开进行的情况下才有用,因为根据定义,一个受讨价还价左右的人只相信,相对于没有 y 或忍受 z,做 x 更好。秘密投票使得任何人都不可能把 y 或 z 与 x 联系起来,除非他愿意相信那个人的话。

③ 在不存在过半多数派的情况下,我们就从"投票"过渡到了多方谈判。像联合国安理会这样的机构就既具有投票的特征,又具有谈判的特征,因为否决权引入了作为宪章的一部分的谈判要素。

（6）比赛（contest）

对优点的讨论有时候会变成一种争论，争论各方当中哪一方"更擅长"某事，而这种争论可能无法得出结论，因为每一方都可以提出一些过去的成绩作为证据来支持他自己的理由。一种解决问题的办法就是设立一场比赛。这实际上也没有解决最初的问题，而是用另一个至少更容易解决的问题来取代了最初的问题。不过你可以声称，尽管你输了比赛，但这是因为你运气不好，或者你遇到了一个倒霉的日子，总体而言你仍然是更优秀的。不过，经过这样一种限定，就可以说：要想搞清楚谁跑 100 码跑得最快，最容易的办法就是举行一场赛跑；要想搞清楚谁是最好的垂钓者，最容易的办法就是看看一个下午谁钓到的鱼最多。因而，那些面临"谁最擅长 x"这个问题的人可以满足于一场比赛大致的但也属客观的正义，而不是要把过去所有的表现作为他们的标准。

这样，所谓比赛，我指的是诸如赛跑、拳击赛、竞争性的考试或钓鱼比赛这样的活动。总体而言，比赛是一种分配方式，它使得分配取决于比赛成绩，那些有资格得到所分配之物的人事先就知道衡量成绩的标准（鱼的尾数，最大的鱼的重量，钓到的所有鱼的重量），也知道在哪一段时间范围内，他们的努力才可以计入最后的成绩。（如果钓鱼俱乐部主席在一天的钓鱼活动**结束**时宣布，他要给钓到最重的鱼的垂钓者 5 英镑，这也并不能以溯及既往的方式把那天下午的钓鱼活动变成一场比赛。）在通常的用法中，对"比赛"的一种限制就是，所要分配之物的数量应该在某种程度上相对于一个领域的竞争者的水平保持不变。① 不过在使用这个词的时候，我想忽略这个限制，因

---

① 我之所以说在某种程度上保持不变是因为，即便奖品的数量因为水平太低而减少了，我们通常情况下确实也会说这是一场比赛。但是如果奖品的数量可以随意增加，以便确保每一个达到某一标准的人都能得到规定数量的奖品，这往往就不再属于"比赛"，而变成了比如说"资格选拔赛"。

为我对分配数量固定的比赛所说的一切,也都适用于标准固定的选拔赛。

90   **(7)权威决定(authoritative determination)**

这是我提出的最后一个范畴,它不同于前面六个,因为在前六个范畴中,争议如果说得到了解决的话,是由各方一起来解决的。[①] 然而根据我的定义,"权威决定"是指由所有相关方都承认具有合法性的那一方对冲突的解决。"权威"(authority)与"合法性"(legitimacy)都是众所周知的词语,我不想陷入定义问题的泥淖,而打算通过对比权威决定与已经介绍过的那些范畴来阐明它。

如果两方基于它的优点来讨论他们所争议的问题,而又无法达成一致,他们就可以确立一位仲裁人以便在他们之间做出决断,然后向仲裁人提出他们各自的理由。这种情况就成了权威决定的例子,仲裁者的权威毫无疑问产生于当事双方的同意。有人会注意到,根据我对权威决定的定义,具有权威的一方并不一定也是参与争论的当事人之一。在这种情况下,他不是。

现在我们来考虑另外一种情况:在还涉及另一方的情况下,一方采取主动,并单方面采取行动。比如一个公务人员评估一个人的所得税,或者一个执行委员会拒绝一个人换假牙的要求。这里的类比不是与对优点的讨论进行类比,而是与讨价还价特别是实力悬殊的讨价还价进行类比。这就是一个只看所涉及的权力关系的人所得出的观点。这也是法律实证主义者约翰·奥斯丁的观点,而且最近又由张伯伦(N. W. Chamberlain)加以陈述。[②]

---

① 对于投票(简单多数规则下的投票)与比赛来说,一旦采取了措施来实施,它们总会保证一种决定;其他程序则不然。

② "因此,主权显然只是一种讨价还价的权力关系,其独特之处仅在于政府所拥有的那些特殊的强制权力,有了这些权力,政府就可以让那些不赞成其条件的人付出更大的代价。……把立法过程称为一种讨价还价并不是在打比方,相反,这就是一个准确的归类。" *A General Theory of Economic Process*(New York, 1955), p.262.

把立法（legislation）归入讨价还价的一个类型，这没有什么**不对**；但与此同时，如果你要求的是一种有助于对评价进行分析的归类，就有很好的理由不要这样归类。要想准确地说明权威与合法性概念很难，但这并不意味着被一个警察拦住与被一个持有武器的抢劫犯拦住之间的区别可以被忽略。人们为什么会服从法律？通常并不是因为他们受到了强制，而是因为他们认为法律是正确的，或者因为他们认为自己应该服从法律（除非在极端情况下），无论法律的内容是什么。如果以制裁为后盾的立法是"讨价还价"，那么没有制裁做后盾的立法就一定属于一个不同的范畴；然而从很多观点来看，这一区分似乎并不是必要的。

最后，让我们比较一下权威决定与比赛。可以说，如果两个竞争者确定了一个裁判，那么这就与两个人确定了一个仲裁者的情况没有什么重大的差异。不过，虽然在这两种情况下都可以说第三方或直接的当事方共同"决定"了结果，但这种说法在两种情况下的意思是不同的。在第一种情况下，应该由竞争者的技术和努力（以及一些运气）来决定结果，如果有人说裁判决定了结果，那么这往往被认为是在批评裁判或批评规则（认为规则过于模糊）。但是在第二种情况下，说仲裁者决定了结果，这完全正确，如果有人说是当事方在主张他们的理由时所展现出来的相对技术决定了结果，那么这就是在批评仲裁者或批评程序。在第二种情况下，"其理由本身的充分性"与决定之间的关系就类似于第一种情况下"选手的技术与努力"与决定之间的关系。[①]

---

① "判决的区别性特征在于一个事实，即它让受到影响的当事方以一种特殊的方式参与决定，也就是提供证据和理由充分的论据来支持有利于他本人的决定。"L. Fuller, "The Forms and Limits of Adjudication,"（未刊稿），p. 16.（本文已发表，见 Lon L. Fuller, "The Forms and Limits of Adjudication", *Harvard Law Review*, vol. 92, No. 2, pp. 353-409.——译者注）

3. 混合的过程与组合的过程

一个决策有可能不只涉及上述七种程序中的一种。在这种情况下做出决定的过程，我称之为混合的过程（mixed process），它混合了两种或更多的程序。这样，以刚才已经提到过的一个例子为例，某次谈判可能就既包含了对优点的讨论，又包含了讨价还价。这一做出决策的过程相当于两种程序的混合。我们可以想象出一些做决策的情况，它们几乎能同时满足上述七个范畴中的某两个范畴。不过实际上，唯一一种很重要的其他情况可能就是比赛与权威决定的混合。比如，一个地方当局招聘语法学校的职位时，一方面根据书面考试成绩，另一方面根据教师们对才能的评估。

92

混合的过程尽管在实践中很重要，但并没有多少理论上的趣味性，我之所以介绍一下它们，主要是为了阐明它们与过程的组合（combinations of processes）之间的区分。如果两个过程涉及不同的决策，而一个过程（一个程序或多个程序的混合）又是另一个过程发生的必要条件，那么这个过程就与另一个过程相互组合在一起。比如，某个机构要以某种方式选择其成员，然后这个机构又要以某种方式来做出它的决策。对成员的选择就不同于对做出某种决策的成员的选择，但是除非已经选出了成员，否则他们就无法做出决策。

一旦我们意识到可以一个接一个地使用过程，我们就需要一套词汇来处理不同的**决策类型**。到此为止，我都把注意力放在一阶的决策上，这样的决策涉及在某种情况下应该做某事：针对具体的争议所做出的独特决定。但是一个决策也可能不是应该做某事，而是未来的行为应该满足某些一般性的要求。比如，可能有这样一种决策：将来要遵循某条规则，或应该适用某条原则，或应该追求某个目标。另外一种决策是决定任命某人担任一个做决策的职位。最后，还可能有这样一种决策:在指定的某些情况下,应该运用某一种过程。[1]

在给出例子之前,我们最好引入一套符号系统来指代各种程序与决策类型。这样,我将用第二节提到各种程序时所用的序号来指代各种程序:用 1 来指代角力,用 2 来指代讨价还价,用 3 来指代对优点的讨论,用 4 来指代投票,用 5 来指代机缘,用 6 来指代比赛,用 7 来指代权威决定。用字母来指代决策类型:用 S 来指代解决单个争议的具体决策,用 R 来指代应该采取某些规则、原则或目标的决策,用 A 来指代对做决策的职位的任命,用 P 来指代运用某个程序的决策。

例一:

一个公务人员做出的决定(S7)依赖于其上级基于某条行政法规做出的(P7)涵盖了这样一些情况的指示(R7),该指示是由一项议会法案所授权的,议会法案规定了法案的目的(R4)以及制定行政法规的程序(P4)。投票的背后既可以有讨价还价,也可以有对优点的讨论(R2 与 R3)。相关的公务人员经过一场由公共服务委员会组织的竞争性考试之后得以任命(A6),而这个委员会又由内阁基于多数票(A4)来任命(我们假定如此)。内阁对下院负责(简化了 A4),而下院也是由选举产生(A4)。宪法可以由下院的简单多数派出于所有的意图和目的来修改(P4)。

例二:

作为讨价还价的结果,两个人订立了一份契约。一份契约同时为未来的行为确立了规则以及解决争议的手段(即向法庭起诉)。因此在这种情况下它属于 R2 与 P2。如果对于契约的要求有争议,要由法庭来解决(S7),而法庭的法官是由一个上级官员任命的(A7)或

---

[1] 参阅 Kenneth J. Arrow, *Social Choice and Individual Values* (New York, 1951), p.90.(中译参阅肯尼斯·阿罗:《社会选择与个人价值》,丁建峰译,上海世纪出版集团,2010 年。——译者注)

选举的(就像在美国的某些地方一样)(A4)。总之,一份契约是一种手段,凭借它,公民可以将他们自己置于具有法律效力的义务之下。①它本身不是一种程序,而是一种可以引发程序的手段。

---

① 为了得出公平的结果,法庭当然可以拒绝强制实施契约,或者认为它包含了虚假的"理解"。如果你推行公共的程序,你就不可避免地会收获公共的价值。

第六章 正义与公平

1. 引言

在本书剩余部分,我主要关心的是关注欲求的原则;这一章和接下来的三章主要涉及分配性的关注欲求的原则,而最后六章主要涉及加总性的关注欲求的原则。不过,当一条关注欲求的原则与一条关注理想的原则相类似(或看上去相类似)时,我会考查它们之间的关系。比如,在第七章,我分析了关注欲求的平等原则与关注理想的融合(integration)原则和不歧视(non-discrimination)原则之间的差异;在第八章,我讨论了一个人在主张某些个人自由是可欲的时可能会持有的各种各样的理由,既有关注欲求的理由,也有关注理想的理由。

我已经在第四章后半部分证实了我的一个观点:尽管很多人可能会赞同以抽象方式陈述出来的"自由主义"的观点,但是愿意接受它在每一种情况下的后果的人要少得多。① 如果这个观点是正确的,

---

① 见第四章第四、五、六节。在第四章第四节,"自由主义"被定义为这样一种信念:我们只应该在政治上贯彻关注欲求的判断,而绝不能贯彻关注理想的判断。

那么对关注欲求的原则加以详细分析是否有意义这个问题就是一个恰当的问题(而且并不是一个假设的问题,这个问题已经向我提出来了)。如果从关注欲求的原则得出的结论总是可以基于理想的理由进行修改,难道我们不应该忽视它们吗?

对此,我的回答是,在关注欲求的原则被关注理想的原则修改的情况下,二者之间的关系并不类似于一种解释理论被另一种更好的解释理论修改时这两种理论之间的关系。如果这两种关系是类似的,我们就可以欣然地拥护后者而抛弃前者了。一个更贴切的类比就是从不同方向作用于一个物体的两股力量。第二股力量当然改变了第一股力量的效果,但是这显然并不意味着第二股力量消灭了第一股力量,以至于在预测这个物体的运动路线时可以忽略第一股力量。这个类比意味着,关注欲求的原则并不会因为它们不是唯一一种原则就不再有任何效果。如果你非要坚持说你可以把关注欲求的原则所得出的结论称为第一近似值(first approximation),那么你就必须阐明,第二近似值要是不通过第一近似值就不可能得出。人们既使用关注欲求的原则,**又**使用关注理想的原则;没有理由说不应该对这两种原则进行权衡取舍(trade-off),就像要对其他价值进行权衡取舍一样。①

这仍然没有回答下述问题:集中注意力于关注欲求的原则而非关注理想的原则,这是否可以得到证成。无论是否能够得到证成,我这样做的理由都是,相对于谈论关注理想的原则,谈论关注欲求的原则似乎具有更大的空间。许多关注欲求的概念几乎被普遍使用,即便有时候很难说清它们的用法,往往也很容易弄清楚一个人使用它们时是否正确。关注理想的原则要怪异得多,变化性也更大,也更模糊,因此只是出于礼节,我们才能谈到"关注理想的原则"。

①　价值之间的权衡取舍这个概念是在第一章第二节解释和阐明的。

　　这并非纯粹的偶然,而是存在于它们之间的差异的本质当中。调和相互冲突的欲求的需要非常紧迫,而且是普遍存在的。我们能想到的那些可以用来调节结果的原则在范围上是相对固定的。贯彻关注理想的考虑因素对社会的存续也不会有那么直接的影响(至少短期地看是这样);理想本身也往往在很大程度上因人而异。而且,相对于关注欲求的原则,关注理想的原则往往具有很小的结构。一旦你已经断定好人将具有属性 x、y 和 z,并断定这是一个**政治**判断,那么其他与之相关的要么就是以何种手段达到那一目的的问题,要么就是如何在这个具体原则与你还持有的其他原则(鉴于世界所处的状态,那些原则要与它竞争以获取稀缺资源)之间进行权衡取舍的问题。这些问题——尽管很可能是真实的——都不容许有太多一般性讨论的空间。 96

　　在这一节开头我说过,接下来的几章主要涉及分配性的关注欲求的原则。这一章要处理正义与公平,第七章处理平等,第八章处理自由,第九章处理公道。不过,在详细评论正义与公平之前,让我在此插入一段对广义和狭义的"正义""公平"与"公道"所做的解释,这种解释有些令人厌倦,但在我看来是不可回避的。

　　这三个词语都有广义和狭义,这大致上就类似于,"猫"这个词被毫无差别地用来指代家猫与猫科动物(包括狮子和老虎,等等)。不过这个类比远远没有充分表达出问题的复杂性,因为这三个术语无论在狭义上还是在广义上都不一样,尽管它们在广义上有所重合。非常粗略地说,情况似乎是这样的:广义的"正义"包括了所有分配性考虑因素,无论是比较性的还是绝对的。[①](正是在这种意义上,"正义"与"有利"相对。)最广义上的"公平"与"公道"通常被用来表明所涉及的是某种比较性的分配性考虑因素(但没有说明是哪一种)。

　　公道(第九章)具有两种狭窄的运用:第一,它具有一种半专业性

① 关于比较性的分配判断与绝对性的分配判断之间的区分,见第三章第四节第一部分。

的用法,指的是修改一般性的规则来应对具体情况;第二,它被用于这样一些情况,在这些情况下,人们要在一个本身不受质疑的一般性分配模式中做出一些精确的对比。这些情况与一种"微调式的"批评(interstitial criticism)的观念相关联。[①] 本章的主题是狭义的"正义"与"公平"。在接下来的两节,我要处理它们与某些社会决策程序的正确执行密切相关的用法。在剩下的两节,我首先考虑作为对应得之报偿(requital of desert)的"正义",然后考虑"公平"的两种用法:"公平的份额"与"公平的交易"。

97 2. 程序公平、背景公平与法律正义

(1)程序公平

说某一程序得到了公平的实施,就是说对程序具有规定意义的那些手续得到了正确的遵循。比如,在一场公平的赛跑中,选手一起起跑(没有人"抢跑"),没有用肘推挤别人或抄近道,第一个过线且没有被取消资格的人被看作胜者;在一场公平的拳击赛中,不允许选手犯规却不受罚;诸如此类。就权威决定这种程序运行过程中的公平来说,其内容的多少取决于具体情况下用来规定该程序的细节。比如,一场"公平的审判"必须满足精心设计的程序性预防条款(safeguards),而一次"公平的行政决策"仅仅意味着做出决策的官员是不偏不倚的或"公正的"(fair-minded)。[②] 就手续来说,行政裁决或

---

① "interstitial"一词的字面意思是"居于两者之间的""处于缝隙中的",作者在这里用 interstitial criticism 指的是一种对规则之运用结果而不对规则本身的批评,就是说,这种批评把规则看作既定的,而只是对规则之运用结果做出一些微调。正是在这种意义上,作者在第九章开篇说这种公道原则具有保守主义色彩。——译者注

② "我们可以说,不偏不倚作为一种正义的义务,其意思是说,在处理具体情况时,只受那些应该加以考虑的因素所影响,只要一种动机促使一个人违背这些考虑因素的命令而行动,就不受这种动机所诱惑。"J. S. Mill, *Utilitarianism*, 第五章。(中译参阅约翰·穆勒:《功利主义》,徐大建译,上海人民出版社,2005 年,第 46 页。——译者注)

官方调查处于一种中间位置。① 一个机缘程序的公平运用要求该程序真正是随机的（比如掷骰子），以便给每个人一个"公平的机会"。一场"公平的选举"排除了灌票（ballot stuffing）、双重投票（double voting）和错误计票，等等。

这样，就还剩下前三种程序。没有"公平的战争"这种用法（不过有"正义战争"的说法）："在爱与战争中，一切都是公平的。"原因就在于，在战争爆发前，并没有规定应该遵循何种规则；实际上，战争就是对有序的程序的否定。② 最完整意义上的战争就是尝试通过暴力将一个人的意志强加给另一个人。一旦出现了惯例（convention）（如果你占领了一个地方 A 或俘虏了一个你战胜了的人 B），比赛的因素就出现了。胜利就不再仅仅意味着**处于一种地位**，可以强加你的意志，而且还意味着，由于你满足了某条标准从而**可以被允许**强加你的意志。③ 决斗是一场比赛，正如拳击赛是一场比赛一样，因为如果要让决斗来决定比如说谁会得到一个女人，那么它也是基于一种惯例来解决这个问题的，即"让最佳男人获胜"。④

"对优点的公平讨论"这个概念也没有公认的用法，这也是因为不存在规定好的手续可以遵守；一般来说，也不使用"公平的讨价还

───────────────

① 见 Franks Report（Cmnd 218，1957）全文各处。

② 老话把"爱"也包括进这一范畴，这是非常正确的，至少，如果"爱"的意思是指"获得性欲对象"的话就是如此。在追求到你心仪的女人（或男人）之前，不需要遵守任何规则和正式的要求；你或许拥有所有的美德，但如果你碰巧没有吸引力，你就不会赢。

③ 我并不是说战争——更不是说一般的角力——的手段（或目的）不能受到限制，而是说，根据我的定义，实现某种成就与获胜之间并没有约定俗成的联系；唯一的联系可能就是另一方事实上投降了。对于罢工或停工（lock-out，指雇主为对付工人罢工而不允许工人进入工厂的行为。——译者注），可以在手段与目的上加以限制，前者比如不许枪击，不许蓄意破坏；后者比如加薪 5％或减薪 5％。但这仍然是角力而不是比赛，因为每一方的直接目的在于改变另一方的态度，而不在于达到某种成绩标准，而达到该标准就被认为解决了争议。如果工会和雇主事先达成一致说，哪一方先给另一方造成了 100 万镑的损失，哪一方就应该满足对方的要求，那么就出现了一场比赛。

④ 一场决斗最后当然不是根据惯例而让败者出局，而是必然会让败者出局；但是让人出局（removal）仍然属于一种具有正式规则的行为。如果我们定下明天决斗，那么我在今天趁你在街上散步时在背后朝你开枪仍然是"不公平的"。

价"这种说法,因为如果包含了威胁,这就纯粹是口头形式的角力。不过,在做出更多限制的情况下,也可以诉诸程序公平的考虑。这样,在威胁应该被排除在外的情况下,进行威胁就是"不公平的"。更微妙的是,在一种被认为是"完全竞争"的情况下,一个财力雄厚的公司为了击垮其竞争者而以低于成本的价格出售商品就是不公平的。"公平贸易"这个名称一直被用来指代所有旨在保护效率低下的生产者与零售商的限制性做法,理论上说,它通常都是这个意思,不过实际上,它通常都会退化,以至于试图保证全面的"成本加成"(cost plus)。① 我们在提出一个非常类似的建议——即针对外国"倾销"征收关税——时也会使用这个词,它往往也意指"有效的国外竞争"。

(2) 背景公平

尽管使用"公平"一词做出的某些评价仍然集中关注程序的运转方式,但却涉及更深层的问题,它追问的是背景条件是否令人满意。举一些例子就可以阐明"背景条件"这个概念。根据程序公平,一个拳击手不能放一块铅在自己的拳击手套里,但是背景公平还不允许拳击手体重过分悬殊;同样,背景公平也使得不同大小的帆船或汽车不可能相互比赛,除非以适当的方式对另一方加以妨碍。在一场官司中,如果一方的辩护人表现出的论辩技巧远远超过另一方的辩护人,那么这一事实就构成了从背景公平而非程序公平的角度进行抱怨的理由。可以说,选举中的背景公平要求支持不同候选人的选民所具有的机会应该是平等的,或者说大体上与他们在选民中的人数成比例。基于这些理由,我们很可能会反对共和党在资源上相对于保守党所具有的二比一的优势,或者反对戴高乐利用政府对广播与电视的垄断来推进其全民公投。在背景公平与程序公平这里,机缘

---

① 比如,"新政"期间在全国工业复兴署(NRA)下所产生的"公平交易法规"(codes of fair practice)。

是没有任何空间的,讨价还价也没有(除非是在一种比较松散的意义上)。这究竟是为什么? 在第三节根据程序公平与背景公平来考虑评价的正当性时,我会审视这个问题。

(3)法律正义

程序公平与背景公平分别涉及如下两个问题:所规定的手续是否得到了遵守,以及各方最初的状态是否正当。还有第三类评价,这种评价也是基于程序之运转而做出的,即法律正义或(更一般而言)基于规则的正义。

亨利·西季威克指出,"正义"一词最显而易见也最频繁的用法出现在法律语境中:当一种裁决是相关法律规范的正确运用时,它就是正义的。他还指出,这并不是"正义"一词**唯一的**用法,因为,我们可以说(失敬了霍布斯)一条法律本身就是不正义的。[1] 然而将"正义"的这一用法限定于法律规范并没有必要,同样的术语或评价也可以用于其他规则;[2]如果一个俱乐部的规范允许将欺骗者开除,而我并没有欺骗却被开除了,这就是不正义的,正如法庭施加的一种惩罚可能是不正义的一样。因此无论所说的规范是不是法律规范,我都要用"法律正义"这个术语。[3]

法律正义的标准只能在一种情况下使用,在那种情况下,一个决定是参照某条或某些规范得出来的,做决定的人用那条或那些规范在那一类情况下给出回答。因此,只能结合权威决定这种程序来使用它。也许在一些特殊情况下也可以将它运用于比赛:对规则的胡乱解释有时候也可以被说成是不正义的;不过说这是不公平的更为

100

---

[1] Henry Sidgwick,*The Methods of Ethics*(London,1930),第三编,第五章。

[2] 此处的原文为"The restriction to legal rules does not correspond to any difference in terms or evaluations",比较令人费解,译文系根据杰里米·希尔默的解释译出。——译者注

[3] 西季威克确实扩展了"法律正义"一词的用法,用它来涵盖承诺与类似的社会义务。

自然一点。这与前一章提出的一个观点关系密切:足球赛的裁判不能以法官决定判决结果的那种方式来决定比赛结果。裁判的一个糟糕决定只把"不公平的优势"给予其中一方,另一方仍然有可能获胜。裁判的哪种决定用"不正义的"一词来修饰才合适呢? 对于这个问题,我在思考的时候突然想到这样一些事情,比如把某个人罚下场或建议某人暂停比赛,这些事情当然都是对参赛者造成直接影响的例子,而不是对比赛结果造成间接影响的例子;或者至少可以说,这些事情除了是对比赛结果造成间接影响的例子以外,也是对参赛者造成直接影响的例子。[1]

3. 证成

(1)法律正义

到此为止,我只是提出了程序公平、背景公平与法律正义。现在必须要追问,为什么"公平"与"正义"这些褒义词应该被运用于程序的正确实施以及规则的正确运用。除非一个人是一个"规则崇拜者",否则他大概肯定会要求从是否有助于一些更具一般性的考虑因素(无论是加总性考虑因素还是分配性考虑因素)的角度来证成这些程序性的考虑因素。[2]

我首先要提出三条这样的更具一般性的理由来说明为什么要认真对待法律正义。理由之一就是,一条规则前后一致的运用产生了一种最简单的公道——类似情况类似处理,尽管这是一条比较弱的

---

[1] 一场比赛的结果可以因为并没有反映每个参赛队的相对优点而成为不正义的。但是这是"不正义"一词的一个不同的用法,这个用法与应得密切关联。

[2] 见 J. J. Smart, *An Outline of a System of Utilitarian Ethics* (Melbourne, 1961)。斯马特的"功利主义"看上去好像**完全**拒斥"规则崇拜"。他所捍卫的那种立场不仅不(必然)是享乐主义的,甚至也不是加总性的。当斯马特承认不同的功利主义者可能会在分配问题上有争议时,他已经放弃了这一立场,我以前一直把这一立场看作是非享乐主义的功利主义唯一的区别性特征。

分配原则,因为"类似"的依据是由规则来阐明的,而规则本身有可能 101
是无法容忍的。理由之二是,如果众所周知的规则得到了运用,每个
人只要愿意就可以避开违背规则所带来的后果;这一条对任何规则
都是适用的,无论是好规则还是坏规则,除非它规定要惩罚一些没有
任何人可以左右的事情(比如作为犹太人或黑人),或惩罚规则公布
之前自愿做出的行为(比如在 20 世纪 30 年代加入共产党)。分配性
正当理由和加总性正当理由都支撑着第二条理由。根据加总性前提
来推理,我们可以说,遵循所要求的规则防止了不安全(大清早被人
敲门),并使得惩罚构成一种威慑,而不是构成欲求满足总量的净损
失。根据分配性前提,我们可以说,如果所要求的那些规则得到了遵
守,那么至少,没有人会因为他不能不做的事情而受损,而这至少是
"应得"标准的一**部分**。

最后,法律正义会减少预期不能实现的情况。只要有可能就应
该避免预期不能实现的情况,这是一条原则,这条原则本身就既可以
基于加总性理由又可以基于分配性理由而得到证成,因而这条原则
也适用于作为一种特殊情况的法律正义。[①] 边沁在分析安全与平等
相互冲突的(功利主义)要求时详细地阐明了加总性理由(无论这种
理由是否站得住脚):

> ……"**获得之益**不能与**失去之害**相比"。这一命题本身是从
> 另外两个命题推出来的。一方面,每个人自然期望维系自己所
> 拥有之物。期望的感觉对人来说是很自然的,建立在日常的活
> 动之上。因为就整个人类来说,所获得的财富不仅得到了维系,
> 而且甚至还有所增加。因此所有的损失都是预期之外的,并导

---

① 西季威克在《伦理学方法》中指出,避免无法实现的预期构成了大多数常识性的
"正义"观念,但是(至少现在)"正义"一词似乎并没有被如此宽泛地使用。不过,似乎仍然
存在一种共识,即不挫败预期本身**就是**有价值的。可以考虑一下很多人对遗产税和资本
税的相反态度。(我指的是某些人的意见,那些人太天真了,竟至于相信当前英国实施的
遗产税可以有效地减少运气的影响。)

致了受欺骗,而受欺骗是一种痛苦,即预期受挫之痛。另一方面,减少(或增加)一部分财富或多或少会导致每个人幸福总量的减少(或增加),而个人幸福总量减少的数量则取决于减少部分与剩余部分之比,或者与原来部分之比。①

102   分配性理由的重要性更为有限,专门指涉人们投入了钱财、换了工作、搬了家等情况,在这些情况下,他们之所以这样做,是因为他们相信促使他们这样做的事态会无限期地持续下去。如果他们已经这样做了,那么突然改变这种事态就错了。②

    如果一个立法机构通过了一部法律,不是出于任何暂时性的目的,法律的有效时间也不受限制,那么完全可以合理地预料到它是永远有效的。人们因为相信法律的永恒性而投入资本、付出劳动或塑造他们的生活方式,因此,他们唯一的成功希望建立在法律之存在的基础之上。他们由于信赖法律的持久性而获得的那些权利被称为"既得权利"(vested rights)。这种处境下的人被认为有一种道德上的权利要求立法机关维系法律,或者至少要求立法机关给予充分的时间让他们能够收回他们的投入,并采取必要的手段防止如此大的变化所造成的损失。③

---

① Halévy, *The Growth of Philosophical Radicalism*(Beacon, 1955), p. 40.（中译本见埃利·哈列维:《哲学激进主义的兴起》,曹海军等译,吉林人民出版社,2006 年,第 44 页。——译者注)注意,第二条理由有时候会**支持**再分配。从一个拥有 1000 镑的人手里拿走 10 镑给只有 100 镑的人。你降低了前者的幸福 1%,但增加了后者的幸福 10%。无论如何,这条理由依赖于一条关于金钱边际效用的特殊假定,该假定要比简单的边际效用递减观念更成问题。

② 西季威克主张"正义"被用来指称满足预期,这一主张如果被限定于可归于这条理由之下的情况,就更为合理了。

③ Sir George Cornewall Lewis, *Remarks on the Use and Abuse of Some Political Terms*(London, 1832), p. 25.

(2)程序公平与背景公平

现在来处理程序公平与背景公平。公平审判与正义判决之间是什么关系？在我看来，这个问题的答案可以根据经验而得出：公平的审判往往比不公平的审判更容易产生正义的判决，一场审判在越多的方面体现公平，它就越有可能产生正义的判决。[①] 因此，公平的价值低于正义的价值。公平程序与背景条件之所以值得重视，是因为它们具有带来（以规则为基础的）正义的倾向。程序公平提供了最低限度的条件，而背景公平则构成了更进一步的改善。[②]

现在来考虑比赛。衡量是否公平的标准与公平比赛带来"正确"结果的趋势具有经验上的关联；比以前更加清楚的是，在确立公平性的标准时是把这一要求放在心上的。在第二节和前文中，我使用了"正确的结果"（right result）这一表述，而它与比赛程序之间的关系正如"以规则为基础的正义"与"以规则为基础的权威决定"之间的关系。但是，尽管我们可以把"正义"定义为"符合规则"，我们却不能对"正确的结果"给出一种总体刻画，只能将它说成是"一种准确反映比赛所要测试的技能的结果"。

程序公平（符合程序性规则）总是更有可能造成"正确的结果"，无论是何种结果，因为它仅仅规定每个人要做一样的事。无论赛跑所要测试的是什么技能，如果某些选手抢跑了但却不受处罚，就很难看出比赛的可靠性如何能得到改进，除非是在一些很反常的情况下，赛跑只是一种形式，真正测试的是抢跑的能力。

---

① 当我说这是一个事实问题时，我的意思并不是说，公平程序与正义结果之间的吻合是一种偶然，因为在选择公平审判的标准时就着眼于这种吻合。我所否认的是二者之间存在着某种分析性关联，就是说，正义的判决一定来自公平的审判，或者公平的审判必然带来正义的判决。公平的审判仍然有可能导致不正义的判决。

② 事实上，下述说法是非常合理的：背景公平只与审判相关，因为审判运用了对抗制度，而这种制度非常重视辩护律师应该相当不相上下，所以审判带有比赛的色彩。见 Sybille Bedford, *The Faces of Justice* (London, 1961)。

另一方面,背景公平的标准会因为"正确结果"类型的不同而不同。如果所要测试的只是击败对手的能力,就没有必要对拳击手体重的差异设定任何限制;但是如果拳击比赛被认为是一种技能测试,在规定体重的最大差距(超过了这一差距,决定结果的首要因素就是蛮力而非技能)时,就必须把"背景公平"考虑进来。如果一场考试是要测试**努力程度**,所需要的打分方法就不同于测试**能力**时所需要的那种打分方法。

104　　和以规则为基础的权威决定一样,重视程序公平与背景公平的主要理由就在于它有造成某些结果的倾向。如果这些结果是好的,那么公平作为一种实现它们的手段也是好的;如果这些结果不好,则公平也就不好。比赛的结果就是让奖惩(或许只是非物质性的东西,比如声誉与懊丧)与表现相配,而最终的结果要想成为可取的,奖惩的标尺就必须满足一个条件,即当坚持该标尺时,奖惩相对于表现来说是恰当的。如果所要奖励的是一些卑鄙(base)或微不足道之事,那么"机会的平等"(背景公平与程序公平的尊称)就不是特别重要。①不过,就像以前一样,我们可以指出,无论一场比赛所要达到的结局如何,比赛中的程序公平与背景公平都具有一定的价值。这些价值就是最低限度的公道,即同等情况同等对待(即便"同等"可以用任何一种方式来界定),而且参赛者至少知道他们应该做些什么。必须承认,与那些提出来支持以规则为基础的权威决定的考虑因素相比,这些一般性的考虑似乎要软弱无力得多。

---

　　① 比较一下"法律面前的平等",它是与以规则为基础的权威决定相关联的程序公平之尊称。"法律面前的平等"并不能保证不可容忍的行为不得到奖励,也不能保证善行不被惩罚。几乎没有必要指出,两种形式的程序"平等"中没有哪一种与实质平等有什么关系,不过,程序平等与实质平等有可能被混为一谈,这种混淆对那些喜欢谈论平等超过喜欢真实的平等的人来说是很有用的。(比如,参见 C. A. R. Crosland, *The Future of Socialism*, London, 1956。)柏拉图的《理想国》以及迈克尔·杨(Michael Young)的《精英政治的兴起》(*The Rise of the Meritocracy*, Penguin Books, 1961)都为我们描述了基于"机会的平等"的极端等级制社会。

　　证成程序公平和背景公平与证成程序本身的使用之间是有联系的。如果我们看看投票,这种联系就更清楚地呈现出来了。如果我们认为投票程序的目的在于弄清选民的意见,那么显然,一些形式上的要求就是达到这一目的的必要条件。另外,如果我们说投票程序的目的在于获得选民充分知情基础上的意见,我们也必须引入一些背景条件。如果这些目的是好的,那么达到它们的手段也是好的。

　　现在我已经讨论了三种程序,对于其运行,我们既可以用程序公平来描述,又可以用背景公平来描述。在剩余的几种程序中,对于机缘,我已经指出,我们只能用程序公平(或程序不公平)来描述它。而这是由于一个特殊的事实:当使用机缘程序时,除了打算以随机的方式来解决某个问题以外,没有预设任何目的。① 因为目的被等同为实际的程序,所以并没有背景公平存在的空间。事实上,程序公平与实质公平是融合在一起的,因为分配性的价值**就是**随机性(randomness)。

　　我也曾指出,讨价还价完全相反。它不可能从程序上说是公平的(或不公平的),但至少在一种不严格的意义上,有时候可以说它具有背景公平(或不公平)。事实上,我还可以补充一句:对于角力,有时候也可以这样说。一旦参与者们自己看作一场角力的活动同时又被第三方看作好像是一场比赛,这种怪异的情况就出现了。这个观察者而非角力者可能会说到公平,但只是在不严格的意义上这样说,或许有人甚至还会认为这样说是不恰当的。②

　　到此为止,通过逐个地考查各种程序,我讨论了支持公平的理由;但是,是否存在着一些一般性的理由去遵循一种指定的、适用于

105

———————————

　　① 一个显而易见的例外就是,使用一种随机的设计时怀有一个信念,即上帝会为我们安排一种真正的好结果。但是在这种情况下,在那些使用这种安排的人眼里,这种安排不会被看作是在援用一种**机缘**机制。
　　② 在第303页注释J讨论加尔布雷斯(J. K. Galbraith)“对抗性权力的概念”时我探讨过这一观点。

任何形式的形式呢？我可以提出两条这样的理由。理由之一就是源自"公平游戏"的论据（由罗尔斯提出）。① 它在本质上是一种分配性论据，该论据如下：如果你接受了某种实践（practice）所产生的利益，那么，除非你明确表达了相反意见，否则你就应该继续坚持这一实践，即便有时候在某些具体情况下不这样做对你来说更为便利，唯有这样才公平。另一条理由是一条加总性论据：一个社会在重大价值观问题上越是分化，可以在程序上所达成的共识作为一种维护社会和平的手段就越是珍贵。自由主义强调"正当程序"（due process），这并不是偶然的。我们不能通过程序所产生的结果来为程序辩护，因为一个人赞成的结果可能另一个人并不赞成。相反，应该这样来为遵循程序辩护：每个人都就程序达成了一致意见，而且唯有在这件事情上每个人确实达成了一致。至于这些考虑是否具有足够的普遍106性，或者足以说服人，以至于可以解释为什么我们通常会认为严格遵守所规定的形式非常重要，我不想猜测。或许这有点"规则崇拜"的味道，既不可能得到加总原则的支持，也不可能得到分配原则的支持。但是，几乎根据任何原则，普遍遵循所规定的形式都是非常符合理性的。

除了"法律意义上"的"正义"之外，另外一种狭义的"正义"似乎就是这样一种"正义"，它与对"应得"之报偿（requital of "desert"）之间具有分析性的关联。我们现在必须转向"应得"了。

---

① John Rawls, "Justice as Fairness", *Philosophical Review*, LXVII (1958). 重印于 F. A. Olafson 编的 *Justice and Social Policy*（Spectrum Books, 1961）（页码对应于这个重印本）；也重印于 Laslett 与 Runciman 编的 *Philosophy*, *Politics and Society*（second series）。

4. 应得

(1)应得的标准

说一个人应得某物就是说，如果一个人由于自己的某种行为或努力，或者由于他所导致的某些结果，最终得到了那种东西（有利的或不利的），这是一件好事情。[①] 注意，我们没有必要继续说，某个具体的人或机构应该在实际上提供所说的那种有利因素或不利因素。一个人说某次冒险应得成功，但他并不因此就必然会说，应该采取一些措施来确保该冒险获得成功。还要注意，那个人应得的"某物"无须说得非常确切，尽管可以说得非常确切。在最含糊的情况下，完全可以说"他应得好运（break）"或"他应得某种令人愉悦的事物"。在最确切的情况下，可以明确地说"以眼还眼，以牙还牙"。但是我们也可以赞成某种具体的分配，说它是"应得的"，却无须同时又指出这一具体的数量是可以从"应得"概念推出来的。我可以说，琼斯应得他赢得的那100镑奖金，但却并非必须同时又说，90镑少于他所应得，而110镑则多于他所应得。或者，我也可以说，史密斯应得他被判处的六个月监禁，但却并非必须同时又说对"应得"概念的思考告诉我，六个月（而非五个月或七个月）正好。

一个人的行为要具有哪些一般性特征，我们才能据此而说他应

107

[①] 对比一下 Feinberg, Justice and Personal Desert。"总体而言，构成一个人的应得之依据的事实必定是与那个人有关的事实。如果一个学生在一门课程中应得高分，他的应得必定是由于某些**与他有关**的事实：比如，他之前的表现，或者他当前的能力。或许他的老师**应该**给他高分，因为如果他不这样做，就会让学生的神经质母亲伤心；但是这一事实尽管可以作为老师的行为理由，却并不能作为学生应得之依据。"正如范伯格所注意到的一样，将某人应得某物的可能依据限定于"某些与他有关的事实"只是给出了一个必要条件，而非一个充分条件。

得某物呢？这个问题严重困扰着研究应得的现代学者。① 我认为，毫无疑问，说一个人应得某物，这是基于他的行为、努力和他所导致的结果，任何所谓我们总是在（混乱地）回报和惩罚努力的说法，在我看来似乎都是十足地误入歧途。应得的依据有时候是对人类福祉或人类知识的实际贡献（比如，说某某人"应得"诺贝尔奖）；有时候是行为本身（"杀人犯应得绞刑"）；有时候纯粹是行为背后的意图（"他的善意应得更多成功"）；有时候是所表现的技艺（"他是更优秀的选手，应得胜利"）；有时候则纯粹是努力（"他因为如此努力而应得赞扬"）。②

然而，当我们就应得的依据**应该**是什么这个问题求教于"常识"或"道德意识"（或我们所偏爱的任何神谕）时，所得到的建议明显各不相同。一方面，有一条原则认为，既然唯有努力的程度与方向是一个人可以控制的，那么也就唯有这些因素可以恰当地作为称赞与指责、回报与惩罚的对象；而这种说法似乎很吸引人。另一方面，下面这种做法又有些荒唐：因为一个人在做某项工作时比另一个人更加努力就向他支付比另一个人更多的钱，尽管他做事更慢，而且做得也更差。

我不会那么鲁莽地提出一种解决办法，我甚至也不会提出一种消解这一难题的办法（这更为时髦）。但是我相信，可以表明一点，即，它远没有以简要的方式陈述的形态看上去那么严重，我要提出三条论据来支持这一观点。第一，任何一种认为"努力"与"结果"之间存在着明确界线的观点都是错误的。比如，联系一场比赛来讲，说某

108

---

① 两份敏锐的讨论，见西季威克：《伦理学方法》，第三卷，第五章；以及霍布豪斯：《社会正义原理》(*Elements of Social Justice*, London, 1922)，第7章（中译本见霍布豪斯：《社会正义要素》，孔兆政译，吉林人民出版社，2011年。——译者注）。

② 当涉及的是一场比赛时，应得胜利的那个人或那一方必定是在最大程度上具有比赛所要测试的素质的那个人或那一方。这非常类似于"正义"一词在法律中的使用，因为它把标准（在这里就是"胜利"的标准，而不是"罪行"的标准）看作理所当然。但是，尽管具有所要测试的素质的人应得胜利是一个分析命题，胜利与获奖之间却没有必然联系；这一点不同于基于规则的"正义"。

人应得比实际表现更好(或更糟)的表现,就是说,结果是在某种与所测试的素质不相关的因素的帮助下确定的。因此,可以将技艺与努力同运气相对比("赢得比赛是他们所应得的,但是在每一场比赛中,掷硬币时他们都猜输了"),或将技艺与努力同某种初始优势相对比("他应得胜利,但是他的对手尽管是一个水平更次的拳击手,个头却要大得多")。可以说,训练最多的一方应得胜利,或者在比赛的具体场合下最尽力的一方应得胜利。在每一种情况下,我们都是在将"努力"与"结果"相对比,但是在每一种情况下,所做的都是一种不同的对比。

第二,如果我们以最后一种最极端的情况为例,即把注意力集中于努力上,那么我们很难看出为什么应该把它选出来作为唯一相关的标准。如果为了找到一个人在某一时刻"原本会做"的某件事,我们完全不考虑他的能力和机会是如何产生的,我们就确实忽视了高度相关的因素。

第三,即便放弃了应得应该与努力相联系这一充满模糊性且具有不可接受之意涵的原则,该原则的根本性要义也可以加以保留。我认为这一根本性的要义就是,一个人有能力去做他原本会做的事情,这是说他应得某物的一个**必要条件**,但它未必是**唯一的依据**。"应得"一词在英语中的用法以一种很有趣的方式支持着我的这一看法。我已经指出,当有利因素与不利因素并没有与努力的程度和方向直接相关联时,也可以使用"应得"一词,但是确实,只有当涉及某种程度的自愿努力时,我们才能使用"回报"与"惩罚"。把一个患传染病的人隔离起来,或者在战争期间把一个外国人关押起来,这都不是"惩罚",也不能通过指出这是他们应得的来为这种做法辩护。反过来说,尽管并非每一个人一开始就具有赢得奥运会金牌的身体条件,但要是不努力,谁也得不到金牌。尽管一个强壮的游泳者与一个瘦弱的游泳者相比,前者救落水者所冒的风险更小,但他们一样有可能见死不救;尽管能否成为做出科学发现的人具有很大的运气成分,但能否进入可能做出科学发现的人之列则完全取决于努力。因而对于这些行为,给予回报是合适的,也可以对这些行为谈论应得。

109　　(2)一个没有应得的世界

如果我们想知道"应得"所代表的考虑因素有多重要,最好的办法就是设想一个不使用这个概念的世界,并看看它与我们所熟知的世界有何不同。

我刚才提到了说某人应得某物的必要条件,那就让我们先来看看这个必要条件。如果忽略掉分配性术语,我们可以将该原则重新表述如下:除了一个人的自愿行为及其后果以外,对于任何事情,要想对之施加有利因素或不利因素而又不失为正当,就必须有特别强有力的抗辩性理由。不诉诸分配正义这种价值,我们能否证成该原则呢? 让我们首先考虑一条规则:如果行为 x 通常情况下是可以惩罚的,而一个人"做出了"行为 x,那么只要该行为不是自愿做出的,比如他睡着了,处于癫痫发作状态,或精神错乱,等等,他就不受惩罚。[①] 支持这条规则的一个简单的加总性理由就是,因为这些"行为"是非自愿的,对它们施加制裁并不会影响到行为。然而,有一条加总性的回应可以采取这样的形式:如果人们知道犯罪的人在某些条件下会得到"宽大处理",那么那些原本可以避免犯罪(而且如果惩罚是确定无疑的他也会避免犯罪)的人,现在就会去犯罪,同时又希望说服法庭,让法庭相信他们是在无法控制自己的情况下做出了那样的行为。总之,如果你对真正的疑难案件做了宽大处理,你就会鼓励可能的(甚至是成功的)欺骗者。如果一个人杀了人但被发现是无辜的,理由是他是处于睡梦中杀人的,其他人难道不会故意杀人然后又

---

① 见 P. J. Fitzgerald, "Voluntary and Involuntary Acts", and H. L. A. Hart, "Negligence, *Mens Rea* and Criminal Responsibility", in A. G. Guest (ed.), *Oxford Essays in Jurisprudence* (Oxford, 1961).

指望用同样的借口来逍遥法外吗？ 菲茨杰拉德（P. J. Fitzgerald）补充了第二个更进一步的论证：

> 这也可能会阻止自愿的行为，因为潜在的罪犯会对自己说："你看，这种德拉古式的法律甚至要惩罚那些无法控制自己的偷盗行为的人。因此，我们这些可以控制自己不要偷盗的人不会被施以怜悯，我们最好还是不要犯罪。"①

然而对于这些论证，可以提出一个加总性的回应，这个回应完全和前面提出来反对法律不正义的回应是一样的，即，要想得到可能的有利因素，就必须在个人安全上付出高昂代价。如果甚至非自愿的行为也会招致最严厉的惩罚，还有谁会觉得安全呢？ 110

其次，让我们来考虑这样一条规则：要遭受惩罚的不是罪犯，而是某些特定的人或与罪犯处于某种特定关系的人——亲人、邻居、同学；或者除了罪犯本人遭受惩罚以外，这些人也要遭受惩罚。从加总的角度看，这条规则有一些初看上去就存在的优势，尽管具体的细节因具体运用的不同而有所不同。我要提出一些总体性的评论：（1）如果确定所要惩罚的人或群体时无须考虑罪犯，那么即便不去寻找罪犯，也可以产生某种威慑，当然，条件是潜在的罪犯要受到对这些人的威胁的影响。（2）一个潜在的罪犯有可能实际上更容易被对其他某些人的威胁而不是对他本人的威胁所震慑，当然，只有当那些受到威胁的人与罪犯有特殊的关系时，这种说法才最有可能是正确的。这意味着即便没有抓住罪犯，也应该知道他是谁。（3）除了执行起来很方便以及对罪犯来说行之有效这些优点以外，这种办法借助于这一点：替罪犯接受惩罚的群体也可以有效地控制罪犯。如果一个人的亲属或邻居会因他的恶行而受苦，他们就有可能会试图阻止他。②

---

① P. J. Fitzgerald, "Voluntary and Involuntary Acts", in A. G. Guest（ed.）, *Oxford Essays in Jurisprudence*, p. 19.

② 见 E. A. Ross, *Social Control*（New York, 1922）, p. 119.

一条**反对**所有这一切的一个加总性论据和前面提出的一样：个人不再安全。要是没有控制犯罪的其他方式的话，这不会是一个充分的论据，但是我们所想象的社会会在那方面与现存的社会大不相同吗？尽管在我们所知道的这个社会中，"不惩罚无辜"本身就被赋予了一种价值，但是我们仍然愿意践踏它，比如在战争期间我们把外国人关押起来。如果英国在国内并没有经历过集体罚款和诸如此类的措施，这难道不是仅仅证明它们尚未被需要吗？一旦秩序受到了威胁，这些方法就派上用场了。比如，它们一度在英国的殖民政策中非常重要（比如在塞浦路斯对村庄进行集体罚款）。如果需要一个来自英国自身的类比，我们可以举一个例子：非法儿童被施以严重的社会与经济不利因素，仅仅是在这个世纪，这些不利因素才得以减小。儿童本身显然无法控制自身是否成为非法的；但是在为这些安排辩护的时候，所提出的理由就是，它们对于阻止人们养育非法儿童来说是必要的。人们批评这些安排时很少基于抽象的正义，而更多的是指出它们造成了太多的痛苦，以至于它们（并不算大）的威慑性价值无法证明这些痛苦是正当的。①

总体而言，必须为"奖励"或"惩罚"非自愿的行为给出特别好的理由。这条原则即便得不到"应得"这一明确的分配性价值支持，也仍然有其效力。但是当然，"应得"在很多情况下不仅仅支持该原则，而且还明确规定这样或那样的行为（贡献、努力等）使得欲求满足的减少或增加是**应得**的。一个没有**这种**"应得"的社会将在多大程度上与一个有这种"应得"的社会相似呢？我们很难对这个问题给出一个

111

① 人们通常主张，未被其他任何原则弱化的加总原则可以证成"惩罚无辜"（或者，为了避免抱怨性的言辞，我们可以说"以一种物理上与惩罚别无二致的方式对待无辜的人"）。这当然是正确的。更少为人注意的是，加总原则与分配原则的任何一种组合方式在某些情况下都可能会具有一样的结果。但是在我看来，这似乎并没有表明，没有谁是加总主义者（aggregationist），事实完全相反。我认为，大多数人都会接受（无疑不情愿，但还是会接受），在某些可以想象的情形下，以一种物理上与惩罚别无二致的方式对待"无辜"是可以得到辩护的。

一般性的回答,而之所以困难就是由于一个事实,即这种回答取决于**什么**事情被看作是应得**何种**奖励与惩罚。

然而我认为可以提出这样一条主张:激励与威慑这样的加总性考虑的实际后果大体上与"应得"是一样的。就是说,鉴于受欢迎的行为应得善待,而不受欢迎的行为应得恶待,给人们他们所应得的实际上通常就会变得和下面的做法一样:只要一种东西对于鼓励受欢迎的行为和阻止不受欢迎的行为来说是必要,就把那种东西给人们。但是,当然也无法保证它们就一定会变得完全一样。应得看的是过去,或者最多看现在,而激励与威慑看的是将来(即,某人由于过去的某种行为而应该被给予某物,**因为**这将鼓励他或其他人将来做出类似行为)。[①] 如果遵循前一个标准**总是**会与遵循后一个标准得出一样的结果,这将是一种不同寻常的巧合。比如,如果工资仅仅是根据激励的考虑来确定,那么,对一份工作具有使命感的人所获得的报酬就会更低,而干着完全相同的工作却对之没有使命感的人所获得的报酬就会更高。如果一个工厂处于衰落状态,它就会削减那些年纪太大的熟练工人的工资,这些工人太老了,无法改变自己从而重新就业(哪怕新的工作本身与之前的完全一样),同时这个工厂也希望不必重新招聘新雇员。[②]

我故意选择这个例子,因为在这个例子中,我们用"应得"来规定具体的数量或差额。但是,"应得"有一种用法,这种用法尤其与比赛程序相联系,它仅仅声称,**鉴于**奖品就是这么多,某某人比其他任何人都更"应得"奖品,因为他比其他任何人都更好地达到了所规定的条件。设立奖品或许不是用来奖励应得的,而是用来激发出某些合适的表现;不过,这就**产生**了"应得"的一种次要用法(刚才提到过这

112

---

① "从我们对有关应得的说法的分析可以得出,'S 应得 X,因为给他 X 符合公共利益'这种说法完全是在误用'应得'。"(Feinberg, "Justice as Desert", p. 91.)

② 然而,作为预期之实现的正义在这里会出现,而正如我在上一章所指出,这具有某种加总性理由。

种用法）。在这些情况下，之所以获得奖品，完全是"程序公平"的结果，因为"应得"并没有说应该有一份奖品或奖品应该有多大。[1]

因此，当使用比赛程序时，取消"应得"概念并没有什么影响，除非在某些情况下，我们**不依赖于**比赛来界定"应得"，把它界定为设立比赛的标准。比如，我们比较下面两种说法：一种说法是，"任何能爬上那块巨石的人都应得 50 镑，而且我来出钱"；另一种说法是，"既然已经为爬上那块巨石开出 50 镑，而我又爬了上去，我就应得这 50 镑"。

(3)对应得的反抗

在比较"没有应得的世界"与我们所熟悉的这个世界时，我忽视了一个事实，即"熟悉的世界"在这方面是在不断变化的。在考查"应得"概念时，我们是在考查一个已经在衰落而且可能最终会消失的概念。"应得"概念在一个自由社会中非常盛行，在这个社会中，人们被看作理性的、独立的原子，一份所有人必定从中受益的"社会契约"使得他们团结在一个社会中。每个人的价值（应得）都可以准确地弄清楚，这便是他的净边际产量（net marginal product），而且在某些假定的条件下（出于方便，我们认为现存的经济条件接近于那些条件），市场价格给予每一种生产要素其净边际产量。生活就是一场障碍赛跑，而且没有为腿脚不便者设定任何特殊的规定，但是如果一个参赛者绊倒了另一个参赛者，国家就会注意到这一事实；这样，只有当一方有疏忽时才会给予赔偿，而另一方有疏忽时则不会。

这个范例最接近于 19 世纪第二个 25 年的英国和 19 世纪第三个 25 年的美国。与这种范例相比，已经有一场广泛的运动，在这场运动中，人们已经不再把"应得"作为决定收入分配的首要考虑因素。

---

[1] 但是，如果不允许我们说程序公平确保了奖品到应得奖品的人手中，程序公平还能得到证成吗？我认为能，因为正如我在第三节第二部分所指出，无论一个人设立一场比赛的目标是什么，通常情况下，通过程序公平，该目标都可以得到更有效的实现。

罗斯科·庞德在讨论变动中的"法律假定"(jural postulates)时对此做过评论：

> 另一个正在出现的法律假定似乎就是，在今天的工业社会里，雇佣大量人员的企业将承受一种负担，这种负担我们可以称之为企业运行过程中所涉及的人的损耗(human wear and tear)。关于工人赔偿的法律背后就有某种这样的假定。但是在执行这些法律时，很多时候我们会想起一个更为宽泛的命题。还有其他一些迹象表明存在着第三个命题(它可能包含了第二个命题)，即个人遭遇不幸的风险要由作为一个整体的社会来承担。在所谓的关于责任的保险理论(insurance theory of liability)背后，以及在大多数社会保障法律背后，都有某种这样的假定。陪审团有一种倾向，他们往往认为，每当有人受到伤害时，某个能够给予赔偿的人就应该赔偿他。这种倾向背后或许也是想要实现某种类似于此的假定。①

庞德所提及的工人的赔偿是一个显而易见的例子，福利国家也是如此，福利国家(如果实际上不是的话，理论上讲是这样)给予老话所说的"**不应得的穷人**"以特殊的关注。如果看看刑法，我们就可以说，至少在官方的讨论中，纯粹的报应主义是不值得尊敬的，因此对于比如说在死刑问题上的意见，无论它们事实上可以以何种方式形成，都是通过威慑来论证的。甚至是在执行法律的过程中，更多的注意力也是集中在改造与威慑上，而不太关注确保罪犯获得其"正义的应得"；而同时，斯特里特菲尔德委员会(Streatfeild Committee)已经提议，这一点应该更进一步，判决应该被看作一种很实用的管理

114

---

① Rosoe Pound, *Social Control Through Law* (New Haven, 1942), pp. 116-117.（中译本参阅：罗斯科·庞德：《通过法律的社会控制》，沈宗灵译，商务印书馆，2008年，第56页。——译者注）

任务。[①]

我已经指出，一个"应得"完全消失的世界未必与一个有"应得"的世界具有根本性的差异。但是这还留下了两个问题。第一，这些改变是改进吗？第二，如果可以取消激励与威慑的要求，这些改变难道不可能是非常伟大的吗？比如，马克思的《哥达纲领批判》(1875)在这两个问题上都给出了肯定性的回答。

> 生产者的权利与他们所贡献的劳动成**比例**；平等就在于一个事实，即一切都用一个**平等的标准**——劳动——来衡量。……这种**平等的**权利对不等量的劳动来说就是一种不平等的权利。……在共产主义社会的一个更高阶段，当个人不再像奴隶般屈从于劳动分工时，从而当脑力劳动和体力劳动之间不再对立时，当劳动不再仅仅是一种谋生的手段而变成了生活的第一需要时，当生产力也随着个人的全面发展而提高，所有合作性财富的源泉更加充分地涌流时，只有到那个时候，才能完全超出资产阶级权利的狭隘眼界，社会才能在其旗帜上写上：各尽所能，按需分配！[②]

第一个回答就是，"资产阶级的"观念是"狭隘的"。正如萧伯纳(Bernard Shaw)在《资本主义与社会主义：写给聪明女性的指南》(*The Intelligent Woman's Guide to Capitalism and Socialism*)一书中所指出的：试图比较不同工作的"价值"有点荒唐；法庭不得不决断一场令人不快的事故的某个受害者是否有所"疏忽"，从而是否"应得"赔偿，这确实有失尊严。马克思所给出的第二个回答是，一旦完成了对社会的彻底重建，就无须通过提供有差别的薪资来吸引人们

[①] Streatfeild Committee on the Business of the Criminal Courts, Cmnd. 1289, H. M. S. O., 1961.

[②] Karl Marx and Friedrich Engels, *Selected Works*, II (Moscow, 1962), pp. 23-24.（中译本参阅：《马克思恩格斯文集》，第 3 卷，人民出版社，2009 年，第 435—436 页。——译者注）

去做某些工作。① 显然,如果真是这样,分配模式就可以在很大程度　115
上不同于"应得"所要求的分配模式,而在一个还必须依靠激励的社
会,分配模式则不能偏离"应得"的要求太远。刑法就提供了一个类
比:要是没有必要留意对待罪犯的方式的威慑效果,那么与"正义的
应得"进行更为根本的决裂就是可能的。

5. 公平份额与公平交易

(1)公平份额

在最后这一节,我想考查"公平"这一难以捉摸的词语的两种用
法:"公平份额"与"公平交易"。什么是公平份额? 有一种界定公平
份额的方式指出,公平份额就是平等份额,除非有很好的理由偏离平
等。"公平的"与"合理的"(reasonable)通常同时出现,我们现在必须
追问,要偏离平等的话,什么是合理的理由。罗尔斯曾经指出,唯一
可以允许的理由就是,每一个人都将从这种偏离中受益,但是至少,
作为一种对"公平"用法的描述,这种说法似乎太狭隘了。应得也是
一条偏离平等的理由,而且这条理由还与公平是相容的。但是,简单
的、最大化的考虑是行不通的,因此,我们不能说,在一个群体中对公
平份额的要求无非就是要求整个群体被当作一个单一的所指群体来
对待。

不过,把公平份额看作初步的(prima facie)平等份额并没有抓住
这个概念的根本。我认为,一种更深层次的分析会把平等作为一种
特殊情况;一般的情况就是符合比例。当分配问题出现于分摊负担

---

① 对比密尔的《自传》,见 *Essential Works of John Stuart Mill*, ed. Max Lerner (New York, 1961), p. 137:"教育、习惯和情操的培养,将使一个普通人就像随时准备为祖国而战那样随时准备为祖国耕织。确实,要使一般人达到这种程度,绝非一朝一夕之功,而需要一套绵延数代人之久的文化系统。但是人性的根本结构中并不存在什么阻碍。"(中译本参阅《穆勒自传》,吴良健、吴衡康译,商务印书馆,1987 年,第 137 页。——译者注)

而非分享利益的情况中时,尤其是如此:分摊联合国善后救济总署、联合国、北约的成本的最公平方式是什么呢? 对这样一些问题的回答有可能就是,在评估应该做出多少贡献时,应该考虑各个国家国民收入之间的比例,或者其他某种指标所体现出来的"支付能力"之间的比例。① 很重要的一点是要指出,应得在这种公平观中没有任何地位:这里并不暗含这样一种意思,即富裕国家人均而言应该支付更多的钱来为过去的错行赎罪。这种公平观也不是一种平等主义的公平观:如果意图是让人均收入平等,那么美国以及(或许)其他几个国家就要支付所有的成本。②

到此为止,我一直在考虑的是处于这样一种情况下的"公平份额",在这种情况下,"公平份额"作为一条用来确定分配模式的原则而出现。但是它也可以用于一种已经确立起来的模式当中,而且这种模式本身无须建立在公平的基础之上。"公平份额"在某个方面完全类似于"应得","应得"既可以用来作为设立一种分配模式的依据,也可以用来作为在某种分配模式下提出一些要求的依据。当分配模式把分配与努力或需要有意识的努力的行为相联系时,"应得"就是以第二种方式被使用的;当分配模式把分配与其他某种因素相联系时,"公平"就是以第二种方式被使用的。无论管理一项资金时所遵循的基本规则背后的依据是什么,任何一方要是认为自己得到的要少于根据这些规则自己有权利得到的份额,他就可以抱怨说自己没

---

① Thomas C. Schelling, *The Strategy of Conflict* (Cambridge, Mass., 1960), p. 67,尤其是脚注 6。

② 当要分配利益时,运用比例原则会比较困难。要想展示这种困难,我们可以追问:在欧洲经济合作组织国家之间分配马歇尔援助的(符合比例的)公平方式会是什么呢? 如果要适用某种比值,该比值或许必须是贫困程度与所得数量之比。但是这种关系是不能用任何简单的公式来表示的,比如在涉及负担与财富时所用的那种公式。而且,既然利益是出于一个特定目的而提供的,这个目的就是为西欧国家的经济奠定良好的基础,作为一个基本原则的公平难道不是已经不合适了吗? 当然,分配这笔钱更合适的一些标准是:一个加总性标准,即把这笔钱用在能够带来最大好处的地方;一个准分配性标准,即让这些国家回到它们战前的状态;也许在这种背景下,还有一个平等主义的标准,即照顾更贫困的国家。

有得到"公平份额"的资金。①

（2）公平交易

"公平交易"是一个比较复杂的经济学概念。一场公平交易即出现在完全竞争条件下的交易。在一场公平交易中，相等的是一般化"价值"（generalized "values"）。如果不反思市场过程，就无法理解这个概念。"公平交易"与"公平竞争"的关系事实上和"正义判决"与"公平审判"之间的关系几乎完全一样：前者是后者的理想结果。尽管在给"正义判决"下定义时可以不依赖于"公平审判"，但是一场"公平交易"无非**就是**那种发生在完全竞争市场中的交易。尽管"公平审判导致正义判决"是一个具有充分根据的经验观察（尽管在选择公平审判的标准时当然带着一种目的，即要让这一概括性的说法正确），但如果将"完全竞争导致公平交易"作为"公平交易"这一专门术语的定义却是一种**同义反复**。只有当人们观察了运行中的市场并创造出一种排除了实际市场中不完美因素的模型之后，把公平交易看作平等的抽象"价值"之间的交易这种看法才会出现。认为价值是商品与服务"背后"的东西，它导致了它们按某种比率进行交换，这种说法完全搞颠倒了。它们的"价值"恰恰**就是**它们的（理想状态下的）交易价格。

尽管"公平交易"本身不是一种"程序性"价值，但它是用程序（即完全竞争的程序）来定义的。"公平交易"概念是一种商业贸易工具，因而具有一个重要的功能：在所有交易中都接近完全竞争，这并非总是方便或可能的。在这样的情况下，各方可能会完全基于各自的意志力与经济实力进行讨价还价；但这是一种浪费，由此耽搁的时间和

117

---

① 这并不意味着他可以主张他**应得**更多，除非标准本身包含了做出的努力。比如说，如果标准是，战争造成的损失应该加以补偿，那么即便是最弱意义上的"应得"一词也用不上。

带来的不便很可能会让各方的状况都比快速解决的情况下更糟糕。对他们来说,最显而易见的解决办法就是一致赞成一种交易价格,即**要是**有更多的买家和卖家就**会**达成的那种交易价格。(在这里,可以联系强制订单来参考一下"公平市场价格",也可以参考政府契约中对"公平工资"的定义,即"声誉良好的雇主所支付的工资",也就是劳动力的现行市场价格。)因而,"公平交易"就从一个讨价还价过程中的分析性概念转变为实质性决策过程中的一个具有更重要意义的规范性概念。①

118   但是它本身并不是一种终极的分配性价值(失敬了亚里士多德),因为它完全不关注那些从事交易的人的**所有权**(titles)。它确保每一个买与卖的人得到"公平交易",但是毕竟这最多不过是维护现状:价值交换类似的价值。一辆自行车与一双鞋子之间的公平交易价格并不依赖于自行车是捡来的、偷来的还是继承而来的,也不依赖于鞋子是不是卖鞋子的人自己做的。虽然**商品与商品**之间是公平的,但人与人之间未必是公平的。②

为了表明公平的交易价格保证了一种更为根本的公平,理论家们发现有必要限制提出这种主张的条件。尤其是,有时候有人主张,

---

①   "就当前的目的而言,更重要的是中世纪的'公正价格'学说,其次是'公正工资'学说。经院哲学家主张,以高于'公正价格'的价格出售或以低于'公正价格'的价格购买就违背了交换正义,而对于'公正价格',他们将之解释为以'通常评价'(common estimation)为依据的价格。直到最近,还通常有人这样解释它:它意味着由政治权威或智者来定价;符合正义;它是对商人的贪婪的约束;它也表明中世纪的教会对自由市场充满敌意。不过,现代的学界已经最终证明,除了少数几个唯名论者以外,'通常评价'这个说法在晚期中世纪的标准含义就是自由竞争下的市场价格,而且某些经验哲学家甚至使用了一个与'市场中的通常评价或由市场做出的通常评价'相当的词语。他们所谓的'市场'是指一个在正常的环境下运转的竞争性市场。通过一致谴责所有的垄断,以及通过他们提出的一些例外,他们已经足够清楚地表明了这一点。而他们提出那些例外是为了在一些特殊情况下让官方或非市场因素来确定价格,这些情况,比如饥荒或被围困,或不同寻常地缺乏商业技能或讨价还价的能力,使得个人无法恰当地处理市场过程。"Jacob Viner, "The Intellectual History of Laissez Faire", *The Journal of Law and Economics*, III (October 1960), 53.

②   见 F. H. Knight 的论文"Freedom and Reform",收录于他的同名论文集。

只要每一方都基于自己的努力而得到了最初所要交换的东西,公平
交易从分配角度来说就是**正义的**。很自然,如果所面临的是资本家
的辩解,这就会引起一些困难,因为继承似乎被排除掉了;但是,即便
我们考虑一个人终生所创造的财富,我们也一定想知道,与一流的政
治家、作家、艺术家、思想家等相比,以及与公认的人类恩人居里夫人
或亚历山大·弗莱明爵士(Sir Alexander Fleming)相比,成功的资本
家所创造的财富的**规模**是否真的与他们的功劳有关系。如果资本家
通过自由交易所获得的财富超过他们如此之多,那么自由交易是否
能够与某种已经和个人价值没有任何联系的应得观念相调和呢? 或
许也可以相调和,只要我们毫无疑问地接受一条格言:"给予人们他
们想要之物"是唯一可敬的活动。这会消除一些反例:如果艺术家在
自己的阁楼上饿死了,那么这是因为没有人稀罕他的画。但是这仍
然没有消除一个问题:一些聪明人与其他人相比,将更加有效地受到
一种"公平交易"体制的剥削利用:一个科学家不可能像一个商人那
么容易以市场价在任何就近的地方出售他们的观念。

119

第七章 平等、融合与不歧视

1. 引言与定义

(1) 引言

这一章提供了一个很好的机会来检验关注欲求的原则与关注理想的原则之间的区分是否有用，因为在这一章我主张，基于"平等"这一关注欲求的原则所提出的论证当中的大部分论证，只有依赖于两条关注欲求的原则（我称之为融合与不歧视）之一，才能够发挥作用。为了表明这一点，我将首先提供大量有案可查的实例，这些实例涉及美国最高法院对种族案件的处理，然后再考虑两个问题，即入学（schooling）与医疗（medical care），在讨论这两个问题时，原则都经常发挥着不那么突出的作用。

但是在此之前，有必要对"平等"、"融合"（integration）与"不歧视"（non-discrimination）的意思说上几句。这一节就是要处理这个问题。

(2)平等

所谓"平等",我指的是一个分配性概念,而不是所指群体(第一章第三节第三部分)这样一个更为宽泛的概念。人(或某些群体)在"根本上"或"精神上"是平等的,这样的陈述如果不被刻意地当作纯粹的神学命题,似乎通常相当于主张人(或某一群体)应该构成一个单一的所指群体;换句话说,如果要以不同方式对待人,必须诉诸**某条**原则或其他原则。① 如果你愿意,你可以说"根本上的"平等是其他意义上的平等的基础(意思是说,你必须先确定一个所指群体,然后你才能说其成员之间的关系是或应该是平等的),但是下述说法当然也同样是正确的:"根本上的"平等也是正义的基础,或者最大多数人的最大幸福的基础。"根本上的平等"(即一个所指群体的确立)与作为一个独特的、关注欲求的概念的平等之间并没有**特别的**关联。

想要非难平等这一分配原则的人通常试图这样来非难:他们指出,该原则的坚持者必然要么主张人们在人格特征方面**是**"平等的"(equal),要么主张他们在这方面**应该**是"平等的"。因此,由于"人格特征的平等"似乎不太说得通,他们就主张,平等主义者所谓的"平等"大概意思就是"一样的"(identical)。由于这一观点很荒谬,就可以很方便地将分配平等当作一个不可理解的概念打发掉。然后就可以得出一个令他们满意的结论,即当人们要求"平等"时,他们要么是糊涂的,要么是在要求"根本上的"平等,就是说,他们在要求某个群体(也有可能是人类)被当作一个所指群体。这种立场声称,平等"真

120

---

① 以这种用法使用"精神平等"的例子,见 W. W. Willoughby, *Social Justice*(New York, 1900)。这种"根本上的"平等就被说成是"平等",这是特别常见的(就像下一条脚注所援引的那些例子一样)。

正的意思"是,必须给出这种或那种理由来证成以不同方式待人的做法。① 然而,不一致并不存在于平等的概念中,而是存在于这个充满敌意的表述本身当中。说人们应该平等就是指,他们满足自己碰巧具有的任何欲望的机会应该是平等的。无论一个人是否在任何具体情况下都赞成这一主张,我们确实不可否认,这是一个还算可以理解的主张,而且这一主张也不涉及任何包含"相同"或"一样"的不合理规定或描述。

因此,拿我所谓"弱"意义上的分配平等来说:要求黑人与白人之间种族平等并不意味着要求每一个人应该有一样的、介于黑与白之间的肤色;要求性别的平等也不意味着要求普遍的雌雄同体。所要求的是,一个人满足其欲求的机会不应该受其肤色或性别影响。② 在英国,红色头发的人之所以与其他人是平等的,不是因为他们染了发,也不是因为没有谁注意他们头发的颜色,而是因为他受人敬重、得到市政房、找工作、上牛津大学等的机会并不会因为其头发的颜色而有所不同。

121

这样,在分配领域中,"平等"的一个用法就是否认某一特征(通常情况下是一个人们对之无能为力的特征)应该被作为以不同方式待人的依据。我已经指出,"x 的平等"(这里 x 就是所提到的某种特征)是使用"平等"一词的一个通用形式。"机会的平等"就是这种通用形式下的一个子类,在这里,任何特征只要会对比赛结果或权威决

---

① 以这种方式来贬损平等概念的例子,可见 Benn and Peters, *Social Principles and the Democratic State* 以及 W. von Leyden, "On Justifying Inequality", *Political Studies*, XI, No. 1(February 1963). 乔万尼·萨托利(Giovanni Sartori)在《民主理论》(*Democratic Theory*, Wayne University, 1962)一书中把这一做法推到更加精致的阶段,他(以冗长的篇幅)区分了"平等"与"相同"(uniformity),然后又用"相同"来指平等(这种平等是他不喜欢的),用"平等"来指不平等(这种不平等是他喜欢的)。

② 与要求"根本上的平等"相比,这个要求明显更高。有的人可以承认,两个种族或两种性别当中的(某些或所有)人构成了一个所指群体,然后又说他们之间**存在着**一些"相关的差异",这些差异使得以不同方式对待他们是正当的。但是,要求种族或性别之间的**分配**平等,恰恰就把这种做法排除掉了。

定造成不恰当的影响,从而导致背景不公平,就是无关的特征。

　　但是一种性质(比如肤色或性别)方面的平等完全可以与另一种性质方面的巨大不平等相容。[①]"机会的平等"有时候被明确地定义为"有平等的机会变得不平等"。因此,让我们区分开这种"弱"意义上的"平等"与一种"强"意义上的平等,后者用来描述或要求一种事态,在那种状态下,一个群体的所有成员获得平等份额的某种(有形的或无形的)益品,而无论他们具有**任何**人格特征。在这种用法中,当使用短语"x 的平等"时,x 不是指一种本来就无关的人格特征(种族或性别),而是指一种要被平等分享的益品("收入的平等""尊重的平等")。这个短语的形容词形式不是"种族上的平等"或"性别上的平等",而是"经济上的平等"或"社会上的平等"。充分贯彻这种"强"意义上的平等原则当然经常会与充分贯彻其他原则(不仅仅是加总原则,而且还有其他分配原则)相冲突。比如,建立在激励或应得的考虑基础之上的不平等就会被排除掉。这一事实有时候被作为一条论据,用来反对认真对待"强"意义上的平等概念,但是,除非坚持一条如若得到充分贯彻就必然与其他原则相冲突的原则是不理性的,否则,该论据就不是有效的。正如我已经在第一章第二节第一部分所指出,这样的做法并没有任何不理性;如果这样做**真是**不理性的,

122

[①]　因此,詹姆斯·威尔森(James Q. Wilson)在写到他所谓芝加哥黑人的"地位"目标('status' ends)时说道:"'地位'目标有这样一些:寻求基于平等原则把所有黑人融合进所有层次的共同体中——所有黑人将基于原则而非基于种族被给予获得服务、职位以及共同体物质利益的机会。这些原则包括支付能力与个人成就或资质。在芝加哥黑人共同体中所寻求的地位目标包括打破所有公立学校内的种族隔离,开放仅供白人居住的公共房屋给收入相当的黑人,废除私立医院中的种族隔离,在分配公职与荣誉时平等对待黑人,在房地产市场确立开放式占有原则。"(*Negro Politics*, Glencoe, ILL., 1960, p. 185)并不完全让人吃惊的是,威尔森指出,这种平等已经被证明在中产阶级黑人那里比在其余人那里更为流行,其余的人往往对直接的物质改善——比如更好的住房和更好的学校——更感兴趣。

那么就很难坚持任何原则。①

(3)融合与不歧视

到此为止,我已经提出了我所谓"强"意义上的平等和"弱"意义上的平等,它们都是与有形或无形益品,比如金钱、建筑位置与特权等的恰当分配有关的分配性考虑因素。但是也有一些关注理想的原则,它们在很多情况下与这些分配性的关注欲求的原则走的是同样的路线,但是在关键的问题上又与它们分道扬镳或比它们走得更远。这里提到的两种理想我将称之为"融合"与"不歧视"。所谓"融合",我指的是一种信念,即在某些方面有所不同的人在社会上混居在一起并分享着同样的俱乐部、教会、政党、居住区、商店、学校、剧院、游泳池等等,这是一种值得向往的状态。所谓"不歧视",我指的是这样一种信念,即以不同的方式对待在某些方面有所不同的人(比如肤色不同的人)是有失身份之举。

123   在这章剩余部分,我将考查这些原则与前面介绍过的两条平等原则之间的关系。不过,首先,揭示它们之间的差异或许是有用的。融合不同于强意义上的平等,因为我们可以设想一些条件,在那些条件下,对益品的分配是平等的,甚至对无形益品比如声望的分配也是平等的,但是仍然不存在混居。反过来说,也可能有混居而没有平等。前者比如两个在同一个工厂的不同地方(被隔离开的)做着同样的工作且拿同样的薪酬的人。后者比如两个肩并肩地做着同样的工作却因种族原因而没有拿到同样薪酬的人。② 不歧视也不同于弱意义上的平等,因为前者意味着反对以不同方式待人(根据他们具有或

---

① 据我所知,以赛亚·柏林是最近唯一一把强意义上的平等当作一种独立价值并加以认真对待的学者,见他的论文"Equality", *Aristotelian Society*, Supplementary Volume LVI (1955-1956),重印于 Olafson(ed.), *Justice and Social Policy* (Spectrum 1961)。

② 只需一步就很可能会促进一条原则而阻碍另一条原则:种族隔离作为南方州对重建(Reconstruction)的反应在 19 世纪 80 年代迅猛发展。

不具有某种特征），而后者仅仅意味着反对以**更糟糕的方式**待人。①
在能力与声望平等的情况下，"分开的但却是平等的"设施可以满足
后者但不能满足前者。

而且，可以看出，融合不同于不歧视，因为一种理想所提出的要
求有可能与另一种理想所提出的要求相冲突。比如，在一个区域实
现种族融合的唯一方式可能就是推行一种配额制度（quota system）。
要是没有这种保证措施，几乎肯定会发生"翻转"（tipping）②。但配额
制度就涉及根据人们所属种族的不同而给予他们不同的对待（比如，
申请房子的人就不得不报告他们的种族身份）。③ 再比如，要求黑人
占多数的选区或地方工会应该由黑人来当代表（从而保证管理机构
是融合了的机构），这就与最好的人应该干这种工作而不考虑其种族
这样的要求相冲突。又如，一个试图在生源方面在私立学校（public
school）与政府资助的学校（maintained school）④之间寻求平衡的大
学所采取的做法，就不同于一个接收申请人时完全不参考其就读学
校类型的大学。

由于种族隔离与不平等实际上几乎总是相伴随的，因此在具体
情况下，我们很难说清楚，是否由于种族隔离本身就是一种恶，它才
受到抨击（基于融合的理想或不歧视的理想），或者取消种族隔离是

124

---

　　① 因此，"不歧视"的这种用法很大程度上是在字面意义上使用"歧视"这个词语，已
经偏离了该词的通常用法，因为"歧视"在这里意指"对待**方式上不公平的差异**"。

　　② "翻转"在某些地方是很常见的现象，那些地方迅速地从白人占多数变成黑人占多
数，因为当定居的黑人比例上升到一定数字后（无须达到一半），白人就恐慌地卖掉自己的
房子搬走了。

　　③ J. Q. Wilson, *Negro Politics*(Glencoe, ILL., 1960), pp. 184-185.

　　④ 在英格兰和威尔士，public school 指的是独立而不受政府控制的付费学校，此处
的 public 意思是学校向整个社会开放，不考虑学生的种族、宗教信仰和家庭住址，只要学生
家庭有钱或学生有突出的才能，就可以入学，本质上是私立学校，故此处译为"私立学校"。
而与之相对的 state school 或 maintained school 则受政府资助，由政府管理，自由度相对较
小，划片区招生，因此译为"公立学校"。不过，Barry 在这一章使用"public school"一词时
有时候意指"私立学校"，有时候则与 private school 相对。在第二种情况下，我译为"公立
学校"。——译者注

否仅仅被看作一种实现物质益品、地位、机会等方面更大平等的手段。根据第二种观点,如果无须取消种族隔离就可以实现平等,那么种族隔离也就没有什么好反对的。

2. 实例

(1)种族隔离与最高法院

美国宪法第十四条修正案保证了美国公民享有"法律的平等保护"。这显然是分配性判断的语言。那么该修正案是如何运用于种族隔离的呢? 两个最有趣的案例就是普莱西诉弗格森(Plessy v. Ferguson,163 US 537)与布朗诉托皮卡教育委员会(Brown v. Topeka Board of Education,347 US 483)。第一个案例主张实行种族隔离的学校只要具有平等的设施就是"平等的",而第二个案例则拒斥这一点。然而在第二个案例中,法庭的意见并不是说种族隔离始终是不平等的,以及在所有情况下都是不平等的,而是说种族隔离在公立教育中总是不平等的——当时,著名的"社会学的"证据也提交到了法庭以供参考。尽管法庭的意见在这方面明显有局限,布朗诉教育委员会的判决后来在非教育领域的案例当中也被当作法庭判决的权威来援引,比如宣布根据法律来推行种族隔离制的公交设施系统是不符合宪法的。

这是一种令人尴尬的情形,我猜想,它之所以产生,是由于法庭试图将自己关注理想的原则纳入到分配性的关注欲求的原则这样的宪法模型当中去。因此,在布朗诉教育委员会一案中,可以主张(无论正确与否),"得到法律支持的种族隔离……有一种倾向,即阻碍黑人小孩的学业发展与心智发展,并剥夺了他们一些在一个种族融合的学校制度下本来可以得到的利益"。这样,种族隔离可以被说成是"不平等的",因为它给黑人小孩造成了实际损失(学业进步方面的损失）。但是实行种族隔离的公交车又有什么与此类似的后果呢？确实，我们在这里只能说，在白人拥有政治霸权的情况下，种族隔离本身就是"不平等的"。

韦克斯勒（Wechsler）质疑了这种思路，他问：

> 认为种族隔离就是原则上拒绝承认政治上不占支配地位的群体的平等地位，这种观点难道没有涉及探究立法机关的动机吗？而法庭往往是不知道立法机关动机的。或者，下面这种做法是否可以得到辩护呢：法庭在判断法律的有效性时，不是去看法律的动机，而是去看受它影响的人如何解释它？当有人指责说**具有平等设施的**种族隔离仍然是在拒绝平等时，普莱西诉弗格森一案的声明难道没有一点意义吗？该声明指出，如果"强制性的隔离给有色人种打上了下等人的标记"，这也只是因为来自有色人种的人自己选择了"对隔离所做的那种解释"。强制性地将不同性别分开的做法，难道仅仅因为憎恨这种做法的也许正是女性且这种做法又是由占支配地位的男性判断所强加的，就是对女性的歧视吗？禁止异族通婚就是歧视愿意结婚的夫妇中非白人那一方吗？[①]

我们可以进一步指出这个问题。让我们来追问这样一个问题：在政治平等的情况下，如果大多数人种都赞成种族隔离，那么种族隔离是否仍然是不平等的？或者，如果国家的法律只是规定，必须有一些设施仅供黑人使用，但一定不能让一些设施仅供白人使用，情况又如何呢？[②] 维奇斯勒本人希望论证的是，之所以要拒斥种族隔离，就

----

① Wechsler，"Toward Neutral Principles of Constitutional Law"，73 *Harvard Law Review* 1, 26-35 (1959).

② 这例子并不像听上去那样纯属空想。尽管南方有一些汽车站并不实施州际商务委员会（ICC）的法令，而且餐馆也仍然完全实行种族隔离，但还是有一些地方（尤其是在较大的镇），黑人餐馆和白人餐馆虽然仍然营业，但以前的白人餐馆已经打破了种族隔离，而以前的黑人餐馆仍然完全局限于黑人。既然在这些情况下，黑人既可以选择没有种族隔离的设施，又可以选择实行了种族隔离的设施，那么这里的"不平等"在哪里呢？

是因为种族隔离意味着国家剥夺了"结社自由"(freedom to associate)：

> 这种剥夺以同样的方式妨碍可能涉及的任何群体或种族。我认为，而且我也希望我这种看法不是没有依据，南方的白人也为种族隔离付出了沉重代价。一方面，他们必定会背负一种内疚感；另一方面，他们也被剥夺了一些利益。……异族通婚的问题最清楚地表明，说到底这里所涉及的就是结社自由，难道不是吗？我还可以补充说，也唯有在这种情况下才暗含着一种意思，即唯有卷入其中的个人才渴望结社。

他承认，这种观点的困难就在于：

> 如果种族隔离剥夺了结社自由，那么融合就会将一个社团强加给那些对社团感到不快或反感的人。

从宪法的角度看，问题是这样的：

> 有时候，国家在实践中必须要么选择拒绝想要加入社团的人加入社团，要么选择把社团强加给想要逃避社团的人，那么在这种情况下，在中立的原则当中是否能够找到一种依据来主张，宪法要求的是，结社权应该占上风？我认为应该有这样的依据，但是我承认我还没有给出详细的论据来支持这种意见。在我看来，学校种族隔离案也向我提出了挑战，即我必须提出详细的论据来支持这种意见。

让我们拓展一下：如果设施真的是平等的，是否还有**某种**原则（不仅仅是一种宪法性原则）谴责种族隔离呢？正如维奇斯勒实际上所承认的，"结社自由"是靠不住的，因为如果我们只是在平衡各种欲求满足，那么我们也应该把不想结社的愿望考虑进去。① 一旦我们不

① 这并不意味着，我们可以通过声称不结社的愿望不可能作为公共取向的欲求，从而回避这个问题。(见第 297 页注释 E)。不想和另一个种族的人一起生活、吃饭或旅行的想法肯定要被看作一种私人取向的欲求。

愿意接受一个关注欲求的评价所得出的结论,我们就必须求助于关注理想的考虑因素。因此,之所以更青睐那些愿意与其他种族打交道的人的自由,理由无非就是,他们是一种更可欲的人,他们的人数多多益善。

(2)学校与医疗(a)

把种族隔离作为一个实例的优势就在于,已经有了很多关于种族隔离的著作,而且美国宪法迫使我们注意所涉及的根本原则。其劣势也非常大。首先,很难在一种种族平等的氛围里设想种族隔离,因为事实上种族隔离始终被作为一种推行不平等的工具,而且在二者被一起破除之前可能仍然如此。其次,美国南部之外的大多数意愿良好的人(以及之内的很多人)相信,种族隔离是一种恶,因此讨论往往主要涉及如何发现一些原则来支持一种我们已经对之非常确定的结论,而非急切地权衡利弊;然而,对原则进行的最有价值的反思正是出现于后一种情形之下。

因此,让我们转向另一个很容易找到相反观点的领域,然后来寻找在背后支持这些相反观点的原则。在讨论学校和医疗时所面临的根本性问题是一样的:为共同体的大多数成员建立一套共同的学校系统或医疗系统这种做法是否仅仅基于关注欲求的理由(比如平等)就可以得到证成?还是说必须引入关注理想的融合原则才能得到证成?

一个满足了融合主义标准的学校系统是这样的:一个社区中大部分学龄儿童都可以入学。在分配例外情况时,要顾及不同的种族、阶层、职业与宗教,以便任何一个亚群体中的大部分孩子都可以上共同的学校,同时,那些接纳该系统之外的孩子的学校也不会从任何特定群体那里寻求支持。当然,这只是一个"理想类型",不过除了最后一个以外,所有的条件都可以在某些地方找到。①

我故意使用"学校系统"这一说法,因为我想集中关注的问题不同于能力不同的孩子是否应该在同一个学校(甚至同一个班)接受教育这个问题,也不同于基于智力与天赋的差异而把孩子分开进行教育是否正当这个问题。比较明显的是,融合主义者倾向于赞成综合学校(comprehensive schools)和在每一个年龄段内不分等级的班级,尽管他们可能会允许加总性考虑因素和分配性考虑因素构成一条反对性的论据。同样,融合主义者也会赞成设立男女同校的学校而非性别单一的学校。但是,如果一个学校系统包含了一些学校,那些学校因种族、宗教、社会等级等原因而被隔离,那么这实际上就是在以某种方式——也即我在这一节所关心的那种方式——反对融合主义,这样,同样的问题就会出现:"那好,它们为什么不应该是这样?"②

128   如果大多数人都使用同一套医疗系统,而且关于例外情况的条件又保持不变,那么这套医疗系统就是没有种族隔离的。要想产生一个没有种族隔离的学校或医疗系统,最简单的方式当然就是使得每一个人在公共系统之外去上学或就医都是非法的。一种不那么极端的方式就是,让公共系统成为免费的,或者给予使用公共系统的人高额的补贴,同时又让每一个人都通过税收或国民保险的方式为此贡献成本,而无论他实际上是否使用该系统,从而使得使用公共系统要便宜很多。私立学校和医院当然不会得到公共补贴,甚至还可以对它们征税。

---

① 就是说,在有些地方,在我们所考虑的任何一个类型当中,大多数孩子都可以进入这一共同的系统;但是该系统之外的那些学校则接收特殊类型的孩子。下述事实可以在一定程度上用来说明这一点:大多数英国圣公会儿童都上地方当局的学校,但是也有专门的英国圣公会学校。

② 有一点当然是众所周知的,即,当每一个学校都有一个固定的招生地区时,可以通过非正式的手段进行事实上的隔离,因为招生地区的界线可以沿着种族或阶层分布线来画。参阅 Wilson, *Negro Politics* (Glencoe, ILL. , 1960), p. 186:"尽管在芝加哥的学校里并没有法律所界定的那种种族隔离,但是学区线往往遵循种族社区线,结果,绝大多数孩子上的学校在种族上都是单一的。"

一旦建议将公共责任（public responsibility）与（没有种族隔离的）公共供给品（public provision）相分离，融合就变得更有价值了。换句话说，有可能有人建议，公民的教育状况或健康状况是公众的合理关心对象，没有谁应该因为付不起钱而缺少基本的学校教育或医疗；但是不应该统一由国家来提供教育或医疗，可以由国家出一笔钱让人们的教育或医疗达到某种标准。因此，在学校教育这问题上，在美国，已经有人建议，恰当的公共权威应该按每一个学龄儿童多少钱的标准给父母教育券，并允许孩子的父母选择在什么学校使用教育券。公共权威可以设定孩子出勤的标准与学校效率的标准，但是贵族学校无论如何都不会更受青睐，竟至于可以收费来弥补他们的任何运转成本。[①] 在英国，同样经常有人建议，送孩子上私立学校的父母应该得到补助，要么通过直接支付的方式，要么通过减税的方式。事实上，有很多种方式可以以低于成本价获得私立教育，比如，祖辈为了少付所得税而为其孙子孙女的私立教育支付一定的学费，公司为其高级雇员的子女提供奖学金而非直接以工资的方式发给他们。

或者，也可以由公共基金直接向私立学校拨付补助金。在英国，给宗派学校（denominational school）的拨款数额相当巨大；而在美国，除了向宗派学校自由运输东西以外，任何行为是否符合宪法仍然（1964 年）是问题。不过，向教会捐助是可以减税的，而这也是一大笔隐性的补助。

129

---

① 见米尔顿·弗里德曼（Milton Friedman）的论文，收录于 R. Solo(ed.), *Economics and the Public Interest*(New Brunswick, N. J., 1955)。约翰·维西（John Vaizey）在《教育经济学》(*The Economics of Education*, London, 1962)一书第二章批评了弗里德曼的建议，但是他的批评分为很多种，而且论述得并不系统。其中一条批评就是，对于让父母为其子女的教育支付学费（甚至比名义上的学费还多的费用）的做法，既可以提出加总性的反对意见，也可以提出分配性的反对意见。还有一条批评指出，国家可能需要介入父母与子女的关系以便确保孩子得到充分数量和质量的教育，而无论父母是否愿意国家介入。但是弗里德曼考虑到了补助，也考虑到了最低限度的受教育标准：只要补助和最低限度的受教育标准都足够高，维西对**这些**观点的批评大概就可以得到应对。然而，由于弗里德曼似乎只承认，可以提供补助的是教育的"邻里"（或外部）效应，这种补助只是最低限度的教育费用，所以他会受到维西的指责。我在正文中考虑这条建议时忽略了这一限定。

在医疗领域也有类似的建议。与教育方面的第一种建议相类似的就是这样一种建议,即应该有全民保险,这些保险提供一定标准的钱来治病,同时,让私人来组织医生和医院,并让他们按自己的意愿来收费。与第二种建议相类似的建议就是直接给予私人医院的运营成本以公共支持。

(3)学校与医疗(b)

我认为,这些可能性的重要性就在于,几乎只有一件事对它们不利,即它们具有反融合主义的效果。因此,它们迫使我们决定是否要因融合本身而重视融合,如果是这样,又要在多大程度上重视。与融合主义观点相反,如果我们认为公共权威的唯一目标就是确保每个人得到某种程度的教育或医疗,那么分配性论据和加总性论据都可以用来支持将公共责任与公共供给品相分离的做法。基于分配性的理由,我们可以说,一个选择在私人机构接受服务的人相对于一个选择在公共机构接受服务的人来说受到了惩罚,这是不公平的。一个

130 不相关的因素(即服务究竟得自公共机构还是私人机构)竟然可以决定其成本。① 基于加总性的理由,可以指出,只补助公共机构所提供的服务会导致资源的不合理分配。成本上的人为差异会使得很多原本愿意购买私人机构提供的服务的人(如果这种服务与公共机构所提供的服务完全一样的话很多人是愿意这样的)转而使用公共机构提供的服务,因为他们已经通过纳税等方式为这种服务买单了,如果有资格使用却不使用,也并不会得到退税。因此,这里就有一种浪费,因为只有当人们使用公共服务时他们才能得到公共补助,但是有些人更愿意拿了补助后用这笔钱来购买私人服务。有时候,这种情况可以通过指出下面一点而得到改变:即便只有**一部分**的补助返还

---

① 如果私人服务本身更昂贵,从而到私人机构那里接受教育或医疗花费更高,这就是一个"相关的"环境。根据这里的依据,要谴责的是除此以外的成本上的差异。

给使用私人服务的人,也会明显地提高效率,因为有一些人会从购买公共服务转向购买私人服务(据推测,这些人会欢迎新的安排),由于他们只能得到部分补助,那些坚持使用公共服务的人也会得到好处(每一个转向使用私人服务的人的剩余补助可以在那些继续使用公共服务的人当中分配)。

这条理由反对把补助局限于使用公共服务的人(该理由甚至可以用来更有力地反驳针对私人服务的特殊税或禁令),它依赖于一个最初的假定,即公共供给品本身并没有任何优势。同时,它完全忽视了可能还有关注欲求的论据。我先考虑后者。可以说,名气很大且很多人无力支付的高档私立学校因为给了某些孩子一个不公平的生活起点,所以必然削弱了平等。没有哪个父母应该有能力为自己的孩子购买这样的特殊优势。这条论据可以用来批评顶级的英国"贵族"学校,但是它不能作为一条依据用来反驳给予教区学校(parochial schools)全额补助,只要那些学校的水平与名气**低于**国立学校。因此,如果一个人反对这样的补助,也不能基于这些理由来反对。而且,这条论据也不适用于医疗:私立医院及其医生除了带来私人服务这样的具体好处(如果真有什么好处的话)以外,似乎并不能带来同样一种令人反感的"校友"优势。

对这一建议的另外一种分配性反驳指出,教育和(或)医疗服务太重要了,应该通过价格机制来限量供应,而不是平等分配。有两种方式可以避免这一反驳。其中一种方式就是规定,对每个人的消费来说,公共供给品与私人供给品应该具有完全一样的上限,因此,如果一个人仍然不喜欢这个结果,也不能基于这些理据而不喜欢。如果不通过为该建议增加一个限制性的条件来应对这一反驳,我们还可以追问该反驳是否建立在牢固可靠的基础之上。比如,食品很重要,因此就应该限量供应吗?确实,为每一个人消费每一种东西都规定一个最大量是没有意义的,除非用来分配的总量是固定的,且不可能仅仅通过提高价格而使得总量有所增加。(这是一个必要条件而非充分条件。)比如,在战争期间以及战后,食品的总量对整个国家来说或多或少是固定的,因此如果一个人吃得多,另一个人必然就吃得少。然而通常情况下并非如此。如果我放弃了其他某种东西,那么我多吃一点食物就并不会使任何一个人的食物减少,因为(非常粗略地说)如果不生产我放弃的"其他某种东西"就可以生产出多余的食物。在这些情况下,限制我的食物消费量没有什么好处,至少,从关注欲求的角度来看是这样。这不是一种分配措施,而是一种禁止奢侈的措施。[1] 学校与医疗仅仅在非常有限的意义上类似于战争期间的食品;国家的收入要花多少比例在学校和医疗上,这在很大程度上是可以(由公众或私人)选择的。尤其对于砖块、水泥、书、设备等来说,这是显而易见的。如果需求是固定的,在短短的几年里,甚至员工也很容易增加。具体而言,学校教师的数量主要受到薪酬和培训设施的限制。即使 NHS 与国立学校系统是二流水平,这也与私人机构的存在没有任何关系(至少没有直接的关系)。[2]

132 　　这样,我们就得到了一个结论,即如果一个人反对这里讨论的建议,即便无法基于刚才提到的两种分配性理由中的任何一种对它进行批评,那么这也只可能是因为这个人赋予了融合本身以价值。一旦融合被接受为一条原则,我们对整个问题的看法就改变了。这种看法并不是认为,只要不平等对待公共供给品和私人供给品,就要受到质疑,而是认为,只要不彻底禁止私人供给品,就必须被看作一种让步。人们应该因为被允许摆脱公共系统而心怀感激,而不能因为他们没有因此而得到补偿就抱怨。如果坚持一种常见的立场,那么他们在选择退出公共系统时既不会得到帮助,又不会被禁止。这种立场可以被看作是融合同其他与之相竞争的价值之间的妥协。这种

---

[1] 　根据通常的经济分析,如果食品生产是一个成本不断增加的行业,那么这会降低食品价格。但是对于导致分配效果来说这是一种效率极其低下的方式。可以通过为每一个人提供任意数量的食品或得到补助的食品,或者通过收入再分配,来实现分配的目标。

[2] 　对彼得森(A. D. C. Peterson)与维西所表达的相反观点的讨论,见第 305 页注释 K。

立场有时候过于严苛,有时候又过于宽松,究竟是严苛还是宽松就要看坚持这种立场时有多少人希望选择退出,以及这样的人在总人数中如何分布。但是它具有自己的优势,即它是一种简单的、独一无二的解决办法,这种办法至少在通常情况下足以让大多数人留在公共系统之中。

3. 怀疑与限定

我已经指出,融合很少被明确地看作一种自身即具有价值之物。我已经给出了理由来说明为什么我认为融合主义(无论是多么不成熟的融合主义)必定是某些为人共同持有的政治观点的基础;但是我似乎仍然不确定到此为止我的说明是否找到了问题的根源,或者它是否与受重视的融合略微不同。或许唯有**某些**情况下的融合才被认为值得重视,这意味着被重视的东西不能被**仅仅**说成是融合。在这一节,我要看看可以用什么理由来支持下述观点:一旦一种措施看上去是可欲的,就总是可以找到某种与融合主义的理由不同的理由,而没有任何理由来支持的融合看上去就不再可欲了。

我们再来考虑一下学校的例子。即便我们赞成,在某些情况下,只有基于关注理想的理由,不情愿把公共系统仅仅看作多种系统中的一个并且服务于少数人这种倾向才能得到证成,这个理想就必定是一个融合主义的理想吗? 要是一个地区唯一的学校是一个由某种宗教派别办的学校又怎样呢? 这会是一种融合,但这是可欲的吗? 或者,再假定公共系统几乎不如任何一所私立学校那么"开明",难道我们不欢迎那种有助于更多孩子上私立学校的做法吗?[①]

我想说的是,所有这些例子表明,对我来说,至少融合是一种非

133

---

① 这里用"开明"一词不是为了乞题,而是为了避免用"更好"一词,因为这会涉及前一节考虑过的那种分配性反驳。为了分配性论据,必须把公立学校看作是在相对意义上**还算得上好**的学校(即其毕业生能找到好工作,有很多能升入大学,有较高的社会声誉,等等),但是就它们灌输的那些观念以及就它们试图塑造的那些人格而言是令人反感的。

常**弱的**价值(就是说,它很容易被其他考虑所压倒),但并不是说它就不存在。如果私立学校仅仅比公立学校"开明"一点点,我会赞成施加压力以便人们使用公共系统,但是如果差距太大,则不然。第一个例子还提出了一个问题,即融合的价值在多大程度上可以还原为民主的价值。对所有要决定自己孩子教育状况的父母来说,原则上讲,私立学校和公立学校提供的机会一样多,因为私立学校有可能是由该校学生的父母来运营的。但是,如果一个人所重视的是,共同体的成员应该作为一个群体来决定下一代应该如何受教育,那就没有什么东西能够替代公立学校。① 如果民主被解释为一种**共同**决定教育内容的手段,而不是被解释为一种实现个人欲求满足的手段,那么这事实上不就是一种扩展意义上的融合主义原则而并非一条截然不同的原则吗?

第二条批评是说,融合作为一条总体原则本身可以基于更加终极的理由而得到证成。这种思路并不否定融合总是一种价值(即便是一种很弱的价值),其所否定的是这样的信念,即它不能被还原为其他某种价值。(这将使得融合成为一个"很重要的目标",就类似于"消极自由",见第八章第三节第一部分第 140 页。)为融合所做的三种可能的辩护是:(1)它有助于经济效率;(2)它有助于社会与政治稳定;(3)它有助于保护共同体中更穷和更弱势的群体。所有这些辩护在我看来都很有说服力。因此,首先,我们可以指出,如果一个共同体内部不同的群体具有完全不同的生活方式,具有不同的制度来处理从生到死的无常人生,这样的共同体就很容易遭遇严重的分裂,并

134

---

① 在任何时候,都只有家里有学龄儿童的成年人才会决定私立学校制度下孩子的教育。而对于公立学校来说,所有成年人都可以影响政策。另外一个问题(最初在第四章第六节第二部分提出过)是,当人们参与一个集体决策时,他们做出的关注理想的选择可能不同于他们做出个人决策时所做出的选择,而根据理想的理由,前者可能更可取。注意,即便做决策的群体在两种情况下是一样的,该论据也是有效的。

没有共同的经验与标准来弥合这样的分裂。① 其次，可以竭力主张的是，一个分层的社会会让有权的职位掌握在养尊处优且在变革中拥有一切可以失去之物的人手里，而把那些具有更多聪明才智与干劲的人排斥在外。② 最后，可以指出，只要有钱人可以花钱来摆脱共同命运，一个社会中的统治者与总体上占支配地位的群体就没有多少动力去确保公共设施的良好品质。③ 如果每一个内阁部长都知道他老了以后有平均的概率进入公立机构，或者他的孩子会上公立学校，这难道不会使得情况有所改变吗？④

---

① 迈克尔·杨（Michael Young）的 *Rise of the Meritocracy* 一书说明了将这种状态与"机会的平等"相联系的可能性。

② 参见 Vaizey，*The Guardian*（22 November，1962），p. 6 and C. A. R. Crosland，*The Conservative Enemy*（London，1962）。

③ 当穷人有他们自己的代表时，这种说法同样正确，因为代表本人可能比选他们当代表的人更富裕。比如，很多工党议员把他们的孩子送入私立学校。我的观点并不是说这些工党议员是自相矛盾的，即便他们提倡废除私立学校（他们并不是自相矛盾的，正如提倡改变英国的道路交通规则同时又继续靠左行驶并不自相矛盾一样）；我的观点是，私立学校的存在就有可能会使得代表与他的支持者的经历与前景渐行渐远。

④ "如果一个富裕的罗德岛居民的妻子生病了，他会把她送到类似于巴特勒（Butler）、哈特福德静养所（Hartford Retreat）或彻斯特纳特度假屋（Chestnut Lodge）这样的地方。对一个纳税大户来说，这也比为了维持一套足够的医疗系统而按比例支付的份额要便宜。"

"无论是普罗维登斯还是纽约，任何一个城市中的公立学校系统都不得不防止有钱人故意的忽视。有钱人在孩子还小的时候把他们送进私立学校，后来又把他们送入预科学校和花钱很多的私立院校。他对公立学校的唯一兴趣就是确保尽可能少在公立学校上花钱。学校的处境在'改革'政府执政期间是最糟糕的。"

"当经济上勉强属于中产阶级的人生病时，他们的家人会送他们去私立慈善医院（voluntary hospital），就像富人一样。对他们来说，这并不比按比例支付更高的税更便宜，而这些更高的税可以用来提供像像样样的公立医院。他们别无选择。小心谨慎的经济贪污犯以及作为他们喉舌的报纸已经把公立教育和公立医院的水平推到了如此低的水平，以至于贫穷且易被欺骗的白领阶层也不得不避开它们。因此，既然公立学校和医院对他们没什么好处，这些无脊椎动物便让自己脱离了公共机构的命运。而这些经济上的贪婪之徒使得事情更加糟糕。"

"我经常在想，在最近的战争中，如果所有到了服兵役年龄的人没有被强迫进入同样的国家军队服兵役，而且纳税大户的儿子们又可以找到一个优良的私人性质的辅助部队，会发生什么事情呢？我相信，结果将是，在国家的部队里，口粮、衣物、医疗都很稀缺，薪酬也少。为了弥补这些缺点，纪律会更加严厉，报纸会满篇都是批评骄纵士兵的社论。"

"从来没有人试图在战争期间设立那种制度，而且我有时候也不能肯定，在和平时期我们是否需要这样一种制度。"A. J. Liebling，*The Press*（Ballantine Books，New York，1961），pp. 76-78。

135   这些论证所引起的困难就是,它们几乎好过头了。我的意思是,如果它们总是能够证成融合,我们为什么还要去分辨融合是否本身就是一种价值呢?然而,尽管在这些情况下诉诸思想实验有危险,但我们至少可以以教区学校为例并设想一种情境来解决这个问题,在那种情境下,所有教区学校的学生家庭条件都一般,而且宗教并不会引起分歧。这样,我们就可以问,反对融合的理由是否会失败。我发现很难回答这个问题,但是我相信这些情况会极大地削弱支持融合的理由,尽管不能摧毁它。

第八章　自由与自然权利

136

1. 作为一条加总原则的自由

(1) 引言

　　只要讨论政治判断中使用的词语,显然就必须处理"自由",因为有些人会说,在辩护任何政策的时候,这都是最重要的一条理由。但是"自由"的诸多定义差别很大(这种差别之大,远远超过了该词实际用法上的差异),而且自由的价值也以各种不同的方式得到解释。这两点是有关联的,我会试图表明这一点。在这一节,我要简要考查"自由"的两种定义,这两种定义都会使得自由成为一个加总性的关注欲求的原则。然后,在接下来的两节,我要处理另外两种定义,其中一种定义会使得自由成为一条关注理想的原则(第二节),另一种定义使得基于各种不同的理由为自由辩护成为可能,但主要是分配性的关注欲求的理由(第三节)。在本章的最后一节,我要讨论"自然权利"与"国民最低生活保障"(national minimum)这两个相关的概念。

(2)作为欲求满足的自由

界定"自由"最简单的方式就是把自由等同于欲求满足本身。对一个人而言(仅仅考虑他一个人),如果他满足其欲求的机会增加了,那么他的自由也就增加了。对几个人而言(把他们一起看作一个所指群体),如果这个群体中的欲求满足总体上增加了,也就是说,只要增加的机会总量超过了减少的机会总量,那么他们的自由总体上就增加了。这样,应该尽可能地增加自由这种主张就变成了另一条加总性的关注欲求的主张,即欲求的满足应该最大化。①

137

这个定义有两个小问题。第一个问题就是,它不符合"自由"一词的用法:把一个人变成奴隶的做法通常不会被说成是增加了奴隶主的自由,尽管这确实减少了奴隶的自由。这一点本身无关紧要,但是其背后有一个强烈的反对意见,即,这样一来,这个定义就不允许我们在欲求内部做出一些区分,而使用"自由"一词通常就是为了做出这种区分。一个很有用的概念——可以用来做出一些与政治判断有关的区分——由于被扩展了从而遭到了破坏。②

(3)作为无委屈(non-grievance)的自由

不过,也可以在承认将"自由"定义为欲求满足确实有这种不利因素的同时又声称,可以对这种定义进行某种改变,从而让"自由"一词继续保留一种特殊的加总性意义。格雷汉姆·沃拉斯(Graham Wallas)在《我们的社会遗产》一书中把刚才我考虑过的一个典型定义当作自己的靶子,那个定义相当于说,个人自由就是"我们拥有的

---

① 关于这种自由定义的支持者,见罗素(Bertrand Russell)的论文,收录于 R. N. Anshen (ed.), *Freedom, Its Meaning* (New York, 1940), p. 251;以及 Dhal and Lindblom, *Politics, Economics and Welfare*, pp. 28-29。

② 我们可以对比一下扩展"权力"概念带来的不利因素,比如把"权力"概念加以扩展,使得它相当于"得到你想要之物",而不是对他人的行为施加控制。

运用我们的能力并满足我们的欲望的实际机会"。①

然后他继续说,当我们的欲望受挫时,

> 做何反应更多的取决于构成阻碍的原因或行动者的性质,而非取决于阻碍本身的性质。

> 通常的用法不允许我们这样说:如果一个叙利亚农民一半的庄稼被冰雹或蝗虫破坏了,一半的收入被土耳其税收官拿走了,或者一半的工作时间用来为一个德国或法国军官修路了,那么他的自由所遭受的是同样的侵犯。……对人为阻碍首先采取的反应形式就是愤怒与反抗的冲动,然后,如果发现或觉得反抗是无用的,就会有一种极其痛苦的、不自由的感觉;而非人为的阻碍不会引起类似的反应。就是说,受伤的自尊、无助的憎恨、受挫的感情是与饥饿和疲惫不同的心理状态,尽管所有这些都产生于追求我们欲望时所遭受的阻碍。当莎士比亚想要描述让人想自杀的伤害时,他提到:

> > 压迫者的凌辱、傲慢者的冷眼,
> > 被轻蔑的爱情的惨痛、法律的迁延,
> > 官吏的横暴和费尽辛勤所换来的小人的鄙视。

> 他并没有提缺衣少食,在他第一次离开斯特拉特福德期间,他本人一定遭受过这种苦难。②　138

沃拉斯继续说,并不是人类遇到的所有阻碍都会导致一种不自由的感觉,唯有那些与一个原始社会中的"正常"关系不一致的阻碍

---

① Graham Wallas, *Our Social Heritage*(London, 1929), p. 158。引文出自 Sidney Webb, *Towards Social Democracy*(Westminster, 1916).

② 比较 A. M. Schlesinger, Jr., *The Coming of the New Deal*(Cambridge, Mass., 1959), p. 476:"'新政'的政治后果也许引发了最严重的担忧,尤其是引发了这样一种信念,即积极的政府(affirmative government)正在破坏美国的自由。最重要的是,政府开始变成专断的和个人的政府;用这些年再次流行起来的话说,政府看上去是一个人治政府而非法治政府。1935年《财富》杂志上一篇颇富思想性的文章指出,尽管没有任何商人竟然会喜欢规制,对于'新政',真正激怒他的是'个人行为和个人意志的感觉;人为干预的感觉'。"

才会导致不自由的感觉；①这与他的一个总体信念是一致的，即除了由于偶然，人是不能很好地适应"伟大社会"的。因此他指出，不许接近爱自己的女人，或者忠贞的妻子被人带走，这种感受，与不许接近不爱自己的女人的感受完全不同；尽管亚哈（Ahab）与拿单（Nathan）都有与葡萄园有关的"欲求"，但是唯有拿单可以感觉到"压迫者的凌辱"；入侵比利时的德国人无疑是在满足他们的欲望，但是他们几乎没有因此而变得更加自由；财产更少的人是否觉得不自由，取决于他们究竟把社会环境看作"人为的"还是"自然的"，也取决于他们究竟认为自己财富匮乏是由于"正常的环境"，还是由于"其他人的不正常行为"。

这个观点也不是沃拉斯所特有的。弗兰克·奈特（Frank Knight）写道：

> 审视任何一种典型的不自由行为都可以发现，是否具有强制属性，就要看是否伴随着一种伦理谴责，而不是相反，是否进行伦理谴责，就看是否威胁到一种事实上已经确定的自由。……所有的税收或法律规范或行政规章都减少了财产价值，但是如果它们背后明显有可靠的社会与道德理由做支撑，就并不算"惩罚性的没收"。我们不会觉得在街道上或人行道上必须靠右是一种约束，我们完全没有被强制的感觉，除非伴随着一种伦理上的反对。②

139   沃拉斯与奈特给出的这种自由定义的优势就在于，它使得我们既可以承认并非所有的欲望满足（甚至是私人取向的欲望的满足）都

---

① 这句话原文为"Wallas goes on to say not all human hindrances produce a feeling of unfreedom, but only those inconsistent with 'normal' relations in a primitive society"。沃拉斯的意思是说，诸如前面提到的冰雹和蝗虫灾害这样的事情在原始社会可能是"正常的"，它们并不能造成一种不自由的感觉，唯有与这些自然灾害不同的东西带来的阻碍才会给人以不自由的感觉。——译者注

② F. H. Knight, *Freedom and Reform: Essays in Economics and Social Philosophy*(New York, 1947), pp. 10-11.

可以算作"自由",又可以说这种经过限定的"自由"具有特别的加总性意义,因为剥夺了这种自由,就使得欲求无法得到满足,同时还伴随着一种"极其痛苦的、不自由的感觉"或者"被强制的感觉"。因此,不自由既意味着某些欲望受挫,也意味着"不自由"或"被强制"的不愉悦感受,因此在任何加总性计算中,都应该把它算两次。

这种分析的麻烦就在于,尽管它解释了"觉得自由"(feeling free),但它并没有对"是自由的"(being free)做出独立的解释。[①] 自由不自由就变成了一个"取决于想法"的问题。如果我觉得(无论我的想法多么不合理)不得不靠街道的一边走路就是一种强制,那么我就因此而是"不自由的"。反之,一个奴隶要是从来没有想过他本来也可以不做奴隶,因此也就并不对自己的命运感到愤恨,那么他就必须被看作是"自由的"。沃拉斯也曾诉诸的那种通常用法并不支持这种说法。一个纯粹主观的"自由"定义使得法庭无法为自由给出一些独立于自由之主体的感觉的标准。更加不为人察觉的是,这个定义会误解认真对待自由的常见理由。如果一个人相信(无论他的想法多么不合理)他正在遭受不公正的对待,或许就有一条初步的理由消除他这种信念的根据,只要这样做没有太多的麻烦。但是,如果他**确实**正在遭受不公正的对待,那么之所以应该对此做些什么,**主要的**理由当然就在于不正义是不好的;当事人是否对此感到苦恼并不能改变把事情做正确的道德理由。同样的说法也适用于"觉得不自由"。

2. 作为一条关注理想的原则的自由

如果我们认为"自由"既不意味着得到你想要的,也不意味着不觉得委屈,那么自由到底是什么意思呢? 我要考虑的下一种可能性

[①] "觉得被藐视"可以被理解为"(带有一些恰当的情绪)相信自己**已经**被藐视了";但是"觉得不自由"必须被理解为"(带有一些恰当的情绪)觉得自己被不公正地对待了,被冤枉了,等等"。

就是把它当作一个关注理想的概念。根据这个观点,说一个人是自
由的,不是在简单地谈论他的机会或挫折,而是在谈论其欲求的内容
或起源。

这样,关注理想的自由概念就可以分为两种,一种看的是一个人
的欲求之内容,另一种看的是其欲求的起源。第一种把自由等同于
美德,第二种把自由等同于自决(self-determination)。尽管第一种
定义经久不衰地吸引着哲学家,但我表示怀疑的是,它是否已经(至
少在我的谈论所涉及的这些国家中)得到了普通人的广泛接受,甚至
哲学家们在他们的书斋之外是否广泛地接受它也是一个问题。没有
人能自由地做坏事这种观念——无论坏的标准是不是动机或意
图——确实太具有吊诡意味了,这种观念不会得到常识的接受,西季
威克也会这样认为的。①

另外一种"自由"定义使得一个人的自由依赖于其欲求的起源,
这种定义似乎更符合通常的看法。比如,一个被催眠后根据他人建
议而行动的人可能觉得自己是自由的,而且他也许能够做他想做的,
然而如果有人说他是在自由地行动,我们会对这种说法感到不安的;
同样,如果一个人之所以买冰激凌,是由于看电影的时候受到了不经
意间出现的广告的影响,我们也可以这样说。一旦承认了这些说法,
我们就会看到各种情形:被迫行动的人(比如,被迫说谎的人或被迫
说真话的人,被迫偷懒的人,被迫工作的人),接触到大量片面广告或
宣传运动的人,作为习俗、时尚或朋友意见之"奴隶"的人。有的学者
已经倾向于把自决作为一条标准以便提出他们的批评,加尔布雷斯
(Galbraith)和里斯曼(Riesman)就是例子。加尔布雷斯对"虚假"欲
求进行了批评,理斯曼则明显偏好"自主的"(autonomous)人而非"内

---

① 在这一点上对康德和格林的尖锐批评,分别见《伦理学方法》的附录,以及
Lectures on the Ethics of T. H. Green, *Mr Herbert Spencer and J. Martineau*(London,
1902), Lecture Ⅲ on Green's Ethics.

在导向的"(inner-directed)、"他人导向的"(other-directed)或拘泥于 141
习俗的人。① 更早的时候,托克维尔就曾指出,"民主"也可以导致一
种新型的"专制",由于他声称民主最重要的特征之一就是人们会愉
快地接受它,所以他显然不是指缺乏关注欲求意义上的自由。②

3. 消极自由

(1)"消极自由"之证成

到此为止所处理的界定"自由"的方式都不是最常见的方式。最
常见的"自由"定义既不把自由扩展到所有欲求的满足,也不把自由
限定于符合道德的欲求或自主的欲求之满足。而且,尽管在实际上
这种定义往往会和"无委屈"这个定义涵盖同样的东西,但它却不是
以一种主观的方式来定义的。这个常见的定义就是,当人们能够满
足属于某些特殊范畴的欲求时,他们就是自由的。在这种意义上,
"自由"与干涉、审查、控制、规制、限制、约束等相对。言论自由、信仰
自由、出行自由、用自己喜欢的任何一种颜色给房子上色的自由,这
些都是自由的例子。以这种方式来使用的"自由"(freedom)一词总
体上可以与"liberty"一词互换。不过,在我所考虑过的其他用法中,

---

① J. K. Galbraith, *The Affluent Society* (London, 1958); David Riesman, *The Lonely Crowd* (Anchor Book, 1950). (中译本分别参阅加尔布雷思:《丰裕社会》,徐世平译,上海人民出版社,1965 年;大卫·理斯曼:《孤独的人群》,王崑译,南京大学出版社,2002 年。——译者注)一个有趣而复杂的现象就是,加尔布雷思试图将他的理由强行融入一个关注欲求的框架之中,这样,他就不得不说,"虚假"欲求的满足在福利经济学家的计算当中应该被忽略。由于无论多么"虚假的"欲求都理所当然是欲求,这种说法就确实让人很糊涂。

② 任何一种把自由当作自决的理论所面临的困难当然都在于,是否真的有自决的人的实例。因为如果没有,做出这种区分就没有意义了。必须表明的是,可以确定一些标准,根据那些标准,某些行为至少比其他行为更为"自决",或者某些人比其他人更为"自主"。我自己的看法是,是可以确定这样一些标准的,而且在确定这些标准时也无须假定行为可以是"没有原因的"或"不被决定的";但是就我们当前的目的来说,指出我这里提到的那种区分就足够了。

说这两个词可以互换就太不正确了。① 要想表明这样来定义的消极自由很有价值,就必须为它找到最重要的正当理由。具有加总性价值和分配性价值的关注欲求的理由都可以援引,关注理想的理由也可以援引。②

分配性论据是最简单的,因为它采取的是这样一种说法:在某些问题上,人们有一种绝对的权利去做他们想做的任何事情(也许要受制于一些压倒性的加总性考虑因素)。究竟哪些问题属于这种问题呢?对此,既可以一般地说明,比如用密尔那条"非常简单的原则"来说明;也可以具体地说明,比如在美国宪法中那样,以及在各种"自然"权利声明、"基本"权利声明或"人权"声明中那样。③ 但是,无论如何说明这些问题,主张总是一样的:在这些问题上,一个人有**权利**去做他喜欢的事情,即便这会以一种别人不喜欢的方式影响到他人。④ 这一主张大概可以被归入关注欲求的分配性主张。

从加总的角度对消极自由所做的任何辩护必须试图表明,坚持该原则总是会导致最大程度的欲求满足,或者至少表明,唯有在非常极端的情况下,推翻消极自由原则的做法才能基于加总性理由而得到证成。这样一种辩护可以采取两种形式中的一种。其中一种形式的辩护指出,应该有一个享有不可侵犯的自由的领域,对于这个领域

142

---

① *Two Concepts of Liberty*(Oxford, 1958). 然而,在我看来,把那种关注欲求的定义与那两种关注理想的定义一起称为"积极"自由是在把问题搞得让人费解。

② 比如,约翰·密尔在《论自由》中就使用过所有这三种理由。

③ "唯有以自我保护为目的,人们以个人的或集体的方式干涉他们当中任何人的行动自由才是正当的。""任何一个人的行为只有涉及他人时才应该对社会负责。在仅仅涉及自己的行为方面,他的独立性按理说是绝对的。对于他自己,对于他自己的身体和心灵,他自己就是主权者。"John Stuart Mill, *On Liberty*,第一章的"引言"部分。(中译参阅约翰·穆勒:《论自由》,孟凡礼译,广西师范大学出版社,2011 年,第 10 页。——译者注)

④ 密尔的标准似乎会排除他人遭受不利影响的可能性;但是他认识到,我们只能非常严格地说**主要**"涉及自己的"行为。

的行为,实施它的愿望事实上总是比压制它的欲望更为强烈。① 显然,如果在做加总计算时把公共取向的欲求排除在外,这一主张就要合理得多,因为许多被认为对消极自由不利的欲求都是公共取向的欲求。

初看之下,似乎**所有**反对性的欲求都将是公共取向的欲求,如果真是这样,计算的结果实际上就不会有问题。但事情没有这么简单。比如,"言论自由"并不意味着无人当听众时说话的自由,而是意味着有自由向尽可能多的人或某个选定的群体中尽可能多的成员传达一个人不得不说的想法。如果一个人成功地利用了这种自由,他就会影响他预期的听众的生活。如果他们不想听他不得不说的想法,这就是一个私人取向的欲求。而且,甚至阻止**其他**人听的欲望——表面上看是一种公共取向的欲求——也可以源自私人取向的欲求,如果该欲望背后的动机是一种担忧的话,即担忧听到该消息的人们可能会以一种不同的方式行动,以至于会影响到阻止者本人。②

143

———————

① 这种论证思路所涉及的心理学假定显然和把自由定义为委屈感不存在时所涉及的心理学假定是一样的。然而,尽管根据那种观点,所有的压制(当被感觉到时)都构成了"不自由"(根据定义),但是目前所考虑的这种观点仅仅主张,某些限制(这是独立于任何人的感觉而被定义的)之不存在(absence)与严重的挫折之间具有一种经验上的联系(此处可能有误,限制之"不存在"与严重的挫折之间具有经验上的联系在逻辑上不通,此处的"不存在"似乎应为"存在"——译者注)。

② 大概,那些最积极地阻止共产主义宣传在美国起作用的人并不(至少不会有意识地)怀疑他们对"美国生活方式"的坚定忠诚。但是其背后的动机也并非(除非是在一些更为极端的情况下)一种纯粹与个人利害无关的欲望,即只是希望阻止更软弱的同胞被诱惑。毋宁说,其行为的背后是这样一种信念:有了足够人数的共产主义信徒就会在很大程度上改变美国社会,这当然也会影响到非共产主义者。霍姆斯大法官为限制言论自由是否合宪而提出的那个著名的检验标准,即"明显且即时的危险",其理据正在于此。"在一切案件中,问题就在于,所使用的语言是不是在一种特殊的环境下使用的,以及所使用的语言是否具有一种特殊的性质,以至于会引发一种明显且即时的危险,从而导致国会有权阻止的重大危害。"(Schenck v. U. S. 249 U. S. 47, 1919, 重印于 *The Mind and Faith of Justice Holmes*, ed. Max Lerner, New York, 1943, pp. 294-297.)申克(Schenck)因为在战争期间向被征入伍者散发传单鼓动他们"主张他们的权利"而被追究责任,霍姆斯在代表最高法院发言时主张,传单所意图达到的效果及其实际趋势就是阻止征兵。因此,申克的自由表达影响到了他人的私人取向的欲求(这些欲求依赖于赢得战争)。

基于同样的思路，我们也可以为消极自由建构一种关注理想的证成方式。这样，我们可以说，不管对消极自由的欲望是否比压制它的欲望更为强烈，它都是一个更有价值的欲望，因此基于关注理想的理由，它应该更受青睐。① 对消极自由的这三种证成的共同之处就在于，它们把享受自由的人描述为以共同体中其他人的受损为代价而受益的人。运用自由是一种放纵，这使得运用者更加满足，或许还使得他更好；但是共同体中其他的人必须加以容忍。比如，传达一个观念就是将其强加给其受众，这不是被看作在满足他们或使他们更好。②

144

除了这些证成以外，对消极自由的其他证成（如果稍作重释，也可以把它们看作是对上述证成的补充）把注意力集中于消极自由的运用给**他人**带来的利益，而非给运用者本人带来的利益。而且，其论据也可以采取关注欲求的形式或关注理想的形式。③ 在其关注欲求的表现形式中，它需要这样一种主张，即，长期而言，允许甚至鼓励行为和观念上的创新将对每个人都有利。④ 该论证关注理想的版本需要的是这样一种主张，即，无论在行为和观念上的创新是否能够满足人们的欲求，这都是可欲的。之所以这样说，其中的一条理由就在于相信，迫使人们在不同生活方式之间做出选择，从而让他们无论是否愿意，只要根据"未经审视的生活是不值得过的"这一格言而行动，就可以过得"更好"。另外一条理由是一条带有半美学意味的理由，即，

① 最相关的关注理想的原则就是自决原则。这样，对消极自由所做的关注欲求的证成就接近于第二节所详细讨论过的那种"自由"定义，即用自主来定义"自由"。但是，把"自由"定义为自主与宣称（消极）自由（独立地界定的自由）是自主的**手段**之间当然仍然存在很大差异。其关系就类似于之前一个脚注里提到的把"自由"定义为无委屈与宣称（消极）自由是无委屈的**手段**之间的关系。

② 见 Mary McCarthy, "The Contagion of Ideas," *On The Contrary* (New York, 1961); Robert Paul Wolff, "Reflections on Game Theory and the Nature of Value", *Ethics*, LXXII (Aprile 1962), pp. 171-179. 也请参阅上文第四章第六节第四部分。

③ 关注欲求的证成思路只能采取加总的形式，因为据推测，并不存在利益冲突。

④ 这种论证经常引用的是密尔的《论自由》，在那里，密尔主张，没有创造性的社会不仅会停滞不前，而且还会倒退。

一个包含多种类型的人的世界比一个包含更少类型的人的世界更可取,而不论是**什么**类型的人。①

这里出现了一个有趣的问题,即这两种对消极自由的证成是不是"太强"了,所谓"太强"是指它们证成了比消极自由**更多**的东西。如果创新如此可欲,那么为什么仅仅停留于宽容它? 为什么不积极地鼓励它? 比如,如果之所以反对故意压制新的、挑战性的观念的传播,理由就在于这种传播对社会是有好处的,那么同样的考虑难道不要求国家采取积极手段来**确保**这些观念的传播吗? 如果是这样,那么消极自由难道不会被吸收进某种更加完备的(comprehensive)原则吗?

我认为,一个人可以承认这两种支持消极自由的论证具有更进一步的意义,与此同时却仍然否认"消极自由"完全可以因为过时了而被废弃。这种否认将基于一个事实,即,消极自由原则位于**许多**终极考虑的交汇之处。作为一个最小公分母,它为所持终极原则极为

①　德国浪漫主义的一种立场就在于主张这样一种价值判断,而且这种价值判断的一种更为温和的形式构成了密尔《论自由》中多种论证方式之一。从这个角度处理德国浪漫主义的文献,见 A. O. Lovejoy 的 *The Great Chain of Being* (Cambridge, Mass. , 1948)第十章"Romanticism and the Principle of Plenitude"。在第 107 页,他将这种观点总结如下:"如果说一个世界所包含的多样性越多,它所充分展现的人性差异之可能性越多,这个世界也就越好,那么个人的责任似乎就在于珍惜并加强自己与他人的差异。"其言外之意——可以毫不犹豫地推出——就是,既有多种多样的好东西,又有多种多样不好的东西,这种情况也胜过一律都是好东西的情况。"一律重复的哪怕是最高的理想,结果会怎样呢? 人类——除了时间与外部环境以外——会变得在任何地方都是一样的。……与人性**实际**上表现出的那种无穷的多样性相比起来,这会是什么样子呢?"(引自第 308 页)。对艺术来说同样如此:检验标准是多样性而不是质量(quality)。"头脑的每一种产物,智慧可以塑造的每一种事物,在这个广义理解的造物世界中都有一个不可挑战的公民权。"(这里的三段引文的中译文分别参见诺夫乔伊:《存在巨链》,张传有、高秉江译,江西教育出版社,2002 年,第 383、384、372 页。巴利说第一段引文出自第 107 页,其实不然,应为第 307 页。——译者注)

不同的人们提供了一个达成一致的基础。① 如果我们采取这种方法，我们可以推测，某些种类的消极自由基于某些理由可以得到更强有力的支持，而基于其他理由则不然。我要指出的是，密尔的错误不在于提出了其他理由，而在于没有区分开它们适用的场合。比如说，如果要支持对同性恋以及各种其他惯常做法的宽容，我们可以说，它没有对其他人造成任何或太大的伤害（这是一个分配性论证，或第一种加总性论证）。相反，如果基于第二种关注理想的论证，言论自由和出版自由等可以得到更有效的支持；而"消极自由"这一概念可以涵盖许多东西。

146　　　**（2）运用于群体**

我们为确保个人获得消极自由而提出的那些理由也可以运用于群体（家庭、俱乐部、国家等）。基于分配性理由，我们可以把结社自由、集会自由和民族自决说成是"自然"权利、"基本"权利或"人"权。基于加总性理由，我们可以指出，让我们所在群体的事务受干预会导致沮丧，并指出群体中的人对他人欲求的长远满足所做出的间接贡献。最后，我们可以把群体自由看作培养独立精神、主动精神等所不可或缺的手段。②

另一方面，当我们考虑的是一个群体时，干预的理由会更多。对于干预一个群体的自由，有两种不同的理由，第一种理由把该群体本身作为所指群体，第二种理由把一个更大的群体作为所指群体。我

---

① 参阅斯蒂文森论"核心目标"（focal aims），见 C. L. Stevenson, *Ethics and Language*, pp. 179, 189-190［斯蒂文森在那里区分了两种意义上的"目的"（end），一种"目的"是作为"因其本身而得到赞成的对象"；另一种就是所谓的"核心目标"，它既可能是"因其本身而得到赞成"，又可能是因为作为达到其他目的之手段而得到重视。参见查尔斯·斯蒂文森：《伦理学与语言》，姚新中等译，中国社会科学出版社，1991年，第201—202页。——译者注］。

② 关于最后一点，见 R. A. Nisbet, *The Quest for Community* (New York, 1953); W. Kornhauser, *The Politics of Mass Society* (London, 1960).

将依次处理这两种理由。

①当一个群体本身就是所指群体时,干预该群体的建议可以基于关注理想的理由而提出,也可以基于关注欲求的理由而提出。关注理想的理由是,该群体的所作所为是不道德的,要不就是不可欲的,即便群体成员想要那样做。禁止成年人之间相互同意的同性恋关系,或者禁止哪怕是夫妻之间的某些性行为(可以在美国某些州的法规汇编中找到这种禁令),就可以用这种方式来证成,或者曾经就是以这种方式来证成的。

对于干预一个群体的事务来说,关注欲求的理由既可以是加总性的,也可以是分配性的。加总性的理由是,总体而言,该群体在其成员当中挫败的欲求更多,而满足的欲求更少;而分配性的理由是,该群体对欲求满足的分配是错误的。在可以提出这样一些理由的情况下,我们可能会认为,法庭审查一个俱乐部或一个工会的行为是否符合俱乐部或工会的规则,这是可欲的;或者,法庭以这些规则本身在其成员之间不公平为由,或者以这些规则本身不民主为由,来审查这些规则,以便这些规则得到修改,这也是可欲的。第二种情况的一个实例就是英国与美国的中央政府对地方政府进行的指导,在那里,进行指导不是为了应对来自地方的溢出效应,而是为了阻止重大的不正义。另外一个实例就是贝利(A. A. Berle)的建议,即国家(或许通过司法系统)应该参与监督公司的劳动政策(尤其是与解雇有关的劳动政策)。① 第三种情况的一个实例是一些建议,即建议国家坚决要求工会的章程应该是民主的,并建议公司的管理应该有强制性的工人参与。② 另外,群体的(消极)自由可以与个人的(消极)自由相

147

---

① A. A. Berle, *The Twentieth Century Capitalist Revolution* (Harvest Books, 1954),第三章,"国王的良心与公司的良心"。(中译本见阿道夫·贝利:《二十世纪的资本主义革命》,钟远蕃译,商务印书馆,1961 年。——译者注)

② 见 Austin Albu 的论文,收录于 *New Fabian Essays* (London, 1952), ed. R. H. S. Crossman.

冲突,就是说,如果不干涉群体,它可能会用它的自由来压制某些成员的自由。①

显然,任何一个头脑清醒的人都不会继续留在一个恶劣地对待他或不公正地对待他的群体里,如果他离开那个群体并加入另一个能满足同样欲求的群体,或转向一个能满足不同欲求的群体,几乎不会在欲求满足上有任何代价的话。因此,成员离开群体所要付出的代价越大,基于关注欲求的理由进行干预就变得越重要。比如,工会成员身份(在一个只雇佣工会会员的工厂或企业的地方)或一个职业协会的成员身份(在从事该职业是必需的地方)显然涉及一个人的生计,离开一个人生活的地方以便逃避地方当局的或国家的管辖就算是可能的,也很麻烦。与此相反,在另外一些群体中,对退出行为的惩罚是如此的轻微,以至于下述主张完全是有道理的:属于该群体的任何一个人都是自愿地选择了归属该群体。干预并不会增加欲求满足,因为(据推测)是否归属该群体无关紧要,或者还有其他一样好的群体可以选择。②

148　　②现在我们来考虑一下所诉诸的是一个比相关群体更大的所指群体时,如何来证成削减该群体的自由。这涵盖了这样一些情况,在这些情况下,要么群体或个人的行为以不公平的方式对他人造成了影响,要么群体或个人的满足程度还不如其他受影响的人的不满程度。许多基于这些理由而做出的限制几乎以同样的方式既适用于个人,也适用于群体,不过,和许多人单独行动相比,同样人数的人共同

①　对于当代美国所存在的这种冲突的完整解释,尤其参见 Henry S. Kariel, *The Decline of American Pluralism*(Stanford, 1961)。臭名昭著的美国医学会当然是一个老套的例子,该学会竟然有能力腐蚀一个人,让他公然地与官方路线唱反调,或者从事"社会主义"活动。Kariel 建议,国家的一个首要任务就是把人们从更加亲密的群体中**拯救**出来——这是对限定日益高涨的多元化潮流所做的一个受欢迎的注释。

②　"没有任何一套政治制衡制度可以让一个系主任愿意顺从一个教授的观点,除非那个教授的观点得到了另外某个系主任的支持。"见 Kenneth Boulding, *The Organizational Revolution*(New York, 1953), p.51.

行动当然更有可能发挥效果,有鉴于此,限制群体自由的理由当然也更有说服力。(比如说,在一种言论不会对公共秩序造成威胁的地方,大众集会就有可能威胁到公共秩序。)但是另外,如果群体禁止一些想成为成员的人成为成员,就会出现一些特殊的限制理由,比如高尔夫俱乐部或带有种族限制的工会。[①]

离开一个群体所遭受的损失越大,为了群体的成员而干预该群体事务就越明显是正当的。同样,不能加入一个群体所遭受的损失越大,就越是有理由基于分配性的关注欲求的考虑而阻止该群体把可能的成员拒之门外。从这个观点来看,一个地方的唯一的高尔夫俱乐部内的歧视,要比十来个很容易加入的羽毛球俱乐部中的某一个俱乐部内的歧视问题更严重。某些群体并不提供任何服务;它们唯一的存在理由就是,其成员喜欢待在一起。在这种情况下,尽管有人可能会基于关注理想的理由说,如果他们也能与其他种族(等等)的人意气相投就更好了,但是这里并没有看得见摸得着的有价值之物要分配,如果把不受欢迎的成员也强加给这一群体,唯一的一种无形的有价值之物即意气相投的相处也会遭到破坏。单凭关注理想的理由,我们可能仍然希望阻止这样的群体发挥作用,但是,如果非得坚持要求人们不偏不倚地选择他们的配偶或朋友,即便这是可能做到的,也确实是一种暴政(也就是说,是对"结社自由"所做的不合理限制)。[②]

---

① 我在第七章第二节第一部分提到过维奇斯勒的一篇文章,在那篇文章中,他实际上已经承认,"结社自由"这个术语被用来意指让想要结社的人结社是非常自然的(因此,比如说,禁止种族间通婚的法律就属于它所禁止之列)。而用这个术语来指强迫人们与他人结社(因为那些人希望与他们结社)就很不自然。

② "我当然知道……存在着千百种限制方式,这些限制已经存在,而且还会一直存在。有了这些限制,人们可以选择他们的朋友和邻居。"(转引自 Dennis Lloyd, *Public Policy*, London, 1953, p. 144。)有一个法官在一个案例中说过这段话,那个案例是一个加拿大"种族契约"案,问题就是这样一个契约是否有效。因为始终存在着这样的可能性,所以确实没有必要不顾分配性、理想性的考虑来强化它们。(之所以说是"分配性的",是因为有一种看得见摸得着的益品:"位于一个避暑胜地的某种财产"。)

149　　**4.自然权利与国民最低生活保障**

对消极自由最常见的证成是这样一种主张:消极自由是一种"自然"权利和"人"权。但是也有一些这样的权利需要国家做出积极的行动,审视一下这些权利也是值得的。来自《世界人权宣言》(1948)的例子有:

> 第 22 条(社会安全的权利);第 23 条(工作权);第 24 条(休息和闲暇的权利);第 25 条(维持适当生活水准的权利;母亲享有受到特别照顾与帮助的权利);第 26 条(受教育的权利);第 27 条(参与文化生活的权利;所创作的科学、文学和艺术作品受到保护的权利)。①

将这些"积极"权利包括进去已经遭到了一些反对,理由是我们不能无条件地向一个政府**要求**这些东西。只有当一个国家的经济条件充分发展后,政府才能提供这些权利。但是对此,已经有人回应说,《世界人权宣言》提供了一个**成就水准**,参照这一水准,可以对政府的成就进行衡量和评价。这样,问题就变成了,这些东西作为成就水准是否合适。在我看来,用绝对的分配原则来表达这些积极要求就是在使用错误的概念工具。②

比如说,为什么要有一个**适当的**生活水准? 确实,一般情况下,目标应该是最高且可能的平均收入,而且收入应该恰当地分配。设立每个人都必须达到的任意的最低水准,就是为了既避免处理如何

150 分配财富的问题,又避免处理如何让财富最大化的问题,但是我并没有看到这能奏效,除非这些"权利"仅仅被当作源自终极原则的经验法则(rules of thumb)来主张。另一方面,传统的公民自由(civil

---

① 转引自 N. S. Marsh, in Guest (ed.), *Essays*, p. 242 注释。

② 之所以说是"绝对的",是因为这里并没有提到所要维系的不同的人或群体的相对状况。见第三章第四节第二部分。

liberties)可以被巧妙地放进一种绝对的分配形式当中，因为它们并不要求提到**数量**(amount)。一个与"适当的生活水准"相类似的说法就是"适度的言论自由"，但是后者并不是一份权利宣言中所要呼吁的。[①]

如果"国民最低生活保障"被认为依赖于一条绝对的分配原则，那么同样的评论也适用于"国民最低生活保障"概念。应该保证每一个人"勉强维持生活"或不陷入"困境"这种说法并没有说明，要用来确定相关数量的那条原则是什么。当然可以认为，它意味着国家唯一的义务就是让其公民勉强地活着，而这至少提供了某种确定的点。然而，通常情况下会引入各种比较，不过是不精确的比较，因此，不可能在任一给定时间都能够说清楚"底线"的具体水准究竟依赖于什么。[②] 比如，养老金与公共补助应该紧跟经济增长的步伐；但是这使

151

---

① 毛里斯·克兰斯顿(Maurice Cranston)先生在《今日的人权》(*Human Rights Today*, Ampersand Books, 1962)一书中反对把这些"积极"权利包括进入人权宣言中，他的理由是，它们缺乏两个至关重要的属性，即**至高无上的重要性**和(普遍的)**切实可行性**(practicability)。但是，如果至高无上的重要性意味着，每当一种"消极"权利与一种"积极"权利相冲突时，前者总是应该压倒后者，那么"消极"权利相对于"积极"权利而言并非显然具有至高无上的重要性。(如果"消极"权利与其他价值之间从来没有任何冲突，那么我们也就根本不能谈论它们的相对重要性，正如我在第一章第二节第二部分所指出的那样。)

在 1964 年一篇为国际政治科学学会准备的论文中，克兰斯顿指出，有一种消除痛苦的义务，但是并没有促进现实快乐的义务，然后他便试图将"消极"权利等同为消除痛苦，把"积极"权利等同为促进快乐。但是即便我们承认痛苦与快乐在道德上不对称这一假定〔我自己的观点是，这一假定只是反映了一个事实：痛苦往往比快乐更剧烈，比如伊壁鸠鲁就是这样认为，因此未加权的(unweighted)幸福计算不可避免会赋予痛苦更多的重要性〕，试将"消极"权利等同为防止痛苦，将"积极"权利等同为促进快乐的做法也是不能奏效的。减轻饥饿和疾病并没有被包括在传统的"消极"权利当中，但是它显然属于"消除痛苦"的范畴，而非"促进快乐"的范畴。

至于切实可行性，似乎并不确定的是，在"积极的"要求总体上和许多"消极的"要求一样切实可行之前，有关"积极"要求的说法不能被成功地削弱。确实，重要的是，即便做到了这一点，被当作一种权利而提出来的那种具体的福利水平仍然没有独特的重要性：它将成为一个任意的终点，在那里，"多多益善"的说法是正确的。

② 本恩和彼得斯指出，随着人均国民收入的提高，"基本需要"也会以相同速度膨胀。(见 Benn and Peters, *Social Principles and the Democratic State*, pp. 144-146。)如果真是如此(我对此表示怀疑，我只相信在一定程度上如此)，这便是一个有趣的心理学事实，但是它并不能把一条绝对的分配原则变为一条比较性的分配原则。

得我们完全可以任意解释它们与经济增长水平之间最初的关系。①

　　或者,可以用一些精确的对比,比如一个人一辈子所挣的钱与他的退休金之间的对比,或者他的平均收入与他的疾病支出之间的对比,来取代这些模糊不清的对比,不过这些问题引出了一些有关公道的复杂问题,现在我就要转向这个概念。

---

　　① "1959 年,政府承诺那些领取补助的人可以'分享日益增长的成果'。政府还没有勇气或诚实的态度或清醒的头脑继续解释这到底什么意思。这究竟意味着补助金会增加以便反映一年来个人收入的人均增加额呢,还是反映人均增加额的一半,或者其他什么的?"

　　"为什么给每一个人新增加的金额是 6 先令? 因为养老金大臣上周一告诉我们,去年九月份增加的是 4 先令,这使得增加的总量与国民保险的增加数相当。为什么每一个人的总金额现在是 63 先令 6 便士,而不是比如说 70 先令或 80 先令? 毫无疑问,这就是政府认为它负担得起的确切数量,但是一个政治上民主的国家就不能做得更好一点吗? 没有哪里有一种符合理性的解释吗? 没有哪里有原则吗?" Peter Townsend, *Observer*, 24 February 1963, p. 10。

第九章　公　道

152

1.公道作为一条微调原则

公道原则是说,平等者应该被平等对待,不平等者应该被不平等对待。如果认为该原则本身包含了一些标准来确定什么使得人们"平等",什么使得人们"不平等",那么它就涵盖了其他所有比较性的分配原则。不过,它也可以把分配模式的大致原则看作既定的,而把注意力集中于"反常现象"(anomalies)、"不一致现象"(inconsistencies)和"不连贯现象"(incoherences)。最后一个奥克肖特式的术语有助于揭示出在第二种也就是微调意义上来使用的"公道"一词所具有的保守主义意味。① 它也可以让我们想起一些熟悉的质疑,只要有人试图主张这样一种有限的批评是唯一恰当的批评,我们就可以对他提出这样的质疑。如果批评被限定于指出不连贯现象,我们就无法拒斥整个传统或系统,无论它是多么令人反感。② 而

---

① 参阅 M. Oakeshott, "Political Education", *Philosophy, Politics and Society*, ed. Laslett (Oxford, 1956)(中译本见欧克肖特:《政治中的理性主义》,张汝伦译,上海译文出版社,2007年。——译者注)。

② 见 R. H. S. Crossman, *The Charm of Politics*(London, 1958), pp. 134-138.

且此处不容许有引入新观念的余地。奥克肖特说，要想支持给予妇女选举权，唯一可能的论据就是，妇女的地位已经在其他方面有所改变。但是之所以如此，其主要原因在于 19 世纪后半叶的一系列议会法案，比如《已婚妇女财产法案》(Married Women's Property Act)，该法案是在"抽象的"平等观念影响下通过的。

诉诸"公道"的优势就在于，在一些适合于它的情形中，我们可以从它推出一些结论而无须引入任何独立的标准；相反，我们可以在公道原则被运用于其上的那种制度本身当中找到它们。我们可以简单地说：在这个制度中，x 被承认是相关的，然而**在这里**，在对待拥有 x 的 A 和没有 x 的 B 时，却没有因为是否拥有 x 而给予不同的对待；或者反过来说，x 没有被承认是相关的，然而**在这里**，一个人是否拥有 x 待遇**确实**是不同的。所需要的是能够识别不一致现象的慧眼。这样，我们就可以批评一系列决定或一套规则，说它们彼此不一致，同时又无须进一步审视这些决定背后的一般性原则或法律是否有什么问题。

我举两个简单的例子：第一，对二战期间良心拒绝者特别审判委员会(conscientious objectors' tribunals)的决定所做的分析表明，一个人被登记为良心拒绝者的概率在很大程度上取决于他来自于一个国家的哪个地方。到底有多大比例的申请者的主张被接受了，这因地域的不同而有很大差异，而且在这些人当中，基于不同的理由（比如，宗教理由或非宗教理由）而被接受者的比例差别也很大。第二，一个人究竟是因为私下的同性恋行为被起诉还是因为轻微的超速被起诉，很大程度上取决于警备委员会(Watch Committee)的构成或郡警察局长的意见，甚至取决于更为偶然的事实，即第一时间就被抓住了。

"公道"概念的意义就在于，我们可以在批评这些情形不公道(inequitable)的同时，又无须追问这样一些问题："法律应该禁止私下的同性恋行为吗？良心拒绝者特别审判委员会应该运用什么标准？"

我们只需要坚持一条原则:无论你做什么事情,你都应该平等对待所有具有类似情况的人,只要他们在规则本身宣布具有相关性的那些方面是相似的。

这样,公道(就像亚里士多德在《尼各马可伦理学》第五卷所指出的那样)就可以作为一种对法律正义(legal justice)的改善。当适用于一种情形的规则得到了恰当运用的时候,法律正义就得到了满足,但是公道能够做出一些更精细的区分。让我们回到良心拒绝者特别审判委员会上来,很难表明某一个特别审判委员会事实上违背了相关的法律,因此也就不存在法律上的不正义。然而与此同时,一些人在其论据和表现出来的真诚(所有的特别审判委员会都赞成这些是相关的因素)方面是相似的,然而在不同的特别审判委员会那里得到的却是不同的对待。所有的特别审判委员会在法律上都是正义的,而且其中任何一个本身也会是公道的,也就是说,它的判决是前后一致的;但是放在一起来看,它们并不公道。而且,当只有某些同性恋者或违法超速者被起诉时,没有任何法律规范被违反。如果你被起诉了,其他违法者未被起诉这一事实并不是一个可以接受的辩护,但是你有理由基于公道而抱怨。

154

在某些情形下,公道在亚里士多德所说的那种意义上可以是对法律正义的改善。这些情形很重要,但是它们绝没有穷尽公道概念的运用。对于任何一项政策或规则来说,只要存在着影响分配的反常现象,我们就可以基于内在根据(即从制度内部指出何种因素被认为是相关的)来批评它不公道。

韦恩·李斯(Wayne A. R. Leys)在他的《决策伦理学》①一书中摘取了美国战争期间一个仲裁法庭的记录,通过这份摘录我们可以看到,劳工代表基尔曼彻底击败了一个矿业公司(根据李斯的记录,这次争论之后不久,矿业公司就要求休庭并做出了让步):

---

① Wayne A. R. Leys, *Ethics for Policy Decisions*, New York, 1952, p. 283.

基尔曼:"我从来没有下过矿井,因此你必须给我一个解释。你说你买硬质合金,但是矿工买灯,是吗?"

公司:"正确。"

基尔曼:"我明白了。我认为在矿工工作的矿井上面你有一个办公室。"

公司:"当然了。"

基尔曼:"在办公室里,你提供硬质合金,但是员工必须买自己的灯,是吗?"

公司:"当然不是。在办公室里,我们用电灯。"

基尔曼:"哦,我明白了。你们提供电,但是员工得买自己的灯泡和灯座。"

还有一个例子就是,非常相似的商品(比如,带墨水瓶孔的课桌和不带墨水瓶孔的课桌)的购买税税率差别很大。可以把这种现象说成是**反常现象**,也可以更进一步说,这在两种商品的买家之间是**不公道的**,或者在两种商品的生产商之间是**不公道的**。只要我们能够断定几种商品类型之间具有"相似性",就完全可以说这种情形不公道,尽管这也允许有争议的余地,但争议针对的不是伦理原则,而是基于常识或财政政策。反对者试图表明,两种以不同税率征税的东西非常相似;辩护者试图表明,那两种东西在某些与财政政策有关系的方面是不一样的,比如,一个主要是用在工业或教育方面,而另一个主要是供民用。当然,反对者可以不接受辩护者所做的那种区分背后的财政政策,但是,只要表明了对待所说的商品的方式是符合这样一种政策的,第一种批评(即不一致或反常)就被成功地反驳了。如果要继续进行批评,就只能诉诸一些从外部引入的原则。而对于这些原则,辩护者可能不会接受,相反,他们几乎不会拒绝接受他们自己的原则的后果,那些原则来自于他所捍卫的制度。

在本章接下来的一节,我将把公道概念放入三个简要的例子中进行批判性审视。这三个例子就是:税收、工资与土地。然后,我要在第三节更详细地分析一个例子,即儿童补助金的例子。在这里,除了评论"公道"在这个问题上的运用以外,我还试图在更一般意义上表明,任何可以接受的建议都有可能是各种政策之间妥协的结果,那些政策可能会以不满足其他任何原则为代价去彻底地满足某一条原则。

2. 三个例子

(1)税收

如果我们不得不挑出"公道"在其中发挥最大作用的讨论领域,那么这个领域当然就是税收领域,在"不偏不倚的"(impartial)学院派经济学家和皇家委员会看来尤其如此。在与税收相关时它是一个具有特殊意思的专门术语吗? 似乎不是这样。它仍然被作为一个"微调式的"概念来使用,这一点可以从一些因为它而被使用的大致接近的同义词中推断出来,如"反常现象""歧视""区别对待""残酷对待"等。[1]

如果有人问,对于如何才能恰当地筹集现代政府所需要的那一大笔钱这个问题,为什么相关的争论是通过一个微调式的观念来进行的,那么唯一的答案是一个与历史有关的答案。在 19 世纪,当这种谈论模式刚刚出现的时候,所要筹集的数量是很少的,而且在当时的总体舆论氛围下,应该尽量筹集这笔钱而又不能改变收入的税前分配这一点被当作一条自明之理似乎是合理的。"纳税人之间的公道"就是这样来理解的,"平等牺牲"理论与"按比例牺牲"理论的支持者也是以这些说法来进行论战的。[2]

156

---

[1] 这些例子来自《皇家利润税与所得税委员会少数派报告》。

[2] "效用"的"平等牺牲"往往被认为意味着税收应该与收入成比例,而"效用""按比例牺牲"(即每个人要失去其同样比例的年度总"效用")往往被认为意味着一种温和的累进所得税制度。这些推理依赖于金钱边际效用递减的假定。

税收应该以"支付能力"为基础这个更加模糊不清的观点显然和这些观点都源自类似背景,尽管它为最低收入者彻底免税留下了更大的余地。所有这些观点的核心要点就是,它们完全回避通过一般性的分配标准来对税前状况做任何开放性的评价,并假定税前的差异应该或多或少地加以保留。但是我们一定会问,如果税前分配可以有所改进,为什么不能够有意识地以此为目的来设计税收制度。约翰·密尔基于"平等应该作为所有治理事务的规则"为"平等牺牲"理论辩护。对于这种辩护,庇古(Pigou)可以回应说:

> 对于使得满足程度相等的征税,至少有一条理由与使得牺牲程度相等的征税的理由一样好。事实上,还有一条更好的理由。因为人们良好的经济状况依赖于整个法律体系,包括财产法、合同法与遗产法,而不仅仅是依赖于税法。主张税法应该以不同的方式影响不同人的满足程度,同时又承认该制度的其余部分可以以非常不平等的方式影响他们而不失为恰当,这似乎一点也不算任意专断。[①]

"公道"进路有一个特别的劣势,即它不可避免地会导致我们混淆两个完全独立的问题:(1)什么是可欲的税后收入结构? (2)应该花费多少钱在国家提供的服务上? 如果认为有一种"公道的"方式分摊任何给定的税收负担,那么决定税后收入分配状况的主要因素就是税收所筹集到的钱的**数量**,因此,如果(比如说)税制是累进制的,那么那些寻求税后收入更大程度平等的人就必须赞成国家花费更多的钱;反之亦然。一旦放弃了"公道"进路,这两个问题就可以得到独

157

---

① 转引自 Fagan,*Readings in the Economics of Taxation*,American Economic Association (London,1959),p. 42.

立的考虑,税制也可以被安排得能够符合这两个问题的答案的要求。① 不言而喻,资源分配与收入分配这两个问题在公众的讨论中很少像我所指出的那样分别进行处理。更让人失望的是发现即便是调查利润税和所得税的皇家委员会(1955)当中的"左翼"少数派,也仍然是在"公道"概念框架中进行论证的。也许通过皇家委员会的参考资料可以找到部分解释,但是并没有内在证据表明,其成员把交代给他们的任务看作是无关紧要的或无意义的。少数派实际上意识到了"公道"概念的逐步运用会面临的危险:

> 当税基(tax base)缺乏明确的界定时,这个制度就尤其面临着一个危险,即,旨在应付特殊情况而做出的连续让步会导致税基逐步被侵蚀,直到它作为征税工具的功效受到严重削弱为止。因为一旦在一个税收制度中承认了一条新的原则,而且基于该原则还做出了额外的让步,那么基于类比论证而要求我们做出进一步让步的压力就会变得几乎不可抗拒。每当某些特殊的利益可以在现行法律规定下找到一条不公道对待的理由,而且一个新的让步又得到了允许,这就必然意味着,其他某种利益会发现自己将因此而遭到不利对待。而且还可以找到一条更强有力的理由来支持进一步的让步,这种让步可以被证明以一种符合逻辑的方式源于最初做出的那种让步。

---

① 见 R. Musgrave, *The Theory of Public Finance*(New York, 1959), pp. 5-6. 应该指出的是,如果所需要的公共消费的总量很少,却想要在很大程度上进行再分配,可能就有必要在不同社会部门之间进行直接的收入转移,所采取的方法就是给低收入者"负所得税"(negative income tax),在发工资前先扣税的制度下,这是对他们收入的一种补助,而不是通常那种扣税。顺便说一下,税收的"利益理论"是当前建议的一种特殊情况,当前的建议就是,分别考查将资源分配进公共产品(public goods)的做法和税后收入分配状况。如果把再分配的部分设置为零,我们就会得出这种理论。见 K. Wicksell, "A New Principle of Just Taxation", in Musgrave and Peacock (eds.), *Classics in the Theory of Public Finance*(London, 1958), pp. 72-118. (中译本见理查德·马斯格雷夫、艾伦·皮考克主编,《财政理论史上的经典文献》,刘守刚、王晓丹译,上海财经大学出版社,2015年,第108—159页。——译者注)

但是他们所建议的解决办法仅仅在于更好地运用"公道"。多数派和少数派在征收资本收益税是否恰当的问题上的立场差异——这

158 种差异事实上基于(这非常恰当)他们相反的政治观点——被说成是关于"收入"之正确定义(做出正确定义是为了收税的目的)的分歧。是否应该对资本收益征税(以及如果应该,又应该征多少税)是一个问题;各种各样的加总性考虑和分配性考虑都与它有关。① 资本收益究竟是不是"收入"是另一个问题,而且不是一个很有益的问题,其答案就是,它们在某些方面像通常的"收入",在另外一些方面则不像。

第二个例子会进一步揭示出"公道"的局限性。多数派指出,劳动收入税收减免(earned income relief)早在 1907 年就引入进来了,而之所以引入它,就是因为它将弥补劳动收入所具有的较大不确定性。但是由于引入了养老金税收减免(superannuation relief),就有可能存在一种危险:同样的事情允许发生两次。然而,少数派说:

> 我们相信……无论引入差别化处理的历史原因是什么,"不确定性"都不应该看作是维持差别对待劳动收入与财产收入的唯一原因甚至最重要的原因。在我们看来,有一条强有力的理由支持对劳动所涉及的真实成本而非拥有财产所涉及的真实成本给予一定补贴,尽管这种成本不可能很精确。因为我们认识到一个事实:在从事劳动时,一个人(用亚当·斯密的话说)"必须放弃同样一部分自己的舒适、自由和快乐"。

这个论据就是,平等的收入如果所需要的"成本"不一样,就应该受到不平等的对待;但是非劳动收入的"成本"为零,因此如果遵循了少数派的原则,似乎就意味着应该对非劳动收入全面征税。这是一个完全合理的观点,但是它并不是少数派用该论据来证成的那种无关紧要的"差别对待"。确实,处理这个问题的唯一方式——一旦我

---

① 比如:投机活动有助于一个有用的目的吗? 私有财产目前的分配状况根本上是不正义的吗? 人口中的某个群体可以不受通胀影响在多大程度上是公平的?

们愿意提出一种可能性,即一定量的收入之**来源**可能关系到对它征税时应该适用的税率——就是考查私有财产及其现有的分配状况的正当理由,然后,如果想要做出一些改变,就去思考促成这些改变的最佳手段。

(2)工资

159

工资可以通过讨价还价来确定,这种讨价还价的背后还可能以角力相威胁(在罢工不符合法律的地方除外);工资也可以通过雇主与雇员之间对优点的讨论来确定;或者由权威来确定。在我所处理的这些国家中,在国家的支持下做出的对雇主和雇员都具有约束力的强制性仲裁,对任何一个直接的当事方来说都是不可接受的,因为这样一种建议被认为会过多地限制经济组织(特别是工会)的自主性。而且,政府似乎也并不热衷于向整个经济体系强加解决办法,也许政府认为,要想找到一种可以为人普遍接受的工资政策是不可能的,试图强加一种没有得到普遍接受的工资政策对其权威来说也是危险的。一场争议中直接的当事方还可以采取的就是讨价还价、讨论优点和由权威决定。与此同时,还有一个总体上的预期,即工资应该是"公平的"(fair),换句话说,应该是可以参照某些分配标准加以证成的。讨价还价不会自动地产生"公平的"结果(至少在完全竞争还未占主流的情况下是这样),因此必然有一个趋势,即每当对优点的讨论无法达成一致意见的时候,就寻求一个独立的审理委员会。①

实际上,这样的审理委员会不能忘记他们的权威依赖于双方的勉强同意。

在这些条件下,认为仲裁者具有防止罢工的作用而非主持

① 不过,政府有可能操纵当事双方相对的讨价还价能力,相关的讨论见第303页注释J。

正义的作用，这是符合逻辑的，尽管也略带嘲讽。[1]

不过这还不是完整的说法。

> ……实际上，决定通常是以这种或那种方式做出的；而这些决定无论实际上是通过什么样的过程做出的，总被说成是以对社会负责的方式进行论证与反驳的结果……即便仲裁者偶尔表明他们的意图和打算并毫无保留地坦白他们自己的决定的根据时，他们也绝不承认他们是因为想不出其他办法才让双方各让一半的；他们还会为自己的判决辩护，说自己的判决是"公平"而"合理的"。[2]

但什么是"公平"？由于不存在得到普遍承认的分配原则，工会、雇员和审理委员会转而依靠"公道"。分配的一般性原则被看作是给定的，然后在这些分配原则中，每一方通过提出自己的理由来进行比较。

> 在这种情况下，没有人知道什么是正义，大街上也没有一个叫苏格拉底的人纠缠着我们，要我们去搞清楚什么是正义。正是在这里，保守主义前来解围。无论何时，无论何地，也无论何事，改变都需要正当理由：保守主义的优势就在于，改变必须自我证成。因此，毫不奇怪，水准（无论是绝对性的还是比较性的水准）的维系应该作为经线和纬线织入对工资的讨论中；或者，换一个比喻，当必须做出道德行为而又没有道德原则指导行为时，应该召唤历史来填补空白。[3]

可以这样来对比：和同样金额的工资以前的购买力相比，与某一日期以来的平均支出（或国民收入）的增幅相比，与某种更具体的范畴相比（比如专业人士的收入、熟练工人的收入），或者与其他某个具

---

① Barbara Wootton, *Social Foundations of Wage Policy*(London, 1958)，p. 59.
② 同上，第 121 页；也见第 98—99 页。
③ 同上，第 162 页。

体的工作相比。^①所有这些对比的共同之处在于：一方面，对于为什么要进行一种对比而非另一种对比，不存在任何理由；另一方面，这些对比都没有追问，所对比的工作的收入或在被当作基点的日期时的收入是否恰当。^②

自伍顿夫人（Baroness Wootton）写完她的书以来，形势已经在一定程度上发生了改变（1964年）。内阁大臣们不再因为不对仲裁委员会发布"任何一种指示或指导"而为自己感到自豪。^③"指路灯"的作用已经以制度的形式体现在了"国民收入委员会"当中。但是其目标似乎仍然停留在压制住平均工资，让它保持在不引起通胀的水平。国民收入委员会的第一份报告是关于苏格兰建筑行业的，该报告似乎基于一个假定，即该委员会的任务就是确定（或假定）不会引起通胀的年工资平均增长水平，然后把这个数据运用于它之前的所有情况。^④这就从"可比性"（comparability）转移了，但是其效果几乎是一样的：固化了不同职业的工资之间现有的差异。国民收入委员会尚未做出任何努力去确定苏格兰建筑工人的工资在英国的整个收入模式中的恰当位置；在这个问题上，一个"不偏不倚的"（也就是不负有政治责任的）机构的意见也没有多少价值。正如伍顿夫人所说，这种问题就是（或应该是）制定政党纲领的题材。

与此同时，她的结论仍然没有改变。

习俗（正确的规则，无论是何种规则），劳动力供给相对于计划需求或市场需求的缺乏，本身即能获得更高工资的高级技能头衔或肩负更重大职责的头衔，或者相反，平等主义

---

① 同上，第133—134页。
② "这些对比的突出特征在于，在一定程度上，它们相当于彻头彻尾的循环论证。"Wootton, *Social Foundations of Wage Policy* (London, 1958), p. 132。也见"Wage Policies in the Public Sector", *Planning*, XXVⅢ, No. 476 (19 November 1962)。
③ Sir Walter Monckton, 转引自 Wootton, *Social Foundations of Wage Policy* (London, 1958), p.170。
④ *The Guardian*, 23 April, 1963, p.3.

(equalitarianism)的内在优势,所有这些都是**可能的**原则,总工资结构之优劣可以用这些原则来评价,根据这些原则,也可以在具体情况下得出一个理性的决定。但要是没有这样的原则可供参考,无论是明确地参考还是隐含地参考,判断就既不是明智的,也不是可辩护的。[①]

(3)土地

在讨论土地赔偿与土地控制之前,我想强调的是,我的目的不在于提供一套系统的处理,对于这一任务来说,一本完整的书都太短了。然而,作为一个实例,源于土地私人所有权的问题有一个重大优势,即它们可以让"公道"在这里充分展现,同时又只需要其他原则最低限度的支持。当然,在私有制下,土地的价格是由"市场"确定的。不过,尽管就其他商品而言,其价格可以被说成是涵盖了生产成本,从而可以被说成是"正义的"(也就是卖家所应得的),然而土地(纯粹被当作地段来考虑时,比如出于开发的目的)确实没有生产成本。其价值纯粹源自其稀缺性。在确定"公道的"赔偿时,所需要的只是对比,一切都依赖于土地在某些情况下能卖多少钱,或有人会为它付多少钱,我们可以求助于这些价格。坎南(Cannan)在 1899 年提供给地方税皇家委员会的证据中显然认识到了这种任意性。他说:

> 目前的土地税是所要征收的最不公道的一种税,因为它不会平等地对待拥有平等数量地产的人,而且它还会挫败正当的预期;但是这种税已经征收了一两个世纪,要缴纳这种税的地产和不缴纳这种税的地产已经被多次买卖,而这些买卖行为背后始终有一个假定,即这种税会继续。取消它是很不公道的,因为取消行为本身并不会平等地对待拥有平等数量地产的人。[②]

----

① Wootton, *Social Foundations of Wage Policy* (London, 1958), p. 120.
② 见 *Readings in the Economics of Taxation*。

在现代城乡规划方面,我们发现"公道"发挥着一种类似的作用,而且也是在同样任意的基础上发挥作用。[1]《1947 年城乡规划法案》旨在让土地交易价格与 1947 年的价格挂钩,这在土地所有者之间是一件完全公道的事情。对于强制征收的土地,国家会以 1947 年的价格进行赔偿。现有的土地所有者应该获得赔偿,因为他们失去了从出售土地给人开发当中获得收益的权利;而此后,他们的收益将作为"开发增值税"百分之百直接上缴国家。然而不幸的是,该方案遇到了各种各样的难题,其中一个很大的难题就在于,由于它取消了人们从开发中获得的收益,它就无法鼓励人们出售土地以供开发。

保守党在 1952 年和 1954 年的法案里取消了开发增值税,但保留了将赔偿与 1947 年的价格挂钩(增加了 1/7)的原则。正是在这里,"公道"开始施加令人不快的压力。作为预期之实现的正义完全得到了满足,正如彼得·塞尔夫(Peter Self)所指出的:

> 原则上说,永远将赔偿要求限制在 1947 年的价值上是不正义的,因为土地所有者从那时候开始就一直被警告不要有更多的期待。[2]

> 但是,任何把公共赔偿建立在与市场价值截然不同的价值基础之上的解决办法,无论是对私人土地所有者的行为,还是对地方政府的行为,都产生了不恰当的影响。首先,它在不同所有者的财富当中造成了一种不正义的表象。在这种情况下,正义完全是相对的。正如我已经说过的一样,1954 年法案的赔偿原则本身没有任何不正义之处。但是如果有的所有者被允许从土地中获利而有的人则不被允许,那么不被允许获利的人就会觉得委屈,如果他们买地的时候原以为可以获利,当然就更觉得委屈了。[3]

163

---

[1] P. Self, *Cities in Flood* (London, 1961), pp. 147-164.
[2] 同上,第 156 页。
[3] 同上,第 158—159 页。

在这里,有趣的是,正如在工资谈判中每一方都会选择适合自己的其他群体来进行公道的对比一样,一个因规划管制的阻止而不能开发自己土地的土地所有者会把自己和别人进行对比。不过他会与土地已经增值的土地所有者进行对比,而不会与另外一些人相对比,那些人的土地因为没有人想开发,从而保持着完全相同的价格。

这种妥协遇到了基于"公道"的质疑,那么最后的解决办法即以市场价值进行赔偿又如何呢?这在土地所有者之间是完全公道的(如果我们只对比其土地在开发时具有同等利益可图的土地所有者,而不是对比幸运的和倒霉的土地所有者的话),但是在土地所有者和公众之间是极其不公道的。

> 国家越是有效地计划,赔偿账单的金额就变得越大,同样,幸运的土地所有者所得到的改善也就越多。在这种情况下,一群土地所有者所遭受的相对不正义往往会使得公众无法看到纳税人所遭受的更大的不正义。但是当纳税人最终反抗时(或者更准确地说,当财政部代表纳税人反抗时),可能的结果就是放弃规划。①

这一节的讨论当然是非常抽象的,而且完全是消极的。不过这真的就是我的全部目的,我要通过这种方式来表明"公道"的局限性。根据"公道",我们必须以相似的方式对待相似的土地所有者,但是这完全可以与任何数量的现实政策不矛盾,那些政策的每一种都会对土地价值产生自己的影响。选择必须根据加总性考虑做出(何种安排会导致最好的规划?),也必须根据一些比"公道"更加深思熟虑的分配原则做出,比如"没有人应该从共同努力中获取意外之财"(事实上诉诸的是应得)。一旦已经做出选择,在指出应该如何执行政策以避免"反常现象"与"艰难处境"(hardship)等时,"公道"就有一种有限的作用。

164

---

① 同上,第160页。

3. 儿童补助金

(1) 引言

在这一节我要讨论用以确定儿童补助金金额的原则,尤其是要讨论公道在其中的作用。我所使用的方法——我要考查一连串可能的原则及其对儿童补助金的意义——也许会被批评为"学究式的"(在该词最具贬义色彩的意义上):远离生活,与个人毫无关系。但是这种研究的目的不在于提供对问题的回答。毋宁说,它旨在使得人们更容易弄明白如何得出答案。出于这一目的,家庭补助金作为一个例子是很有用的,理由有二。第一,有很多种不同的原则可以运用于这个问题,如果将它们分开一个一个地来看,它们会导致非常不同的政策建议。第二,在这个问题上并没有"传统智慧",这就消除了我们的先入之见。对原则的讨论经常会变成一场"寻找合理化(rationalisation)"的游戏,在这场游戏中,"我们全都知道正确答案",唯一的问题就是用推论的方式把它找出来。[①] 在这里,具有善良意志的人们可以因为强调不同的原则(尤其是与激励效应相对的消除苦难原则)而得出截然相反的建议,而且不同国家的制度也非常不一样。[②] 事实上,英国人享受着两种完全不相关的制度(家庭补助金和所得税减免),且不说大学教师所享受的第三种制度(包括第一个孩子在内,给每个孩子 50 镑的补助金),这种制度正在遭受严厉批评。

有如此之多的原则都可以运用于家庭补助金,任何一套方案都

[①] 这种抱怨与功利主义的各种讨论具有特别的相关性。即便是像西季威克这样一个心胸如此开阔的人也设法从一般性的功利原则推出维多利亚时代性道德的细节。

[②] 至于最近的例子,可以把 A. Carter 的 *Too Many People*(*Fabian Society*,1963)和 John Vaizey 的 *The Economics of Education* 这两部著作同 Peter Townsend 的论文相对比,见"A Society for People", in Norman MacKenzie (ed.), *Conviction*, London, 1958, pp. 93-120。

一定会反映好几条原则的**核心**(locus)。究竟采取什么立场取决于那些有效性得到了承认的原则是什么以及这些原则被赋予了何种相对的重要性。即便要处理的是一系列情况,而且对于各种政策的可能效果不存在分歧,很多种方案也仍然可以通过诉诸不同的原则组合并赋予它们不同的相对重要性而得到证成。不过,如果一开始就处理特别复杂的立场,我们可能会一无所获,而且当前的分析如果不是探索性的,就不值一提。因此,我在大多数时间都处理每一条被单独考虑的原则的后果,而让读者自己去根据原则在自己心目中的相对分量将它们组合在一起。

(2)激励与应得

首先,让我们处理一个来自激励的直接论证,这种激励是为了对父母做出让步。该论证显然只适用于一些特殊情况,在那些情况下,当局想要的是更高的出生率,而不是没有做出这种让步的情况下会出现的那种低出生率。如果在没有家庭补助金的情况下出生率都太高了,那么同样的论证就可以证明用一种税来惩罚父母是正当的。①我认为,人们普遍赞成,在英国,家庭补助金制度背后的主要动因就是广为宣扬的对人口减少的担忧,而正是这种担忧决定了家庭补助金的形式。人们假定,如果一对夫妇打算要孩子,那么无论如何他们会要一个孩子,所以不给第一个孩子补助金。至于家庭补助金是否应该基于这一理由而继续实施下去,以及通过所得税补助金(income

---

① 有两种方式可以惩罚父母,一种是让有孩子的人多缴纳国民保险,另一种是为公立学校设立入校费。"家庭的规模似乎会迅速增大。因此,在接下来的十年里,更切合实际地看待养孩子的成本对很多父母来说或许并不是一件坏事情。这将在实质上缓解教师所面临的学龄儿童人数剧增的问题。(这里也有一个有趣的伦理学问题。罗马天主教徒被禁止使用通常的方法来限制其家庭的规模。圣公会教徒、犹太教徒和无神论者要纳税来支持他们所拒绝的那些宗教信念的后果,这公平吗?)在战前,所担忧的是种族要灭绝了,但事上所面临的问题恰恰相反:如何鼓励人们养育孩子。这样,我们就可以看到,环境改变了理由;当时收费可能是错误的,而现在就是正确的。"John Vaizey, *The Economics of Education*, pp. 34-35.

tax allowance)的方式减税的做法是否不应该叫停,似乎都非常可疑。①

166 另外一种得出类似建议的分配性方法就是指出,如果出生率低于了"最佳比率",那么那些孩子太多以至于他们本人都不满意的人就是在为社会提供一种服务,因此应该得到回报;但是如果出生率高于了"最佳比率",那么那些想要几个孩子就要几个孩子的人在某种意义上就是在实施反社会的行为,甚至应该让他们为其他社会成员支付他们强加给社会的那种成本。只要人们事实上并不完全受物质性的激励与负激励所左右,这种论证思路就会使得一个人所支持的实际建议不同于建立在激励论证基础上的实际建议。有的人(出于宗教理由或其他理由)坚决接受他们通常的性行为习惯所导致的任何家庭规模,这些人大概对于鼓励或压制无动于衷。如果可以辨认出他们,就可以收回给他们的大棒或胡萝卜,因为大棒或胡萝卜不会改变他们的行为。但是,如果向父母支付额外的钱或向他们施加额外的成本是出于分配性的目的,也就是说,如果目的在于因其自身之故而奖励应得或惩罚反社会的行为,那么我们就无法基于同样的理由②从那些不会因报偿或代价而改变自己行为的人那里收回这些报

---

① 激励论证更精致的一个变化形式会支持取消家庭补助金,但不取消税收减免。一段时间以前,所有人都担心不断下降的总生育率,狂热的"优生学"信奉者担忧的是,高收入群体的生育率被低收入群体超过。因为智力似乎确具有一种遗传因素,而且收入(至少劳动收入)似乎也确实与智力有一定的关系,因此,对长远后果有轻微的恐惧感,这或许也不无道理。(比如,见 Ginsberg 的评估,"The Claims of Eugenics", in *Essays in Sociology and Social Philosophy*, I, Mercury Books, 1962;Eysenck, *Uses and Abuses of Psychology*, Penguin Books, Ltd, 1954。)所得税减免极为偏袒有钱人。对那些收入太低以至于无论如何也不用缴纳所得税的人来说,所得税减免没有任何价值;而对那些缴纳超额所得税(super-tax)的人来说,它可能意味着每养育一个孩子(包括第一个孩子)就可以获得 100 镑的税收减免,因此,它大概还是有一点点"优生学的"性质。
② 即我们不能再以无法起到激励作用为理由。——译者注。

偿或代价。[①]

167   **(3)艰难处境与平等**

即便我们把来自激励的论证——该论证的效力依赖于存在一个"非最佳的"生育率——排除在外,仍然有一种加总性论证支持着家庭补助金。该论证采取的形式就是指出,拥有一个大家庭的人要是没有特殊的财政帮助的话会遭受艰难处境,尤其是他们的孩子。因此,如果把钱从没有孩子的人手里转移到有孩子的人手里,总体的福利水平会提高。[②] 这条论证其实无非就是功利主义对平等收入分配所进行的证成的一个变化形式而已,那种证成源于两个假定,即边际效用递减以及每个人在金钱方面的效用函数几乎一样。[③] 并非总是被人意识到的是,这条功利主义论据所证成的不是每一个挣工资的人都应该拿一样的薪水,而是应该向每一个人支付一样的钱。一个信奉经济平等本身的人确实应该坚持一条与此相同的原则,而非坚持每一个工人应该拿一样的薪水这一原则。

但无论一个人是根据何种思路得出每个人应该有平等收入这一

---

①   这里"并不会有同样的理由"这种说法很模糊,我是故意这样的,因为根据一种康德式的观点,我们不得不说,有些人的教养碰巧对社会有利,但是他并非特地以拥有一个大家庭为**目的**,无论大家庭对社会是否有利,对于这些人来说,他们并没有显示出有德性的意志,因此不适合得到回报。但是如果我们认为人们应该因为做了正确的事情而得到回报,而无论他们的动机是什么,那么我们只要打算回报某些父母,就应该回报所有的父母。

有趣的是,我们注意到,在应得上的"康德式"思路与"激励"之运用的最终改良形式之间具有某种相似性,因此,唯有其行为实际上受到了激励物影响的那些人才会得到它。在这两种情况中的任何一种情况下,困难都在于如何把原则付诸实施,除非一个人是上帝,所有人的心扉都向他敞开。

②   参阅 Wootton, *Social Foundations of Wage Policy*(London, 1958), pp. 185-186。

③   关于边沁,见 Halévy, *Growth of Philosophical Radicalism*(Boston, 1955);也见 F. Y. Edgeworth, "The Pure Theory of Taxation", *Classics in the Theory of Public Finance*(London, 1958), ed. Musgrave ad Peacock, pp. 119-138。(中译本见理查德·马斯格雷夫、艾伦·皮考克主编,《财政理论史上的经典文献》,刘守刚、王晓丹译,上海财经大学出版社,2015 年,第 160—180 页。——译者注)

原则的,都有必要修改它以便为激励做准备,除非劳动要受到指导。不过,即便是为了激励而做出的改变也可以被纳入平等原则之下,如果一个人认为自己的原则是收入应该是平等的**工作之网**(net of work)的话。① 根据这一条原则,在不令人愉悦的地方干着不令人愉悦的工作应该得到更高的薪水,这实际上对于实现平等来说是必要的。② 在这一修改后的平等主义制度下,病假工资和退休工资可以要么是普通的(激励前)收入,要么与总收入(普通收入加激励)相关。从平等的观点来看,这两种方案会变成一样的,因为根据第二种方案,即便在健康期间和退休之前支付比第一种方案更少的额外费用,也可以实现任何给定的激励水平。③

168

(4)公道与儿童补助金

到此为止,我已经在这一节考虑了另外两种对家庭补助金的证成,即基于激励及其相应的分配原则(应得原则)的加总性论证,基于金钱边际效用递减及其相应的分配原则(平等原则)的加总性论证。以此为背景,我们可以更好地意识到"公道"的有限作用。平等者应该受到平等对待这一原则可以被重新表述为这样一条原则:不应该允许"不相关的"因素在人们的处境中造成差异。将这一原则运用于家庭补助金,就可以主张,收入相等的两对夫妻不应该因为一对夫妻有孩子而另一对没有孩子(或者一对夫妻孩子多而另一对夫妻孩子

---

① 所谓的"工作之网",我的意思是,令人愉悦的工作和不令人愉悦的工作之间的差异应该得到补偿;而不是说,工作与无业(idleness)之间的差异应该得到补偿(如果很多人实际上真的喜欢无业胜于喜欢工作的话)。要是这一点得到了接受,那么愿意工作就必须作为在失业期间得到普通收入的条件。

② 因居住在不令人愉悦的地区而得到更高的收入,这对每一个人来说都是应该的,而不仅仅限于工作的人。但是很难确定相关的差别,除非看看什么样的激励对于把工人吸引到那个地区来说是必要的。

③ 然而,从**公道**的视角看,这一点具有不同的意义,对此,我将在这一节第四部分加以表明。

少)就有不同的生活水平。① 如果根据物质财富、旅行、娱乐和假期等等来解释"生活水平"的话，在此基础上的补助金当然就会很多，而且直接与收入成比例（这也是非常合理的）。

这一建议实际上把养育孩子等同于成为疾病、偶然事件或自然灾害的受害者。对此，有两条直接的反对意见。第一条反对意见说，自从比较可靠的避孕手段出现以来，为人父母是可以自愿选择或拒绝的。② 第二条反对意见说，相关的"平等"不应该是"生活水平"的平等，而应该是"欲求满足水平"的平等，而大多数人至少看上去宁愿要孩子而不是不要孩子。③ 这条反对意见在一定程度上与第一条是一致的，因为说某人喜欢 x 超过喜欢 y 最具决定性的证据就是，他选择了 x，而很多人选择了为人父母，哪怕为此要以最初界定的那种生活水平的下降为代价。但是这还包括了这样一些人的情形，他们"不想要"孩子，但是要了以后也不后悔，尽管生活水平因此而下降了。不过这不包括那些要了孩子确实感到后悔的人。在这种情况下，这里所设想的那种公道从理论上说可以要求做出某种补偿，除非父母可以把自己的孩子给别人收养。

还可以对这一建议提出一条更宽泛的反对意见，即可以提出另外一条标准来说明何为"相关的差异"。比如，我们可以指出，一个**孩子**的生活水准依赖于其父母的收入与财富这一（不相关的）偶然因素，这是不公道的。因此，根据这一原则，我们根本不会让家庭补助

① 根据法国的家庭补助金方案，一个人每养育一个孩子，收入就可以增加三分之一。这一方案可以说就满足了这种要求，尽管引入该方案背后的动机似乎是为了增加人口。

② 这种说法当然只适用于避孕符合法律的地方。有人可能会问，我们是否应该把一些人当作例外，那些人的宗教（或其他）观念阻止他们避孕。但是我并不这样认为。这种情况并不与一个被车撞了的人相类似，而是与一个基于宗教信念而故意到别人车下面钻的人相类似。（一个被车撞了的人有权要求赔偿，而一个出于宗教信念故意到别人车下钻的人无权要求赔偿。作者的意思是说，一个出于宗教原因而放弃避孕的人虽然因此而有很多个孩子，但并不能因此就要求补偿。——译者注）

③ 见 Vaizey, *The Economics of Education*, p. 33："一个选择要孩子的家庭因为要了孩子就降低了其生活水平，这绝非自明的，除非孩子被看作十足的祸害。"

金随着父母收入的增加而提高,相反,我们会让家庭补助金随着父母
贫困程度的加深而提高。但是在这里,背后的原则是我所谓的强意
义上的平等,因为这里所主张的是,就孩子之间的差异而言,**没有任
何因素**是"相关的"。如果要问是否有某种理由即便不赞成成年人之
间的平等,也要赞成孩子之间的平等,那么可以给出两种回答,一种
是加总性的,一种是分配性的。目前的金钱激励对成年人来说是必
要的,但对孩子来说不必要(如果有必要激励,那么知道下述事实本
身就构成了激励:一个人孩提时代的行为会影响到他成年后是否成
功),如果人们因为对总体福利做出了不同贡献而应得不同的收入,
这也不适用于孩子。然而我们很难看出,在家长之间不平等的情况
下,孩子之间如何能平等,除非实行一种普遍的寄宿学校制度,在这
种制度下,在家里度过的只有短暂的假期。也有一些建立在原则基
础之上的反对意见,尽管我认为这些反对意见可能会被极度夸大。
从激励的角度,我们可以主张,如果人们不能使用多余的钱来给予他
们的孩子额外的优势,激励就不会有效;从应得的角度,我们可以主
张,如果人们应得多余的钱,那么以他们喜欢的方式花这些钱就是他
们所应得的。对此,可以做出的一个回应就是,已经有很多东西是我 170
们不能买到的,比如奴隶、选票和爵位;对于花钱的方式所受到的限
制,可以通过按比例增加所有的报酬来加以弥补。①

作为一条初始原则的公道有两种可能的运用方式,其中一种运
用是不合理的,而另一种则可以还原为强意义上的"平等"。但是,与
一些原则(前面已经讨论了这些原则如何运用于家庭补助金)相结
合,公道可以有一些微调式的用法。比如,在反对只激励或打击那些
会受激励或打击影响的人时,除了以不便作为论据以外,还可以把公
道作为一个补充性的论据,尽管那种制度作为一个整体,其基本原则

———————

① 第一种说法的真实性无论如何都是值得质疑的。没有孩子的人明显没有那么大
的雄心,没有那么努力工作吗?

被承认具有激励性质。因此,即便有人主张,区别对待有孩子和没孩子的人唯一的理由就是,想要使得出生率有所增加或降低(与没有这种区别对待时相比),也许仍然可以说,以某些人比如罗马天主教徒的行为不会受到津贴或惩罚的影响为理由而不给他们津贴或惩罚,[①]但这是不公道的。之所以断言这是不公道的,理由就在于,在那种方案下,以不同方式对待人唯一的根据应该是他们孩子的人数,而他们对激励或威慑无动于衷的态度应该是不相关的。我认为,在做出这一断言的同时,也可以承认下述观点:建立一套家庭补助金制度唯一的正当理由就是为了影响行为。[②] 简而言之,可以用公道来坚持一个主张:**如果**要做出区分,就必须根据某些分界线来区分,即便这些分界线对于做出区分这一目的来说不完全合适;但是不能用公道来说明(在某些限制条件下)是否**应该**做出区分。可以用语法来类比,语法并不强迫一个人说什么,也不阻止一个人选择各种各样的事情来说,但是对于在所有可能的词语组合当中什么样的组合才是可接受的,它确实施加了一种限制。[③]

171

公道的一个特殊运用就是这样一条原则:"如果每个人都那样做

---

① 为了便于分析,我假定这种说法对罗马天主教徒来说是正确的,尽管事实上不是这样。

② 我认为,这种对激励或威慑的要求的偏离不能用没有明确规定一种"实践"(practice)来解释。把天主教徒排除在外这种"实践"是可以加以明确规定的,这种实践之所以不具有吸引力,似乎并不在于功利主义式的副作用,而恰恰在于不公道。如果有一条独立的(尽管是次要的)原则在这里发挥作用,那么难道它不也在反驳"滥罚无辜以求功利最大化"时发挥作用吗?(见 John Rawls, "Two Concepts of Rules", *Philosophical Review*, LXIV, 1955, pp. 3-32.)(中译本见《罗尔斯论文全集》,上册,陈肖生等译,吉林出版集团有限责任公司,2013 年。——译者注)

③ 对一种安排提出这种批评时,经常使用的一个词语就是"任意性"(arbitrariness)。对这个概念的简要讨论,见第 306 页注释 L。

会怎样?"(注意,需要进行普遍化检验的是那种行为而非那条准则。)①因此,在当前这个例子中,假定每一对有生育能力的夫妻平均生育超过2.5个孩子,这种生育率就会对社会不利,并假定生育率已经超过了这个数字。由于超过了几千以后,每一个孩子每一年所增加的负担是相等的(无论那是一对夫妻的第二个孩子还是第二十个孩子),对所有孩子来说,无论他是第二个孩子还是第二十个孩子,平等地减少津贴或增加惩罚,这与激励(被实际问题和上述公道之运用所修正后的激励)并不矛盾,也与应得不矛盾。② 然而,这很有可能被认为是不公道的,理由(据我所知)就是,如果没有人有超过三个孩子,且有的人有两个孩子,就不会出现人口过多的问题。同时,我们还可以说,每一个孩子增加的是平等份额的负担,而那些有超过三个孩子的父母对负担负有主要责任。一个类比就是,与那些只带一个箱子上公交车的乘客相比,那些带十个箱子上车的乘客对超载负有更多的责任,但是无论少了哪一个箱子,对超载压力的减轻程度当然都是一样的。在这里,对政策而言,什么才算"相关的差异",这就要看如果谁也没有超过某一给定人数的孩子会有什么结果。当孩子已经达到某一数量时,要是没有哪一对夫妇要更多的孩子,就比较令人满意了。而当孩子超过了那一数量时,就要进行负激励。③

172

———————

① 如果"可普遍化"标准被运用于"准则"或"原则",那么它与这里的研究所处理的任何一条原则都是相容的。比如,西季威克就接受了这条标准,但是他继续说道,他愿意以这种方式坚持的唯一原则就是,在有感觉的造物身上,快乐应该被最大化。"康德主义的"标准本身并没有对加总原则施加任何限制。本恩和彼得斯试图把前者作为一个限制条件补充进来,从而对后者做出了修正,但这种尝试是不恰当的。但是如果他们想提出一个更强的"康德主义"标准作为道德(甚至公道)的规定性特征,那么显而易见,大多数评价将被作为不道德的和不公道的而被排除。

② 我认为在涉及激励时这是显而易见的,但是在涉及应得时这也就需要论证了。问题在于,如果仅仅因为对社会做出了贡献而得到钱,那么,由于一对夫妻的第二个孩子与他们的第二十个孩子在同等程度上是一种负担或利益,所以这对夫妻并不"应得"更多的津贴或更少的惩罚。

③ 显然,由于孩子是不可分割的,这一说法不可能严格地被遵循(在想要的平均数是2.5个孩子的情况下)。第三个孩子大概会招来一些罚金。

第十章 利益概念

1. 引言

    尽管我依次审视过的各种分配原则提供了前面四章的主要思路，但是我已经通过对比和比较多次提到了加总性考虑。无须谈论任何具体的"加总原则"就可以做到这一点，这个事实本身非常重要。可以在具体情况下提出的所有分配性考虑都是**具体的**分配原则之运用。但是加总性考虑未必是某种比一般性的加总原则本身更为具体的原则之运用。或者换句话说，并不存在"**那条**（*the*）分配原则"这样的东西；但是至少，如果我们愿意承认加总原则既可以采用一种最优化的（optimizing）形式，也可以采用一种最大化的（maximizing）形式（见第三章第五节第二部分），那么就存在着"**那条**加总原则"。因此，没有多少必要明确指出我们的论证在性质上是加总性的。一个人如果提出了一种分配性论证，他通常（尽管绝非总是）可以通过指出他所谴责之事与一条具体的分配原则相关，从而表明它如何运用于具体情况，比如指出它是不公平的、不公道的、不正义的等等；但是如果一个人提出的是一种加总性的质疑，他就不太可能通过指出"这无益

于幸福总量"或"这不是帕累托最优"来完成同样的任务。更经常的
做法是援引一个大致的后果,比如"这将增加道路事故的概率","这
无助于经济增长"或"这将造成困难",而让听者自己去思考与某条最
终原则的联系。

　实际上,存在着一些具体的加总原则,但是这些原则采取的是这
样的形式,即让人们注意某些总是与加总性判断有关的后果。在前
面的章节,我们已经注意到这些原则当中的两条。在第六章,我指 　174
出,对基于规则的正义和作为预期之实现的正义,可以提出一种加总
性证成(第六章第三节第一部分);在第八章,我又审视了对两种自由
所做的一些加总性证成,一种自由被定义为某些类型的委屈不存在
(第八章第一节第三部分),另一种自由被定义为某些类型的限制不
存在(第八章第三节第一部分)。这些论据显然仅仅在一定程度上是
加总性论据,因为它们从所有欲求中做了选择。① 这样,如果我们试
图判定某种东西从加总性的理据来看是否正当,那么我们在审视所
涉及的所有欲求时,就不得不一方面掂量它对一种预期的满足程度,
另一方面掂量它对消极自由的减少程度。但是这两种考虑都不是明
显的"加总原则"(所谓明显是指下述意义上的明显:作为应得的正义
是一条明显的"分配原则"),因为在将欲求满足最大化这条一般性的
加总原则当中,它们可以相互结合。② 与其说它们像独立的原则,不
如说像一些用来帮助记忆的工具,这种工具可以确保没有任何重要
的欲求种类被忽视。

　这一章和下一章致力于考查几个经常出现在加总性判断中的基
本概念。这些基本概念中的第一个是利益概念(the concept of

　① 在第八章第一节第二部分,我还考虑了一种"自由",这种"自由"被定义为欲求的
满足,这个定义会使得将自由最大化这一原则相当于最大化形式的一般性加总原则。因
此,这也不是加总原则的**一种**。

　② 我当然想主张,两条分配原则——比如说应得与平等——可以在下述意义上"相
互结合",就是说,可以在它们之间建立起权衡取舍(trade-off)关系(见第一章第二节第二
部分)。但是这绝不等于把它们当作另一条原则的某些方面或从属部分。

interest），它被用于"符合（in）某人的利益""符合公共利益"或"符合共同利益"这样的表述当中。鉴于这一概念特别复杂，我要用整整一章的篇幅来阐明它。在下一章，我要更简要地讨论"善"（good）和"福利"（welfare）的概念，然后讨论像"公共利益"与"共同善"这样的复合表达式。

2．"利益"的定义

（1）三种被拒斥的定义

我所处理的大多数词语都有歧义（equivocal），更有甚者，这些词语几乎全都意思不明确（vague）。但是，尽管"利益"一词无疑具有不同的意思，"符合某人的利益"这种表述却既无歧义，也非意思不明确。相应地，人们对这个表述所提出的几种解释也是清晰的，尽管我认为这几种解释并不正确。似乎有三种解释。根据第一种解释，"x符合 A 的利益"相当于"A 想要（want）x"。① 这就使得我们不能问这样一个问题："A 想要 x，但是它符合他的利益吗？"。根据第二种解释，"x 符合 A 的利益"相当于"x 是 A 可以正当要求之物"。② 这就使得我们不能问这样一个问题："x 符合 A 的利益，但他要求得到它是正当的吗？"。由于这两个问题完全是可以为人理解的，而且我们可以很容易地想象一些情形，在那些情形下，对这些问题的回答是"不"，因此，对于"符合某人的利益"这个表述的意思，这两种说法显

175

---

① C. B. Hagan, "The Group in Political Science", in R. Young (ed.), *Approaches to the Study of Politics* (London, 1958).

② S. I. Ben, "Interests in Politics", *Aristotelian Society* (1960)；John Plamenatz, "Interest", *Political Studies*，Ⅱ (1954). 本恩假定我们问一个农民"你的利益是什么？"（我觉得这是一个表述得很奇怪的问题。"英国加入欧洲共同市场符合你的利益吗？"当然是一个更为自然的问题。）然后他说，那个农民不会回答说"一大笔钱"，但是这不是因为获得一大笔钱不符合他的利益，而是因为这是如此显而易见地符合他的利益。事实上，我要指出，钱是符合一个人利益之物的典范。

然是不对的。^① 第三种对其意思的解释将"x 符合 A 的利益"等同于"相对于 A 可以做出的其他选择,x 可以带给 A 更多的快乐"。^② 对此可以提出两条质疑。第一,我们可以毫不自相矛盾地说,一个人在提升他人利益时找到了快乐。在这里,这种说法的意思与"在追求他自身利益时他不可避免地要提升他人的利益"截然不同。第二,一个律师可以被人雇用"在 A 不在期间照顾他的利益",而且就算不知道什么能够给 A 带来快乐,他也可以干得很好。反之,一种旨在为一个人提供愉快交谈的安排完全可以被说成是给他带来了快乐,但几乎不能被说成是"符合他的利益"。然而,相对于我对前两种解释所提出的质疑来说,这些质疑是微不足道的,而且"利益"与"快乐"之间的联系是间接的而非不存在。

(2)"利益"的定义

究竟是什么因素使得一种行为或政策符合某人的利益呢? 对此,我们可以分两步来准确地刻画。作为一个初步的定义,我们可以说,对于一种行为或政策来说,如果它增加了一个人获得他想要之物的机会,它就符合他的利益。

> 财富与权力……是达到任何最终目的的潜在手段。……帕累托称之为"利益"的,主要就是指一些一般性的手段,这些手段可以用来达到任何最终目的,或达到理性行动一般性的直接目的。^③

> 所谓公民利益(civil interests),我指的是生命、自由、健康和

---

① 我之所以补充说,回答有时候是"不",是为了避免一种质疑,即我们完全可以问"单身汉是未结婚的男人吗?"而不会让人觉得无法理解。这并不是处理这种质疑的唯一方式,但我认为这是最简单的方式。

② 这是一种很符合常识的等同,尽管很少被提出来作为一个明确的定义。巴特勒主教(Bishop Butler)和休谟似乎就认为"利益"与"快乐"可以互换,巴特勒说:"利益,也就是我们自己的幸福,是一种明显的义务"。见 *Sermons on Human Nature* (ed. W. R. Matthews, London, 1914),前言。

③ T. Parsons, *The Structure of Social Action* (Glencoe, ILL., 1949), p.262. (中译参阅帕森斯:《社会行动的结构》,张明德等译,译林出版社,2003 年,第 294 页。——译者注)

身体的闲散,以及对金钱、土地、房屋、家具等外物的拥有。[①]

要想为这个初步的定义引入必要的限定条件,最好的做法就是把财富与权力都看作资产(assets)。它们可以被保存(以备将来调用)或调用(commit)。如果要调用,它们既可以用来投资(就是说,它们被冻结了,倒不是因为那种冻结方式本身是可欲的,而是因为希望通过冻结以便将来有**更多的东西**可以调用),又可以转让给另一个人用来做他认为合适的事情,也可以被消费掉。如果被用于消费,它们可以用来满足一个人自己的欲求或其他人的欲求。在什么情况下,一个人希望更少地拥有这些资产是理性的呢?如果他把一个除他自己以外还包括其他人的所指群体作为他的出发点(point of departure),那么他几乎肯定会得出结论说,从群体的视角来看,将某些资产的处置权交给群体的其他成员会更好。[②]他将因此而更喜欢自己资产减少,只要这对于提供给其他人他认为属于他们应有的数量来说是必要的。但是尽管我们可以说,在这样的情况下,那个人**想要他的资产减少**,然而这**丝毫不意味着**他认为资产的减少**符合他的利益**。毋宁说,应该这样来描述这种情况:在这种情况下,他允许他的原则压倒他的利益。有鉴于此,我们不得不说,在"如果它增加了一个人获得他想要之物的机会"这个表述中,"**他人拥有他们应有的一份资产**"并不能包括在"想要之物"当中。

然而,即便一个人仅仅把他自己作为他的所指群体,如果他是理

---

① John Locke, *The Second Treatise of Civil Government and A Letter Concerning Toleration*, ed. J. W. Gough (Oxford, 1948), p. 126. (中译参阅洛克:《论宗教宽容》,吴云贵译,商务印书馆,1996年,第5页。——译者注)

② 把其他人考虑进来,也不**一定**会得出这一结论。比如,你可能希望别人幸福,但你认为如果你获得权力或金钱并替他们使用,他们才更有可能获得幸福。(关于"非自明之理",参阅 Philip Wicksteed, *The Common Sense of Political Economy*, London, 1910。)不过,有很多理由可以用来说明为什么我们希望他人拥有一些资源并按照他们认为合适的方式使用,其中有的是关注理想的理由(独立有助于发展品格),有的是分配性理由(每个人都有权利获得一定数量或比例的资产),有的是加总性理由〔人们想要那种运用主动性(initiative)的机会,而且他们有可能知道什么东西对他们来说是最好的〕。

性的,他可能仍然想要减少他的资产,或至少减少他调用它们的机会。根据假定,他之所以这样,不是出于对他人利益的任何关心,而是因为他知道他有可能在将来处于不理性的状态,因而预先采取预防措施对他来说是有利的。一个人要是知道自己赌性大发时就会无法自控,那么当他去看赛马会时,就会避免随身携带超过自己承受能力的钱;一个神志处于清醒状态的杀人狂、一个尚未入睡的梦游者、一个尚能清晰思考问题的酒鬼或瘾君子可能都欢迎受到约束。① 如果一个人自己不能进行理性计算,那么其他人可以想象他的价值观体系并按照他的价值观体系替他思考,或者把看上去合理的价值观灌输给他(主要基于更为理性的人的价值体系),并阻止他去做他事后会后悔的事情,或让他去做他事后会因为做了而感到高兴的事情。②

这种说法适用于任何一种调用的机会,无论是投资、转让还是消费,而不仅仅适用于消费。③ 这里,我们对我提出的这个初步定义的表述有了一个真正的限定:一个人资产的增加总是符合其利益;但是其作为特殊之物的地位往往是通过使用"最佳利益""真实利益""真正利益"等特别的表述来表明的。

178

---

① 据 1961 年 11 月的《麦考尔》杂志(*McCall's*)报道:"一种为问题烟民设计的带定时锁的香烟盒可以设置成一天中仅在固定的时间才能打开。"

② 肯尼斯·哈里斯(Kenneth Harris)与一个大律师(barrister)之间的交流提供了一个例子[1963 年 3 月 10 日发表于《观察家报》(*The Observer*)]。那个大律师为初级律师(solicitor)与大律师之间的区分进行了辩护。

大律师说:"事实上,大律师可以专注于赢得官司;他打官司的时候不必考虑会不会满足'旁听席'或他的客户。"

哈里斯说:"但是,难道一个客户打官司的时候还会希望自己败诉的概率增加吗?"

大律师说:"他确实可能。比如,他可能特别容易发怒,以至于他宁愿公开地表达对方是恶棍和无赖这种观点,哪怕输掉官司,也不愿意安静地待着并打赢官司。事实上,从早期的训练开始,一个大律师的整个训练无论是在建议性的案子还是诉讼案子中都是只考虑客户的真实利益。"

在这段话中,那个大律师假定当事人的"真实利益"在于赢得官司而非发泄情感;根据这种说法,通过阻止他影响大律师,这种体制增加了理性。

③ 参阅 Lamont, *Principles of Moral Judgement* (Oxford, 1946), pp. 106-107.

3. 利益是一个关注欲求的概念吗？

(1)引言："x 符合 A 的利益"与"A 想要 x"

如果我对"利益"的分析是站得住脚的，那么问题来了，"利益"是否完全是一个关注欲求的概念？通过在这一节追问这个问题，我将同时对利益概念和"关注欲求"这个范畴本身做更多说明。到此为止，我已经设法避免了在究竟什么才算是一种"欲求"（为了"关注欲求"这个范畴的目的）这个问题上采取一个具体的观点，我只是暗示了公共取向的（publicly-oriented）欲求不应该算作欲求。我将试着在这里说得更具体一点，但是我现在想提出两个我认为正确的命题：(a)关于这个主题，还可以做更多论述；(b)就算一个人对此做更多论述，他所得出的结论可能也并不能在很大程度上改变本书其他任何观点的有效性。换句话说，对于哪些东西可以算作一种"欲求"这个问题，即便用来判定的标准仍然有些含糊不清，我们似乎也可以用"关注欲求的判断"这一范畴来有效地开展我们的讨论。①

179　　我的处理方法就是依次考查"x 符合 A 的利益"与"A 想要 x"之间的五种差异，并思考这些差异意味着些什么。我已经处理了一个差异（第二节第二部分），即就算某物满足了"符合一个人的利益"的其他所有标准，如果可以断定要是不受到约束他就会严重地滥用资产，我们就仍然可以否认它"符合他的最佳利益"。至于这一点到底意味着什么，我将留到最后再考虑，因为它引起了一些特殊的问题。

---

① 从最后这一点可以得出，尽管本章剩余部分所进行的探究对于整本书的论证来说比较重要，但也并非不可或缺。不幸的是，惠灵顿公爵（Duke of Wellington）的著名格言"写起来轻松是读起来费劲的祸根"反过来说未必成立，因此，尽管本节剩余部分写起来几乎与其他任何篇幅相当的部分一样费劲，但我不可能谎称它读起来轻松。因此，凡是发现接下来几页太难读下去的读者完全可以跳过去，无论是暂时跳过去还是永远跳过去。

(2)第一个差异

"x 符合 A 的利益"与"A 想要 x"之间有一个比较明显的差异，即前者比后者狭窄。有时候，A 想要的是自己或他人以某种方式受到影响。在"A 想要 x"这个表述中，x 可以指那种方式；而在"x 符合 A 的利益"这个表述中，x 通常指一项政策或一种行为（A 的或其他某人的）。[①] 这一点强调的是，谈论什么东西符合或什么东西不符合人们的利益，这必然就涉及对政策和行为的评价。比较"x 符合我的利益"与"我受到了（或即将受到）x 的不利影响"。我们可以问："你受到了寒冷天气（或其他自然现象）的不利影响吗？"但是我们几乎不能问："寒冷天气符合你的利益吗？"或者"我们遭遇寒冷天气符合你的利益吗？"事实上，只有当我们认为一个人可以合理地进行与天气有关的游说时，这些问题才有意义。如果天气可以由政府的科学家来控制，那么这个问题就是完全合适的。

然而，将"x 符合 A 的利益"中的 x 限定于指行为或政策，由此必然导致一个重要的结论：这使得我们能够明白为什么人们会"看错他们的利益"，尽管他们很清楚"什么东西对他们来说是好的"。因为所谓一个人看错了他的利益，这种说法通常的意思不是说，他没有意识到一种给他带来更多金钱的行为或政策符合他的利益，而是说他并不知道那种行为或政策会有什么后果，不知道它是否会带来更多的金钱。[②] 确实，怀疑或看错了行为或政策的后果，这再常见不过了。而且这也不仅仅是预测困难的问题。即便当政策已经付诸实施，对

180

---

① 关于"受到影响"这个概念，见第四章第三节第三部分，第 63 页。说"获得更多的钱符合 A 的利益"固然是可以的，但这种说法肯定出现在教一个人如何使用"符合某人利益"这一表述的情况下，而不会出现在提供与 A 的处境有关的信息的情况下。唯一的另外一种用法就是否认 A 的处境是这样一种情况，在这种情况下，限制满足 A 的欲求的机会"符合他的利益"。

② W. D. Lamont 在分析用什么标准来衡量某物"对某人而言是好的"时，没有在行为和政策与受到影响的方式之间做出区分。对于这种做法的后果的讨论，见第 307 页注释 M。

于在何种程度上随后的某些变化(以及随后其他某些变化并未出现)
可以归因于它这一点,仍然很有可能存在着大量的怀疑和争议。

将"x 符合 A 的利益"这个表述中的 x 限定于行为或政策,这对
于"利益"是否可以作为一个"关注欲求的"概念到底有何影响? 由于
我迄今为止一直在使用"关注欲求"这个范畴,我们可以说,一个人基
于关注欲求的理由而认为一种**情境**(situation)比另一种情境更好;
但是如果我们使用一个"关注利益"的范畴,我们就不能谈论各种情
境的相对排序。我们只能说,一种**行为**或**政策**被认为更好。当然,我
们也可以合理地说,对情境进行排序没有意义,除非这种排序影响到
各种可供选择且可以想象的行为或政策的排序。然而有时候,能够
直接就情境来谈论是很重要的,因此在我看来,在制定"关注欲求"这
个范畴的标准时,更可取的做法就是遵循这里这种未加限制的"欲
求"而非"利益"。①

(3)第二个差异

当一个人说"x(一个行为或一项政策)符合 A 的利益"时,我们
仍然还没有证明,这种说法无论如何都不同于说 A 想要该行为或政
策 x 得以实施或颁布。但如此巧合的是,这两种说法远远不能相互
等同,它们的意思绝不相同(尽管二者当然存在着经验上的联系,就
是说,通常情况下,当一种说法为真时另一种说法往往也为真)。如
果我们考虑下述事实,我们就很容易看到一项政策符合一个人的利
益在逻辑上不等于一个人想要该项政策。(a)对于一项政策是否符合
某人的利益这个问题,就算我们根本不知道那个人是赞成还是不

181

---

① 注意,我在本节的这一部分从未否认,如果 x 指代的是行为或政策,"x 符合 A 的
利益"就相当于"A 想要 x"。而且到此为止也没有任何因素使得"x 符合 A 的利益"不能等
于"A 在一种与关注欲求的范畴相关的意义上想要 x",只要 x 是一个行为或一项政策。我
所否认的是,"A 想要 x"总是可以(完全或在"欲求"一词意指"关注欲求"的东西时)被理解
为"x 符合 A 的利益",因为"A 想要 x"这个表述中的 x 可以是一种情境。

赞成该项政策,我们也完全可以确定。实际上,他可能压根儿就没有听说过这项政策。(b)人们之所以希望弄清楚一项政策是否符合他们的利益,主要原因之一恰恰是为了知道是否要支持它。但是,如果支持一项政策与该政策符合一个人的利益**是**一回事,那么试图弄清楚该项政策是否符合这个人的利益以便知道是否要支持它就是荒谬的。

那么当一个人说 x 符合 A 的利益时,他究竟是在对行为或政策 x 说什么呢?我已经在第二节第二部分指出了这个问题的答案:他是说,它将增加 A 获得他想要之物的机会,这里,"他想要之物"并不包括"他人拥有这些机会"。但是此时给出这一回答就会立刻引入针对"利益"(与"欲求"相对)的所有限制,而我想一次只引入一种限制。因此,在引入最低限度的限制(它因为这一小节所提出的观点而成为必要的)时,我要说,当某人说行为或政策 x 符合 A 的利益时,他是说它会具有 A 想要的结果。

这样,对政策的欲求(wants for policies)就被我们从利益概念中排除出去了。当你说 x 符合 A 的利益时,你是在**就**一个行为或一项政策进行谈论,但是你所说的却是某种与其结果相关的事情,你所说的就是,那些结果是 A 所想要的。因此,尽管"x 符合 A 的利益"绝不等于"A 想要 x",但它总是等于(根据目前简化了的定义)"A 想要 x 的结果"。现在又回到了我在上一部分所追问的那个问题:在构建"关注欲求"这个范畴并将"欲求"的范围限定于结果而非政策时,我们是否希望在这里遵循"利益"?这一次我倾向于回答:是的。^① 如果我们完全脱离一个人想要的行为或政策的结果,只考虑这种行为或政策的实施本身是否有价值,我们似乎很难主张这本身就是有价值

---

① 我已经在第四章第三节第三部分(第 62 页)预先给出了这一回答,我在那里主张,如果一个人在某项政策的问题上不赞成多数派,他可以"主张,人们对**结果**的欲求应该考虑进去,但却拒绝承认他们对政策本身的欲求也应该考虑进去"。

的(无论是对他自己而言还是对别人而言)。那种行为或政策当然是达到某种目的的手段:如果我们为了"关注欲求"这个范畴的目的而把它们都看作"欲求之物",我们就重复计算了。只要试图把"一个行为"与"它的结果"相区分,就总会面临巨大困难。而且我认为,人们一般都承认,同样一些重大的物理变化既可能是"一个行为的一部分",也可能是"该行为的结果之一",这要视情境而定,尤其是要视情境的某一方面而定,即在那种情境下行动者打算做什么。而且,如果对"结果"的运用进行很大程度的扩展,那么,我们只应该赋予人们想要的结果以价值这一原则就可能是极其偏狭的(illiberal)。比如,我们可以主张,任何人想要的最重要的结果就是上天堂而非下地狱。如果宗教裁判所是上天堂的手段,那么它就是在给予其受害者他们想要的。我提到了这些困难,但是我并不打算处理它们,因为这是一件很艰巨的任务,无法在这里完成。我只想很明确地说,如果用对结果的欲求来解释"关注欲求"这个范畴是可以忍受的,那么"结果"就必须是一种短期的结果,而且,当进行评价的人与他的评价对象在达到这些结果的手段问题上发生分歧时,他必须确信,在任何一个合格的人看来,那些在他看来很恰当的手段确实是恰当的。(当然,这并不是解决办法,而只是大致勾勒了解决办法可能是怎样的。)

(4)第三个差异

现在,要比较的说法已经做了修改,我们要比较的是"x 符合 A 的利益"与"A 想要 x 的结果(这里 x 是一个行为或一项政策)"。另外,对于"x 的结果"可以是什么,是否有限制呢? 确实有;剩下的三部分就是要致力于这些限制,其中每一部分处理一个"差异"。

对于"x 的结果"的三种限制中,第一种限制就是,涉及 A 以外的其他人的结果不是直接相关的。我在第二节第二部分已经提出了这一点,在那里我指出,对于想要**他人**拥有资产这种欲求,满足它并不"符合一个人的利益"。如果我们比较这种立场与"关注欲求"这个范

畴中的"欲求"的立场,显而易见,它就相当于认为,在进行关注欲求
的计算时,把公共取向的欲求计算进去是不恰当的。[①] 因此,在这方
面,"欲求"(用在"关注欲求"这个表达式中时)与"利益"又一次并行。

(5)第四个差异

183

对于"A 想要 x 的结果"这个表述中的"x 的结果",第二种限制
是一个很重要的限制,而且它造成了"利益"与关注欲求的判断中被
考虑的那一类欲求之间有一个很明显的区分。让我们再一次引用第
二节第二部分引用过的帕森斯的话:利益就是"一些一般性的手段,
这些手段可以用来达到任何最终目的,或达到理性行动一般性的直
接目的"。我们已经看到,帕森斯的下述说法太绝对了:符合一个人
利益的东西**总是**会帮助他接近他的目的,或者追求一个人的利益**总
是**理性的。这是因为,一个人的目的可以包括促进他人利益。但是
帕森斯做出如下强调仍然是对的:利益无论如何都是达到许许多多
目的的**一般性的手段**(generalized means)。

因此,说一个行为或一项政策符合某人的利益,事实上根本不是
说它满足了他当下的欲求;而是说它使得他处于一种更好的处境去
满足他的欲求。能够给我带来更多收益的政策或行为"符合我的利
益",但是一旦我开始在某件事情上花钱,这件事就不再符合我的"利
益"了。假设我花了一点点钱去看电影,并在那里很开心,这样的话,
这钱花得很明智,也很合算,但是去看电影"符合我的利益"吗? 我们
可以设想一种情境,在那种情境下,确实可以说看电影"符合我的利
益",但是在那种情境中,去看电影就是服务于某个不可告人的目的,
比如让我的雇主对我产生品味高雅的印象,从而使得他有可能给我
涨工资。

---

① 至于为什么在关注欲求的判断中只把私人取向的欲求包括进去,我已经在第 297
页注释 E 中给出了充分的论证,因此我不会在这里提出任何论据了。

由于一个人的某些欲求至少是欲求他自己的某种状态（除了拥有达到进一步目的的"一般性手段"这种状态以外），显然，有时候欲求的满足并不在于利益的提升。说得更随便一点，如果开心不符合你的利益（我已经说有可能如此），那么显而易见的是，人们想去做一些与符合他们利益的事情不同的事情。①

这样，我们可以对到此为止的讨论加以总结："利益"与"欲求"（为了关注欲求的判断的目的）在所考虑的四个方面中有两个方面是相似的：在确定某事是否"符合某人的利益"或是否为他所"欲求"时，它们都集中于关注结果而非行为或政策；它们都排除了公共取向的欲求。在另外两个方面，"利益"更具限制性：行为与政策可以被说成是"符合某人的利益"，而情境则不可以。一种行为或一项政策符合一个人的利益，仅仅是由于它导致了一个人拥有满足欲求的手段，而非由于它直接导致了欲求的满足。

从关注欲求的角度来看，"利益"的意义在于，它们可以用来作为欲求满足之数量与分配的指南。根据"利益"来做出评价（尤其是当利益被还原为金钱时）要比根据欲求的满足来做出评价可行得多。如果我们只有一张一个人1964年的欲求满足清单和一张1965年的欲求满足清单，那么我们不可能断定，从关注欲求的角度说，这个人到底是在1965年过得更好还是1964年过得更好（这里完全撇开列出这样的清单会面临的概念上和实践上的困难）。我们还必须知道每一个欲求对他来说到底有多重要。如果把这个问题加以扩展，以至于要处理许多人的欲求满足水平，其荒谬性就变得更加显而易见了。相反，用欲求满足之**机会**（这些机会表现为金钱这样的共同媒介）来考虑问题就是一种可行的替代办法，尽管这样做会面临一些理

① 这种说法不同于说他们想去做一些不符合他们利益的事情。他们确实会做一些不符合他们利益的事情，不过唯有当他们看错了自己的利益或根据原则而行动时才会如此。在通常情况下，去看电影既非**符合**一个人的利益，也非**违背**一个人的利益。

论性的反驳,这些反驳的根据是,这种做法所度量的其实是另一种东西。

(6)第五个差异

最后,我还要谈论一种情况,在那种情况下,一个人被控制起来"符合他的最佳利益",因为如果他真的使用了他的资产的话,他就会用它们来伤害自己。这里,我们明确地是在关注一个人使用其资产的可能方式;如果可以正当地阻止他用其资产去做想做之事,那么这一定不单单是基于理想的理据吗? 到此为止,"利益"与"欲求"(在为了"关注欲求"这个范畴而界定的那种意义上)之间的各种差异已经使得利益成为欲求下的一个子集,这样,从利益角度所做的评价在一定程度上就将是一种关注欲求的评价。这里提到的第五个差异改变了利益的地位从而使得利益成为一个关注理想的概念吗? 我认为它没有必要这样做,至少在通常情况下不必如此。当我们说到限制一个人获得他想要之物的机会"符合他自己的(最佳)利益"时,我们想到的那种例子确实是这样一种例子,在这种例子中,做他现在想做之事就会导致他将来不想要的结果(这些结果通常包括没有机会满足他将来可能具有的**任何**欲求)。因此,这种对比不是欲求满足与某种不同于欲求满足之物之间的对比,而是当下的欲求满足与今后的欲求满足之间的对比。[①]

有人试图表明这是一种不恰当的解释,为此,他们往往对"利益"极度夸大。这样,本恩(Benn)声称,我们可以不要去满足孩子的欲求,而这只是为了改变他将来会具有的欲求(即基于理想的理据)。

---

① 应该注意的是,当下和未来之间有一种真正的"利益冲突",就是说,当下的欲求和未来的欲求都可以影响到自己,都与"利益"相关。这种情境不同于另外一种情境,即一个人错误地欲求一项政策,以为它符合他的利益;因为在这里,尽管确实存在着欲求之间的冲突,却并不存在利益的冲突。这是因为对一项政策的欲求不能算作是"利益"的一个组成要素。

他还说,这是可以得到辩护的,因为这"符合孩子的利益";但是在我看来并非如此,除非我们是在灌输诸如明智和勤劳这样的习惯,对于这些习惯,我们可以合理地认为,它们有助于满足那个孩子长大后可能会有的任何具体欲求。

> 然而,我认为在某种意义上,我们可以判定某事符合一个人的利益,而这未必意味着他想要它,或者只要正确地理解了形势就会想要它,甚至也未必意味着,不管他是否想要它,只要他得到了就会为此感到愉悦。当我们以符合一个孩子利益的方式行动时,我们可能并不太关心他想要什么,而是关心如何把他教育成某种类型的人。……对于一个孩子来说,不让他满足他的某些欲求,从而防止他变成那种习惯性地欲求错误事物的人,这可能是符合他的利益的。①

我觉得本恩的错误源于他没有注意到"以符合一个孩子利益的方式行动"涉及非常特殊的语境。比如,父母总体上并不是"以符合一个孩子利益的方式行动",而是"养育"或"抚养"他们。再者,学校也是在"教育"孩子,这个概念也不同于"以符合一个孩子利益的方式行动"这一说法。我们可以料到会遇到这一说法的主要语境是这样一些语境:一个地方当局审查养父母以便确保他们在照顾孩子的过程中没有压榨孩子,或者一个法庭判定一个受托管理孩子财产的遗嘱执行者究竟是在"以符合孩子利益的方式"管理财产,还是在以损害孩子的利益为代价来肥私。但是,这些语境中的第二种语境是下述观念的直接运用:未来机会的增加(借助于金钱来增加)符合一个人的利益;而第一种语境则将注意力集中于给孩子留了多少自由时间去做他想做之事,而不是让他做一个免费奴仆。这两种语境都不涉及基于关注理想的理由去改变或塑造孩子的品格。

---

① S. I. Benn, "Interests in Politics", *Aristotelian Society* (1960), pp. 130-131.

　　因此,尽管"第五个差异"表面看来会让我们极大地偏离"欲求",但是事实上完全可以与它相容。我们必须这样来看待欲求的满足,它随着时间的过去而持续不止;而在某一时刻,我们可以断定,一个满足当下欲求的人正在把他满足未来欲求的机会减少到不合理的程度。

第十一章　其他加总性概念

1. "善"与"福利"

(1) "福利"(welfare)

在转向"公共利益"与"共同善"等复合概念之前,对"福利"与"善"(在"为了某人的善"这种意义上的"善")追问一些我们在前一章对"利益"所追问过的问题,将多少有助于完成我们对一些简单概念的导论性考查。

我们先来看"福利"。我们可能首先就会注意到,这个词有时候由形容词"物质的"(material)来修饰,相反的说法显然就是"精神的"

(spiritual)或"道德的"(moral)。① "福利"一词的意思在三种语境下都差不多,即都是指健康以及有助于健康的那些条件。② 如果我们局限于讨论"物质福利",那么我们可以指出,对于一个关心某些老年人或某些孩子的福利的地方政府来说,所要关注的事情是有限的,它并不需要去研究老年人或孩子的实际欲求。研究他们的实际欲求就要看看他们是否有食物、住所和衣物,是否能得到维持一种健康状态所必需的医疗。说一个人满足欲求的总体能力(比如收入)降低了,但其福利增加了,或者说一个人的福利增加了,但他的幸福(生活中的快乐)降低了,这完全说得通。说一个人或一个共同体更重视宗教惯例的维系,相比之下不那么重视福利,这也说得通。

由于大多数人事实上都想要健康以及有助于健康的物质条件,我们可以认为"福利"是部分关注欲求的判断(partial want-regarding judgements)的构成要素,所谓"部分",意思是说它的注意力集中于从所有可能的欲求中选出的一些欲求。如果我们要问为什么应该选出这些欲求加以特殊关注,那么可以提出三条理由。首先,福利如此普遍地为人欲求,这一事实使得要求政府对它加以保障且在必要时亲自提供物质基础是合理的。其次,福利是一种**可以**(can)由政府来

188

---

① 查尔斯·比尔德(Charles A. Beard)在 *The Idea of National Interest*(New York, 1934)一书中指出,"物质利益"(我已经简单称之为"利益")代表了得到更广泛思考的种(即"利益")下面的一个属,将"利益"作狭义理解以至于把它等同于"物质利益"的做法与一场思想运动相伴随。"很长一段时间,(利益)这个术语都在其比较宽泛的与心理相关的领域被人不加区分地使用;事实上,直到 15 世纪后期开启的世俗革命扩张到思想领域为止,这个术语一直都被人这样使用。当政治经济学取代了神学成为知识精英最为关注的领域时,利益在涉及政策、治国术和一般的社会事务的协商和著作中就缩小成了一个经济学概念。这个词语在中世纪末期被吸收进德语之中,在法律中意指'源于任何人的财产的份额(通过另一个人的活动),所失去的效益或所遭受的损失'。如果把它设想为物质性的东西,那么它现在的意思就是财富上的收益,这种收益是通过主流的经济标准来衡量的,比如土地收益、房产收益、物质资本收益、金钱收益、信贷收益以及可交换的商品方面的收益。"(p. 155)

② 在拒绝将健康等同于一种"利益"方面,一个巧妙的例子如下:"对于卫生部,司法部副部长彼得·罗林森(Peter Rawlinson, Q. C.)爵士说,卫生部长既关心共同体的健康,也关心纳税人的利益……"(*The Guardian*, 15 December 1962, p. 3.)

提供的东西,就是说,它比较直接地受到政府努力的影响。相对于欲求满足的条件而言,福利的条件在不同的人当中更具有相似性;即便完全撇开这一事实(这一事实暗含在第一条理由当中)不谈,与缔造一个全面满足欲求的国家相比,缔造一个"福利国家"也更为容易。最后,可以对福利进行比较清晰的统计,而对欲求的满足一般而言不能。婴儿死亡率、每一千个人所拥有的医院床位数、饮食低于最低营养水准的人数,所有这些都是可以发现的,而且可以用具有意义的数字来表示。

不过,我并不认为这就是对"福利"的完整解释,"福利"一词在使用时也可以带有一种关注理想的意味,因此,我们会批评一个人牺牲自己的健康或生命去追求其他欲求的满足(比如,通过抽烟来获得尼古丁的欲望,或在俄罗斯轮盘赌中寻求刺激的欲望)。当然,我们也可以用关注欲求的范畴来表达这种批评,说满足这些欲求不符合他的(长远)利益:现在满足它们可能会严重减少他将来满足欲求的机会。但是我认为,至少某些人不愿采用这种说法,而会说一个人不**应该**"不必要地"将自己的生命与健康置于危险境地。比如,自杀就不仅被指责为不明智,或者被指责为对那些被自杀者抛下的人太狠心,而且也被指责为本质上就是错的,这大概就是一个关注理想的判断。①

189

(2)"善"(Good)

在"为了 A 的善"("for the good of A""for A's good")这样的短语中,"善"一词可以涵盖很多东西,但是至少有两点可说:一方面,"善"非常典型的用法出现在这样一些语境中,即"为了某人自己的

---

① 如果我们从"物质"福利转向"精神"福利,那么下述看法就会得到强化:一个观察者可能会把一个人的福利看得特别重要,以至于超过了这个人自己确定福利在其既定目标中的位置时所赋予它的重要性。"精神"福利大概要根据道德标准与宗教标准来界定,因此明显是一些理想性的概念,它们规定着欲求什么东西才是恰当的。

善"，他被阻止去做某事，或被吸引不去做某事；另一方面，或许与此相关，它很少被用作"利益"（interest）的同义词，尽管有时候被用作"最佳利益"的同义词。

除此以外，我们就很难进一步说明了。该词的核心意义似乎就在于一个有机体的健康运转。这包括了非人的有机体，比如"生肉对狗而言是好的"或"肥料对卷心菜而言是好的"；更重要的是，它还包括那些与有机体类似之物，即人类组织，比如"对美国来说是好的事情对通用汽车公司来说也是好的"（这是查理·欧文·威尔逊担任国防部长前在听证会上那句名言的正确版本①）。再如，"学校的善"或"军团的善"。这里的"善"指的是所提到的组织的生存、发展与改善；关于一个组织之善的说法不等于关于其成员之善的说法。即便认为这两种说法之间必定有更为间接的联系，这种想法也会把组织是为了其成员之善而存在这一命题变成一个分析真理而非一种劝告。

不过，正如我所说，尽管用"善"来指代一个有机体的健康运转构成了其意义的重要部分，但是还有很多其他用法没有被这个意思涵盖。比如，《淫秽出版物法》规定："如果证明文章的发表是正当的，因为它符合科学、文学、艺术或学术的利益，或符合为人普遍关注的其他目标的利益，从而是为了公共善（public good）"，②那么就不得定罪或下令查封。这里的"公共善"似乎是一个关注理想的概念，因为科学、文学、艺术等大概也可以被说成是"为了公共善"，即便大多数"公众"并不想它们得到提高。然而，尽管这里的"公共善"不同于"公众

190

---

① 查理·欧文·威尔逊（Charles Erwin Wilson，1890—1961），曾任美国通用汽车公司总裁和美国国防部长，由于他本人持有通用汽车公司大量股份，因此他的提名在确认听证会上引起了争议。当被问及他作为国防部长是否会做出于通用汽车公司不利的决定时，他做了肯定回答，但他补充说他无法想象这种情况会发生，"因为多年来我认为对我们国家来说是好的事情对通用公司来说也是好的，反之亦然"。这句话经常被错误地引用为"对通用公司来说是好的事情对国家来说也是好的"。——译者注

② *The Trial of Lady Chatterley*，C. H. Rolph 所写的"导言"，Penguin Books，1961，p.4。（从作者的论述来看，此处的 public good 不同于下文的 public goods，为了区分，一律将前者译为"公共善"，而将后者译为"公共产品"。——译者注）

所欲求的东西",但是说这些东西是"为了公共善"并不是说,人们应该具有或者应该满足某些欲求,而只是说如果他们确实具有这样的欲求,他们在满足这些欲求时不会受阻。

但是"善"这个词也用于提出一种人格理想来讨论的语境里。比如,有时候有人说,痛苦对人来说是"好的",这个观点似乎建立在下述信念的基础之上:痛苦可以使人高贵。在这个宽泛的意义上,我们可以说"一个人的善"在于拥有某些品质,而无论这些品质是否能够促进他的幸福。比如,格林(T. H. Green)似乎相信,"一个人的善"在于"完善"(perfection),而这不等于"幸福"。

2. 公共利益与共同利益

(1)"公共的"(public)

根据我对"公共利益"意义的解释,所谓"公共利益",就是指"人们作为公众的成员所共同拥有的那些利益"。我将在本节处理"公共的",在下一节处理"共同利益"。

130 年前,乔治·科恩沃尔·刘易斯爵士(Sir George Cornewall Lewis)为"公共的"提出了一个一般性的定义,要改进这一定义是不可能的:

> **公共的**,与**私人的**相反,是指与任何特定的个人或人群没有直接的关系,但可能会毫无差别地直接关系到共同体的任何一个或一些成员。因此,一位行政长官的行为,或一位立法会议成员的行为,如果是出于他们的职责而做出的,就被称为公共的;而同样的人对他们的家人和朋友所做的行为,或者他们出于自己特殊的目的与陌生人打交道的行为,就被叫作私人的。所以,剧院或娱乐场所被认为是公共的,不是因为共同体中的每个成员实际上都要去那里,而是因为它向所有人无差别地开放。任何人只要想进去就可以进去。同样的说法也适用于公共建筑、

公共客栈、公共集会等。一本书的公开出版（publication）意味着它将被陈列出售，任何想买的人都可以得到它。即使此书一本也没有卖出去，它也算是出版了。在我们的法律语言里，议会的公共行为与私人行为是不同的，因为一类行为直接影响到整个共同体，而另一类行为则影响到某个或某些确定的人。①

边沁在"刑法典原理"（"Principles of the Penal Code"）中的讨论有几点也与我的目的高度相关，它们和刘易斯的定义所依赖的是相同的一般性区分。②

第一，**私人冒犯**（private offences）。指那些对这个或那个可指认的个人（assignable individual）构成伤害的冒犯。一个可指认的个人是指这个或那个特定的、除其他每个人以外的个人，如彼得、保罗或威廉，而不是冒犯者本人。

第二，**反身性冒犯**（reflective offences），或者**针对某个人自己的冒犯**。

第三，**半公共的冒犯**（semi-public offences）。指这样一些冒犯，它们影响到了共同体的一部分，比如一个地区、一个特定的法人社团、一个教派、一家商业公司，或者，个人出于共同兴趣结合而成、范围小于整个共同体的任何联合体。

一种当下的恶行与一种过去的恶行都不可能构成半公共的冒犯。如果恶行是在当下或过去发生的，那么正在遭受或曾经

---

① Sir George Cornewall Lewis, *Remarks on the Use and Abuse of Some Political Terms*(London, 1832), pp. 233-234. 可举的例子还有很多，我再举一个："虔诚和慈善的"（pious and charitable）遗赠往往可以由它们的"公共目的"而被区分出来，而且我们发现了同一条标准，这毫不奇怪。"在法律意义上，一个慈善行为可以被……定义为一个赠予行为，该行为惠及的是人数不确定的人……"（Supreme Court of Massachusetts, in Jackson v. Philips, 14 All 539 Supreme Court of Massachusetts, 1867.）

② Bentham, *The Theory of Legislation* (London, 1931), p. 240. （中译本参阅边沁：《立法理论》，李贵方等译，中国人民公安大学出版社，2004 年，第 287 页。中译本将 offence 译为"犯罪"实为不妥，因为唯有违反刑法的行为才被称为"犯罪"，而 offence 的外延要宽泛得多。——译者注）

遭受过这种恶行的个人就是可指认的,因而也是第一类冒犯,即私人冒犯。半公共冒犯的关键之处在于一种将来的恶行,也即一种可能会发生的危险,但还没有侵害到任何特定的个人。

192 　　　　第四,**公共冒犯**(public offences)。指这样一些冒犯,它们对国家的所有成员或人数不确定的不可指认的个人造成了一些共同的危险,尽管任何特定的个人似乎都不比其他任何人更有可能遭到伤害。

对于作为形容词的"公共的"就谈这么多。但是"公众"("the public")又是什么意思呢? 在这里,要强调的仍然是"人数不确定的不可指认的个人"。使用"公众"一词的主要(尽管不是唯一)情形就是人们作为广义上的消费者受到影响的情形。一场铁路罢工将给"公众"带来不便(就是说,它将给旅客及那些通过铁路运输来邮寄货物的人带来不便)。"公众"被要求不要进入公园的草坪,这里的"公众"也就是那些使用公园的人,而不是市政园艺工人。对医生而言,"公众"是指病人;对剧院管理者而言,"公众"是指看戏的或可能会去看戏的人;对公务人员来说,"公众"就是指公民(大致说来,也就是政府服务的消费者);等等。显然,成为"公众的一员"的资格在不同的情况下有所不同,因此,对于"公共利益"要求些什么这个问题,我们只有先弄清楚提出这个问题的具体语境,然后我们才能谈论这个问题。①

(2)共同利益:初论

说两个或更多的人有一种共同的(或不同的)利益,这是在提出

---

① "公众的成员并不是固定不变的,而是随问题的变化而变化。一个事件的参与者可能是另一个事件的旁观者,人们来回地穿梭于不同的领域,在一些领域,他们是执行者;在另一些领域,他们是公众的成员。"Walter Lippmann, *The Phantom Public* (New York, 1927), p.110. (中译本参阅沃尔特·李普曼:《幻影公众》,林牧茵译,复旦大学出版社,2013年,第78页。——译者注)

一个不完整的说法。说他们在实施某项政策或采取某个行动方面有一种共同利益,这个说法也不完整。这是由于"利益"与"善""福利""有利影响"之间有一个共同特点,即它们必然是比较而言的。无须和另一项政策进行比较,你就可以问"这项政策公平吗?"。换句话说,"这项政策是公平的"这个说法并不需要扩展为"这项政策比那项政策更公平"才算完整。但是,如果你问某项政策是否符合某人的利益(等等),这确实需要扩展为"这项政策比那项政策更符合他的利益吗"。"符合某人的利益"至少是一种包含三个因素的关系,涉及一个人和至少两项政策。

一个概念表面上看不是比较性的,而事实上则是,这种现象很常见。休谟对此做了下述评论:

193

> 任何合乎情理的人都不会否认,优点与缺点、德行与恶行、智慧与愚蠢之间存在着本质差异。不过显而易见的是,在附加一些表示我们的认可或指责的词语时,我们通常会更多地受到比较的影响,而更少受到事物本性问题上固定不变的水准的影响。同样,每个人都承认,数量、广延、体积都是真实存在物,但是当我们说某个动物**大**或**小**时,我们总是在那个动物与同类的其他动物之间做了一个隐含的比较,正是这个比较在调整着我们对其大小所做的判断。一条狗和一匹马可能完全是一样大的,然而人们会说这条狗好大,这匹马好小。因此,当我们面临任何争论时,我们总是要考虑一下所争论的主题是不是一个比较问题,如果是,那么就要考虑争论各方到底是在比较同一类对象,还是在谈论截然不同的事物。①

区分开**水准**(standards)和**标准**(criteria)以便避免从这一说法得

---

① "Of the Dignity or Meanness of Human Nature", *David Hume's Political Essays*, ed. Charles Hendel (New York, 1953).

出错误的更为宽泛的结论,这非常重要。① 在不同的情况下,标准是完全一样的;比较只影响到水准。"大于"的标准是一样的,无论我们谈论的是狗还是马;因动物种类而异的只是水准,水准规定着一种动物至少要有多大我们才可以称之为"大"。地方水准的优秀高尔夫球运动员要是用国家水准来衡量的话可能只是一般般,国家水准的优秀高尔夫球运动员要是用世界水准来衡量的话也可能只是一般般。但是"优秀高尔夫球运动员"的标准始终是指一种得分的能力,即能够得到比相应级别平均分还要低的分数。② 同样,如果大学入学的水准提高了,这就意味着学生不得不表现得更好才能考上大学;但是"更好的学生"的标准无须改变。(当然,它们也可以改变,不过这将是一种独立的改变。)

194 　　现在可以考查这一区分如何运用于"利益"(等等)问题了。某项政策与一项替代性政策相比可能"符合某人的利益",与另一项替代性政策相比可能"违背某人的利益"。该政策必须满足的水准在不同的比较中是不同的。但是与此同时,用来衡量"一项政策与另一项政策相比更符合某人的利益"的标准是不变的;我当然会说,它们就像我们在本书最后一章所阐明的那样。

　　所有关于"利益"的陈述都以某种方式在一项政策与另一项政策之间做了一种"隐含的比较"。对于一项政策(比如减少某些关税)是否符合我的、你的或每个人的利益这个问题,之所以充斥着大量没有说到点子上的争论,就是因为忽视了这一点。对于一项政策必须具有何种结果才能被看作比另一项政策更符合一个人的利益这个问题,两个人可能会达成共识。对于政策 x 如果得到采纳将会产生何

_____

① 在上面这段引文中,休谟指出,尽管比较"调整着我们的判断",但是"每个人都承认,数量、广延、体积都是真实存在物"。他显然并不认为,比较的意义证明了比它事实上所证明的还要多。

② 高尔夫球赛的计分基础是进球所用的杆数,杆数越少分数越低,成绩也越好。——译者注

种实际结果这个问题,他们也可能会达成共识。然而,对于政策 x 如果得以采纳是否符合他们的(或每个人的)利益,他们仍然可能无法达成共识,因为他们各自用 x 与其他可能的政策做不同的"隐含的比较"。一方可能声称 x 不符合他的利益,因为他可以想到一项对他甚至更为有利的政策。另一方可以说,该项政策**确实**符合他的利益,因为它将使他的状况比**现状**更好。还有人可能会采取一种中间立场,不是把 x 与所有逻辑上可能的替代性政策——无论它多么荒谬多么不可能(比如对牙膏征重税,其余一切商品则免税)——进行比较,而是和其中五、六项有一定实施可能性的政策进行比较,这样,他可能会声称,比如,x 符合大多数人但并不是所有人的利益。

　　这种忽视还导致了一些论调,这些论调指出,一个社会的所有成员并不存在共同的利益。提出来作为这一观点之根据的是这样一个说法,即任何付诸实践的建议都会有群体反对。① 这个观点是很肤浅的,因为它忽视了一个问题,即为什么某些逻辑上可能的建议永远也没有任何人提倡? 比如说,为什么在美国没有任何人支持让战略空军司令部把它所有的炸弹投向美国本土? 这是显而易见的,因为根本没有谁相信这符合他的利益。指出所有**事实上被提出的**建议都面临着反对,就好像这是一个重大发现一样,这其实非常天真,正如对下述事实表示惊讶非常天真一样:所有上诉到美国最高法院的案子中,公说公有理,婆说婆有理。(如果不是这样的话,那么有些人就是在浪费巨额钱财。)

　　一旦我们记住"符合 A 的利益"至少是一种包含三个因素(即 A 与至少两项政策之间)的关系,我们就很容易发现,对共同利益与不

195

---

① 比如,亚瑟·宾利(Arthur F. Bentley)说:"我们永远也找不到作为一个整体的社会的群体利益。"见 Arthur F. Bentley, *The Process of Government* (Indiana, 1949), p. 122。大卫·杜鲁门(David B. Truman)说:"我们无须考虑一种有利于所有人的利益,因为这种利益根本不存在。"见 David B. Truman, *The Governmental Process: Political Interest and Public Opinion* (New York, 1951), p. 51。

同利益做一般性的谈论(talk in general)是何等空洞。对于任何一项建议来说，几乎总是至少有一项建议与它相比是符合一个人利益的，也至少有一项建议与它相比是违背其利益的。说两个人或更多的人有共同利益，就等于说，有两项政策 x 与 y，且他们当中的每一个人从自身利益的角度出发都更偏好 x 而不是 y。根据这一定义，我们可以可靠地说，**任何**两个人在**某**两项政策之间都有一种共同利益；**任何**两个人在**某**两项政策之间都有不同的利益。同样的说法（基于同样的推理）也适用于群体。

共同利益无所不在，哪怕是在敌人之间；①盟友之间的利益分歧也是无所不在。② 我们不要对具有共同利益或相反利益的人或群体做一般性的谈论，我们应该说，在采纳 x 而非 y 时，那些人或群体的利益具有一致性或相互冲突。如果我们做到了这一点，我们就可以清楚地看到，在一个国家的所有公民之间，以及在更大的群体内部，这种意义上的"共同利益"存在的可能性是很大的。

在作为引言的这一节，我还要说的最后一点是，一个人可能会以多种不同的方式受到某项政策影响，因为他可能会以不同的角色或身份受到影响。作为一名驾驶员，严厉实施限速规定不符合他的利益，而作为一个行人，则符合他的利益；作为某种原材料的进口商，全

196

---

① 见 Thomas C. Schelling, *The Strategy of Conflict* (Cambridge, Mass., 1960), pp. 4-5, 11；也见 Schelling, "Reciprocal Measures for Arms Stabilization," *Arms Control, Disarmament and National Security*, ed. Donald G. Brennan (New York, 1961), p. 169："在现代世界，对俄国人来说是收益对我们来说就必然是损失，反之亦然，这种说法是不正确的。我们可能会同时遭受损失，而这一事实提供了合作的余地。除非俄国人已经决定发起进攻而且在为此做准备，否则，在减少先发制人的优势上，我们有着共同利益，而这只是因为，那种优势即便双方共同拥有，也增加了战争的可能性。如果一方以放弃发动突然袭击的能力为代价可以换来另一方也放弃这种能力，那这就是一场合算的交易。"

② "由于关税立法涉及大量独立的利益冲突，因此关税立法的本质就是要在几乎任何群体当中制造分歧，无论该群体在其他关系方面看上去是何等的同质化。事实上，在关税立法中，让具有相互冲突需要的产业家族彼此密切联系在一起的通常还是利益。对此我们还可以补充一个事实：贸易联合体可以建立在很多种基础上，这些基础大多数都与关税无关，而且我们可以看到，单个群体内部的利益往往很复杂。"E. E. Schattschneider, *Politics, Pressures and the Tariff* (New York, 1935), p. 224.

面提高关税不符合他的利益,而作为一个不得不与国外对手竞争的卖家,则符合他的利益;诸如此类。因此,我要区分开两种利益,一种是一个人**作为*ϕ***(也就是处于某种特定身份当中)而获得的利益,另一种是他在一项政策中所获得的**净利益**(就是说,将他在各种身份当中所获得的好处与所遭受的损失加以平衡之后,他总体而言受到了何种影响)。到此为止,我还只考虑了净利益,但是人们由于彼此具有相似的角色或身份而共同具有的利益从分析的角度和实践的角度来说也很重要,即便这些共同利益被其他不同利益所遮蔽了。

(3)在政策上的共同利益

原则上说,在某种具体行动上存在着惠及一个共同体的共同净利益,这并不是不可能的。但必须承认的是,在两个实际上被提议的行动当中,不可能有一种行动与另一种行动相比对每个人来说都更好。当利益惠及的是可指认的人时,就是说,当每一个人都可以准确地说出他得到了什么的时候,这一说法尤其正确。更能说明问题的是这样一种情况:在这种情况下,某种原本可能会无差别地落到共同体任何成员头上但可能不会落到所有人头上的灾难得以避免了。比如说,假设除非所有人每人花 10 英镑来帮助加固堤坝,否则大海的巨浪就会造成洪灾,从而使一半的人每人损失 100 英镑。**如果**没有人能预先知道他会不会属于遭受洪灾的那一半人口,那么,加固大坝的行为就符合每个人的利益。假如某些人知道他们无论如何都是安全的,那么征收相关款项就意味着他们损失了 10 英镑,而不是买到了预期价值为 50 英镑(0.5 × 100 英镑)的划算保险。

但是,共同体成员之间存在共同利益的大多数情况所涉及的都是政策而非具体的行动,而这也是因为,政策让人受益还是受损是无法准确地提前预知的。保险政策就是我这里所谓"政策"的一个例子:根据保险政策,你在任何时候遭受了某种损失都可以得到赔偿。从事后的角度来看,每个人都可以算出他给房子买火灾保险到底是获益了还是受损了。但是从事前的角度来看,他不得不去计算一下,考虑到保险的费用和火灾的风险,买保险到底值不值得。他知道,在这一年结束时,他要么会为自己给房子买了保险而庆幸,要么会为此感到后悔。但这无助于他做出决定,因为他现在说不清他将来究竟是会庆幸还是会后悔。

许多政府计划都属于这种类型,比如医疗保健、失业救济等。尽管收益和成本总是明确的,但由于没有人能知道他自己一生中是否会从中获益,所以,支持这类计划以免除后顾之忧,可能就符合每一个人的利益。这就是我所说的"政策"(policy);它所包含的完全不是"每周给 A10 英镑"这样的决定,而是"每周给处于某种境况下的每一个人 10 英镑"这样的决定。大多数法律都是这种意义上的"政策"。实际上,那些明确指定某些个体应被惩罚的法律被称为"褫夺公权法案"(acts of attainder)(它是被美国宪法所禁止的)。

通常,当人们在一个具体的行动 x 上没有共同利益时,他们会在实施 x 这样的行为所依据的那一项政策上有共同利益。比如,在一个国家中,或许并不存在这样一条道路,贡献其修建成本符合每一个人的利益;但是,如果一项政策规定,在全国任何地方,只要达到了某种关于"需要"(need)的标准,就可以修路,那么为这一政策贡献成本可能仍然是符合每一个人利益的。

卢梭在他所谓的"法律"(laws)和"指令"(decrees)之间所做的区分恰如我在"政策"与"具体行动"之间所做的区分。因为支持一项政策时,你实际上是在填写一张空白支票,而未来发生的事件有可能会把你的名字填在上面,所以你一定要谨慎行事。在你投票赞成严惩杀人犯以前,要记住,你某一天也可能会站在被告席上;而在你投票赞成宽大处理杀人犯之前，也要记住，你自己某一天也可能会是受害者。[①] 然而，在针对具体行动投票时，人们并不是在做一个"一般性的"判断，因为获利的人和吃亏的人都是可以指认的。这件事情就是要在利益之间做出决断，按照卢梭的说法，这一任务应该留给行政或司法机构去做。

有些人似乎有心理障碍，不接受这个观点，这种障碍之所以存在，可能是由于他们把它和帕累托曾经剖析过的一种粗糙的"利益和谐"理论混淆起来了。帕累托的剖析如下：

> 有些作家——比如普芬道夫、霍布斯、斯宾诺莎和洛克——认为，下述事实中存在着一种有利于自然法的约束力量：违背自然法的个人伤害了社会，从而也就伤害了作为社会一员的他本人。这一看法的错误之处在于：(1)它忽视了所得或所失的数量，它假定**所有**人要么全部都按一种方式行动，要么全部都按另一种方式行动，却没有考虑到在某些情况下，一些人会按一种方式行动，而另一些人则会按另一种方式行动；(2)它沿着上面这条思路走向了极端，要么只考虑收益，要么只考虑损失。事实上，我们不妨接受如下前提：假如**所有**人都不去做 A，那么每一个人作为共同体的一员都会获得一定的好处。但如果**除了一个人以外**所有人继续不去做 A，那么整个共同体的损失是非常轻微的，而那个做了 A 的人所得的个人收益会远远超出他作为共同体的一员所蒙受的损失。[②]

不过，帕累托的指责并不适用于卢梭（我怀疑它也不适用于他提

---

① 参阅 John Rawls, "Justice as Fairness", *The Philosophical Review*, LXVII, 2 (April 1958), pp. 164-194, 重印于 Olafson (ed.), *Justice and Social Policy* (Spectrum Books, 1961)。（中译本参阅约翰·罗尔斯：《罗尔斯论文全集》，上册，陈肖生等译，吉林出版集团有限责任公司，2013 年。——译者注）

② Vilfredo Pareto, *The Mind and Society* (*Trattato di sociologia generale*), ed. Arthur Livingston (New York, 1935), pp. 945-946.

到的那些作者们)。卢梭并不否认，**违反**一条有利于你作为共同体一员的法律，可能是符合你的利益的。他所说的只是，**投票**赞成这条法律确实是符合你的利益的；而如果你已经投票赞成对某种罪行实施某种惩罚，那么，你想要的某种一般性政策要是在具体情况下运用在了你身上的话，你就无权抱怨。对于契约，也可以说几乎一样的话：订立某些契约符合你的利益，尽管如果你能够避免履行自己的协定义务的话，对你来说甚至会更好。

现代社会的复杂性使得我们很难看到这一原则在起作用，因此我提供一个例子。

> 生活在加冕湾的爱斯基摩人主要靠海豹为生。一个猎人把小海豹带回家煮来吃，主妇要么邀请邻居到自己家一起进餐，要么送一部分做好的食物给那些她知道已经没有新鲜肉吃的家庭。

> 当一个猎人捕获了一种长有胡须的大海豹时，他没有把它带回家，而是站在一块小冰山上，双手尽可能长地张开，慢慢地转了三圈。所有看到他这样做的猎人都集聚过来，他们当中最有影响力的一位猎人根据在场的猎人人数把海豹分成了很多块。①

猎人拿最后一块，分割者拿倒数第二块，这是"公平分配问题"的一个有趣的解决办法。

只要每一个人都参与了游戏，我们就不能为了使每一个人的状况都得到改善就改变这里所描述的政策。如果有些人偷懒或不再和大家分享，短期来看，这会于他们有利，但是其余的人很快就会召集会议来决定要采取何种应对措施，而且毫无疑问，每个人都会发现，唯一能够赢得全体一致赞成的政策就是**执行**旧规则。赞成这一决定

---

① Vilhjalmur Stefansson, "Was Liberty Invented?", *Freedom—Its Meaning*, ed. Ruth Nada Anshen (New York, 1940), p. 400.

而不是被排斥符合每一个人的利益,因为单个猎人很可能会在抓到下一只海豹之前饿死。不过,赞成规则然后又违背规则当然还更好。除了未被发现的违规者以外,每一个人在第一种处境下的状况都要比第二种处境更好。[①] 到此为止,"和谐"理论家都是正确的。相对于第一种处境无法维系的情况,每一个人在第二种处境下的状况都更好;霍布斯与卢梭所指出的正是这一点。但是如果你在第二种情况下可以逃脱而不被发现,你的状况也许比在第一种处境下遵守规则时还要好;如果你能在第一种处境下违背规则而又不至于对他人造成明显的影响(这种影响要么使得别人也加入这一勾当,要么使得别人打击这一勾当),这就最好不过了,因而就是帕累托最优。

但是,如果流行的错误就是低估了在政策上具有共同利益的领 **200** 域,那么我们也不能以此为理由而走另外一个极端,竟至于认为由于未来是不确定的,所以我们就可以主张,在社会生活的所有领域都存在共同利益。这个错误之所以产生,可能是由于一个人将自己的注意力完全局限于刑法比较简单的部分(比如禁止谋杀的法律)以及"我们的《道路交通法》的大部分"[②]。在很多其他情况下,一个人的特质(qualities)也会影响到他在不同政策下的前景。

考虑一下这样一些特质:受教育程度是高是低、有技术还是没有技术、聪明还是不聪明、白色人种还是有色人种。这些特质在一个人的一生中不太可能有很大的变化,至少,如果不付出很大努力是不会有太大变化的,而且它们不可避免地会使这些特征的拥有者在不同的总体安排下处于不同的境遇。比如说,我们几乎不能指望一个白人会出于他后来可能会变成黑人这样的考虑而反对黑人奴隶制。因此,很多初步看来存在着利益冲突的基本问题,并不会因为未来是不

---

① 这里的第一种处境指人人都遵守约定的规则情况;第二种处境指有些人"偷懒或不再和大家分享"的情况。——译者注

② John D. Mabbott, *The State and the Citizen*, Grey Arrow Books, 1958, p. 67.

可预测的就得到很大程度的缓解。① 就政治安排与经济安排进行投票的人们不仅仅是在选择一套角色(他们做出选择的前提是,他们将有平等的机会被分配任何角色);他们对于自己将担任的大致角色有比较清楚的意识。实际上,我相信要解释实际的投票行为是不可能的,除非我们真的假定,人们愿意相信自己一定会得到一种角色而非另一种角色。比如,假定在费城会议上,南方的代表们必须做出选择,要么选择有四分之一的可能性拥有三个奴隶和四分之三的可能性成为奴隶,或者一般而言,有 $1/n$ 的可能性拥有 $n-1$ 个奴隶和 $(n-1)/n$ 的概率成为奴隶,要么选择既不会成为奴隶也不拥有奴隶。我猜想大多数人会选择后者;然而恰恰相反,南方的代表们确实没有抓住机会敦促新宪法废除奴隶制。②

201   **(4)在用来选择行动与政策的规则上的共同利益**

我们只能谈论在政策上的"共同利益"吗? 未必。在某些有利的条件下,如果采纳了一项更高阶的政策的话,有可能每一个人都可以合理地期待着受益,那项更高阶的政策规定了某些标准,并规定,任

---

①   作者在这里的意思是说,尽管未来是很不确定的这一残酷事实使得我们应该相互合作,从而在社会生活的很多领域都存在着共同利益,但不能无限夸大这种共同利益的领域,以至于认为在社会生活的所有领域都存在共同利益。之所以如此,是由于人们的某些特质具有重大的差异,这些差异很难消除,这使得他们可能在一些基本问题上存在着利益分歧,而这些分歧并不会由于未来的不确定性就得以消除,因为这种不确定性并不能压倒有些人基于这些特质而获得的优势。——译者注

②   见 William Vickrey, "Utility, Strategy, and Social Decision Rules", *The Quarterly Journal of Economics*, LXXIV (1960), pp. 507-536. 威廉·维克里(William Vickrey)提出的另一个观点是,即便预测未来的角色是完全不可能的,人们可能仍然会投票支持不同的角色系列(role-sets),除非他们对风险具有同样的态度,而且对不同收入下金钱的边际效用持相同的看法。(我认为这些概念从直觉上看是不同的,即便没有办法对它们做出具有可操作意义的区分。)否则,一个人可能倾向于选择一个收入低的概率很高而收入高的概率很低的角色系列,另一个人倾向于选择相反的角色系列,而第三个人则倾向于选择具有确定的中等收入的角色系列。由此得出的一个推论就是,即便自由放任主义带来的收入根据预期价值来衡量是最高的真实收入,但是一个理性的行动者如果更喜欢一份确定的收入,而不喜欢冒险(与这种风险相伴的是更高的预期价值,但同时也可能会一无所有),那么他可能仍然更倾向于选择一种更低的预期价值。

何满足了这些标准的行动或政策都要付诸实施。我们可以把一条一般性的规则作为这种更高阶的政策的一个例子，这条规则规定，总体上正当的改变总是应该加以推行。从边沁到埃奇沃思（Edgeworth）的古典经济学家通常采用这样一条证成思路来为功利主义的建议辩护；[1]希克斯（J. R. Hicks）不顾凯恩斯勋爵的格言"长远来看，我们都死了"，他在20世纪40年代复兴了这种观点。

> 不要在生产组织中做任何改变，除非那种改变在这种意义上是一种改进（即这样一些变化，在这些变化中，获益者**可以**补偿受损者且状况仍然更好——引者注），同时，要做出一切可以找到且可称为改进的改变。如果一个共同体的经济活动是按照上述原则组织起来的，那么，尽管我们不能说，与该共同体要是按照某条不同的原则而组织起来相比，这个共同体的所有成员必然会过得更好，但是也很有可能，在经过足够长的一段时间后，几乎所有的人都会过得更好。[2]

很容易看到这种进路受到的限制：有些决定对于分配会有很大的影响，指望轻微的改变就能彻底消除这些影响甚至完成更多的事情，这是没有根据的。然而，如果一些决定对于分配只会有很小的影响，而且这些决定看起来确实可以基于一般性的功利主义理由而得到证成，那么公共权威执行这些决定时往往就能得到普遍的赞成；而且我们可以合理地认为，在这种普遍的赞成背后是这样一种普遍的假设：假如公共权威始终在此基础上行事，那么从长远来看，每个人都会受益。

与刚才讨论的这种仍然必须加以运用的规则相反，一个群体可能会发现他们有一种共同利益，这种共同利益就在于根据某种自动

202

---

[1]　见 Gunnar Myrdal, *The Political Element in the Development of Economic Theory*, Paul Streeten 译（London, 1953）, pp. 211-212.

[2]　J. R. Hicks, "The Rehabilitation of Consumers' Surplus", *Review of Economic Studies*, VⅢ, No. 2 (February 1941), p. 111.

程序比如机缘或投票来解决问题(至少,相对于问题根本没有希望得到解决的情况而言,这是一种利益)。在实行机缘程序的情况下,每一个人可能都希望平均而言能和别人一样多地受到获胜政策(winning policy)的青睐;而在投票的情况下,他可能希望经常处于多数派。(我将在第十四章和第十五章讨论多数票决应该如何运作。)

应该指出的是,如果使用了这样一种更高阶的政策,那么"符合公共利益"的是这种更高阶的政策,而不是因为符合这种更高阶的政策而被实施的具体政策或行动;也就是说,"符合公共利益"的是"多数原则"或"功利原则",而不是它们的这种运用或那种运用。同样,如果某种具体的政策因其自身之故而符合每一个人的利益(见本章第二节第三部分),说根据该政策而采取的具体行动是符合每一个人的利益,这就是不正确的。比如,即便绞死杀人犯符合每一个人的利益,但被绞死显然不符合任何杀人犯的利益。

3. 公共善与共同善

下一章要更详细地考查"公共利益"(public interest),在进入下一章的任务之前,我想暂时偏离一下主题,把这里已经完成的对"公共利益"与"共同利益"的分析扩展到"公共善"(public good)与"共同善"。

"公共善"引出了几个问题;它的用法几乎和"公共利益"一样,只不过"善"的意思不同于"利益"。就是说,"公共利益"的使用往往被限定于谈及一般性的欲求满足之手段的情况下;而"公共善"可以被用于更广泛的情况下,比如用于前面所引用过的《淫秽出版物法》,该法案承认"科学、文学、艺术或学术"是"公共善"的组成要素。然而,在"共同善"与"共同利益"最为典型的用法之间,似乎存在着一个很大的差异,这个差异大到已经不能用"善"与"利益"在意思上的细微差异来说明了。我们可以从"共同善"与"共同利益"的典型用法之间的两个差异看出这一点,这些用法虽然与"善"和"利益"之间的差异有关,但并不能完全还原为这些差异。

第一个差异就是,一个群体的成员的共同利益通常被认为在于这样一种事情中,这种事情以损害别人为代价来使群体成员受益。①表述雇员的共同利益时要提到雇主,反之亦然。相反,"共同善"几乎专门被用来谈论某个群体**内部**的关系,而不是一个群体的成员与群体外的人之间的关系。

第二个差异在于,之所以诉诸"共同善",是为了证成稀缺资源的一种特殊分配方式,而不是为了证成一种安排,在那种安排下,激励或威慑都是为了改变行为。对于旨在鼓励工作的奖励制度或旨在抑制违法的惩罚制度,如果我们要支持它们,我们完全可以说它们"符合公共利益",但我们几乎不能通过指出它们"为了共同善"来支持它们。对于在我看来完全一样的一个观点,还有另外一种表述方式。当要捍卫一个机构或一种政治行动时,就使用"公共利益";它是作为一个管理者的概念。"共同善"往往以一种不同的方式使用,也就是用于**呼吁**个人去做某件违背其净利益的事情的情况下。因此,如果使用更多的激励措施可以因为"符合公共利益"而得到支持的话,那 204 么呼吁相关者更努力地工作而不要额外报酬这样一种替代性方案就可以用"共同善"来表述。当然,如果"为了共同善"而去做某事必然涉及一种纯粹的牺牲,那么将要导致的结果显然不可能符合每一个

---

①　对"国家利益"(national interest)来说,这一趋势甚至更强,它在极端情况下通常是指某个国家的居民在本国与其他国家的关系中的利益。即使有时候表面看上去不是这样,比如提高工资的要求或在外汇中投机都被说成是"违背国家利益",但是我们所考虑的通常情况其实仍然是国家的外部关系,即它的支付平衡或汇率。

"国家利益"有时候意味着国家的成员作为国家的成员共同具有的利益,有时候出于加总的考虑,它意味着把国家成员看作一个群体时所具有的利益。在第十三章,我注意到,"公共利益"会退化为一个未分化的加总性概念(undifferentiated aggregative concept);但是我们很容易把"民族"(nation)看作一个具有单一"利益"的(虚假)实体,而要这样看待"公众"则没那么容易。

相关者的净利益;毋宁说,它一定是在他们"作为一个♭"的意义上才符合他们的意义(或者说"为了他们的善")。换句话说,当我们要求一个人为共同善做出一种纯粹的牺牲时,也就是在要求他把他自己的善当中那些与他人共享的部分置于其他部分——追求那些部分仅仅有利于他自己——之上。

我已经把追求共同善需要做出一种纯粹的牺牲这种情况作为了更加典型的情况。但我们也可以设想另外一些情形,在那些情形下,存在一种"利益的自然一致",尤其是在小群体中,这样,一个人的净利益就在于追求他和其他群体成员共享的利益。比如,如果一艘救生艇上有六个人,任何一个人要想活下来,其中的所有人就都必须要么划桨,要么给救生艇充气,那么共同善和每一个人的善就一致地要求同样的行为。但是这样的情况确实很罕见。如果群体更大,而条件更为极端(因此,结果不是"得到全部或一无所得"的问题,而是"多一点或少一点"的问题),那么就更有可能出现下面这种情况:一个人只追求他的私人利益虽然会对作为群体一员的他本人也造成一定的损失,但是这种损失数量不会太大,因此总体而言,(从纯粹自利的视角来看)他仍然不值得以牺牲私人利益为代价去提升他与群体所共享的那些利益。比如,一个向作战部队出售不合格产品来赚钱的人增加了部队战败的可能性;但是所增加的战败可能性太小了,**对他来说**不太可能比他可以赚到的确定的财富更为重要。格林(T. H. Green)似乎就错误地相信,如果你要指望一个人去追求共同善,你就必须以某种方式让他相信他这样做是在追求他自己的最大(净)善。①下面这种说法当然更符合常识:人们出于纯粹利他的理由,或者由于相信为自己的善之源头(它们是由他人的努力所提供的)出力才是公

---

① 正是为了说明这一点,他声称,一个人的最大善就在于想要追求共同善;不幸的是,如果是这样,那么只有当一个人处于每个共同体成员都想要追求共同善的共同体中时,格林的观点才说得通。

平的,有可能会把共同善看得高于他们个人的善。比如,如果别人 205
"为了共同善"而铲掉他们家门前道路上的积雪,从而我们也受益于
干净的道路了,那么我们也铲掉自己家门前的积雪当然就是公平的。
同样,如果别人"为了共同善"而使用无烟的燃料,从而让我们受益于
烟尘更少的空气,那么我们也做出同样的行为就是公平的。①

　　注意,这些情形是(或者说至少很有可能是)共同善与个人自己
的善出现分歧的真实可信的情形,因为**他**从清扫**自己**门前道路所获
得的利益的数量很有可能不值得他付出努力。当然,如果**每个人**都
清扫自己门前的道路的话,由此所产生的利益对每一个人来说仍然
大于每一个人清扫自己门前的道路所付出的代价;实际上,如果至少
对大多数人来说并非如此,那么费事地清扫积雪对任何人来说都不
会是一件更好的事情(基于加总性理由)。但是除非他认为他自己的
决定会作为榜样影响到其他人,否则对于一个正在决定要不要清扫
自己门前道路的纯粹自利的人而言,这种计算就没有任何意义。

　　如果诉诸"共同利益"并不会有什么效果,就可以引入一条带有
制裁措施的规则来要求每个人清扫他屋外的道路(参考无烟区)。我
们可以基于下述理由来支持这一点:投票支持它"符合公共利益",也
很可能符合每一个人的**净**利益。如果它一旦获得了通过,就不再有
必要诉诸"共同善"来让人们清扫他们的道路;只要制裁足够严厉,而 206

---

　　① 这些例子可以归于罗尔斯在《作为公平的正义》("Justice as Fairness")一文中提
出的那个原则之下,那个原则相当于说,如果一个人享受了一种实践(practice)的利益,他
就有初步的义务也去承担该实践所规定的负担;不过真要将它们归于这个原则之下的话,
我认为还必须扩展一下罗尔斯的实践概念。烟雾控制和清扫积雪带来的利益并不依赖于
有一条规则规定每一个人(或某种范畴下的每一个人)都应该这样做。即便只有一个人使
用无烟燃料或清扫屋外的积雪,这也是有用的;至关重要的一点是,其他照着做的人必须
严格地根据人数按比例做出努力。(这一点总是建立在一个假定之上,即未清扫的道路只
是带来了不便。如果只有一条道路,而且一段未清扫就会无法通行,那么任何一个人清扫
他那一段都是没有意义的,除非每一个人都清扫自己那一段。在**这些**条件下,我们便具备
了罗尔斯意义上的"实践"的必要条件。)

且是针对比例足够大的违规者,那么依赖于自利(即对惩罚的畏惧)就是可能的。[1]

---

[1] 正是这种现象的存在可以解释为什么在某些问题上既可以存在一种"利益的自然一致",又可以存在一种"利益的人为一致"。有一部施加惩罚的法律使得每一个人都做某事或不做某事(也就是说,这部法律将带来利益的人为一致),在这一点上,存在着利益的自然一致(也就是说,这种利益一致性独立于任何法律)。比如,林德塞(Lindsay)就强烈批评边沁主义者同时支持利益的自然一致和人为一致,见 Lindsay, *Modern Democratical State* (Oxford, 1943), p. 142。他自己之所以感到困惑,明显是由于他几乎将无政府状态与自由放任主义相等同。自由放任主义是这样一种理论,根据这种理论,如果每个人都在某种法律(比如强制执行契约的法律)框架内追求他自己的利益,那么相对于其他任何政策,每个人都会受益。因此这是自然一致与人为一致的一个很好的例子。未能意识到在维持一个强制性的结构上也可能存在一种利益一致,这同时也削弱了林德塞在这本书中对霍布斯的指责。

第十二章 "公共利益"的运用

1. 引言

把"公共利益"概念看作内容空洞的概念而加以抛弃,这种做法在某些地方已经变得很流行。用它来作为公共争论的筹码被认为具有欺骗性,因为根本没有"公共利益"这种东西存在;而且有人说,如果这个概念有什么社会功能的话,也无非就是为那些实际上产生于群体压力的决定罩上合法性的光环。[①] 在上一章,我已经从一种理论

[①] 我已经在这一点上引用了 A. F. Bentley 和 D. B. Truman 的书(见第十一章第二节第三部分)。另外,也可参见 Franklin J. Sorauf, "The Public Interest Reconsidered", *Journal of Politics*, XIX (November 1957),第 616 页及下文; Howard R. Smith, *Democracy and Public Interest* (University of Georgia, 1960); Glendon A. Schubert, *The Public Interest: A Critique of a Concept* (Illinois, 1961). Glendon A. Schubert 的大作的概要可见 "The Public Interest in Administrative Decision-Making", *American Political Science Review*, LI (June 1957),第 346 页及下文,"The Theory of the Public Interest in Judicial Decision-Making", *Midwest Journal of Political Science* II (February 1958),第 1 页及下文;也可参见 C. J. Friedrich (ed.) *Nomos V: The Public Interest* (New York, 1962), pp. 162-176. 与这些美国学者的观点相比,一种类似但没那么极端的英裔澳大利亚学者的观点,见 J. D. B. Miller, *The Nature of Politics* (London, 1962),第四章;对 J. D. B. Miller 观点明确的批评,见我的论文 "The Public Interest", *Proceedings of the Aristotelian Society*, Supplementary Volume XXXVIII (1964), pp. 1-18.

的角度批评了这一立场,并试图表明,如果为"利益"与"共同利益"给出可行的定义,那么认为一个共同体所有成员存在着共同的利益,就完全说得通。现在我要进一步推进这一工作,我要考查使用"公共利益"概念的常见语境的一些例子,并试图表明在这些语境下,"x 符合公共利益"这个说法有比较清楚的意思,绝不等于一种其意思和"我赞成 x"一样不清晰的说法。

208   使用"公共利益"的情况可以分为两类,尽管它们之间的分界线并不是那么明确,但是为了划分我的讨论,这种区分已经足够有用了。第一类情况我称为"公共利益"的**消极**运用。在这些情况下,被说成是"符合公共利益"的东西阻止某人去做某种对一群不确定的人有负面影响的事情。旨在阻止有碍观感之物——比如科茨沃尔德(Cotswolds)的霓虹灯和公园前那些波纹状铁制工棚——的"消极"计划就是基于"公共利益"的消极行动的极好例子。刑法的实施也是如此,无论如何,我们在考虑刑法的实施的时候总是向前看的,"未来的受害者"仍然是一个不确定的群体。相反,"积极的"运用发生在把一种设施提供给一群不确定的人的情况下。比如,当一个地方当局提供公园或道路这样的东西时,它就是在"积极地"以符合公共利益的方式而行动。① 公共权威对(比如说)开发遗址所施加的限制究竟要多到何种程度,才能从"公共利益"的"消极"运用变成"积极"运用,

①　当我分析某事物符合一个人的个人利益时(第十章)我曾指出,如果某事物使得他处于能满足欲求的状态,它就符合他的利益。这意味着,如果某事物直接满足了一个欲求,"利益"概念就与它无关。但是,鉴于"公共利益"涵盖了这里的正文所提到的那些东西,这是否涉及对"利益"的重新定义呢? 我认为不是这样。因为提供诸如公共的公园这样的设施,或者强制实施待售商品的最低标准,这都使得"公众"的成员能够更有效地满足欲求,只要他们想满足的话。一个具体的人可能永远也没有受益于一种具体的设施,但是只要他想要使用,就可以使用它。

这或许是有争议的,但是主要的情况是足够清楚的。①

　　在本章第二节,我主要通过审视一个例子来考查"公共利益"的消极运用,这个例子就是法官在某些特殊情况下所援引的"公共政策"概念,有时候,法官会拒绝强制实施原本有效的契约条款,以便阻止(人们也希望能够阻止)契约所伴随的那种活动,在这种情况下,法官便会援引"公共政策"概念。并不是所有基于"公共政策"的理由都涉及"公共利益",但是我将尽力表明,我所提出的那些范畴在分析所援引的理由时很有帮助。

2.消极运用:公共政策

(1)公共政策中的公共利益

　　"公共政策"这一术语无疑在很多不同语境下都在使用,但是在这一节我只考虑一种语境,即一种法律语境,在那种语境下,原本有效的契约被宣布无效,理由是,如果法院强制执行这些契约,就将"违背公共政策"。② 这里,国家并没有提供任何东西,但是它试图通过拒绝强制实施与某些行为相联系的契约来抑制这些行为。因此,法院的判决——即某些行为应该加以抑制——就提供了相关例子的有用来源。法官给出的(或学者归于法官的)那些援引"公共政策"的理由可以分为"公共利益""公共善"与"公共良心"。

　　第一种理由也即"公共利益"涵盖了这样一些情况,在这些情况

---

　　① 注意到下面这一点很有意思:公共权威的"消极"行动与"积极"行动之间的区分在美国是具有法律意义的。州有权力阻止对公众的伤害而无须给予补偿;但如果州被认为是在让一个私人去确保公众获得某种利益,州就必须做出补偿。比如,可以阻止一个人建房建至某种高度,但不可以阻止一个人建房以便将那片地留作公园或停车场。见 Alison Dunham, "City Planning: An Analysis of the Content of the Master Plan", *Journal of Law and Economics*, I (October 1958), pp. 170-186, 尤其是 pp. 180-182。

　　② "法官因此在狭窄的限度内被给予了一定的余地操控并可拒绝支持一种交易,那种交易尽管不属于法律所禁止的范围,却仍然摧毁着社会秩序。"Dennis Lloyd, *Public Policy*(London, 1953), p. 128。

下，一份契约具有经济上或政治上的不良影响，从而影响到其他公民或消费者。

　　国家或政治社会的利益之一在于面对其他国家时的安全，基于这种利益，已经确立了一些规则，比如，与敌国签订的契约（即便这些契约规定了在战争期间暂缓执行），着眼于针对一个友善国家的敌意行动的契约，甚至着眼于违背一个友善国家法律的契约，都被认为是无效的。有一种社会利益在于政治制度的效率与正直（integrity），这种社会利益也构成了一些规则的基础，那些规则禁止公职与荣誉的买卖，禁止为了私人目的订立契约而影响政府的政策，禁止为了私人目标订立契约去使用公共权威或公职，或者订立契约来分配与公职的运用相联系的养老金与薪水。尤其是，有一种重大的社会利益在于法律制度特别是司法制度的正直，这种社会利益已经导致不起诉重罪的契约、针对放弃保释的赔偿金的契约、帮助诉讼（maintenance）与包揽诉讼（champerty）的契约都归于无效。①

　　普通法学说反对允许"限制贸易"的契约，这种学说的部分目的在于实现各方之间的公平，部分目的在于保护消费者；正是在第二个方面它才涉及"公共利益"。② 1956 年的《限制性贸易惯例法》（Restrictive Trade Practices Act）③也与此有关，因为它依据"公共利益"给出了无效协议的条件。第 21 节第 2 部分一开始是这样的：

---

　　①　Julius Stone, *The Province and Function of Law* (Sydney, 1964), pp. 501-502. ［帮助诉讼（maintenance）与包揽诉讼（champerty）是英国 1967 年《刑事法令》之前存在的两种以律师为行为主体的恶意民事诉讼侵权。前者是指被告以其财力或其他方法，帮助另外一个人提起、实施或抗辩一个民事诉讼；后者是帮助诉讼的一种形式，它指被告帮助另外一个人诉讼，其目的是通过这种诉讼获得一定的利益，即分享诉讼成功所带来的任何利益。1967 年的《刑事法令》不再认为这两种行为是犯罪或侵权行为。——译者注］

　　②　参阅 Lloyd, *Public Policy* (London, 1953), pp. 34-54; Julius Stone, *The Province and Function of Law* (Sydney, 1964), 第二十三章。

　　③　原文没有 Trade 一词，似乎有误。《限制性贸易惯例法》这部法律被视为现代英国竞争法的开始。根据该法律，英国设立限制性贸易行为登记处和法院，该机构授权调查有可能损害公共利益的贸易限制行为。——译者注

出于法庭前任何诉讼的目的,……在实施协议的过程中所
接受的一种限制将被看作是违背公共利益的,除非法庭确信下
述情况中的任何一种或多种……

前两种"情况"(a)和(b)是,限制对于保护公众免受伤害是必要
的;取消限制将"使得公众作为购买者、消费者或任何商品的使用者
无法获得他们享有或可能享有的其他具体而重大的利益与有利
因素"。

另外两种"情况"(e)和(f)涉及失业与支付平衡,还有两种情况
(c)和(d)取消了一些协议的约束力,那些协议会阻碍他人的限制性
实践,会使得那些实施限制的人能够在平等的条款上与他人打交道。
(a)和(b)显然很符合我建构起来那种公共利益概念,而且(e)和(f)
大体上也是如此,因为失业和支付平衡具有普遍的经济效应。但是
在我看来,(c)和(d)旨在阻止生产者之间的不公平,而非保护不可指
认的人;因此把所有相关的考虑都一概归到"公共利益"的名目之下,
这是一个错误。然而可以说,尽管(e)和(f)并不属于可以包括进"公
共利益"之中的因素,但是问题的关键在于,不应该允许公共利益**压
倒**其他因素(比如生产者之间的公平)。这样,"公共利益"就将作为
一个**结论性的**(conclusive)论据发挥作用,尽管它事实上并没有涵盖   211
所有的相关考虑。(见第二章第四节第二部分)根据这里的分析,限
制性协议应该停止,理由在于,它们违背了公共利益,除非其他某种
理由在重要性上压倒了这条理由。

(2)公共政策中的公共善

如果我们认为"公共政策"中的"公共利益"要素涵盖的是那些非
立约方的利益(这些利益在于商品极大丰富且价格低廉,也在于政治
制度与法律制度的运转),那么"公共善"所涵盖的就是其他一些方
面,在那些方面,立约各方可能会对其他不可指认的人造成负面影
响。比如说,我们或许认为,某种婚姻模式或家庭生活模式对人来说

是"好的",因而任何一种契约,只要其普遍实施会把这种制度改变为其他形式,"公共善"就要求我们加以抑制。

　　有一种社会利益在于维系作为一种稳定的社会制度的家庭,为了维护这种社会利益,已经在公共政策的名义下建立了一些无所不包的规则:这些规则让我们不要去订立那种禁止一个未婚的人结婚的契约;这些规则也禁止唯利是图的婚介契约;禁止夫妻双方还正常地生活在一起时就订立契约规定,现行婚姻若因一方死亡或因离婚而终结,另一方可以和第三方结婚;禁止夫妻订立在将来分居(而非立刻分居)的契约;禁止父母订立会使其父母责任归于无效的契约,根据法律允许的正规领养程序所订立的契约除外。[1]

如果"保护作为一种稳定的制度的家庭"在这些情况下确实是根据的话,那么关于那些被认为损害了不可指认的第三方利益的契约,我们就有了一个真实的例子,这里,那些不可指认的第三方就是指所有受益于家庭制度的人,这种制度被认为会受到那种契约的破坏。[2]

212　　**(3)公共政策中的公共良心**

在本节第一部分一开始,我说过,作为一个"公共政策"问题,可以宣布契约无效,而这样做的理由可以分为三种。第一种理由就是,希望以此来抑制的那种行为违背了公共利益。第二种理由是,那种行为违背了公共善。最后,第三种理由是,那种行为构成了对公共良心的冒犯。

让我解释一下我打算如何使用"公共良心"(public conscience)

---

[1]　Julius Stone, *The Province and Function of Law* (Sydney, 1964), p. 502.

[2]　为了"公共善"而采取的司法干预引起了一个严重的质疑,即法官(尤其是在英国)往往产生于一个狭窄的社会阶层,而且接受的也是一种狭窄的专业训练,由他们来决定下述问题究竟是否合适:(a)某种制度对人们来说是不是"好的";或者如果允许对它进行改变是否无益(或至少无害);(b)废止某些类型的契约事实上会对一种制度产生何种影响。

这个术语。我要说的是，一种行为如果并没有直接影响"公众"（即一个不可指认的群体），但是"公众"（出于这个目的，"公众"相当于"具有共同政治权威的一个庞大的意见群体"）仍然认为那种行为应该抑制或禁止，那么这种行为就"冒犯了公共良心"。比如说，一个人如何对待他自己拥有的一个家养动物并不会影响到他人，尤其是，如果那个人住在偏远的荒凉之地的话，就更是如此了。然而这仍然可能是一个公共良心问题，因为很多人会认为，残忍对待动物是人们应该加以阻止的行为。同样（如果我们从影响他人的方式加以抽象的话），对于猎杀或捕捉野生动物与鸟类，也是如此。"公共良心"是一个很方便的术语，因为它清楚地将这些情况与"公共利益"区分开。事实上，"公共良心"常常在与"公共利益"相冲突的情况下发挥作用，比如，某些职业群体的恶劣工作条件或低收入状况得到了改善，同时却导致了产品成本的增加。① 西印度群岛的奴隶获得了解放，同时又获得英国纳税人提供的补偿，这一现象也可以作为公共良心战胜公共利益的一个例子。我们很乐意承认，一个特定的人可能想要导致某种事态，因为他认为这些事态符合他自己的利益或善；而另外一些事态也是他希望导致的，尽管这些事态根本不会影响到他：对于作为集体成员的人来说，几乎同样的说法仍然是成立的。

当"公众"自身不受影响时，由"公众"采取的行为或代表"公众" 213
做出的行为可以分为两种，一种是由关注欲求的考虑所驱动的行为，一种是由关注理想的考虑所驱动的行为。② 关注欲求的干预旨在实现具体的人之间公道的（equitable）关系，或阻止人们或群体"违背他

---

① 另外一个经常出现的现象是公共良心改变了公共利益，比如 1948 年的《个人收入声明》(Statement on Personal Incomes) 提出工资不再上涨，但那些最低收入群体除外。后来的国家收入委员会 (National Incomes Commission) 似乎也没有认为自己有责任改变不同收入之间的差异，而仅仅有责任让工资的总体增长水平保持在较低的状态（见第九章第二节第二部分）。

② 对比第八章第三节第二部分。

们的利益"而行动。每当一个以政治方式组织起来的群体向自己征税以便为群体外的人提供更多的欲求满足时,也会涉及这种干预。①如果个人的行为和具有可指认成员的群体的行为被宣布为非法,但不是因为这些行为对他人造成了负面影响,而仅仅是因为这些行为是错误的,那么这种情况就涉及关注理想的考虑。在我国,禁止同性恋和堕胎似乎就是这方面的例子。②

当我们具体地谈到"公共政策"时,我们发现,冒犯的无论是关注欲求的公共良心还是关注理想的公共良心,契约都会被宣布无效。我们先来看关注欲求的理由,我们发现,如果所订立的契约在立约方之间是不公平的,它们就会被宣布无效,即便"公众"并没有直接地受到负面影响。③ 如果我们转向出于"公共良心"的、关注理想的干预理由,我们发现,会助长所谓"不道德"(尤其是性方面的"不道德",正如一个人可以料想到的一样)的契约正在被废止。④

214

---

① 对国家来说,这样做是相当违背洛克和密尔的原则的,正如一个国家干预其公民的事务(除非是为了"自卫")完全违背他们的原则一样。见 E. C. Banfield, in *Public Policy*, ed. C. J. Friedrich (Cambridge, Mass. , 1962)。也有人拒斥下述观点:国家在外部事务中应该关心比自身国家利益更为高尚的事情,见 George F. Kennan, *American Diplomacy*, 1900-1950(Mentor Book, 1952)。

② 对于同性恋与卖淫,即便沃尔芬登委员会所建议的那种压制程度也需要这样一种关注理想的判断来支撑,正如德富林勋爵(Lord Devlin)所主张的那样。对此所做的讨论,见本书第 308 页注释 N。

德富林勋爵还主张一个更宽泛的命题,即很多情况初步看来好像是公共良心问题,进一步分析后应该被看作公共利益问题。我在本书第 309 页注释 O 考虑了他的观点。

③ 即便"公众"受到了影响,比如在"限制贸易"的情况下,劳埃德(Lloyd)还是主张,立约方之间的不公平仍然是法官心中最重要的因素。"检验方法就是看协议在立约方之间是不是不合理,以及对公众而言是不是不合理。然而,尽管我们声称公共政策在这些问题上是相关的,但是现代的判决显示了一种很强的趋势,即在交易中忽视公共利益,而集中关注协议会以何种方式影响作为个人的立约方。"Lloyd, *Public Policy*(London, 1953), p. 50。

④ "非法同居的协议提供了一个典型,无论是英国的法律还是法国的法律都以不道德为由宣布它无效。"Lloyd, *Public Policy*(London, 1953), p. 55。"甚至一种结婚的承诺也被一个新西兰法庭宣布无效,那种承诺说,如果接下来的交往导致女方怀孕了,就结婚。"Stone, *The Province and Function of Law* (Sydney, 1964), p. 502。

3. 积极运用

(1)公共利益

"公共利益"与"公共善"的消极运用往往涉及公共权威的一种行动,即阻止对不可指认的人的某种伤害,这里"伤害"的意思取决于所涉及的是"利益"还是"善"。积极运用则涉及公共权威的这样一种行动,即为不可指认的人提供好处(benefit),这里,"好处"的意思同样会变化。

让我们从"利益"开始,我们可以举出一些符合"公共利益"的事情的例子,比如提供针对外敌的防御,维持充分就业,维持有利于经济增长的条件。与符合公共利益的积极行动相对的是使确定的人受益的积极行动。比如,补贴与关税通常有利于特定的行业或特定的公司,但是它们远没有符合"公众"的利益,实际上它们很可能是以"公众"的利益为代价的。① 阿普尔比(Appleby)给了这些例子:

> 工业领域的雇员确实要被归类为其组织的成员;甚至在工 215
> 业革命爆发之前,他们就求助政府,希望政府为了他们(作为成
> 员)特别关心的事情而行动。要求征收关税的大多数是寻求保
> 护私人利益的生产者。美国农业部乳业局之所以存在,也是因

---

① 关于关税,见 E. E. Schattschneider, *Politics, Pressures and the Tariff* (New York, 1935), p. 21:"有可能,清单中的很多条目都体现了一种政策的一小部分,那种政策被实施到了如此之地步,以至于关税在实质上变成了一种私人关税,是为了极少数生产者的利益而征收的,甚至通常是为了个别的生产者而征收的。实际上,如果一项条款是专门为某些行业制定的,而且那些行业不仅只由一两个生产商所控制,而且还是非常小的行业,那么就可以说,这种关税不仅是私人性的,而且接近于个人性的(personal)。"

比尔德(C. A. Beard)在 *The Idea of National Interest* 一书中指出,至少直到罗斯福执政为止(那本书写于这段时期),"国家利益"一直被等同于出口商和外国投资者的利益,而从来没有人问过,除了出口商和投资者以外,还有谁受益。参阅 Thurman Arnold, *The Folklore of Capitalism* (New Haven, 1937)。

为寻求私人利益的奶农的影响。①

赫瑞尹（Herring）就给出了两个例子：美国政府一度为国家罐头食品协会进行过统计研究；还有一次为太平洋坚果种植合作社准备过一分关于榛子的报告。②

最后，在这张简要的实例清单中，我们再来看看由国会通过而罗斯福很不情愿地在"新政"初期接受的白银政策。

> 白银政策代表了那一时期最引人注目的也是评论最少的特殊利益集团之胜利。白银产业作为一个很小的产业，1939 年时雇员不到 5000 人，但它事实上胁迫了政府，它在 1934 年后的 15 年里向政府勒索了将近 15 亿美元，这笔钱远远超过了那段时期政府为支持农产品价格而支付的钱。该项法律下所获得的白银在美国金融体系中几乎没有发挥什么作用，而且美国的白银政策只是使得很多国家比如中国和墨西哥的金融问题更为复杂，在这些国家，白银构成了流通媒介的一部分。在实行"新政"那几年，这部法律是所有法律中最没有理由获得通过的。③

有的政府行为具有让可指认群体受益的效果，对于这样的政府行为，赫瑞尹在他那本我刚刚引用过的书中提供了大量的例子，他总是不断地问，它们是否"符合公共利益"，有时候他也问，它们是否促进了"普遍福利"（general welfare）。但是这个问题很好回答：它们没有，或者，由于它们只使得可指认的群体受益，它们无论如何也没有促进"普遍福利"。④ 一些有趣的问题是：政府是否仍然应该采取这些

216

---

① P. H. Appleby, *Morality and Administration in Democratic Government* (Baton Rouge, 1952), p. 20.

② E. Pendleton Herring, *Public Administration and the Public Interest* (New York, 1936), p. 40.

③ A. M. Schlesinger, Jr., *The Coming of the New Deal* (Cambridge, Mass., 1959), p. 252.

④ 如果赫瑞尹的问题的意思是，这些政府行为是否**还**具有让不可指认的群体受益的效果，那么他的质疑就是可以辩护的。但事实上赫瑞尹似乎想问的是，它们是否仅仅由于让一个可指认的群体受益便符合公共利益。

行为？如果是,那么政府是不是连向受益者索要这些行为的成本都不应该呢;诸如此类。把这两类问题放在一起只会导致混乱,而且毫不奇怪,那些采用这种有缺陷的方法的人(比如赫瑞尹)开始质疑"公共利益"究竟有没有明确的意义。因为如果我们坚持把"公共利益"看作好行为与好政策的一个无所不包的标准,那么对其有用性的怀疑就意味着这样一个结论,即根本没有这样的单一标准;而且我至少不想对这一结论持不同看法。

我将推迟到下一章再讨论这样一个问题,即究竟有没有好的理由说,政府应该特别(或仅仅)关心如何提升不可指认的人所共享的利益,而不是提升确定群体的成员之利益。在本章剩余部分,我只希望阐明"普遍福利"(general welfare)、"公共善"与"公共利益"的某些积极运用方式。在此之前,我也许应该再次提出一个**警告**:我区分积极运用与消极运用只是为了分析的方便,这种区分绝不是一个严格而固定的区分。

如果一个人获得他所想要之物的机会增加了,他的利益(大体上)就得到了提升。一个国家可以用三种方式提升"公众"的利益,这三种方式都涉及积极地提供某种东西。首先,国家可以提供国内的法律与秩序,并试图防御其他国家的进攻。之所以把这些也称为"利益",是因为它们几乎是所有更具体的欲求得到满足的基础。① 其次,国家可以向"公众"提供商品或服务,要么无须他们花钱,要么完全以成本价提供,或以更为低廉的价格提供。通常,只有在向人们提供商品或服务以便他们想利用时就能利用成为一个问题的情况下,我们才诉诸"公共利益"。诸如街道路灯或垃圾收集这样的服务事实上几乎惠及每一个人,而不仅仅是对每一个人来说可以利用,这样的服务

217

---

① 当然,活着甚至比满足特定的欲求更为基本,如果所谓的"防御"似乎有可能导致一个国家大量(也许几乎是所有)居民的死亡,那么我们就必须质疑,在这些条件下,"防御"是否一定不能让位于活下来这种**更为基本**的利益。

往往被描述为普遍利益之类的,实际上,在这种情况下,它们被用来做出更为抽象的证成。①

最后,国家可以向私人或公司施加积极的而非消极的义务。"公共承运人"义务就是一个例子,议会一直将这种义务施加在铁路部门身上从而让它很烦恼;这不仅仅是说,**如果**一辆火车要运行,它就必须满足某些条件,而且还规定,某些火车**必须**运行,无论铁路公司是否想让它们运行。另外一个例子(至少潜在而言是一个例子)就是美国联邦通信委员会(American Federal Communications Commission)。这里我们再次发现,国家把一些很有价值的半垄断性质的特权赋予了私人生产商,作为交换,它也强加给他们一种服务于"公共利益"的义务,而且至少在肯尼迪总统任命的第一任主席看来,这要求节目满足所有的品味。② 英国商业电视甚至有更强的私人垄断色彩,它也同样被认为应该提供"平衡的"节目。

(2)公共善

就当前的目的而言,最方便的做法就是把广义上的"公共善"看作这样一种术语,即当我们基于关注理想的理由去证成一种商品或服务的提供时就会用到的术语。对此,最显而易见的例子就是提供

---

① 正如我在第十章第一节所指出,对于很多东西的证成是一种加总性证成,这些东西通常不是用任何一般性原则来辩护的。它满足了欲求,因而对那些需要看清街道上的路以及需要倒空他们垃圾桶的人来说是可欲的,这一点很有可能被认为太显而易见了,不值一提。

② Newton N. Minow, "Television and the Public Interest", 一份于 1961 年 5 月 9 日在全国广播电视协会年会上发表的演讲,重印于 *Etc*. XVIII, No. 2:

"成人节目和收视率如何? 你知道,报纸出版商也要考虑受欢迎的程度。答案是非常显而易见的:一份报纸最受欢迎的部分始终是连环漫画专栏,接下来是给失恋者的忠告专栏。但是女士们先生们,新闻依然占据着所有报纸的首页;社论并没有被更多的连环漫画取代;报纸还没有变成一份很长的失恋者忠告集……

我要明确地指出,我谈论的其实是平衡问题。我相信公共利益是由许多利益构成的。在这一个很大的国家中有很多人,你必须为我们所有人服务。……你不只是处于娱乐圈当中;你可以自由地交流观点和消遣方式。你必须提供更广泛的选择,更大的多样性,更多的备选项。迎合民族心血来潮的想法是不够的,你还必须服务于民族的需要。"(p. 139)

某种东西以便创造或发展某种品味。但是我们还必须把最重要的一种情况包括进来,在那种情况下,提供某种东西是为了满足一种先前就存在的要求,尽管不能基于关注欲求的理由来为提供这种东西辩护。比如,假定(举个非常简单的例子)一个小镇及其周边的 1000 个人愿意定期花费 5 先令去听一场交响音乐会,但是没有人愿意花费更多钱。音乐会最多能挣 250 英镑,如果这点钱还不够支付成本,那么根据加总性的关注欲求的原则,音乐会就不应该举行。因为从关注欲求的视角来看,如果音乐会无法盈利,政府出资补贴音乐会总体而言就是"无效率的",而这是由于这样做意味着把钱花在了受益者自己都不会特别心存感激的地方。假定每场音乐会都需要 250 英镑的补贴:由于没有哪一位顾客事实上愿意花 5 先令以上的钱去听音乐会,这就意味着,所有人都宁愿不举办音乐会且得到 5 先令现金补贴,而不愿花 5 先令去看一场需要补贴才能举办的音乐会,而且给音乐会的补贴金额按人头算是每人 5 先令。[①]

　　或许有人认为,所举的这个例子因为引入了一个假定而被过于简化了,这个假定就是,1000 人(我们假定音乐会场可容纳的人数)愿意支付 5 先令,而且没有谁愿意支付更多钱。确实,如果我们把这个假定放宽一点,并(更切实际地)设想,其中某些人愿意支付 6 先令,还有少数人愿意支付 7 先令,诸如此类,那么或许结果就是,尽管无论如何定价都无法让音乐会盈利,但是那一千人愿意支付的总金额也足够音乐会保本了。如果每一个人不愿放弃音乐会从而愿意支付的钱事实上可以筹集起来,那么就没有必要给予音乐会补助;仅仅

219

---

　　① 然而,我们还可以假定,去听音乐会的公众或多或少与某个独立界定的阶层是重合的,或者或多或少地包含在那个阶层当中,那个阶层根据关注欲求的原则(要么是分配性的,要么是加总性的)要求额外的收入。如果以现金补贴的方式提供补助碰巧有某种操作上或政治上的困难,那么以音乐会的方式来补贴就可以作为一种再分配实际收入的方式(尽管是一种笨拙的方式)而得到证成。就听音乐会这个例子而言,这是一个比较牵强的假定,但是这个想法确实在其他情况下有真正的运用,比如以发放食品的方式来补助。千百年来,在面包作为主食的地方,政府一直关心控制面包的价格。

是因为这笔钱无法筹集,补助才是必要的。[①]

我们可以赞成,这种情况下补助可以基于加总性的关注欲求的理由而得到证成,但是在赞成这种观点之前,原则上,我们必须比较两种欲求满足的强度,一种是补助所提供的欲求满足之强度,一种是纳税额的轻微增长(补助使得纳税额必然轻微增长)所阻碍的欲求满足之强度。比如,那些愿意为音乐会花最多钱的人或许不是最有兴趣而是最有钱;因此,除非也向有钱人征税,否则,税收与补助的结果就是对收入进行再分配,而且是将共同体其他成员的收入再分配给那些爱音乐的有钱人。进一步说,即便这个加总性论据站不住脚,也仍然还有一种分配性的反驳:为什么共同体的其他成员应该补贴这一特殊群体? 下述事实实际上是不够的:如果事实上并没有让这个群体负担自己的费用,那么它**将会**愿意负担自己的费用。

对于像修正后的例子那样的情况,我看到了一条支持补助的分配性论据,该论据主张,那些愿意为音乐会(等等)支付他们那一份经济成本的人,不能仅仅因为没有足够的其他人愿意加入,便遭受惩罚。比如,如果有 800 个人愿意为一个座位支付 10 先令,那么就不应该因为另外 200 个必要的人不愿意参加,就剥夺这 800 个人听音乐会的机会。但是这种说法当然是不合理的,除非一个人已经基于理想的理由决定给予音乐会特别对待。如果我想乘坐租用的大巴从特伦特河畔的斯托克城到阿斯科特赛马场,要是大巴公司因为没有足够的其他人也想去从而拒绝开通一辆 32 座的大巴(以便回报我支付的 1/32 的成本),那么我当然不能抱怨。 总体而言,肯定有大量的商品永远都不会出现在市场上,因为无论以任何价格出售,这种价格

220

---

① 不同的座位要不同的价就会使得这个问题的陈述变得更为复杂,同时又未必有助于问题的解决。我们必须说明每一个人愿意为每一种座位支付多少钱。只有当具有同等吸引力的座位根据每个顾客不愿意放弃音乐会从而愿意支付的钱来进行不同的定价,正文中的问题才能得到解决,而这当然又需要一些信息,那些信息是举办音乐会的人所无法获得的,而且这在任何情况下都将被看作是不公道的。

都太低,会亏本。然而就我所知,没有人会认为,任何商品,只要有人喜欢,**只要有市场**,而无论市场有多大,就应该以一种足够支付其成本的价格提供给那些人。

我并不想否认,有一种非常普遍的观点认为,铁路部门和电力部门(比如说)有义务提供一种"公共服务",这种服务未必每一次运行都能够保本。但是我认为这个观念可以分解成三个要素:(1)前面已经提到过的"消费者剩余"(consumer surplus)概念。一个地区的居民可以在很大程度上受益于公共交通,而这种利益是无法用路费来衡量的。(2)一种间接效应。仅仅是公共交通的存在就给人一种慰藉,哪怕一个人永远都不会乘坐公共交通。(3)一种深思熟虑的分配效应,比如,以低于成本的价格将电输送到偏远地区,以应对农村人口减少的趋势。或者,也可以通过向待在偏远地区的人支付现金同时又收取电力的全额成本来达到这一效果。最后这一点似乎与我这里正在考虑的"有关文化的"例子无关,因为其目的不在于使电价便宜,而是为了使偏远地区的生活更有吸引力,而这似乎与音乐会、博物馆等情形没有任何类似之处。不过,第二点确实在某种程度上是适用的:难道我们不可以把"文化"看作这样一种公共服务吗?只要它是可以获得的(available),这就给人一种慰藉,哪怕我们此时此刻事实上并不想要去利用它。这将把补助建立在一个坚实的关注欲求的基础之上,只要对音乐会的渴望足够强烈。

但是,尽管这一思路或许足以基于关注欲求的原则来证成补助某些公共供给品的做法,但是没有理由认为总是如此。迪伦·格斯里(Tyrone Guthrie)对国家剧院由于缺乏"公众需求"而难以为继这一则新闻勃然大怒(*The Observer*,12 March 1961),这也是有一定道理的:

> 我确信,如果举行一次全民公投,不会有广泛的公众要求把公众的钱花在国家剧院、轮演剧目剧院(repertory theatres)或任

221　　何一种剧院上。然而,会有人持下述主张吗:如果不是一百多年前通过一小群颇有影响力的人的努力创建了国家美术馆,现在面临"广泛的公众要求",它得以建立的可能性非常小。如果就是否要花费几百万英镑在画作上进行一次全民公投,而且这些画作中没有几幅画符合大众口味,很多画还明显"令人不快",那么这样的花费能得到支持吗?清教徒会大声说:"坚决不。"菲莉斯丁人(Philistia)会大叫"不"。乡巴佬也会回应说"不"。

我已尽力探究了补助艺术表演的理据,因为这经常被作为一个"开明的"(liberal)观念来辩护,而之所以被作为一个"开明的"观念,是因为它扩大了选择的可能性。[①] 我已经尝试着表明,通过补助来"扩大选择"事实上是通过征税而"缩小了选择"(或者无论如何都缩小了满足欲求的机会),因此,要想基于关注欲求的理由来证成对艺术的补助比初看上去更为困难。当然,基于关注理想的理由,一个人完全可以认为,某些**特殊的**选项(其内容事实上是被指明了的)是可以获得的这一点非常之重要,以至于即便共同体将在总体欲求满足方面付出一定的代价,继续保留这些选项也是值得的。断定地方剧院和娱乐场所值得以一定的代价来保持开放,而地方电影院、酒吧、炸鱼薯条店和足球俱乐部如果入不敷出就应该允许它们关闭,这必然包含了一个关注理想的判断。换句话说,让一系列广泛的选择保持开放这样一个表面上看涉及数量的观念已经在暗地里包含了某些受到偏爱的选项。

我认为这个观点是值得提出的,因为那些赞成让有关文化的选项保持开放这种观念的人们往往说起话来就好像,任何认为国家应该关心共同体的文化水平的人都是一个古板老套的人,而且在内心里是一个"极权主义者";他们似乎并没有认识到,他们提倡用公众的

---

① 见 C. A. R. Crosland, "The Mass Media", *The Conservative Enemy* and Richard Wollheim in *Socialism and Culture* (Fabian Society, 1961).

钱来举办音乐会等无法盈利的活动,这种立场恰恰包含了这种观念。实际上,我并不希望否定,让某种"好"东西成为可以获得的与阻止某种"坏"东西成为可以获得的这两种做法之间存在着差异[比如《第三套节目》(Third Programme)与《瑞斯周日》(Reith Sunday)之间的差异],但是这种差异(尽管它很重要)仅仅是提出一个理想时所使用的若干正当**方法**之一。

222

(3)普遍福利

与"公共的"(public)和"共同的"(common)不同,"普遍的"(general)一词到此为止还没有得到仔细考查;在我看来,它比前两个词更加模糊不清,而且相比之下它更多的是一种修辞手段。比如,尽管"普遍的"是"特殊的"(special)一词的反义词,但是并不存在"特殊福利"这样一个与"普遍福利"相对的常用表达式。"特殊的"一词主要的用法就是用于"特殊利益"这一表达式中,而且我已经在这种语境下使用了这个词。但是,由于与"私人的"一词相对的通常是"公共的",又怎么能把"公共利益"与"特殊利益"相对呢? 我认为答案就在于,要认识到,"私人的"一词的范围要比"可指认的群体"更狭窄。当以一种违背公共利益的方式行动所产生的利益只为一个人或一个家庭等得到时,我们倾向于使用"私人利益"这一表达式。这并没有排除一种可能性,即很多人的私人利益可能都在于做同一件事。

如果一个政客有机会收受贿赂,作为回报,他要将一份防卫合同交给一家要价更高而效率更低的公司,而不是交给要价最低的投标商,那么这只符合他自己的利益,最多符合他家庭的利益。同样,在第十一章第三节所讨论的例子中,对每一个人来说,烧无烟燃料或不清扫街道都符合其私人利益。这些私人利益不能被加总在一起来构成一种与公共利益相反的特殊利益;相反,一旦有足够数量的住户采取一致行动,他们共同的(净)利益就在于保证烧无烟燃料或清扫大街,从而以符合公共利益的方式行动。

　　有时候,一群人具有不同于公共利益的特殊利益。要想找到这样一种情况,我们必须改变一下那个例子。假定有一群特殊的住户,也许是由于位置特殊,比如位于都市圈的上风口,或者房前有一段很长的空地,他们并没有发现他们的净利益在于烧无烟燃料或清扫门前积雪,即便其他每个人都这样做。这群住户现在就不仅有一种私人利益,这种私人利益与其他每一住户的私人利益是相似的(这种利益在于做反社会的事,除非与其他每一个人一起受到约束),而且还有了一种**特殊**利益。换句话说,他们有了一种共同的(净)利益,这种利益就在于反对强制清扫街道或强制燃烧无烟燃料的法律,而这种利益是与其余的住户利益相反的。①

223

　　应该注意的是,如果我们想比较这种情况下的“特殊利益”与“公共利益”,那么要么“公共利益”不能再等于“公众的净利益”,要么与该例子被修改(以便引入一个具有特殊利益的群体)之前相比,“公众”的成员更为有限。如果采取的是后一种选择,那么在相关领域,只要不是那个具有特殊利益——那种特殊利益与其他人的利益相反——的群体的成员,就全部都属于“公众”。这样来界定的群体仍然是一个不可指认的群体(因为它就是最初那个不可指认的群体,只不过其中少了一个亚群体而已),因此称之为“公众”就是完全站得住脚的。

　　第一个选择更为复杂,而且并不会在所有情况下都奏效。这需要再次利用一种区分,即一个人在某种身份中的利益与他在其他身份中的利益之间的区分。如果我们现在将一个人“在作为公众的成员的身份中”的利益定义为他与不可指认的群体所共享的利益,那么

---

　　① 当然,这始终是在假定,在其余的人眼里,清扫街道和烧无烟燃料所带来的好处确实超过了不利因素,只要每一个人都这样做。

我们就可以把人们在作为公众的成员的身份中的利益叫作"公共利益"。① 这些利益可能是也可能不是**净**利益,这取决于任何一个具体的人在具体情况下在他其他各种身份中的利益相对而言有多大。这样,在这里所讨论的情形下,我们可以假定(尽管这当然未必属实),尽管特殊利益群体的成员发现他们的**净**利益在于违法,但是他们确实很可能会从中获得一些利益。换句话说,他们与其他每个人共同受益于干净的街道和洁净的空气;只不过就他们的特殊情况而言(因为清扫的成本更大,洁净的空气带来的利益更少),成本总体而言超过了好处的价值。群体成员与其他每个人在干净的街道和洁净的空气当中所共享的利益是他们作为公众成员的身份中的利益;因此,确保这些利益的法律是"符合公共利益的",就是说,它符合每一个人作为公众成员的利益,即便它违背某个群体的净利益。

224

这一讨论的意义在于表明,"公共的"一词可以通过两个与它相反的概念"私人的"和"特殊的"很好地被把握,而"普遍福利"这一表述中的"普遍"一词之所以含糊不清,就是因为它缺少明确的反义词。对于这一表述中的"普遍"一词,我们所能说的就是,它倾向于传达这样一个意思,即在明确表达该判断时,某个广泛的所指群体中的每一个人都已经被考虑进去了。(这再一次表明"普遍福利"概念与修辞之间存在紧密联系,这样,如果没有指定任何所指群体也就毫不奇怪;但是通常,一个国家的全部人口显然就是所指群体。)不过,我们不会真正地说一个所指群体中的每一个人的福利都增加了或减少了;有时候我们用它来说,一个所指群体的成员的**平均**福利增加了。这显然就使得它比到此为止所考查过的其他任何术语都要更接近于一个最大化的加总性判断,唯一的不同在于,"福利"本身比欲求的满

---

① 关于这个观点及其在"公共利益"理论中的重要性,详细的讨论见我的论文"The Public Interest", *Proceedings of the Aristotelian Society*, Supplementary Volume XXXVⅢ(1964)。

足更为狭窄。①

回想一下，"福利"指的是有助于健康的物质条件，记住了这一点，就很容易明白，为什么某些类型的供给品很有可能"为了普遍福利"而得到证成：环境卫生、开阔的场所、娱乐场所、充分的食物供给（尤其是给孩子提供充分的食物，孩子的发展取决于正确的饮食）与医疗。"福利国家"一词在这方面的意思就不是特别清晰，因为这个词显然是被造出来以表达一个非常一般性的观念的，即国家不应该将自己的活动局限于提供秩序与国防，然而对于那些构成了"福利国家"的各种服务，我们很难列出一张可以为人所普遍接受的清单。②不过，有一个事实在一定程度上支持着我对"福利"的定义，即对于"福利国家"这一称谓，大多数人明显想到的第一件事就是"国家医疗服务体系"。事实上，很多人几乎会将二者等同；而且我认为，大多数人会认为退休金或与收入挂钩的病假工资等超出了"福利国家"的服务范围。家庭补贴与按固定"低保金额"进行的现金支付处于中间位置。相对于直接提供医疗或"福利"食品，它们不是那么显而易见地与"福利"相关；但是如果把它们确定为仅仅足够维持生存的水平，那么就可以认为它们所提供的东西并没有超出"福利"太多。

225

---

① 使用普通人（averages）来分析问题所具有的优势已经由李特（Little）进行了很好地表述："我敢肯定，大多数思考社会的福利的人并不会认为，社会的福利是通过把个人的福利以符合逻辑的方式建构起来的产物。相反，他们是根据社会群体或经济群体来思考它的，或者根据普通人或代表性的人来思考它的。显而易见的是，代表性的人要比真实的个人（real individuals）更像经济人。一个普通人的品味根本不会迅速变化。他不会尝试太多。他的生活不会遭受打击或危机。比如，一个普通的未婚男性棉纺工人不会因为结婚而突然改变他的消费模式。他在社会等级上的地位也不会有大的变化。他的朋友和亲人的福利也不太可能有大的变化。更为重要的是，他就不会死。某种改变会增加一个真实的人的经济福利，任何一个这样的预测总是会因为这个人的死亡而被推翻。"（*A Critique of Welfare Economics*, 2nd edition, Oxford, 1957, p. 49.）

② 见 R. M. Titmuss, *Essays on "The Welfare State"*(London, 1958).

第十三章 "公共利益"的正当理由

1. 政府作为受托人

在这一章,我想考虑对"公共利益"加以特别关注的一些理由。由于被一个不可指认群体("公众")共享的那些利益只不过是从所有利益中选出来的一种利益,为什么应该对之加以特殊关注呢? 我认为,答案就在于,把公共利益作为国家关心的问题是特别恰当的;但是要想说出究竟为什么应该如此,则并非易事。

我首先要讨论一种第一眼看上去就具有明显合理性的进路。我们可以把这种进路分三步来陈述:(1)政府是公民的受托人(trustee);(2)受托人的义务就是照看其客户的利益;(3)因此政府的义务就是照看公民的利益,也就是去做"符合公共利益"的事情。我将依次考查这三步。

(1)政府是公民的受托人

这个观念的背后有一段漫长的历史,洛克将自己的政府理论建立在这个观念之上,但他根本不是这个观点的首倡者。柏克对代表是受托人这一观念的辩护也非常著名（"将其选民的利益而非他自己的利益放在首位，这是他的义务"，但是他还要把自己关于何为最佳所做的判断归功于他们身上）。整个"受托人"进路当然与头脑简单的民粹主义（populism）不相容，所谓民粹主义，就是指这样一个观点：理想地说，政府应该在任何问题上去做多数选民希望做的任何事情，无论在那个问题上多数人是否有做出判断的能力。① 但是现代政治问题的复杂性、现代国家行政部门的增长以及它管理经济、提供福利、应对不间断的外事危机等各种职责已经彻底地扼杀了这个观念。政府尤其是更低层次的行政机构不可能征询人民的意志，它实际上不得不把自己看作受托人，在定期的选举中，选民回顾过去后要么完全赞成它，要么完全拒绝它。即便民粹主义已经被认为不值一提，但托管（trusteeship）与民主之间依然有一定的张力，因此毫不奇怪，现代真正坦率地呼吁"托管"的声音都与殖民大国的义务相联系。联合国"托管理事会"（Trusteeship Council）这一名称就是这一点的典型体现；"白人的负担"这个观念在本质上也与此非常类似。

(2)受托人的义务就是照看其客户的利益

考虑一下这些例子：

一个叫 Bloggs and Bloggs 的律师事务所在这个问题上照看着我的利益。

我已经指派琼斯在我离开期间照看我的利益。

建筑师的收费包含了一笔房子修建过程中照看客户利益的费用。

顾客的利益（比如银行信托部的顾客的利益）必须得到保护。②

---

① 对于将"大众民主"（populistic democracy）当作一个专业术语来使用，见 R. A. Dahl, *A Preface to Democratic Theory* (Chicago, 1956)，第二章。

② Stoughton Bell, *Trustee Ethics* (Kansas City, 1935), p. 134.

为什么一个人会希望找一个受托人"按照他的利益去行动"？希克斯(J. R. Hicks)以他惯有的明晰风格阐明了这种关系的理据：

> 当一个顾客知道他是无知的时，他就会花钱买指导；但是他也可能会花钱让他人替他做决定。医生、律师、建筑师以及股票经纪人可能会因为替其客户做出某种经济决定而得到报酬。……①

这种关系之所以是可能的，是由于这样一个事实，即一个人就算对另一个人具体的好恶一无所知，也能够"照看他的利益"。

(3)政府的义务就是照看公众的利益(也就是去做"符合公共利益"的事情) 228

首先考虑一下一个利益群体的领导人的处境。一个利益群体把提升其成员的共同利益作为其存在的理由。② 一个利益群体的领导人固然要"按照成员的利益"去行动，但是，只有当其成员在完成某件事情上存在着一种**共同利益**时，领导人才能行动。③ 如果成员的利益分化了，领导人也就无法行动了，或者就算他们还可以行动也不应该行动，因为如果他们行动，他们就只能提升一部分成员的利益而忽视

---

① "The Measurement of Real Income", *Oxford Economic Papers*(1958)，p. 134.

② 更准确地说，一个利益群体建立起来是为了提升￥的共同利益；这样，只要￥的成员认为，把他们所有的角色与身份考虑进去以后，有利于他们的政策也会给他们一种利益净余额，该利益群体就会在他们当中寻求支持。利益群体不同于"事业"(cause)群体，后者的成员是因为某种共同的目标(与提升其个人利益不同的目标)而联合起来的，无论这个目标是提升他人的利益，还是超越了利益，想要改变品味与信念。它也不同于另外一种群体，那种群体的成员之所以聚集在一起，既不是因为他们作为￥的一员所具有的共同利益，也不是因为对某个问题的共同态度，比如家庭。

③ 他们最多还可以在下述情况下正当地行动：某些成员在某个方面受到了影响而其他成员根本未受影响。因为可以合理地认为，每当出现这样的情况时就使用的群体资源，这一点长远地看对所有成员来说都是有利的。

其他成员的利益。① 一个利益群体完全可以在其成员利益有所分化的问题上保持沉默,这并不会给其成员带来灾难。② 但是一个以政治方式组织起来的社会是不可能唯有在所有人利益一致的情况下才行动的。就像一个家庭甚至一个社会俱乐部,一个国家在利益冲突时必须做出决定,因为其成员身份的基础并不是共同利益。在一个问题上具有共同利益的人组织起来还不够,还必须有一种在他们之间做出决定的办法。

然而,如果本来就不太合适还非要运用"受托人"这个概念来说"政府作为受托人",那么这种说法就必然不同于"受托人"概念在下述清晰可辨的例子中的运用:(a)个人所指定的受托人或(b)这样一个群体,当其成员的利益在某个问题上一致时就行动,其余时间则什么也不做。同样,如果非要说政府作为"公众"的受托人应该追求"公共利益",从而想继续与"按照他所代表的人的利益去行动"的受托人进行类比,那么"公共利益"概念就不可避免地会被使用得过于宽泛,以至于超出了其恰当的运用范围。由于"公共利益"不得不被运用于存在利益分化的情况下,最有可能的做法就是指出,把所涉及的所有利益相加就得到了"公共利益",这就使得"公共利益"等同于那个一

---

① "一个完美的职业选区(vocational constituency)是这样的一个选区:其成员的意见完全是一致的,唯有在具有全体一致意见的公共问题上才行动,但是这就使得多数规则成为反常的规则了。" Schattschneider, *Politics, Pressures and the Tariff* (New York, 1935), p. 233.

② 如果这种事情太过频繁地发生的话,利益群体当然就会倾向于解体,每一个群体内部更经常性地产生全体一致意见的那些人又会重新结合起来。

般性的加总原则。① 众所周知,边沁就是这样界定"公共利益"的。比如说,他的《立法理论》一开篇就说:"**公共善**应该成为立法者的目标;**普遍功利**(要按照边沁式的方式来理解这个概念——引者注)应该作为他的推理的基础。"②

2. 和谐与共同享用

(1)和谐原则(The Principle of Harmony)

政府应该寻求公共利益,因为它是公众的受托人,这种说法事实上也无非只是一种文字把戏(verbal move)而已。我们仍然需要解释为什么政府应该把注意力集中于提升**共同利益**,而不能仅仅尽力去将欲求满足的总量最大化。一个可能的回答是,基于理想的理由,共享的利益(shared interests)比非共享利益更可取。

用一般性的方式对这个观点做出最清晰阐述的是霍布豪斯(L. T. Hobhouse)。③ 霍布豪斯把他的"和谐原则"解释如下:

　　　和谐原则……主张:行动与制度之所以是好的,不是因为它

230

---

① 在第十二章第三节第三部分,我说过,即便在人们具有相反净利益的情况下,他们可能仍然共享着一种相同的利益,这种利益就在于拥有作为公众的成员这一身份。或许有人基于这一点而提议,在净利益发生冲突的情况下,政府应该通过追求人们作为公众的成员而共同具有的利益来追求"公共利益"。这个提议或许是个好提议,又或许不是一个好提议,这也是我们要在本章剩余部分讨论的提议。但是究竟是不是一个好提议,是不能通过与受托人及其客户之间关系的类比来确定的,因为受托人在行动时是为了追求其客户的净利益。而且,国家应该做出行动去追求公众作为公众的成员所共享的利益这种说法,并不能为净利益相互冲突的每一种情况给出一种解决办法,因为或许并没有"公共利益"这种东西。

② Jeremy Bentham, *The Theory of Legislation*(London, 1931), p. 1. 也见 Jeremy Bentham, *An Introduction to the Principles of Morals and Legislation* (Hafner, New York, 1948), p. 3. "共同体是一个虚构的**东西**,由一些被认为对它具有构成意义的个人组成,它就是它的**成员**。那么共同体的利益又是什么呢? 是组成共同体的若干成员之利益的总和。"(中译本参阅边沁:《道德与立法原理导论》,时殷弘译,商务印书馆,2000 年,第 58 页。——译者注)

③ 毫无疑问的是,霍布豪斯的观点要归功于格林(T. H. Green),不过如果是这样的话,在我看来学生要比老师清晰得多。

们适合于多数人,而是因为它们成就了一条最近的道路,这条道路通向每一个受到行动与制度影响的人所共享的一种善。

共同善只不过是处于相互和谐状态下的所有生活的总和。……个人的要求可能是为了一种生活方式,这种生活方式是他自己喜欢的,但却与社会服务不相容,而且这种要求之所以应该得到支持,并不是为了共同善的缘故。[①]

严格地说,共同善既非个人的"善"的总和——这是可以独立地加以确定的,也非与个人的"善"对立的另外一种善。它就是一种和谐,每一个人的善都是这种和谐的一个构成要素。[②]

困难在于准确地看出"和谐原则"在实践上意味着什么,对此,霍布豪斯保持着沉默而让人干着急。不过按字面来理解的话,该原则在我看来不太有吸引力:在计算两种情形哪一种更为可欲时,对他人福利没有促进作用的无害娱乐似乎并不是没有价值。然而这一点似乎通过下述说法而得到了暗示:"与社会服务不相容的生活方式"不应该被允许。根据一种对"和谐原则"所做的更为宽松的解释,"和谐原则"就在于否认 A 的某些欲求的价值,那些欲求只有通过让 B 的欲求无法满足才能得到满足。[③] 即便就那些明显反社会的欲求来说,这一说法在我看来也是值得怀疑的:比如说,在一个会阻碍交通的地方停车这种欲望当然是一个反社会的欲望,但是它并不因此就少了真实性,而且把车停在某个更远的地方所带来的不便也是一种真实的不便。但是除了反社会的欲求之外,"和谐原则"还排除了单纯**具**

---

① Hobhouse,*The Elements of Social Justice*(New York,1922),pp. 121,122.(中译参阅霍布豪斯:《社会正义要素》,孔兆政译,吉林人民出版社,2006 年,第 82、83页。——译者注)

② Hobhouse,*The Elements of Social Justice*(New York,1922),p. 25 注释。(中译参阅霍布豪斯:《社会正义要素》,孔兆政译,吉林人民出版社,2006 年,第 27 页。——译者注)

③ 我认为,第一个或者说那个更为严苛的观点其实才是霍布豪斯的观点,这并不是没有可能。见第 311 页注释 P。

有竞争性的欲求:如果我在某个地方建房子,或占用了停车场的某个地方,那么就没有任何人可以再在同样的地方做同样的事情了,因此我的行为带来的"善"就不是"共享的"(shared)善,或者说就没有与他人的欲望"相和谐"。

(2)共同享用的理由

"和谐原则"当然会具有一个效果,即赋予共同的欲求一种特殊地位:但它是一条很强的原则,而且在我看来并不是一条可以接受的原则。如果我们沉思一种世界,在那个世界,如果满足欲求会与别人欲求的满足不相容,就没有谁会试图去满足这种欲求,或者沉思一个更好的世界,在那里,一个人所有的欲求满足都将直接有助于他人欲求的满足,这种沉思或许可以让我们获得某种半审美性质的愉悦。但是我们不能草率地以此为理由而主张,对于那些与这种欲求不同的欲求,如果有人**实在**要加以满足,也不应该得到承认。①

另外一种吸引着支持者的选择就是把共同的欲求(shared wants)的一种变化形式——即想要共同享用的欲求(wants for common enjoyment)——当作具有特别价值的东西来捍卫。根据这种观点,人们一起享用事物的机会应该被赋予高度的优先性。出于这一目的,"共同享用"意味着 A 与 B 一起享用某物;A 享用某物,B 也享用同样的东西(也即被归于同样的一般性描述之下的某物),这种状况并不能被称为"共同享用"。无论如何,奥古斯特·赫克歇尔(August Heckscher)——这个观点最近的一个倡导者——在一篇论文中的一段话所暗示的似乎正是这样一种解释,他说:

① 至于本章第二节第一部分引自《社会正义要素》的第一段引文所对应的脚注意味着什么,或许没有必要再进一步思考了。那个脚注是这样的:"任何一个人身上都可能有一些与他人相和谐的因素与能力,也有一些与他人不和谐的因素与能力。不和谐的,如果不能加以修正,就必须加以摧毁。"(中译本参阅霍布豪斯:《社会正义要素》,孔兆政译,吉林人民出版社,2006 年,第 92 页。——译者注)

把钱花在公路网络上目的在于赋予有车一族更快速更自由行动的机会。然而花在大众交通系统上的钱是为了让公众作为公众可以走动。今天,无须强调的是,公路已经四通八达,而大众公交则没落了。而且,建医院的目的在于个人在遭受最孤独、最个人化的折磨时能够被当作个体来照顾。相反,建公园是为了让公众能够共同享用。[①]

232　　但是为什么任何人都应该给予共同享用以高度重视呢?一个显而易见的理由是一个加总性论据:共同的供给品作为一种满足欲求的手段通常比分开的、私人的供给品更有效率。拿赫克歇尔的例子来说,如果许多人有相同的行程的话,公共交通就比私人交通更有效率,每个人都为了保留自己花园里的几平方英尺而使得居住区无法建一个公园,这对大多数人来说只是一笔很小的回报。

或者,我们也可以采用一种分配的观点,并指出共同享用的缺乏加剧了财产或收入不平等的影响。

在工业革命时期我们就开始建立起一种文明,在这种文明中,一切都取决于拥有金钱。如果你有钱,你就可以看到或拥有好的画作,听到好的音乐,读到好的文学作品,并在你的闲暇时间找到大量智识上的乐趣。穷人的工作动力在于工业革命所创造的发财机会。只要他仍然贫穷,这些好处他就一无所有……

今天,我们有意或无意地在按照一条不同的原则行事。我们试图建立起这样一种文明,在这种文明中,金钱的缺乏不应该使得人们被拒之于文明社会的利益与快乐的门外。我们不再认为闲暇、音乐、画廊、剧院、好的文学作品以及其他舒适便利是专为富人保留的。就快乐的范围与特征而言,穷人与富人之间已

[①]　August Hechscher, "Public Works and the Public Happiness", *Saturday Review*, 4 August 1962, p. 46. 也见 Heckscher, *The Public Happiness*, (London, 1963).

经不再像一百年前那样具有天壤之别。①

这些论据仅仅把共同享用当作实现一种目的的手段。就是说，共同享用本身并没有被赋予任何价值；它之所以重要，仅仅是因为各种目的碰巧只有通过提供共同设施才能得到实现（或最有效的实现）。难道就没有因其自身之故而支持共同享用的论据吗？我可以找到三条。第一条论据诉诸的是我在第七章所讨论过的"融合"(integration)的价值：如果我在那里所界定的"融合"是一种要得以推进的事业，那么共同享用就不仅构成了它的一个**手段**，而且还是它的一种**形式**。第二条论据由赫克歇尔所暗示出来：以共同享用为目的的人工制品以及"真正具有公共性的作品"，"有利于睦邻友好与根基意识(sense of roots)……它们提醒着我们，我们与其他世代的人是一体的……而且，它们在那种完整地保留了这种精神的环境下给我们以和平……"②

第三条论据与此相联系，它指出了组织起来"共同享用"的做法的价值。诺顿·朗(Norton E. Long)曾指出，我们应该回到古希腊的公民观，这种公民观"把一个政治秩序是否有能力提供重要的角色以便实现公民的道德潜能作为判定其价值的一个主要标准"。他写道：

> 随着我们进入一个公众消费日益增长的时代，艺术的维系、生活的改善以及当前很重要的住房和生存条件问题会越来越成

---

① J. L. Hammond, "The Growth of Common Enjoyment", L. T. Hobhouse Memorial Trust Lecture No. 3 (1933), in *Hobhouse Memorial Lectures* 1930-1940 (Oxford, 1948). 参阅同一次演讲第 28 页。在某种意义上，哈蒙德(Hammond)所做的那个区分可以通过美国和英国之间的对比来重复。比如，在英国，大多数海滩都是向公众开放的，有钱人唯一的优势在于，他们可以走得更远，待得更久。然而在美国，大多数最好的海滩都归私人所有，因此，那些拥有自己海滩的人与那些只能占有剩余海滩的人之间有着天壤之别。见 J. K. Galbraith, *The Affluent Society*(London, 1958).

② August Hechscher, "Public Works and the Public Happiness", *Saturday Review*, 4 August 1962, p.46. 赫克歇尔补充说："福利国家可以被界定为这样的国家，它试图通过共同行动来增加其公民私人性的舒适与满足。而根据我们的解释，国家……试图通过共同行动让人们超脱于私人性的舒适，并让他们看到公共幸福。"

为城市政府的主要职责。柏克(Burke)意义上的新城市很可能会在所有的艺术、科学与文化领域变成一个合伙人,并对美好生活带有一种重要的看法,把美好生活看作一个重大的共同愿望。都市主义(metropolitanism)的倡导者开始认识到,他们所寻求的未来不仅仅是更好的交通、排水系统的改善或地方经济在竞争地位方面的提升。这便是实现美好生活这一共同目标的可能性。都市地区重建起来的城市使得我们有望形成一个重要而可控的公民行动(civic action)场所,在那里,与在国家当中或民族当中相比,可以实现一种更浓厚的友爱意识。①

234   3. 国家为什么应该促进共享的利益?

即便(基于上一节所提出的论证)承认了共同利益与共同享用相对于非共享的利益与享用具有特殊的重要性,这也仍然不能证明唯有国家才适合去促进它们。本章第一节所给出的源自"受托人身份"的论证确实声称表明了这一点,但是我已经指出,那个论证建立在关于"公众的利益"这一表述的一个文字游戏之上。

对于国家为什么要特别关注共享利益这个问题,一个最简单在我看来也是最强有力的论据是一个简单而切合实际的论据,即如果国家不促进这些利益,那么它们往往更不会得到促进。私人或私人性的组织不可能始终有效地确保广泛共享的利益不被排挤出去。如果我们回想一下前一章开始之处所引入的一个区分,即确保共同利益的积极行动与消极行动之间的区分,我们就可以很容易看到这一点。围绕着"公共政策"所讨论的那些问题的本质特征就在于,行为(或更准确地说,与行为相关的契约)除了影响立约方以外,还影响到他人,而由于这些"他人"很可能多达上百万人,要求他们也进入到商

---

① Norton E. Long, "An Institutional Framework for the Development of Responsible Citizenship," in *The Polity*, ed. by Charles Press (Chicago, 1962), p. 183.

定契约的过程中来显然是不切实际的。"公众"如果能行动的话也只能通过"公共权威"来行动。① "消极的"国家行为的其他例子——这些例子也可以用同样的方式来解释——就是刑法以及地方当局制定的安全与规划方面的各种制度。说到积极的国家行为,这里的关键就在于,某些服务所产生的利益——比如国防、法律与秩序、街道照明等——不可能被限定于那些愿意为之买单的人,而且在其他很多情况下(比如道路与公园),成本很高,而且向那些使用它们的人收钱也极为不便。那么,在这些情况下,公共权威就有了一条初步的(*prima facie*)理由提供这些利益,并通过税收来获得必要的财政收入。

注意,当前这种论证并不需要假定共享的利益特别具有价值;它 235 的主张无非是,如果要促进这些利益,那么国家是唯一一个能够促进它们的机构,因此,当我们思考国家应该做些什么时,我们就应该特别关注公共利益的要求。因此,根据这个观点,人们经常提到"公共利益"**在政治上**很重要,但这种重要性未必反映了"公共利益"作为一种价值与简单的加总主义标准(aggregationist criterion)相比具有某种**总体上的**优越性。那些专门挑选出来的利益——那些利益包含在了"公共利益"这一术语当中——与政治上很重要的利益是一致的。

促进消费者利益的做法提供了"符合公共利益"的积极国家行为和消极国家行为很好的例子。霍华德·史密斯(H. R. Smith)在他的《民主与公共利益》一书中援引了另一位作者的一段话:

> 从经济学的立场来看,所有公民都有一个共同利益,即"生存"。每个人每一天都必须尽力获得国家真实收入总量的一部分,比如食物、衣服、住房、医疗、汽车、广播、家具等等。"消费者

---

① 参阅 Paul Appleby, *Morality and Administration in Democratic Government* (Baton Rouge, 1952), pp. 18-22;这种观点更早的表达见 John Dewey, *The Public and Its Problems* (New York, 1927)。(中译本见杜威:《公众及其问题》,复旦大学出版社,2015年。——译者注)

利益"是指所有公民在以更低廉的价格获得更多且更好消费品方面的利益。……因此,这意味着如果政府关注于促进经济领域的"共同利益",那么其决定就应该由"消费者利益"来指引。由于每一个生产者也是一个消费者,或许就会有人问:为什么要把消费者与生产者相对照? 促进生产者利益有什么不对? 因为他们也是消费者。之所以把**消费者**利益与**生产者**利益相对照,是因为一群组织起来的生产者从某项政策[比如法律认可的固定价格(legalized price fixing),缩减产量,驱逐竞争者,或者保护性关税]中所得到的利益,通常超过他们作为他人产品(包括他们自己的产品)的购买者从这项政策中所失去的利益。①

然后史密斯继续做出了如下评论:

236 　　　难道他不是像之前的卢梭一样企图强迫公民自由吗? 难道这段话不是明显意味着,要是听凭个人自己的偏好,公民就往往会选择优先考虑他们的生产者利益,所以政府要优先考虑作为消费者的个人的利益?②

这个评论**完全**没有抓住问题的关键:人们并不是**更喜欢**他们作为消费者的利益;他们只是发现**促进**他们作为生产者的利益是更有利可图的。正是为了促进得到同等偏爱的消费者利益,政府才不得不干预。事实上,追问哪种利益才是人们"更喜欢的"这种想法非常愚蠢,因为如果我们认为人们想要尽可能高的购买能力,那么这显然依赖于他们的金钱收入和他们必须支付的价格。关键在于,相对于根据总体价格水平来行动,个人根据自己的金钱收入来行动更为容易。

---

① Vernon A. Mund, *Government and Business*(New York, 1955), 2nd ed. , pp. 75-76. 引文见 Howard R. Smith, *Democracy and the Public Interest* (University of Georgia Monographs No. 5, Athens, Georgia, 1960), pp. 148-149.

② 同上,第 149 页。

第十四章 宪法选择与公共利益(上)

1. 制度问题

(1)引言

我们已经得出的立场是:第一,"公共利益"不是一个无意义的表述;尽管(就像政治词典中的任何词语一样)它可能被滥用,但它也有其恰当的运用范围。第二,国家由于包罗广泛并具有强制性的权力,因而对于推进不可指认的群体的利益——这些利益构成了"公共利益"——具有不可替代的作用。但是如何确保国家的权力被用来实现公共利益而不是被用来实现其他目的呢? 这就是接下来这两章要追问的问题。

我特意说"追问"而非"回答",因为这个看上去很朴实的问题概括了政治理论一个永恒的中心问题。在大量的材料中,我要选取两种相反的传统,我分别称之为"权力分散"(power-diffusion)的观点与"权力集中"(power-concentration)的观点;而且我会用这两个模型来进行我的讨论。我清醒地意识到,对一个复杂的论证传统进行这样一种极端的简化是有危险的,不过我会用培根的格言来宽慰自己。培根说:"从错误中比从困惑中更易于发现真理。"

(2)两个简单的观点

要处理我们如何确保国家权力被用来促进公共利益这个问题,最简单的方法就是假定,某一个人或某一群人有能力促进而且也想促进公共利益,且无须任何进一步的推动力量。这样,唯一的问题就是如何确保把必不可少的权力交到他们手里。这一节要讨论的就是达成这一目的的两种可能的方式,这两种方式已经有人严肃地提出来,并且在现代社会已经在一定程度上付诸实施了。

第一种可能的方式就是:选民选出其代表,因为他们相信这些代表会致力于"公共利益",然后由这些代表尽其所能地制定规则并颁布政策,从而控制具体情况下做出权威决定的过程(我之所以做出这样的描述,是为了让这种描述在同等程度上既适用于内阁制,又适用于行政部门由直接选举产生的制度,比如美国的制度,在那里,行政部门实际上是直接选举产生的)。在这种理论的支持者当中,我们可以列举出柏克和密尔。柏克把政党定义为"人们为了通过共同努力来促进国家利益,基于他们一致赞成的某种具体原则而联合起来的一个团体",①这个定义显然与这种理论是一致的。密尔详细阐述了选民的角色,他说,每一个人在投票时都应该觉得就好像他本人正在决定选举结果一样,要把整个国家作为他的所指群体。② 美国总体也经常自命为"国家利益"或"公共利益"的保护人,并把自己与国会议员相对比,他们把整个国家作为自己的选区,而议员的视野则局限于地方性的以及某些群体的事务与利益。

---

① Burke, "Thoughts on the Cause of the Present Discontents (1770)", *Works*, I (London, 1899), p. 530.

② 做决定者究竟应该是政党还是个人,在该理论的总体背景下,这当然是一个有争议的问题。

就选举产生代表这一点而言,另外一种理论也遵循第一种理论,但是也正是在这里,它开始与第一种理论分道扬镳。不是代表们自己(尽其所能地)控制所要采取的政策,相反,他们任命愿意做这项工作的专家。确保公共利益得到促进的责任从政治家身上转到了他们任命的"专家"身上(或者更进一步说,转到了主要的被任命者的职位上)。在英国,这并没有在理论上得到很多人的提倡,也没有在实践上得到很多落实。[①] 但是在美国的公共管理学界,这种做法有一些能言善辩的辩护者;而在法国,自 1945 年以来,这种做法已经在很大程度上被付诸实践,尤其是在经济事务领域。[②]

239

(3)对两种理论的批评

这两种理论所面临的一个质疑是,它们的心理学前提是不可靠的。可以说,无论是选民、政治家,还是"专家",他们都不可能既有所假定的那种追求公共利益的愿望,又知道什么样的政策对于实现公共利益来说是必要的。或者,将这一质疑稍微进行一点微妙的改变:即便**有的人**事实上确实具有所需要的动力与能力,把我们的宪法安排建立在所有人或者大多数人都是如此这一假定的基础之上,也是很愚蠢的。[③] 休谟在他的论文《论议会的独立性》中巧妙地论证了这

---

① 不过这一点不应该被夸大。比如,韦伯夫妇(the Webbs)希望"把合格的专家引入政治——通过把最有技术的企业家的优势补充到政府的规模化管理和强制性管理的巨大优势上,从而扩展政府的领域"。Beatrice Webb, *Our Partnership*(London,1948),p. 120。至于实际的例子,我们只能想想战后民族化工业领域里所谓的"莫里森"委员会("Morrisonian" boards),这种委员会的目的就在于让"专家"来做出重大决策。

② 格伦顿·舒伯特(Glendon O. Schubert)在《公共利益》(*The Public Interest*)一书中对他所谓的"理想主义者"(Idealists)的论述是不公平的,但是这种论述确实把一群非常类似的学者聚集在了一起。

③ 应该注意的是,这条质疑并不依赖于下述假定:被赋予权力实际上会导致掌权者品格的堕落;换句话说,它并不依赖于"权力导致腐败"这句已经被用得很老套的阿克顿名言。我在第 331 页注释 Q 审视了这个问题。

一点。①

　　政治学家已经将下述主张确定为一条格言:在设定任何政府体制和确定宪法的制衡和监控机制时,必须把每个人都设想**为无赖之徒**,并假定他的一切作为都是为了谋求私利,别无其他目标。我们必须靠这种利益来治理他,并利用它来使他与公共善合作,尽管他本来贪得无厌,野心勃勃。政治学家说,不这样的话,我们夸耀任何宪法的优越性都是徒劳无益的,而且最终会发现我们的自由或财产除了依靠统治者的善心,别无保障,也就是说根本没有什么保障。

　　因此,**必须把每个人设想为无赖之徒**确实是条正确的**政治**格言,尽管与此同时这看起来有一些奇怪:一条在**政治**上正确的格言在**事实**上却是错误的。不过在这一点上为了让我们信服,我们可以认为,人们通常在其私人活动中比在公共活动中更为诚实,与仅仅涉及其私人利益的情况相比,他们在为党派服务时会走得更远。

　　对此我们还可以补充一点:每个法庭或议会都是由多数人的意见决定的,因此,如果自利只影响到多数派(事实总是如此),那么整个议会都将受这种分离的(separate)利益诱惑,办起事来便好像议会里没有一个成员对公共利益和自由有一点点关心。

　　只要在任何方面放弃了最初那些乐观的心理学假定,那些关于可欲的宪法安排的结论也就会坍塌。既然政治家或"专家"管理者只会用手里的权力以社会其他成员的利益为代价去提升他们自己的私人利益,那我们为什么还要让他们不受约束地放手去干呢?

---

① *David Hume's Political Essays*, p. 68. 对比著名的《联邦论》第十篇论文。(中译本分别见大卫·休谟:《休谟政治论文选》,张若衡译,商务印书馆,2010年,第27—28页;汉密尔顿、麦迪逊、杰伊:《联邦论》,尹宣译,译林出版社,2016年。——译者注)

即便承认选举出来的人或被任命的人会勤勤恳恳的,仍然可以主张,像流水线作业一样的政治制度也不可避免地会导致普通公民的很多意见与关怀被忽视。这样,在对比英国和美国时,爱德华·班费尔德在一篇论"大城市增长的政治意义"的文章中写道:

> 当然不应该认为,没有争论,没有尖刻的言辞,没有难以实施的妥协,也没有僵持状态[毕竟,在这一点上,这本质上说就是"有效"(effectiveness)这个概念所指的意思],就构成了一种"良好的"政治秩序。傲慢自大的官员可能会对普通公民的需要和愿望视而不见,而普通公民可能会毕恭毕敬地默认他们的忽视,因为他们要么(就像英国底层那样)认为绅士们懂得最多,要么(就像美国中产阶级那样)认为专家懂得最多。在这样的情况下,可能非常高效,没有争论,没有尖刻的言辞,没有难以实施的妥协,也没有僵持状态,但是这种状态并不意味着普遍福利得到了满足;相反,这种状态意味着,在通常情况下(尤其是在地方所关心的事务上)与福利极为密切相关的那些需要和愿望没有被考虑进去。因此,说我们的制度正在变得更为有效而英国的制度正在变得不那么有效,这绝不意味着我们在"进步"而他们在倒退。我们可以很容易想到,争论、尖刻言辞、难以实施的妥协以及僵持状态可能正是一种接近于普遍福利观念的局势的明显特征。①

一个可能的回应就是,即便每一个人都是自利的,在一种赋予当选者无限权力的简单宪法下,只要我们使得服务于公共利益符合他们在下次选举中再次当选这一利益,政治家就仍然会服务于公共利益。因为在那种情况下,不服务于其选民利益的政治家不会再次当选;由于选民就是"公众",因此政治家会被驱使着去寻求"公共利益",即便无论是他们还是其选民都不受自利以外的其他动机所推

241

---

① *Daedalus*(Winter, 1961):"The Future Metropolis", pp. 61-78.

动。但是,除非在所有问题上所有选民的共同净利益都在于同一项政策而非其他可能的政策,否则这种说法就不可能是正确的。[①] 如果在所有问题上选民的共同净利益并不是这样,我们就必须否认,希望重新当选的政治家必然会发现,追求"公共利益"而非追求其选区当中的多数派的利益(或者就一个政党或一个总统而言,各个选区里的每一个多数派当中的多数派的利益)是有利的。尤其是,当存在着明确的种族、肤色、宗教和民族等分界线时,只代表多数派的共同利益而不是代表全体公民的共同利益,显然在选举上更为有利(如果所有人都自私自利地行动的话)。

(4)权力分散论

为了尽快地提出问题,我已经粗略并未加批判地提出了两条旨在确保实现公共利益的简单建议,并提到了一些对它们显而易见虽有些夸大的批评。这里的每一方都有一个悠久的政治思想传统。为了方便起见,可以把本节第三部分所提出的那些批评背后的传统称为"权力分散"的观点。根据这个观点,没有人适合被委以绝对权力(无论是一个人,还是一群其人数多到足以构成一个国家中的多数派的人)。要想在政治中实现令人满意的结果,靠的是对掌权者的制约与平衡,而不是靠对他们善良意愿的信任。本节前面两部分所考虑的那两种理论背后的相反传统可以被称为"权力集中"的观点。根据这个观点,鉴于将权力集中于某一个人或某一群人之手这种做法的好处,其内在风险是值得一冒的。在过去的半个世纪里,两种传统之间持续不断的冲突可以在对"计划"(planning)与"定价"(pricing)的相对优点的讨论中找到(尤其是当"定价"的优点被说成主要是政治

---

① 詹姆斯·密尔在他的《政府论》(*Essay on Government*)中明确地从各方的个人利益到公共利益进行了论证,他认为选民之间存在着一种共同的净利益,也许唯有某些"邪恶的利益"例外,这些"邪恶的利益"实际上是无法得到辩护的特权。

上的优点的时候），也可以在美国人关于一种"更负责任的两党制"之可欲性的争论中找到。[1]

(5)"同意的计算"

权力集中的观点很简单，而针对它的可能的质疑也很容易被看到，也很容易去说明。权力分散的观点很复杂，相应地，对它的批评必定也很复杂。因此，我要把本章其余部分和下一章的大部分内容用来处理一种在我看来最为精致复杂的尝试，即试图以严谨的方式阐明一种权力分散理论。这种尝试可以在一本题为《同意的计算》的书里找到。[2]在这本书中，作者声称能够证明，如果讨价还价不需要成本，每个人都会发现支持这样一种宪法制度是符合其利益的，在这种制度下，除非获得全体一致的赞成，否则任何法律都无法通过，任何公共开支都无法得到批准；或者换一种说法，每一个公民都会要求一种针对其社会中任何集体行为的个人否决权。

---

[1]　关于"计划"与"定价"，在主张"权力分散"的一方，我想到的是哈耶克、冯·米塞斯(Von Mises)和罗普克(Röpke)这样的学者；在主张"权力集中"的一方，我想到的是芭芭拉·伍顿(Barbara Wootton)。"一种更负责任的两党制"这一表述取自美国政治科学学会主持的一个委员会所发布的报告的标题"走向一种更负责任的两党制"("Towards a More Responsible Two-Party System", *American Political Science Review Supplement*, XLIV, No. 3, September 1950)。最近最知名的支持者是赫瑞尹(E. P. Herring)和霍尔库姆(A. Holcombe)；权力集中论者公认的领袖是谢茨施耐德(E. E. Schattschneider)。尤其见他的论文"Political Parties and the Pubic Interest", *Annals of the American Academy of Political and Social Science*, No. 280 (March 1952), pp.18-26.

[2]　见 J. M. Buchanan and Gordon Tullock, *The Calculus of Consent*(Ann Arbor, 1962).（中译本见詹姆斯·布坎南、戈登·塔洛克：《同意的计算》，陈光金译，中国社会科学出版社，2000 年。——译者注）这本书的主要内容可见于下列三篇论文：J. M. Buchanan, "Social Choice, Democracy, and Free Markets," *Journal of Political Economy*, LXII (1954), pp. 114-123; "Positive Economics, Welfare Economics, and Political Economy", *Journal of Law and Economy*, II (1959), pp. 124-138.（两篇论文均重印于 J. M. Buchanan, *Fiscal Theory and Political Economy*, Chapel Hill, 1960。）G. Tullock, "Problems of Majority Voting", *Journal of Political Economy*, LXVII (1959), pp.571-579. 也见该文引起的争议：A. Downs, "In Defense of Majority Voting", *Journal of Political Economy*, LXIX (1961), p. 192; and G. Tullock, "Reply to a Traditionalist", *Journal of Political Economy*, LXIX (1961), p. 200.

243 　　尽管这本书很长，也很详细，但是可以很简单地说明一下得出这一结论的最基本推理。让我们假定对最初的财产分配状况存在着一致意见，并假定国家执行着契约，保障着最低限度的"人权"。从这一最初状态出发，让每一个愿意交换的人交换；这一交换必定会使得交换的双方状况都更好，因为否则的话他们根本就不会进行交换。然而，国家的强制性干预通常并不能类似地保证让每一个人的状况都比以前更好，因为它通常并不需要全体一致。因此，唯有立法行为需要得到全体一致的赞成，我们才能确定地说没有人会因改变而有所失。作者考虑了一种可能性：如果仅凭（比如说）简单多数就可以进行改变，有些人可能有望得大于失；但是作者声称能够证明，长期而言**每个人**都可以料到会得不偿失。

　　鉴于存在着讨价还价成本，他们承认，这种理想必须加以修正；但是他们仍然主张，它是一种基准，现实的制度必须用它来衡量。偏离作为集体行动条件之一的全体一致是有成本的，这种成本必须加到讨价还价的成本上去，还要加上用来将这两种成本总量最小化的安排所涉及的成本。

　　布坎南和塔洛克所提出的观点最好被看作由两部分构成。第一部分主张，如果没有讨价还价成本，理性的利己主义者将会操作而且能够操作一套要求任何改变都必须得到全体一致通过才能进行的制度；第二部分主张，当把讨价还价的成本考虑进去后，所需要做的就是在某种程度上降低全体一致这一要求。我将依次处理他们的论证的这两个阶段，在这一章质疑第一部分，在下一章质疑另外一部分。与他们相反，我要主张：（1）生活在一个由理性的利己主义者构成的共同体（无论这个共同体有什么制度）中，不可能像布坎南和塔洛克认为的那样令人愉悦；（2）即便是理性利己主义者，也不妨支持一个简单多数制度；（3）没有理由认为，在选民只具有一般程度的利他主义的情况下，简单多数制度不会运转得很好。

2. 自我辩护与集体供给品(一)

(1)引言

《同意的计算》一书的作者所构建起来的理论明显严重依赖于存在着某种每个人都赞成的现状；否则我们就没有基准线作为参照以便衡量那些据说需要全体一致才能进行的"改变"。在其作者看来，那种现状实际上就是这样一种状态：没有公共开支，而且法律仅仅关注维护某些"人权"和自由放任主义的法律框架（强制执行契约，或许还有一种反垄断的法律）。

有了这种现状后，作者主张，未经全体一致的同意就允许改变现状不符合任何人的利益，因为这将使得其他人能够向他们"强加成本"。（在第 312 页注释 R，我指出，他们批评多数票决的通常理由时完全依赖于之前就存在着一种对现状的全体一致赞成。）这种强加成本的行为实际上涵盖了两种情况：用立法来阻止人们做某些他们喜欢的事情，通过强制手段（即征税）筹钱来支付集体开支。这两种情况分别对应于我所谓"公共利益"的积极运用与消极运用，[①]我将依次加以讨论，在这一节和下一节处理第一种情况，在最后一节也就是第四节处理第二种情况。不过在此之前（本节第二部分），我要简要地评论一下作者的一个假定，因为这个假定有助于我们看清他们的思考过程。这个假定就是，每个人可能都愿意赞成作为现状的自由放任主义与某种财富分配状况，唯有通过全体一致的同意才能对这种现状进行改变。

244

[①]　作者此处的表述容易让人误解。实际上，"用立法来阻止人们做某些他们喜欢的事情"对应于"公共利益"的消极运用；"通过强制手段（即征税）筹钱来支付集体开支"对应于"公共利益"的积极运用。——译者注

（2）自由放任主义与全体一致

一个显而易见的质疑就是，对财产的任何一种最初分配状况，都不可能有全体一致的赞成；作者事实上无法应对这一质疑。（他们甚至没有尝试过。）不过一个更有趣的问题是，即便每一个人确实都赞成财产的某种最初分配状况，这也并不意味着每个人也会赞成随后的某种收入分配状况。如果比如，关于财产的协议可能还涉及不断再分配的具体措施上的协议，或者还涉及由累进所得税支持的集体供给品方面的协议。如果是这样，那么就是此后的再分配状况，而非直接源于自由放任主义的分配状况，提供了用来衡量"得"与"失"的基准线，以及进行"交换"的起点线。

245　　至少对某些理性利己主义者来说，拒绝接受任何源于自由放任主义的收入分配状况都是非常明智的。为什么作者没有看到这一点呢？事实上，有很多理由可以说明这个问题。我猜这是因为他们被一种情景蒙蔽了眼睛，那就是经典的讨价还价情景，在那种情景下，A 有一批商品（比如苹果），B 有一批其他某种商品（比如橘子）。如果他们交换了，那么相对于他们最初的状况，他们都会有所得。如果唯一的问题就是一次性出手某种商品的话，这一情景就与这里的讨论相关。从最初的状态出发，对每个人来说交换都是明智的。如果每个人都承认最初的状态是公平的，那么没有谁有任何理由抱怨最后的结果。但是每个人都得吃东西，这需要源源不断的钱。当一个人满足于他最终的交换状况时，他不可能只是把钱保留着，他不得不开始使用它直到用光。（少数人可能会一开始就被提供给大量的物资，这足够他生活了，无须进一步补充；但是显然并非所有人都是这样，甚至大多数人都不是这样。）一个在救生艇上的人如果其食物只够吃一个星期，其状况并不会无限期地和起初一样好。即便没有任何人通过拿走其食物的方式"强制"他，他也会死。引入交换的可能性于事无补；交换原则就是"一手交钱一手交货"，一个没有钱的人在城市里很可能会饿死。因此我们不能说:每个人只要是合乎情理的,就会接受自由交换的结果,因为没有谁遭受了强制,每个人都受益了。然而,稳定的收入来源是必要的,我们根本无法保证,只要一个人想要一份工资足以维持生活的工作,他就能得到这样一份工作。即便实现了充分就业和完全竞争,某些人的大多数生产劳动的净边际产量实际上可能仍然很低;而且非常奇怪的是,经济领域的科技越是发达,情况越有可能如此。当然,我们还必须补充一句,即便所有身体健全的人能够挣钱养活自己,但是某些养家糊口的人可能在心智方面或身体方面并没有生活与行动能力,或者说有残疾;自由放任主义完全不会把工资的多少与工资所要养活的人的多少相关联。

(3)关于侵犯型否决权(offensive veto)的理论

对于需要全体一致才能修改法律或批准公共开支的那种制度,作者最根本的先入之见就是,没有谁会运用那种权力进行否决,除非是为了"自我防卫",也就是为了避免境况变得更糟糕。但是一个如此自我约束的社会并不需要如此精心设计的防护措施,而在一个由冷酷无情的利己主义者构成的社会,否决权的运用也不会仅限于为了"自我防卫"。利己主义者既会出于防卫而使用否决权,也会出于侵犯而使用否决权。如果一个人只是关注自我防卫,他大概永远不会投票否决那些对自己毫无影响的项目,但是很容易表明,一个人事实上可以通过以此相威胁而受益。比如,假定在美国的一个有大城市的州里,州立法机关不得不批准该城市发行债券,或批准该城市重新安排各个政府部门。这些事情可能根本就不会伤害到该州其余地方的居民。但是它们提供了一种施压手段,凭借这种手段,立法机关里的"北方"多数派或"南方"多数派可以向该城市勒索原本无法获得的好处。

这个例子可以加以普遍化:如果我有权利否决你的任何开支,那

246

么要是我之前仅仅用它来否决对我有害的开支的话,我今后就会开始利用这一地位赋予我的权力。实际上,通过以否决你的所有开支相威胁,我大概可以让你忍饥挨饿以至于把所有的收入都交给我,只保留你生存所必需的部分。这一点运用于作者的乌托邦意味着什么,应该是显而易见的。如果一项立法或公共开支需要得到全体一致同意,那么一个精明老道的群体就可以坚决地对该项措施投反对票,除非它能从该项措施中得到几乎整个的预期收益。如果它实际上完全不会受到该提案的影响,那么它很有可能会这样做。如果它所受到的是有利影响,或者虽然实际上受到的是不利影响,但这种不利小于受益者的收益[没有转移支付(side-payments)时的收益],它也可能会这样做。或许有人想知道,一个不受一种措施影响甚至会从中受益的群体怎么才能说服其余的人相信,如果它不能从中得到几乎所有的预期利益,它就会投票反对该项措施。如果举个例子,这个问题就可以得到最好的回答。假定我们有一个立法机关,其中只有两个群体,而必须对某项措施进行投票。如果该措施得以通过,每247 一个群体将因此而有 100 个单位(比如镑)的收益。[①] 最后,由于宪法上的某种特殊性,两个群体都必须投票支持该项措施,它才能获得通过。[②]

每一个群体都有两个策略:它可以投票支持该项措施,也可以投票反对该项措施。因此,该项措施就可能面临 $2 \times 2 = 4$ 种可能的情形。如果我们把这两个群体分别称为行和列(出于即将清楚的理由),就可以把这些可能性描述如下:(1)都投赞成票;(2)行投赞成票,列投反对票;(3)行投反对票,列投赞成票;(4)都投反对票。将这

---

① 我们可以要么假定该项措施的实施是没有成本的,要么假定成本将以一种预先决定了的方式被分配,且两个群体都将在这一成本之外有 100 镑的收益。

② 比如,必须达到某种特定多数票,而这两个群体中任何一个群体的人数都达不到这一多数票;或者有两院,在每一院中,该项措施都必须获得简单多数票,而这两个群体中的每一个群体各在一个议院中占多数。

些可能性放入一个更方便的矩阵,我们就可以得到图2。

列

	投赞成票	投反对票
投赞成票	(1)	(2)
投反对票	(3)	(4)

行

图 2

在这四种情形中的每一种情形下,两个群体行和列都各有一个**收益数**(pay-off)。就目前的情况而言,策略(1)给每个群体100个单位的收益,而另外三种策略下两个群体都一无所获。我们可以将这一结果放入我们的矩阵当中,把行的收益数写进每一个格子的左下角,把列的收益数写进格子的右上角,如图3所示。

列

	投赞成票	投反对票
投赞成票	100 / 100	0 / 0
投反对票	0 / 0	0 / 0

图 3

现在让我们设想,行不仅想要得到图中的100个单位的收益,而且还想得到列的收益当中的比如90个单位的收益。它一定会通过某种方式说服列,让列相信它会投票反对该项提案,除非它从列那里得到90个单位的转移支付。如果我们认为这些数字是纯利润,而事实上还涉及成本,那么另外一种表述方法就是,行坚持说它会投票反对该项措施,除非列额外支付90个单位的成本。它有两种方式可以做到这一点:它可以说自己对该措施投赞成票而获得的收益实际上很少,除非它得到转移支付;或者它可以谎称它从一开始就会失去90个单位的收益。举个例子,第一种方式可以这样来实施:行拿出超过

248

100 个单位来打赌说,它不会投赞成票,除非得到 90 个单位的贿赂,而如果真的得到了 90 个单位的贿赂,它就不会投反对票。但是对一个政治家来说,一种更切实际的做法就是用自己的名声打赌。假设行这个群体的名声对其成员来说值 1000 个单位,他们公开声称,他们不会投票支持该项措施,除非他们得到 90 个单位的转移支付,但是如果他们真的得到了 90 个单位的转移支付,他们就会投票支持它。这样,他们的收益数就变成了:

列

	贿赂,投赞成票	不贿赂,投赞成票
投赞成票	10 (措施被通过) 190	100 (措施被通过) −900
投反对票	−90 (措施未通过) −910	0 (措施未通过) 0

（左侧为"行"）

图 4①

正如我所说,对于行而言,第二种可能性就是谎称它真的不喜欢该项提案,因此它在第一个矩阵中的收益数不是 100,而是−89。因此,对另一方(如果他们相信对方的这种说法的话)来说显而易见的就是,他们肯定会支付 90 个单位,以便使得投赞成票对行来说是值得的。当好处是明显的而且是物质性好处时,这是很不容易做到的;但是当存在着一些原则问题和偏好问题时,这是很容易做到的。更有甚者,即便在好处显而易见的情况下,一个人仍然可以说,他不赞成由集体来提供那种好处,而且他还是会投反对票,除非他获得一些报偿他才会违背他的原则。

---

① 假定列在所有情况下都会投赞成票,因为它不这样做的话根本没有收益。

(4)全体一致原则无效率

这样,到此为止,我已经指出了全体一致原则是不公道的,因为它使得那些不受一项提案影响的人可以仗着自己有权采取一种损人不利己的态度对之投反对票,从而要求一笔补偿金。[①] 从理想的理由来看,这是令人反感的,因为它看重虚伪、倔强和狡猾。然而,我还没有表明,在作者感兴趣的那种专门的意义上说,全体一致原则是无效率的(inefficient),就是说,全体一致原则下可能无法实现互利的安排。我现在就要着手处理这个问题,不过在此之前,有必要说明不存在讨价还价成本这一假定被赋予的意思。显然,如果认为不存在讨价还价成本这一假定的意思是所有惠及各方的讨价还价都已经进行了,那么根据定义,无效率就是不可能的。在这里,我所说的讨价还价不涉及成本这一假定,其意思和我认为的其通常的意思是一样的,即交流、对威胁的考虑、许诺、对意图的说明(即便充分的讨价还价需要上千个这些因素,比如所涉及的是一条提案和一百个人时就是这样)并不费力,或者不需要花钱。不过我在这里假定,对事实问题的完备知识和对每个人的无差异曲线图(就是说,每个人在任何可能的组合之间的偏好)的完备知识会把我们带入一个幻想的世界。然而,即便是在这样一个幻想的世界里,下文所注意到的那种"无效率"的来源——不相容的承诺(commitments)——仍然会出现。

总体而言,当刚才所审视过的那种得到超过一个人"公平份额"数量的方法出问题时,无效率就出现了。让我们考虑一种情形,在那种情形下,只有一个人或一个群体试图得到超过其"公平份额"的数量。那个人或那个群体可能算错了收益的数量。假设行认为列的利

250

[①] 布坎南和塔洛克在有一个地方指出,并不存在人们利用其否决权来为自己谋取积极利益的危险,因为如果有必要,那些期待着从共同行为中获利的人总是可以自愿地一起立约来为这种利益买单。我在第316页注释S审视了这一点。

益就像在图 3 中一样是 100 个单位,并要求列支付给它 90 个单位它才会投票支持那项措施;如果事实上列的利益只有 80 个单位,列就会拒绝投票支持那项措施。现在,行就愿意放弃威胁,因为它已经失败了;但是它一旦这样做,就必然牺牲它的声誉,而沦为言而无信。因此那项措施就不会被通过。在行虚假陈述其真实偏好并谎称有 89 个单位损失的情况下,这一点同样是显而易见的。只要它说:"好吧,既然你们不会付钱给我们,我们要改变主意了——我们真的喜欢这项议案",几乎肯定就会败露其欺骗性,正如之前一样,我们可以认为它向对方要求过多了,已经超出了对方可以从该项措施所获得的收益。

很重要的是要注意到,这是一种真正的"囚徒困境",因为即便达成了协议去做大家一起做才有效率的事情(在这里就是诚实),双方如果都由利己主义者构成,就都有充足的动机违背协议。尽管在大多数囚徒困境中,一份带有足够惩罚性的可强制执行的契约就可以解决问题,但是很难看到,立法者或公民如何能够从一份可强制执行的协议——即都赞成要诚实——中获得很大帮助。改变一下规则(比如改为简单多数票决)似乎更有用。

3. 自我辩护与集体供给品(二)

(1)多数票决提供了过多的公共产品(public goods)吗?

不过,布坎南和塔洛克并不把他们的论据建立在全体一致原则的理论优势上。他们还试图证明,在一种多数票决制度下,公共开支不可避免会高于"有效率的"规模(即人们愿意各自进行支付的那种规模),而且他们还用议会中的"猪肉桶"(pork-barrel)现象①来支持这一说法。因此,我要在这一部分反驳这一"证据",并在第 317 页注释 T 提出关于"猪肉桶"的另外一种解释。作者的基本观点已经由维克塞尔(Wicksell)以一种很机智的方式表达出来了,他写道:

> 那些能干但无原则的政客很容易利用当时的政党力量让公　251
> 共开支远超出符合人民集体利益的数量。这样,虽然各个政党
> 轮流获胜,但是最终他们都是输家。这就像轮盘赌,其中玩家虽
> 然轮流输赢,但是钱最终都流向了庄家。②

在第十章,他们设计了这样一个例子:在一个由 100 个农场主构成的社区里,所有维修通往主干道的支路(这种支路将四五个农场主构成的一个小组与主干道连接起来)的决定都由多数票来做出。在作者看来,如果任何一个较大的农场主群体自利地投票,那么整个社区将被迫进入一种状态,在那种状态下,在道路上的总开支大概会是每个农场主自己支付其道路维修费用时的两倍。这种情况是这样出现的:如果每一个农场主只是投票支持维修他的生活所依赖的那条路,那么每一个维修某条道路的提议都会以 95 比 5 的比例被否决。因此,如果道路要想得到维修,就必须互投赞成票(log-rolling);换句话说,必须形成一个联盟,每一个联盟成员都许诺投票赞成其他成员维修道路的提议,作为回报,别人也许诺投票赞成他自己维修道路的提议。但是在简单多数制下,为了执行联盟的意愿而必需的联盟人数只需要 51 人。假定基本原则事先就规定,所有经过批准的道路维修成本都要通过向社区里每一个农场主平等征税来支付,这就会使

---

① "猪肉桶"是美国政界常用词汇,现在一般用作贬义,指议员设法在国会制定拨款法案时为自己所在州或选区所争取到的项目,以此来博得选民的拥护;同时,议员之间也相互交融,以便自己的类似做法也得到其他议员的支持。——译者注

② R. A. Musgrave and A. T. Peacock (eds.), *Classics in the Theory of Public Finance*(London,1958),p.87.(中译本见理查德·马斯格雷夫、艾伦·皮考克主编,《财政理论史上的经典文献》,刘守刚、王晓丹译,上海财经大学出版社,2015 年,第 127 页。——译者注)

得任何一个人数达到 51 人的联盟有机会让其成员的道路得到维修，同时又让整个社区 100 个农场主来承担成本。因此，一个 51 人联盟的成员就将权衡**他们自己**为道路维修所支付的成本与**他们自己的收益**；由于他们只为自己投票支持的道路维修支付一半的成本，他们将会对之投赞成票的道路维修，其数量将是他们必须自己承担全部成本的情况下所愿意支付的道路维修数量的两倍。

到此为止一切都还好。现在我们来看作者是在什么地方滑向了两个没有进行辩护且事实上非常不合理的假定的。他们指出，遭受冷落的那 49 个人会发现，至少可以贿赂以前的多数派中的某一个人，让他背叛多数派，贿赂的方法就是给他提供额外的优质道路维修服务（转移支付似乎并没有在这个模型中得到考虑；如果得到考虑的话，它们就会摧毁这个模型，因为那 51 个人宁愿选择钱，而不是选择他们不想要的和钱等值的道路维修。）但是，如果那 51 个人稍微明智一点，他们就会制定一个可以强制执行的契约，约定今后绝不背叛它。每个人都有动力签署这个契约，因为能从背叛中受益的只有一个人，或者充其量也是少数人，而其余的人则会遭受损失。没有人能预先知道他是否能够成为幸运者之一，因此，相对于**要么**自己背叛别人，**要么**被别人出卖（究竟是背叛别人还是被别人出卖，全靠运气），确信没有人会背叛还是更有吸引力。而且，即便某些人可能会指望有超过平均数的概率背叛别人，由 51 位愿意赞成不背叛别人的人构成的一个群体也足以产生一个受契约约束的多数派了。

这便是第一个假定。第二个假定甚至更加软弱无力。出于某种理由（而对于该理由，他们甚至没有做任何提示），作者假定新的多数派会基于和另一个群体一样的理由投票支持自己的道路维修（也就是，其支持的开支大约是他们必须自己承担成本时所愿意支付的开支的两倍），**同时又不撤销另一个群体所通过的拨款**。当然，这一假定很容易表明，当每一个人可以得到的道路维修超过了他愿意支付的数量时，"平衡状态"（equilibrium position）或"鞍点"（saddle point）

就会出现。但是,新的多数派在通过一项支持他们自己的道路维修的议案的同时,确实会撤销另一个群体所通过的拨款。事实上,不会出现"平衡状态",结果将完全取决于立法机构的规则。如果在某一天,根据某种制度,立法机构就要结束当年的所有议程了,那么任何一个由 51 人构成的群体只要有最后一次投票机会,都会让自己的道路得到维修,而其他人则无法做到;如果一个多数派可以通过投票来结束会期,那么所形成的第一个多数派在通过了它自己的拨款后就会这样做。或者,如果这些都不行,那么立法机关就将不闭会,并撤销一项又一项拨款,直到农场主们因为筋疲力尽而不得不赞成一个更好的资源分配方法来修路,比如为一条道路是否"值得维修"设立一些一般性的标准,然后把运用这些标准的工作委托给一个官员。

后来,作者将他们的结论加以一般化:

253

第 10、11、12 章的分析证明,如果接受了通行的帕累托标准,通过简单多数票决来组织集体行动,往往会在公共部门里造成相对过多的投入。请注意,如果承认我们的模型中所使用的这些行为假定,就总是会产生这种效果。这是因为,多数票决规则允许决定性联盟中的个人从集体行动中获取利益,而又无须承担他应该承担的整个边际成本。换句话说,私人边际成本与社会边际成本之间的分歧(为人熟知的庇古变量)总是朝向同样的方向。[①]

我们已经看到,只有当下述两个条件同时得到满足时,这个一般性的结论才是正确的:第一,多数派不通过订立契约来团结一致;第二,发生背叛现象时新的多数派始终不撤销现存的拨款。然而,作者的分析只具有警示作用,因为他们主张,如果在一种状态下,每个人

---

① J. M. Buchanan and Gordon Tullock, *The Calculus of Consent* (Ann Arbor, 1962), p. 201. (中译见詹姆斯·布坎南、戈登·塔洛克:《同意的计算》,陈光金译,中国社会科学出版社,2000 年,第 219—220 页。——译者注)

都会花费超过自己意愿的数量,这种状态就是一种"平衡"状态。一旦表明了这种主张依赖于一些任意而特殊的假定,我们就可以更清楚地看待这个问题。我们无须考虑作者想象的那些结果,相反,我们必须考虑下述三种可能性中的一种:(1)一个由 51 人或更多人组成的确定的集团一以贯之地只根据他们自己的利益来投票;(2)每一次会议都形成一个不同的且不可预见的联盟,这个联盟完全根据自己的利益来立法;(3)根本无法得出任何结果,只会无休止地出现一系列联盟,每一个联盟都废除上一个联盟做出的规定。在这三种可能性中,第一种可能性是解决内战或少数派脱离运动的良方,而另外两种可能性对所有相关方来说都不算令人满意。

(2)"合理的"解决办法

这样,我们就得出了一个重要的结论:即便是利己主义者,只要他们是理性的,也会被迫去追求公共利益,只要其他每个人都这样做的话(最后这个说法的霍布斯意味是我故意为之的,因为正是霍布斯主张,达到自利目标的最佳办法就是与他人合作,只要他们愿意加入合作)。所有相关的人如果要选出某种方案,且与僵局或无政府状态相比,这种方案会让所有人都从中受益,那么所需要的是信任,而很少需要利他主义。借助于博弈论中基本的"囚徒困境",信任和利他主义之间的区分很容易说明。我们可以用图 5 来表示。

254

列

		I		II	
行	i		1		2
		1		-2	
	ii		-2		0
		2		0	

图 5

如果行和列彼此不信任,那么要是他们都是理性的,他们就都会

采取第二种选择(ⅱ,Ⅱ),从而最终每个人收益都为 0。假设你是行:
如果列选择Ⅰ,你选择ⅱ,所得到的收益就是 2 而非 1;如果列选择
Ⅱ,你选择ⅱ,所得到的收益就是 0 而非-2。因此,无论如何,你选
择ⅱ都更合算。加以必要的修改,几乎同样的分析也适用于列。值
得注意的是,如果缺乏信任,即便交流也于事无补(虽然可强制执行
的契约有所助益),因为无论你**说**什么,当要做选择时,欺骗对你(和
对他)来说都是合算的。[①] 确实,在这里说什么为了每个人得到 1 个
单位的收益,参与者就必须是**利他主义的**,这是具有误导性的。谁也
无法得到 2 个单位的收益,除非对方信任他,因此基本不能说他选择
1 个单位的收益就放弃了 2 个单位的收益。他们真正需要的是彼此
之间足够的信任,也就是相信对方"玩家"会信守自己的协定,从而以
符合共同利益的方式去行动而不欺骗。同样玩家之间的无限次博弈
中,一个进行"欺骗"的玩家下次可能会被另一个玩家用不合作来"惩
罚"。在这些情况下,可以预料到,理性的利己主义者每一次都会很
快就静下来选择他们的第一次行动,而且信任对**将来的**博弈具有积
极的现金价值。政治几乎不是一个一次性的事务,而且这里通常并
没有明显的"最后一轮"(不过也有一个重要的例外,即接近宪法所允
许的最后一年任期的美国总统),因此与一个无限次数博弈进行类比
是很贴切的。

　　至关重要的一点在于,当追求最大的短期收益使得每一个人相
对于某种"合理的"(reasonable)解决办法而言都遭受了损失的时候,
追求"合理的"解决办法(只要其他每个人都同样追求"合理的"解决
办法)实际上就变成了一个自利问题。在这里,我并不想用"合理"一
词来涵盖所有像"正义感"或对道德原则的信奉(即愿意自由地让自
己的利益服从于某条原则或某一套原则)这样重要的东西。我所说

255

---

　　① 参阅 Anatol Rapoport, *Fights, Games and Debates* (Ann Arbor, 1960),他主张单
凭交流就可以解决囚徒困境(第 174 页)。

的无非是,要是没有**某些**共同标准(而只有"各让一半"这样一条大致的标准),理性的利己主义者就无法彼此协商,因为在他们的预期当中没有任何稳定性可言。根据假设,每一方都是能得到多少就想要多少,各方根本没有办法达成一个协议,除非以某种方式补充理性(rationality)和自利这样一些最基本的观念。

如果我们可以追问如何才能找到必要的共同标准,我认为答案就在于一个**显而易见的**解决办法这个观念当中。但是何为"显而易见"呢？我所知道的仅有的两项研究是由休谟和托马斯·谢林(Thomas C. Schelling)做出的,他们几乎在同样的语境中提出了这个问题。① 他们都赞成,正是某种独特且引人注目的特征提供了解决协调问题的"显而易见的"办法。

> 这里很少有非常精确的论证来帮我们做出选择,人们只能满足于由一种源自类比以及相似情况之比较的鉴别力和想象来指导自己。因此,就目前的情况而言,大多数确定财产权的规则无疑都有促进公共利益的动机;但是我仍然觉得,这些规则主要是由想象或者一些粗浅的想法与见解所确定的。②

256

> 能否找到那个唯一的答案(the key),或者更准确地说,能否找到**一个**答案(a key)——任何一个答案只要被相互承认为**那个唯一的**答案就变成了那个唯一的答案——可能更多地取决于想象而非逻辑;它可能取决于类比、先例、偶然的安排、对称性、美学或几何学上的结构布局、决疑论推理(casuistic reasoning),

---

① David Hume, *A Treatise of Human Nature*, edited by L. A. Selby-Bigge, Oxford (1st edition), 1888,第3卷第2章,特别是第4节;Thomas C. Schelling, *The Strategy of Conflict*,第3、4章。柏克对偏见之价值的看法也是相关的,但是除了现状,他似乎从来没有把任何东西看作是一个"显而易见的"解决办法。因此他不会去追问,所谓"显而易见",其一般性质是什么。见 Halévy, *The Growth of Philosophical Radicalism* (Beacon, 1955), p. 159.

② David Hume, *A Treatise of Human Nature*, edited by L. A. Selby-Bigge, Oxford (1st edition), 1888, p. 504. (中译见休谟:《人性论》,下册,关文运译,商务印书馆,1996年,第544页。——译者注)

以及各方到底是谁,他们对彼此有哪些了解……这些问题大多数的"解决办法"——也就是线索、协调者或焦点——都有一个基本特征,即突出或明显。[①]

这样,就道路维修而言,两种"显而易见的"可能的解决办法就是让所有道路都达到某种习惯性的水准,或者每年花费相同数量的经费来维修每一个农场主的道路,而无论它是否需要维修。这些解决办法展现了两种最常见的"显而易见"标准:现状与平等。[②]

4. 自我辩护与外部成本

(1)所提供的解决办法

显然,布坎南和塔洛克的宏伟目标就是要摧毁整个政治理论传统,这个传统已经在促进广泛分享的共同利益(也即公共利益)的活动中看到了公共权威最重要的存在理由。对作者来说,公共权威只是强制执行私人协议的工具而已;而且我们已经看到他们是如何尝试着通过引入他们的全体一致原则来将集体产品的提供强行塞进这种框架当中的。一个"公共权威"如果只有当它所管辖的所有事务都得到了赞成时才能行动,那就根本不是一个"**公共**"权威;其法律无非就是具有大量签字人签名的契约。正如 A 与 B 签订的契约可以叫作"对 A 和 B 而言的法律"一样,"公共权威"的法律也只是这种意义上的法律。

关于集体产品的提供——也就是我在第十二章第一节提到的所谓的"公共利益"的"积极"运用——就说到这里。但是我在那里指出,在"消极"运用中也涉及"公共利益",在这种运用中,人们普遍认

---

①　Thomas C. Schelling, *The Strategy of Conflict* (Cambridge, Mass. , 1960), p. 57. (中译见托马斯·谢林:《冲突的战略》,赵华等译,华夏出版社,2006 年,第 51 页。——译者注)

②　注释 U 致力于进一步考查作为"显而易见的"解决办法的现状与平等,见第 319 页。

为,国家有义务代表社会进行干预,以便压制反社会行为。布坎南和塔洛克会如何处理关于国家行为的这种暗示呢?

257　　可以预测,他们会否认有必要代表"公众"进行明确的干预(事实上,整个"公众"概念在他们的世界里没有任何地位)。可以猜到,他们会尝试着用公民间的私人契约来解释通常的国家行为。但是他们的建议如此冒失,以至于让立场未明者(the uncommitted)大为吃惊,也许甚至让他们的同情者都会感到惊愕,因为那种建议认为,结束麻烦事的责任完全在麻烦事的受害者身上。

相关的段落是这样的:

> 从一家工厂排放出来的烟污染了空气,并把种种外部成本强加给周围地区的居民。如果这代表一种真实的外部性,那么,要么会出现一些自愿的安排来消除之,要么可以采取得到全体一致支持的集体行动。如果这种外部性是实实在在的,那么某种以集体的方式被强加的方案就可以赢得所有各方的赞同,通过这一方案,那些受到损害的财产所有者被征税,而公司的所有者则由于在安装除烟尘的机器时遭受了资本损失而得到补贴。如果任何这样的方案都行不通(忽略组织成本),那么外部性就只是表面上的而不是真实的。同样的结论也适用于可以做出自愿安排的情形。①

在讨论这一段话之前,应该先对作者在其中所使用的术语说几句。"外部成本"通常被理解为一种不由施加成本的人来承受的成本。作者给"外部性"下了一个古怪且误导人的定义,把它等同为"无效率"。一个"无效率的"情形是指这样一种情形,在这种情形下,通过某种改变,每个人的处境都可以变得更好。我不会遵循这种造成

---

① J. M. Buchanan and Gordon Tullock, *The Calculus of Consent* (Ann Arbor, 1962), p.91. (中译本见詹姆斯·布坎南、戈登·塔洛克:《同意的计算》,陈光金译,中国社会科学出版社,2000年,第97页。——译者注)

混乱的用法,这个用法就相当于说,如果某个工厂为了得到某种产品而使用最廉价的原材料,它就没有生产成本。

(2)对这种解决办法的质疑

作者的建议有什么问题呢? 它无效率而且不公道。说它无效率是在专门的(也就是帕累托的)意义上讲的,就是说,它可能会导致一种资源安排状况,与这种状况相比,在不同的规则下每个人的状况都会更好。这一点从新工厂的位置中最容易看出。在布坎南和塔洛克所建议的那些规则下,任何一个为自己新工厂选址的人都不需要考虑他会造成的外部成本。因此,他可以通过抛硬币的方式在两个他同等满意的位置之间做出决定,而无须考虑一个事实:在一个地方他会造成巨大的外部成本,而在另一个地方根本没有外部成本。一旦建了工厂并以能够带来最大利润的规模来运转,而又无须考虑外部成本,就造成了损害。无论周围的住户是否发现花钱安装烟控设备是值得的,这种情形都是无效率的。作者认为并不存在"真正的外部性"(也即无效率),除非住户发现花钱减少烟尘是值得的。这种观点对问题采取的是一种非常短视的看法。一旦马脱缰了,让它跑可能比追赶它更划算;但是如果我们往后看,我们就可以说,要是最初就把门锁了就更好了。①

基于分配的理由,也可以质疑作者提议的解决办法:即便把无端剥削的情况放在一边,让那些居住在一个工厂附近的人对工厂的股东及其产品的消费者进行实际上的补贴,这对他们来说始终是不公

258

---

① 更精确的说明见第 322 页注释 V。

道的。① (对我来说,一个分配性的质疑本身就很重要;但是只有当分配性考虑是"无效率的"时,作者才把它们考虑进去。在第323页注释W,我指出,这种不公道按照作者自己的说法也是"无效率的"。)

(3)替代性的解决办法

一种可能的解决办法就是在宪法中写明,"没有恰当的赔偿,就不得向他人施加任何外部成本"。在我看来很奇怪的是,作者并没有详细考查这个观点。然而,如果任由建议如此模糊不清,这种建议就行不通,因为对于"外部成本"从哪里开始,以及一种"无害的"行为在哪里停止,并没有明确的标准。② 修建某种建筑物挡住了别人的光,这似乎是建筑物所有者向住户施加成本的一个显而易见的例子;被迫保留许多空地用来停车或玩耍而又得不到赔偿,这似乎显然是一个相反的极端,涉及住户向建筑物所有者施加成本。但是二者之间有大量的灰色地带,在这里,唯一的解决办法就是确立明确的法律规则或行政规则(以多数票决为后盾的规则),而这些规则在法庭里可能要接受"合理性"(reasonableness)这一模糊标准的检验。③

也许有人认为,要想避免把这种具体决定权交给立法部门或行政部门,可以把所有规则都写进宪法(我们要记得,这需要全体一致

259

---

① 科斯在一篇支持与布坎南和塔洛克一样的思路的论文中["The Problem of Social Cost", *The Journal of Law and Economics*, Ⅲ (October 1960)](中译本见科斯:"社会成本问题",载于盛洪主编:《现代制度经济学》,上卷,中国发展出版社,2009年。——译者注)构想了一个涉及一家铁路公司的例子,他表明,在某些情况下,让铁路公司的运营商不要对铁路沿线两边由引擎火花引起的森林火灾负责,可能是更加"有效率的"(就是说,这种安排的受益者会绰绰有余地补偿受损者)。但是这一结论只是一个著名定理的一种特例,那个定理就是,帕累托效率要求关心谁的边际成本低于他们需要得到补贴的平均成本。问题仍然存在:为什么要由那些其财产碰巧挨着铁路线的人来提供补贴?

② 关于城市规划方面的有益讨论,见 Alison Dunham, "City Planning: An Analysis of the Content of the Master Plan", *Journal of Law and Economics*, I (October 1958)。

③ 在这个领域对于何为"合理的"进行过多的司法检验困难重重,美国最高法院的种种做法——尤其是自19世纪80年代到20世纪30年代期间的种种做法——已经充分地证明了这一点。

的同意)。但是至少从两个方面来看,这种做法太死板了。一方面,时常会出现一些新的反社会的行为方式;在某一时期所列的任何具体清单都很快就会变得不完整,然而要想把新的行为方式增列进清单,同时又不赔偿那些看到了大赚一笔的绝佳机会的人,这可能很难取得全体一致的同意。而除了新**类型**的外部成本以外,这恰恰是我们想要避免的。另一方面,未来的不确定性也使得我们很难一劳永逸地制定一套禁令法规。举一个显而易见的例子,当我们根本无从知晓未来在人口、工作、年龄分布、住房需求、学校或公园需求方面会有哪些变化的时候,怎么可能有一部明智且永远有效的城市分区法律呢?

第十五章 宪法选择与公共利益(下)

1. 引言

　　到此为止,作者所建构的理论依赖于没有讨价还价成本这一假定,也依赖于获得信息没有成本或困难这一假定。作者明确地注意到了第一个假定,他们主张,正如我在上一章开篇所指出的,如果放弃这一假定,他们的宪法建议中唯一需要改变的就是用一个特定多数票(qualified majority)这一集体行动的条件取代全体一致。他们也认识到,讨价还价成本使得代议制政府而非直接民主是必需的,但是他们对这个问题的分析是肤浅的。布坎南和塔洛克没有明确地意识到第二个假定,即不存在获取信息的成本,不过他们也许(错误地)认为它包含于第一个假定当中。

　　我将在接下来的两节里主张,即便作者在这两个假定的基础上所建构的理论是合理的,换句话说,即便我在上一章提出的论证没有任何说服力,正确的分析也会表明,一旦放松这些假定,整个理论就会彻底坍塌。然后我要在最后一节提出一个更具一般性的问题,即一个基于普遍自利的假定是否适合用来作为提出一种政治理论的心理学基础。

2.讨价还价成本的影响

(1)次优理论

所谓"放松没有讨价还价成本这一假定",我的意思是承认,交流、对威胁的考虑、许诺、报价(offer)等费时、费事、费钱或既费时又费事还费钱。作者确实在他们的书中放松了这一假定(或者更准确地说,他们放松了一个包含这一假定的假定),但是在我看来,他们并没有充分认识到他们的理论需要做出多大程度的修改才能把它考虑进去。他们所建议的修改如下:所有未得到全体一致赞成而做出的决定都是无效率的(用他们自己那种怪异的术语来说就是,它将产生"外部成本",他们的术语不同于通常所使用的术语)。① 但是讨价还价也有成本;而且,由于随着做决定所需要的多数派人数的增加,讨价还价的成本也会**增加**,而所谓的外部成本则会**减少**,所以当两种成本的总和最低时,所需要的多数派人数就是"最佳的"。

密尔很好地表达了针对这种处理方法的质疑,他写道:

> 他们应该在运用原则时留下大量考虑的余地(allowances),而他们也确实是这样做的。但是所需要的不是考虑的余地。如果一种理论的基础缺乏充分的广度,就没有多少机会来对它的上层结构进行适当的修补。从少量对现象具有决定作用的因素出发来建构一门科学,而把其余的问题留给常规性的实践或猜

261

---

① 我已经指出,作者看上去确实在有个地方承认,如果一种宪法下所出现的收入分配非常不平等,那么,一种再分配措施即便没有得到全体一致的赞成,允许实行它或许也是"有效率的"(在一种扩展了的意义上)。但是他们又毫不在意这一点,而且当他们构想其理论的主干部分时,也根本就没有考虑这一点。因此在我看来,最好就是指出他们承认了这一点,但是又像作者一样在正文中忽视它,以便忠实地展现他们的论证。

测性的智慧,这是很不明智的。[①]

可以通过指出下述问题来更为正式地提出这一质疑:作者只考虑了外部成本与讨价还价成本这两个变量,但是一个政治系统涉及许多变量,如果一个变量被打乱了,其他变量的"次优"状态可能会与它们最初的状态很不同。[②] 比如,作者说,由于存在着讨价还价的成本,肯定会偏离全体一致。但是如果无须全体一致就可以做出决策,那么这种决策条件反过来就会改变因允许贿赂选民(或者,用很专业的经济学语言来说就是"转移支付")而造成的影响。讨价还价成本使得在任何事情上推行直接民主都极其费时以至于不可能行得通(除非是小群体),而且,如果每个人都不得不与其他每个人讨价还价的话,讨价还价成本会使得直接民主是不可想象的。因此,作者说,由所有相关的人参与的直接民主必须被代议制民主取代。但是我们必须再问一次,这一点与仍然存在的讨价还价成本相结合,会对在选举领域推行开放市场的建议做出何种反应呢?

我试图首先表明(第二节第二部分和第三部分),讨价还价成本的存在,加之集体决策无须达到全体一致同意也可做出,足以使得公开的投票交易(voting-trading)没有吸引力;然后表明(第二节第四部

---

① J. S. Mill, *A System of Logic* (London, 1898),第六卷第八章第三节,第 583 页。(中译见密尔:《精神科学的逻辑》,李涤非译,浙江大学出版社,2009 年,第 73—74 页。——译者注)

② R. G. Lipsey and R. K. Lancaster, "The General Theory of Second Best", *The Review of Economic Studies*, XXIV (1956-1957), pp. 11-33:"次优状态的一般定理就是,如果帕累托最优条件之一无法满足,就只能通过偏离其他所有最优条件来实现一种次优状态。很重要的是要指出,总体而言,关于对次优条件的次要偏离——由于最初有一个条件没有得到满足,所以这种偏离是必要的——的方向和幅度,什么也不能说。……从上文可以推出,如果有几种情况,在所有那些情况下,没有任何一个帕累托最优条件得到满足,那么并没有先验的方法在这几种情况之间进行评判。尤其是,下述说法**并不**成立:如果在一种情况下,所有对最佳条件的偏离都朝着同样的方向且具有同样的幅度,那么这种情况必然比另一种情况更好,在那种情况下,各种偏离朝着不同的方向,且幅度也不同。"(第 12 页)我认为,这种说法的准确性凭直觉就是显而易见的。比如,如果一种飞机的设计依赖于存在一种具有这些特点的金属,那么要是根本找不到具有这些特点的金属,可能就只能彻底放弃这种设计。

分),如果消除了该方案的这一特征,那么即便是用来支持特定多数票原则的理由也会随之失效。首先通过集中于直接民主(第二节第二部分)来处理第一个问题,然后(第二节第三部分)再扩展到代议制民主(作者赞成,讨价还价成本的存在使得代议制民主是必要的),这样分析起来更为方便。

(2)有讨价还价成本情况下的公开投票:(a)投票选方案

让我们考虑一个比较大的群体,其成员直接投票表决对集体具有约束力的决定,然后我们首先看看如果没有讨价还价成本,会发生什么。接下来我们可以引入讨价还价成本,再来看看会引起那些变化。比如,假设在一个由 1 万人构成的社区中,有 10 个人各自都会从一个方案中获得 1000 镑的收益(总收益为 1 万镑),而其余社区成员所要承受的成本是每个人 2 镑 10 先令(总损失接近 2.5 万镑)。如果没有讨价还价成本,那种方案不可能得到通过,因为这 10 个人不可能收买足够的选票来让该方案被通过,即便他们愿意花光几乎所有的收益。考虑一下对企业联合组织最有利的那种情况,在那种情况下,要批准集体决定,只需要一个简单多数。即使这样,那 10 个人也无力向一半的选民支付超过 2 镑 10 先令的钱,以便使得这些选民投票支持他们的提议是值得的。如果他们给的钱不到 2 镑 10 先令,这些选民接受这笔钱的唯一动机就是出于一种担忧,他们担心要是自己不接受的话,可能会有其他人接受从而通过该方案,因此,还是接受自己能够得到的东西为好。但是,要是每个人都赞成不接受少于 2 镑 10 先令的钱,这显然符合除了那 10 个人以外的所有人的

263

利益。因此,这种协定大概是可以达成的。①

现在我们引入讨价还价成本。如果达成一个可强制执行的普遍协议所耗费的成本太高(无论选民有多少,成本确实都会很高),结果就是那项提议会轻而易举地被通过。假设那 10 个想要通过该项提议的人给前 5,000 个答应支持其提议的人每人 1 先令。如果选民都是利己主义者,那么他们会争相获得那 1 先令,因为每个人都确信,如果他不去争取,其他人也会去争取,那个方案无论如何都会被通过。失去 2 镑 9 先令也好过失去 2 镑 10 先令。② 单个选民面对联合起来的 10 个人时所具有的弱点显然就出现了。如果没有讨价还价

264 成本,他们内部就会对如何应对局势达成协议,并在实际上作为一个集体与那 10 个人讨价还价。③ 但事实上,他们所面临的唯一选择就是接受或拒绝那 10 个人开出的价。一个理性的利己主义者只能接受,无论开价多低,也无论他是多么希望自己能够与其他选民一起订立一份强制性契约以便拒绝接受那 10 个人开出的价。

将这一结论加以普遍化,我们可以说,如果在一个直接民主制中选票是可以购买的,那么在存在着讨价还价成本的情况下,对任何一个小群体来说,只要它足够小,以至于可以在成员之间一致行动,它

---

① 出于完整性的考虑,我们应该分析一种情况,在那情况下,那 10 个人的收益足以向多数选民支付略比 2 镑 10 先令多的钱,以便让他们投票支持该方案。比如说,假定这 10 个人每人将受益 1500 镑而非 1000 镑。这样,他们最多就可以向 5000 个选民每人支付 3 镑的钱,只要支付不到 3 镑,他们就还有得赚。但是如果每个人都很细心的话,该方案也不会得到通过,因为另一半选民可以向他们支付多达 2 镑 10 先令,以便说服他们**不要接受**贿赂;由于支付 3 镑让他们去投票对他们来说只有 10 先令的纯收益,所以反对派会赢。(正文里已经假定,如果该方案得以通过,其余的人每人都将损失 2 镑 10 先令,如果把那 10 个人支付给他们的 3 镑算进去,每个人的纯收益就是 10 先令。根据当时的币制,1 英镑等于 20 先令。——译者注)

如果我们再往前走一步,考虑另一个例子,在那个例子中,那十个人**能够**打压反对派,那么这表明总收益大于总损失,而且这个方案是"有效率的",就是说,"有可能成为帕累托最优的方案",尽管实际的结果通常并非帕累托最优,因为只有某些选民会得到补偿。

② 我在第 325 页注释 X 考查了这一分析要想正确就必须做出哪些限制。

③ 2 镑 10 先令作为接受贿赂的最低限度就是最明显的例子;但是那 10 个人试图从中拉取选票的那个群体中的成员所提出的竞争性报价,也可以看作是该群体内部的一个讨价还价过程。

就能够让自己想要的任何提议得到通过,而只需要付出很小的成本,哪怕除了这个小群体成员之外的每一个人都会受损(就是说,即便付给他们选票的钱也根本无法弥补那个方案获得通过后会给他们造成的不利)。①

(3)有讨价还价成本情况下的公开投票:(b)投票选代表

现在让我们转向代议制民主。在这里,购买选票绝不是一个清晰的概念,而且布坎南和塔洛克也没有解释他们使用这个概念时心里到底想的是什么。一种可能的解释就是:在选举代表时,单个选民的选票可以买卖;但是一旦代表选出来了,就不允许代表接受选民或另一代表的贿赂,从而就某一法案以某种方式投票。或者,允许这两种形式的贿赂中的某一种而不允许另一种,或者两种都允许。又或者,与允许在选举代表时进行贿赂相反,完全禁止这样做(或通过秘密投票来阻止)。这些要素中的每一种排列组合方式都会产生不同的后果,由于存在着讨价还价成本,每一种后果都是不值得欲求的。然而,要想比较简洁地表明这一点却并不容易。因此我将只集中于两个模型,并希望这样做可以令人信服。

(ⅰ)首先,让我们假定选代表的选票可以买卖,但是一旦代表选举出来了,所有对代表的贿赂都是不允许的。如果谋求官职者受自利的动机驱使(作者主张,每一个人都被假定为如此),那么他们会做出任何许诺,并尽量贿赂选民。当选后他们就会忽略自己的允诺,把公家的钱装进自己的腰包里然后移民。我们真的可以用这种方式来

265

---

① 注意,这一结论不仅对一个简单多数票制度有效,对一个特定多数票制度也是有效的。我们可以举一个极端的例子。假设在前面那个例子中,要想创立一个法案,需要90％多数支持。那个10人联盟可以说,他们会给前9000名答应投票支持他们的提议的选民每人1先令。他们仍然会大赚一笔(付出450镑,换得1万镑的收益),而选民们也会有和前面例子中完全类似的动机争相接受这1先令。

说明,自利假定与任何形式的代议制政府都不相容。[①] 相反,如果我们认为谋求官职者希望再次当选,而且他们并不指望在他们平常的职务工资之外还获得更多的钱财,那么候选人本人就不会进行任何值得注意的贿赂,唯有那些希望因为再次成为候选人而获利的人才会进行贿赂。因此,候选人必须向他们的支持者许诺说,他们如果当选就会促进各种事业;这些允诺无须公开地进行。然而,如果没有讨价还价成本,选民就想知道他们的候选人当选后打算做些什么,因为一个选区里的多数选民很可能会发现,出价最高的候选人的纲领远不如出价更低的候选人的纲领让人满意(或者,甚至不如一个一分钱也不出的候选人的纲领),以至于总体而言他们更愿意投票支持出价更低的候选人。在这样的情况下,这个群体一致赞成投票支持这个候选人而不接受更高的贿赂,就是理性的(我建议这应该成为一条规则)。

与直接民主的相似性无疑就明朗起来;当我们放弃不存在讨价还价成本这一假定时,这一对比仍然存在。这时,更喜欢出价更低的候选人的多数派无法一致地投票来支持他了;每一个选民都面临着个人的选择,如果他自利地做出选择,他就会接受向他的选票开出的最高价钱,并认为(如果其他选民也像他一样,那么他的想法就是正确的)多数人无论如何也会选择出价最高的候选人,因此他本人很可能会接受贿赂并将之作为一种安慰。正如在直接民主的例子中一样,这是一个"无效率的"结果。

(ⅱ)现在来考虑另外一种模型,在那种模型下,每个阶段都允许贿赂。我们不得不再一次追问,到底假定代表是受什么驱使。如果他们是受自利驱使,现在他们就有两种而非一种方式为自己捞取利益:要么直接掠夺国库,要么通过一些有利于特定群体的法律,以此

[①] 如果我们考虑法官的话,同样的说法就可以看得甚至更为清楚。一个布坎南—塔洛克式的宪法明显会把大量的权力交给法官,而解释宪法又是法官的事情;一种判决结果通常对当事人来说值一大笔钱。然而作者虽然自称对人性非常信任,却从来没有停下来自问一下,将如此绝对的权力委托给如此少的一帮人是否明智。

换来金钱上的回报。如果其他群体也参与进来贿赂政治家以便政治家不通过该项法律,这只会使得政治家得到更多利益。很难看出为什么在这些情况下人们会普遍希望贿赂合法化。

另一方面,如果我们认为,唯有政治家乐于做不同公民群体之间的诚实经纪人,除了他们的职务收入以外,绝不因他们的艰辛工作而收取任何好处,那么情况就变得复杂了。就像前面提到的一样,一个想筹钱来行贿的候选人必须向其资金支持者保证,他会在某些问题上以某种方式投票。但是在他自己没有向其支持者承诺过的问题上,他可以在立法机关里把自己的选票卖给出价最高的人。根据目前的假定,政治家是一个诚实的经纪人,而且我们必须假定他不会中饱私囊;因此让我们假定,他许诺会把这样获得的任何钱财分给选举时投票支持他的人。这对利己主义者来说是可欲的吗?我认为,如果存在讨价还价成本,就并非如此。只要候选人贿赂选民,作为回报,他向其支持者做出在某些问题上的承诺,那么这个问题就已经有了答案。这里我们必须要指出,第二个要素——当选的代表把自己在某个问题上的选票加以出售,而所得到的收益返给选他的那些人——并没有缓和第一个要素的后果,反而使得这些后果有所加剧;因为在这里,正如之前一样,唯有组织起来的利益集团才会得利,而对大多数选区的多数选民来说,如果他们放弃别人的最高出价,以此换取他们的代表以不同的方式投票,他们的处境很可能会更好。

(4)没有贿赂的特定多数票制度

现在我们必须看看这些结论如何影响作者的下述观点:即便不得不放弃全体一致这一条件,也仍然应该把它看作某种应该尽可能去接近的目标。我想答案必定是,没有公开投票和贿赂的话,整个模型都将崩塌。针对用多数票决的方式来通过一般的法律,反对的理由就是,一个对某一法律无所谓的多数派可以而且有时候确实会压

267

倒一个少数派,哪怕少数派对之有相对而言比较强烈的好恶;但是如果全体一致是必需的,就很容易看到这是无效率的,因为多数派将不愿意支付给少数派足够的钱,以至于使得少数派值得放弃他们反对改变的立场。显然,如果禁止转移支付,支持全体一致这一条件的理由就彻底失败了。如果全体一致无法实现,这也并没有证明任何与多数派和少数派的相对偏好强度有关的东西,尽管我们知道(而且选择宪法的理性利己主义者也知道),可能有90%的人强烈支持,有10%的人轻微反对。任何特定多数票制度也无法避开这一困难。似乎并没有先验的理由认为,反对改变的少数派一般而言要比支持改变的多数派态度更强烈。如果我们在缺乏任何相反信息的情况下假定,在一段时期里,一个多数派成员的平均偏好强度和一个少数派成员的平均偏好强度将是一样的,那么我们就可以断定,通常情况下,多数派的偏好强度总和超过了少数派。因此,如果不允许转移支付,长期来看,简单多数票决似乎是最"有效率的"。

如果我们引入代议制政府,状况就变得复杂起来,但是我并不认为需要改变结论。现在,投票在两个层面进行:选区的选民投票选举代表,代表们在代表会议上就一些具体方案进行投票。作者提到过在第一阶段要求特定多数票制度这种想法,却并没有认真对待,但是显然,只有和开放投票与贿赂一起,这种想法才能发挥作用。否则就没有办法避免僵局出现。① 如果两个或更多候选人的支持票在他们之间很分散,结果谁都无法得到必要比例的总选票,那么,要是两个候选人的支持者之间都无法相互辨认出来并进行威胁或做出许诺,一个候选人的支持者又如何说服另一个候选人的支持者,让他们支持自己的候选人呢?

要求在立法机关实行特定多数票制度的理由并没有以同样的方

268

---

① 事实上,即便当选只需要参与投票的人当中的简单多数支持,这种说法也是正确的,除非实行另外一套选举制度。或许我应该指出,作者并没有考虑多席位选区。

式被排除。首先是因为,维持现状至少是一种可能的解决办法,而不选出任何代表则不是一种可能的解决办法。其次是因为,立法机关通常是公开投票的,而且立法机关也比较小,至少足以允许某些讨价还价发生。但是,如果选民被禁止相互贿赂,或贿赂候选人,或贿赂当选的代表,那么代表们唯一可以用来进行讨价还价的东西就是他们在立法机关的票,用一个问题上的赞成票来换取另一个问题上的反对票,诸如此类。

对于在这种情况下依靠互投赞成票来产生特定多数票的做法,有好几种质疑。首先,正如我在第317页注释T已经指出的那样,无效率的"猪肉桶"类型的互投赞成票与全体一致这一条件具有特别的关联,一种制度越是接近于它,"猪肉桶"就越是常见。其次,如果在立法机关里做任何事情都必须通过互投赞成票来组建联盟的话,立法机关里的讨价还价就将是一件复杂而费时的事情;而且,在多项政策(比如经济政策或对外关系)之间有必要保持一致的情况下,一系列多数派——每一个多数派都有不同的构成——可能根本无法提供这种一致性。[①]

第三种也是最严厉的一种质疑是,依赖于偶然的多数票,根本不能使得选民的感受强度与立法者的努力结果之间更为接近,而且很有可能会适得其反。[②] 不过,最后这一点依赖于我们放弃信息无成本这一假定。因而我现在就要转向这个问题。

---

① 见 Schattschneider, "Political Parties and the Pubic Interest"; Samuel H. Beer, "New Structures of Democracy", in William N. Chambers and Robert H. Salisbury (eds.), *Democracy Today* (Collier Books, New York, 1962); and George Kennan, *American Diplomacy*, 1900-1950 一书关于美国政府体制部分。特定多数票这一正式条件当然会使得国会独有的特征凸显出来。

② 作者的意思是说,由于特定多数票是通过互投赞成票来产生的,所以这种多数票并不能使得选民的意志非常接近于立法的结果,或者说并不能使得选民的意志顺利地上升为法律,甚至适得其反,法律完全违背选民的意志。——译者注

3. 信息成本的影响

(1)信息成本与偶然的多数票

作者的分析有一个令人惊讶的疏忽,他们竟然根本不提收集信息的成本和困难。他们也许打算把这些东西包括在他们"讨价还价成本"的概念当中,但如果是这样的话,他们在放弃关于严格意义上的讨价还价成本的假定时,就应该已经同时放弃了信息成本不存在这一类似的假定。但是获取信息的成本与困难至关重要,一部没有考虑这种成本的宪法看上去很令人满意,但是一旦把这种成本考虑进去,很有可能就不令人满意了。"次优理论"在这里也是适用的:即便在不存在信息成本的情况下,一部复杂的"制衡"宪法是最可欲的,这也并不意味着一旦我们把信息成本考虑进去,一部**有一定程度**"制衡"的宪法是最可欲的。鉴于大多数选民所获得的信息的水平,一部把做某些事的权力和不做那些事的责任明确地交到一些人手里的宪法就是现实可行的最佳解决办法。

如果单个选民要让整个系统运转,布坎南与塔洛克的理想宪法(即便经过修正把讨价还价成本考虑了进去)就会要求他掌握某种信息。我们来考虑一下这种信息。因为每一部法律都是当选的代表之间讨价还价过程的产物,而且每一个成功地通过一项法案的多数派都有不同的构成情况,所以一个想要精明地使用自己选票的选民必须在每一次选举之前完成一个艰巨的学习过程。

首先,他必须留意他的代表自上一次选举以来在每一个部门是如何投票的,同时,他还要设想现任代表的对手要是在立法机关的话会如何投票,并将这两种投票进行对比。或者,如果他更喜欢的是对未来的许诺而不是(实际的或假设的)过去的表现,他就必须搞清楚不同的候选人在下一个立法阶段面临所有问题时会如何投票:甚至知晓这些(整个表现中的一小部分)也意味着有一种超凡的未卜先知的本领。有了这些准备工作以后,每一个选民都必须弄清楚,在每一个问题上的每一种可能的政策要是得到贯彻可能会有何种结果,并凭借所有这些信息来判断,总体而言,哪一个候选人最有可能去实现他的想法(或者,实现他的利益,如果他是自利地投票的话)。

　　要想让系统运转,就每一个选民而言,至少需要做出这些努力。如果所有选民都不留意其代表的所有投票情况,包括那些对他们没有太大影响而更多地影响到其他选民的投票,那么代表就可以忽视大多数法案对他的大多数选民的影响。①

　　有鉴于此,我们必须追问这些要求是否能够得到满足或者是否会得到满足。就是否能够得到满足这一点而言,答案当然是,唯有一个具有大量天赋且经过艰苦训练并有机会把自己所有时间都投入到必要的研究中去的人,才可能接近于满足这些要求。② 就是否会得到满足这一点而言,答案甚至更加严峻,因为很容易表明,在一个无论多大的国家,哪怕是只投入极少的时间和精力来让自己保持信息通畅都是**不理性的**,除非一个人与作者的利己主义假定相反,出于纯粹的公共精神而收集信息,或者事实上就喜欢为了收集信息而收集。之所以如此,就是因为对任何一个人来说,其选票对于选举结果具有决定意义的可能性都微乎其微,以至于无论问题有多严重,也许都不

270

----

　　① 一个代表不仅**能够**这样做,而且他**肯定**会这样做,因为在那些受到一项法案严重影响的选民中,通常都有一群人数虽少却很激愤的人,而如果其余的选民又懒得管这个问题,那么这个代表肯定会遵循这一小群人的愿望,因为如果他不这样做,他的对手就会这样做,从而在下次得到他们的选票,(据推测)同时又不会在任何地方失去任何选票。正如我在第十四章第二节第二部分所指出,正是因为如此,少数派在一种"制衡的"宪法下很成功。

　　② 参阅 Walter Lippmann, *Public Opinion*(New York, 1922)一书中的多处表述,以及 *The Phantom Public* (New York, 1927)第二章。

值得费时费事地去把问题搞清楚。①

一个利己主义者不会费心去获取政治信息,因为他改变结果的机会微乎其微。这一结论或许是可以质疑的,因为它依赖于一个假定:在所有制度中,个人都具有同样的机会影响结果。但是现实一点考虑的话,一个权力分散的制度的本质就是,除了选举以外,它还提供了许多额外的环节以便施加压力去影响决策者。② 因此,既然影响的大小取决于权力的分散程度,而信息的多少又取决于影响的大小,那么难道不可以是这样吗?——尽管一个权力分散的政治制度**需要**普通公民具有更多的信息,但与此同时它也为**获取**信息提供了一种更强劲的动力。

这种思路是班费尔德在其著作《政治影响》最后一章所提出的那个复杂论证的一部分,他用这个论证来捍卫一种权力基本分散的制度(比如存在于芝加哥的那种制度)。

> 有利害关系的一方为向决策者提出其理据而付出的努力之程度,与**它能从一个有利的后果得到的利益以及它影响决策的概率**是成比例的。……如果决策者确实打算完全基于公共的理由而做出决策,影响他的概率就相对较小。……相反,如果官员

---

① 参阅 Joseph Schumpeter, *Capitalism, Socialism and Democracy* (New York, 1950, 3rd ed.), p. 261; Downs, *An Economic Theory of Democracy* (New York, 1957), pp. 244-245. (中译本分别见约瑟夫·熊彼特:《资本主义、社会主义与民主》,吴良健译,商务印书馆,1999 年;安东尼·唐斯:《民主的经济理论》,姚洋等译,上海世纪出版集团,2010 年。——译者注)这种由于改变结果的可能性很小而贬低结果之重要性的做法,已经被运用于自愿促进共同体事业这个问题上(注释 S),也被运用于接受贿赂然后投票支持一项如获通过将具有损害性的提议这个问题上(见本章第二节第二部分以及注释 X)。在注释 Z,我也运用它来表明,基于同样的心理学假定(即利己主义以及不因此事本身而喜欢它),甚至费事地去投票都是不理性的。

② "在华盛顿或一个州的州府,为了完成一项立法,你必须在大约六个关键环节上赢得有利的决定:也就是两院中的一个或更多个委员会;两个立法分支机构的支持;主要行政领导,以及他在相关机构中的主要顾问(或许顾问还更重要)……在政党与压力集团层面,美国的权力也是碎片化的、分散的。"见 Samuel H. Beer, "New Structures of Democracy", in William N. Chambers and Robert H. Salisbury (eds.), *Democracy Today* (Collier Books, New York, 1962)。显然,在缺乏一个前后一致的政党来控制所有决定性的环节时,任何一个环节都可能面临不同的压力。

可以受到说服以外的手段影响,影响结果的概率就会极大地增加。……在一个影响结果的概率很大的政府系统中,非常能干的人花了大量的精力去影响结果。这种努力具有一些有社会价值的结果。它引出了关于各种替代方案的更多信息,并导致所涉及的价值观得以阐明。不仅官员被迫把更多他们原本不会加以考虑的问题考虑进去,而且利益集团本身也因此而仔细地考查他们自己的以及其他每一个人的状况。……一个允许权势存在而不允许说服存在(由受到影响的利益集团来说服)的选择过程(或政治系统),与一个仅仅赋予受影响的利益集团以说服机会的过程相比,可以产生更多的替代性政策,并且能更彻底地审视每一个替代性政策。①

所有这一切在我看来都非常合理。但是假定我们承认,一个权力分散的制度里的信息总量要比一个权力集中的制度里的大,是否就能由此推出一个权力分散的制度会产生更多的理性决定呢? 我认为未必。理由之一我已经在本书中处理过了,即讨价还价成本。但是即便我们继续考虑信息问题,我们仍然可以指出,班费尔德的观点并不是不容置疑的。毕竟,有可能尽管权力分散的制度**产生**的信息要比权力集中的制度多,但是它为了达到一种类似的理性程度而**需要**的额外信息量甚至更大。这样,结果就是,系统的要求与所产生的信息的数量之间的鸿沟对于一个权力分散的制度来说就**更大**了。如果情况真是如此,这就证实了布赖斯(Bryce)的评论:

272

我们可以说,如果拿一个普通美国选民受政治教育程度和欧洲的一个普通选民相比,前者更高;但是,如果拿它和美国政府的理论为他设计的功能相比,和它的精神所包含的功能相比,和它的政党组织的方法所假定的功能相比,它就显而易见是不

---

① E. C. Banfield, *Political Influence*(Glencoe, ILL., 1961), pp. 333-335.

够的。……①

到此为止,我只是在播下怀疑的种子。现在,我要明确地主张,可以料到的是,与在一个权力集中的制度里相比,相互增强对方之影响的讨价还价成本和信息成本在一个权力分散的制度里会导致更大的非理性,尽管权力分散的制度有可能会产生更大的信息总量。关键就在于,更大的信息总量不会在那些受决定影响的人当中平均分配。班费尔德不无道理地指出,人们往往是根据他们有多少机会能够影响那些会对他们造成影响的决定,以及根据他们会在多大程度上受到决定的影响,来按比例地获取信息。一个权力分散的制度的(企图达到的也是实际的)结果就是,增加一系列的障碍来阻止改变现状,或者说增加集体开支,从而提高采取集体行动的成本(用讨价还价成本来表示)。

273　这样,当讨价还价成本提高时,就会对不同群体得到他们想要的决定的机会造成不同的影响。(权力分散的支持者一致赞成,它会产生不同的决定,这意味着有人得,有人失。)界线明确又善于表达的小群体由于其组织成本(我们可以称之为"**内部的**讨价还价成本")低,其影响力可以得到增加。如果一个群体有一个永恒的组织来促进其利益(比如同业公会或当地居民联合会),发动一次额外的运动的边际成本就很低。如果这些群体是受益者,具有相反特征的群体就是受损者:大型的、无组织的、不善言辞的群体,尤其是当他们没有永恒的组织来促进共同利益时,在一个权力分散的制度里影响力就更小。换句话说,公共利益输给了私人利益或特殊利益。

但是,鉴于在影响决定的机会大小与收集信息是否值得之间具有班费尔德提出的那种联系,从刚才所说的可以推出,尽管那些在某个问题上具有特殊利益的人会收集更多的信息,但是那些在这个问

---

① James Bryce, *The American Commonwealth* (New York, 1910) II, p. 288;引自 Robert E. Lane, *Political Ideology* (New York, 1962), p. 364.

题上只具有公共利益的人则会收集更少的信息。因此,尽管**提交给决策者以便引起他们注意的那些信息的总量**有可能会增加(因为有很多特殊利益群体,每一个群体都会发现充分提出其理据是值得的),但是信息的内容会在很大程度上偏向于对特殊利益群体有利:与在一个权力集中的制度里相比,提出来支持公共利益的理据绝对而言会更弱一点,相对而言则要弱得多;实际上,几乎根本无须比较,强弱也是显而易见的。与此类似,即便**共同体中政治信息的总量**会因为政治活动的增加而上升,但是这一总量的上升会掩盖一个事实,即与私人利益相关的信息大量增加,而与公共利益相关的信息则减少了。

　　总量很大的政治信息无论是由公共决策者掌握还是由公民掌握,都是可欲的,而之所以可欲,大概主要不是因为其本身可欲,而是因为它被认为有助于政治决策的理性化。然而,班费尔德的观点似乎是在颠倒事实,他主张,在一个权力分散的制度里,决策的理性化程度会增加,就是说,决策有可能是在掌握了更加充分的信息的基础上做出的,而且更容易对所有相关的要求做出反应。与在一个"完美的"情境(没有信息成本,没有讨价还价成本)中相比,为实现公共利益而施加的压力效果微乎其微;支持公共利益的理据也会以更糟糕的方式向决策者提出;在分享公共利益的人当中,对公共利益的意识也更淡薄。除了这些结果以外,我们还要记在心里的是,在一个权力分散的制度里,在做出行动所需要的一系列肯定性决定中(比如公共开支,或对现状做出的一个改变),只要有一个人说"不"就足以阻止行动,而积极的行动需要在每一个环节上得到"赞成",因此,这个制度有一种强大的惰性,即强烈地倾向于反对做出行动。因此,各种提议将根据其指向(积极的或消极的)和来源而受到区别对待。用积极行动去追求公共利益的提议进展最不顺利,而通过否决行动来追求私人利益的做法最有可能获得成功。① 消极的公共努力与积极的私人努力则介于二者之间：哪一种更为成功取决于该制度的确切特征。②

(2)有信息成本情况下的"次优"

即便一个人在一个完美的世界里的第一偏好是赞成一个布坎南—塔洛克式的宪法，信息成本也由于使得宪法问题的"次优"解决办法非常不同而强化了讨价还价成本的影响。一个权力分散的制度增加了民众当中的信息总量，并增加了观念的数量和施加给决策者的压力。然而，由于它加剧了广泛存在的无组织的利益团体代表不足(这几乎是不可避免的)的问题，最后的结果往往比在一个权力集中的制度里更加非理性。这种情形就有点类似于在两台用于完成一系列三位数加法任务的机械计算器之间做出选择：一台计算器只给出四舍五入到千位数的答案，而另一台计算器会忽视输入的所有偶数。

一个权力集中的制度通过节省公民当中的信息和精力这些稀缺商品来弥补这些稀缺商品的匮乏：更少的信息与努力走得更远。这个问题有两个方面，我分别称之为可见性(visibility)与可问责性

275

---

① "尽管时下流行为我们当前的诡计辩护，Pendleton Herring 对这种风潮给出了最仔细的陈述，最近 Herbert Agar 又对它做出了最通俗的陈述，但是我们不能无视美国政府中的领导问题。任何现代版的卡尔霍恩一致多数理论(Calhoun's theory of the concurrent majority)都没有解决这个问题。这样一种理论相信的是对一个通过压力集团像亚当·斯密'看不见的手'一样运转的国家所持的柏克式智慧。实际上，它可能仅仅是一个精致的术语，用来描述只包含最简单决策和互投赞成票的政治。这种方法在顺利的时代或许是无害的，但在艰难的时代就可能带来灾难。"Norton E. Long, "Party Government in the United States", in *The Polity*, ed. Charles Press (Chicago, 1962), p. 19. 见 E. Pendleton Herring, *The Politics of Democracy* (New York, 1940); Herbert Agar, *The Price of Union* (Boston, 1950) and Arthur N. Holcombe, *Our More Perfect Union* (Cambridge, Mass. , 1950)。

② 我在第 327 页注释 Y 考查了班费尔德提出的另一个进一步的观点，他认为，当存在着权力分散的安排时，这种安排有多数派的支持。

(accountability)。一个权力集中的制度有一个强有力的行政部门(市长、总统)和/或凝聚力强且遵守纪律的政党,说它是可见的,这倒不是说其日常的运转是在公众瞩目下进行的(可能并非如此),而是说正式的、公开的、简单易行的投票过程在决定要做些什么时发挥着比较重要的作用。在一个权力分散的制度里,决定更多是通过就具体措施展开临时的讨价还价来做出的,而很少通过选举来做出;但是在一个权力集中的制度里,一次选举的结果可能就确定了政策的全部方向。因此,一个权力集中的制度也把普通公民的精力集中起来,即便他所做的只是时不时地投票,他(和他冷漠的同胞一起)对政治决定的影响也是很大的,而在一个权力分散的制度里,这种影响则比较小,不值得他付出同等程度的精力。

另一方面,或许也是更重要的一个方面,一个权力集中的制度可以节省信息和精力,因为它使得人们可以不是为了赞成或反对某些**政策**,而是为了赞成或反对某些**事态**去运用他们的影响力。这显然非常省事,因为判定你是否喜欢一个事态,要比判定一项政策是否可能导致一个你喜欢的事态容易得多。

这之所以可能发生,是因为在一个权力集中的制度里有一系列"在任者"(ins)和"在野者"(outs)。① 作为对权力的回报,可以让"在任者"对所发生的事情承担责任。当然,这可能还比较粗糙,正如下面这种情况一样:一个政府被要求对世界形势所导致的而非其无能所导致的物价暴跌或通货膨胀负责;反之亦然,它使得政府可以因意 　276外收获而获得好评。但是至少,它迫使政府寻求公共利益,即便选民没有意识到这些利益,或者没有吵着要这些利益,因为这些利益对普通选民的总体福利具有重要的促进作用。(当然,这并不意味着那些

---

① 当然,权力集中本身的定义只需要存在着一些确定的"在任者";我谈论的是一个民主的权力集中制度,在那里,有一些很重要的"在野者"试图与"在任者"交换位置。Long 在 *The Polity* 第三章指出,如果"在野者"一盘散沙,就会对这一模型具有破坏性影响,即便权力集中在凝聚力很强的"在任者"手里。

能言善辩的局部性利益群体就可以被不正当地忽视,他们也有投票权。)

正如我所说,之所以省事,关键就在于存在着"在任者"与"在野者"。[①] 除非一个选民在始终支持"在任者"和始终支持"在野者"之间有一个明确的选择,否则这种安排就会失败。比如说,假设一个选民面对几个候选人,每一个候选人各自支持在任者表现的某些(不同的)方面而批评其他方面,这个选民就会非常迷茫,正如当他面临下述情况时会非常迷茫一样:每一条法律都是由一个临时的多数派所通过的(事实上,如果让很多选民做出这种选择,每一条法律很快就会被通过),因为这使得他又回到了一种处境,即不得不判定每一条法律与政策的后果是什么。另一方面,如果仅限于在"在任者"与"在野者"之间进行选择,那个选民就只需要判定,自上一次选举以来,情况究竟是变好了还是变糟糕了,然后便遵循一条简单的投票规则:如果是改进了就投票支持"在任者",如果是恶化了就投票支持"在野者"。[②]

当然,没有任何因素可以阻止那个选民基于实际的政策来投票,只要他愿意的话,但是问题的关键在于,即便最粗糙的"在任"与"在野"选举也足以为掌权的群体提供强大的动力,让他们至少去追求一半选民的利益,而这将不可避免地包含很多公共利益。

(3)信息成本与可销售的产品

即便我们承认,对于用一部刻意复杂化的"制衡"宪法作为最佳又切合实际的替代品来代替全体一致规则这一建议,信息成本的存

---

① 参阅 Joseph Schumpeter, *Capitalism, Socialism and Democracy* (New York, 1950, 3rd ed.),第八章;Anthony Downs, *An Economic Theory of Democracy* (New York, 1957).

② 更微妙的是,他可能会确定一个"正常的"改进率,如果没有维持在这个比率上,他就投票支持"在野者"。

在确实构成了另一条反驳,也许我们仍然可以说,这一因素使得我们更有理由把所有的国家活动看作本身就是效率低下的,仅仅因为对这些活动的控制受到了如此之多的限制。难道这一点还无法确定使用"价格机制"(只要有可能)的理由吗?[①]

　　假设在回应这一质疑时我们说,如果一种产品是可以销售的(就是说,不付钱的人可以被有效地排除在其利益之外),那么更好的做法就是通过市场以一种足以支付成本的价格来提供它,而不是补贴它、免费地提供它,或者强迫人们购买一定数量而无论他们是否愿意。甚至对这一说法也需要做出四个限定,这些限定一起构成了一个可怕的"其他情况相同的条件下"条款("ceteris paribus" clause)。

　　(a)从定价当中获得的收益必须超过从使用者手上拿钱所涉及的成本;如果那种产品的提供所涉及的成本直到某一点为止都不会随着需求的变化而有大的变化,那么,从定价当中获得的收益必须超过为了防止某些人使用它而付出的代价,那些人会因使用它而受益,却认为不值得按价付钱。[②]

　　(b)该产品是否由市场提供的问题必须是一个无关紧要的问题;如果基于理想的理由想要免费的或有补贴的集体供给品,理由是它有一些社会意义,即给予公民一种共同的利益,并扩大他们的认同

277

---

　　① 注意,我这里所追问的问题涉及的是商品与服务是否应该以成本价出售。这个问题独立于国家是否应该提供商品与服务的问题:国家可以出售它们(比如国有化的产业),反过来说,也可以向一个私人公司付钱然后由它免费地提供它们(比如防卫契约)。

　　② 这里,经典的情况就是关于桥的例子。一旦桥建好了,多通行一次所涉及的边际成本就可以忽略不计。但是通行费会把桥的使用降低到"有效率的"水平,而边际成本定价法会要求免费通行。维克塞尔建议公共开支应该得到全体一致的赞成,这个建议在很大程度上就是建立在这样的理由基础之上,他说,这是因为,要想搞清楚在没有定价的情况下桥是否值得建,唯一的方式就是看看是否有办法通过征税来支付每个人都同意的那种成本。我希望到此为止我已经充分地表明了这条建议本身是不可行的,但是仍然存在着从集体行动受益的可能性。见 Wicksell, "A New Theory of Just Taxation", in Musgrave and Peacock (eds.), *Classics in the Theory of Public Finance*(London, 1958)该文标题应为"A new Principle of Just Taxation"——译者注);Buchanan, "Knut Wicksell on Marginal Cost Pricing," *Southern Economic Journal*, XVⅢ (October 1951), pp. 173-178。

感,那么这种立场也是不确定的。

(c)提供免费的或有补贴的供给品的目的必须纯粹是满足消费者的欲求,因为这些欲求将会在市场上被揭示出来。相反,如果是为了影响这些欲求,产生于市场的结果就不能被当作"最优的",因为目的不同。① 如果相关的欲求被认为是这样一些欲求,即**要是**他们拥有可以获得的最佳知识,能轻松自如地应对各种可能性,富有足够的远见并能够对未来有所考虑且今后不会后悔,他们**就会**具有那些欲求,那么将会在市场上被揭示出来的实际选择就很可能会被认为在某些情况下是不相关的。②

(d)最后,如果提供免费的或有补贴的集体供给品的目的实际上在于收入再分配,我们也不能说它与市场相比更加"无效率",因为这仍然不仅仅是为了满足现有的有效需求。③

---

① 用马斯格雷夫在《公共财政理论》(*The Theory of Public Finance*, New York, 1959, pp.13-14)一书中的术语来说,如果我们处理的是"有益欲求"(merit wants),也就是政治决策者认为应该加以鼓励的那些欲求,那么通过定价以便支付成本就不是最佳选择。可能有人认为"个体化的"假定排除了这一点,但未必如此,因为一个人作为公民可以决定通过法律来鼓励他的某些欲求而阻止另一些欲求。[见第六章第六节第二部分和注释 F 对这个问题的讨论。(此处有误,巴利的这本书第六章并没有第六节,估计作者把 IV 误作了 VI,可能作者想说的是参见第四章第六节第二部分,从那一部分的内容来说也应该是如此。——译者注)]

② "一个买菜的家庭主妇也可以很好地进行自由选择。既有花菜,又有白菜。亲爱的,随你选吧。对于白菜和百万分之一感染脊髓灰质炎的概率之间的选择,对于今天的花菜和 2000 年的花菜之间的选择,你真的能够得出某种结论吗? 很多人如何知道生病的确切概率、活到终老的确切概率以及生出一个学习吃力的孩子的确切概率呢? 如果他们并不知道,那么从人们并不选择储蓄或预先买好保险这一事实,你又能得出什么结论呢? 当存在着延迟或风险时,自由选择什么也证明不了。"见 Brian Abel-Smith, "Whose Welfare State?", in Mackenzie (ed.), *Conviction* (London, 1958), pp.68-69。

③ 这种现象可以以两种方式出现。目的可能在于从总体上改变收入分配,而由于政治或管理上的原因,这种改变不能直接地进行。在这种情况下,除非另外三种考虑中的某一种可以适用,否则,直接进行再分配(如果可能的话)就是更有效率的。但是也有可能,整个**目的**就是要提供一些廉价或免费的东西(比如医疗、药品与设施),不是因为想要鼓励对某些东西的品味("有益欲求",关注理想的情况),而是基于分配性的关注欲求的理由这样做。换句话说,目的可能在于让那些不幸需要这些东西的人无须减少自己的收入就可以得到它们。

(4)信息成本与公共产品的提供

即便做出这些限定,以成本价出售一种产品比免费或廉价提供它更可取这一说法也仍然只适用于某些情况,在那些情况下,所涉及的产品类型是可以在市场上出售的。它不适用于那些如果要得到满足也只能共同地被满足的欲求;它也不适用于通常那些规定公民可以做出哪些行为的法律。要想扩展这一结论从而涵盖这些情况,一种可能的论据就是指出,由于搞清楚国家的活动需要付出如此高的信息成本,所以国家的活动应该被减少到最低限度。但是,仅仅因为你不能确切地知道国家的行动结果是什么就限制国家的行动,这是一种理性的反应吗? 公民发现自己身处国家活动之网的中心,有的东西是免费提供的,有的东西则是通过税收来抑制的;有的行为是禁止的,有的行为则被命令去做。为什么要假定,如果国家的活动减少了,他的状况就会更好? 似乎无须诉诸经验就可以推出,如果这些活动得到增加,他的状况就会变得更好。[①]

正如达尔和林德布洛姆所说:[②]

有人说集体选择不如市场选择理性,也许他们的意思是说,当选择必须共同做出而又可以采用市场选择时,集体选择就不如市场选择理性。

鉴于市场选择有自身的缺点,而且在很多问题上进行投票又是不可能的,非常愚蠢的领导人所做出的选择通常甚至都要比个人在市场中进行糟糕的计算后做出的选择理性得多。……

[①] 有一种观点主张,正是因为公民**确实**倾向于低估自己从结果不确定的国家活动中获得的利益,所以预算往往比较少,而如果选民拥有更多的知识,或者(更恰当地说)拥有更多的完善的知识,预算是不会这么少的。这一主张见于 A. Downs, "Why the Government Budget in a Democracy is Too Small", *World Politics*, XⅡ, No. 4 (July 1960), pp. 541-563。

[②] Dahl and Lindblom, *Politics, Economics and Welfare* (New York, 1953), pp. 421, 427,着重号为原文所有。

279

当价格体系是一种不恰当的机制时,市场选择确实是不理性的;但是代表可能是理性的,也可能是不理性的。

4. 自利与宪法选择

(1)引言

布坎南、塔洛克和其他主张权力分散的学者都认为,在政治中,就像在斯密所主张的经济中一样,哪怕一个社会所有的社会成员都只盯着自己的私人利益,一只"看不见的手"也会把这个社会带向安全,只要这个社会的制度设计得好。制度设计良好的标志,用一个经典的术语来说,就是制度应该提供许多"制衡",就是说,每一个人或者至少每一个少数派应该能够否决所提议的任何公共政策,直到它被修改得满意为止,或者直到它因为增加了一些虽然不相关但却很吸引人的替代品(quid pro quo)而变得更合人意为止。我已经指出,这个命题有两个重大缺陷。第一,政治所**涉及**的主要问题之一就是"一些初始条件",讨价还价就被认为是在这些"初始条件"的基础上进行的。通过假定对于一种一劳永逸且不可改变的资源分配方式有一种普遍的赞成,布坎南和塔洛克得以回避一个核心的政治问题,即在分配问题上如何维持一种**不间断的**共识。第二,一方面是由于,作者所支持的那种政治体系赋予了特别精明的少数派或处于战略位置的少数派以有利地位,另一方面是由于,存在着讨价还价成本与信息成本,因此,这种体系将表现出一种持续的偏见,这种偏见不利于行动而非不行动,不利于公共利益而非私人利益与部门利益。

然而,我还没有提出任何详细的正面论证来表明,在冷酷无情的利己主义者手里,一个权力集中的制度比一个权力分散的制度更可取。我充其量只是质疑了作者提出的一个"证明",他们试图证明,一个奉行多数票决的权力集中的制度不可避免地会走向一种"平衡"(equilibrium)状态,在那种状态下,花费在公共产品上的钱大约是

"最佳"数量的两倍。但是在追问哪一种制度对冷酷无情的利己主义者来说最好之前(答案显然是,任何制度的运行都会极其糟糕),仔细审视一下作者的心理学假定难道不是更明智吗? 毕竟,如果他们的说法——他们提倡的那些制度会产生令人满意的结果,即便人人都是彻底的利己主义者——是正确的,我们可能就会欣然地赞成,最明智的做法就是稳妥一点,就要这样的制度。如果人们被证明并非如此自利,这只会在系统的运转当中又增加一个犯错误的余地。但是我主张,作者的说法并没有很好的根据。如果我是正确的,那么我们就无法采取这样一种令人欣慰的做法,即一方面为最糟糕的情况做好准备,另一方面又期待即便发生最糟糕的情况也会有好结果。因此,我们理应追问,对于我们所关心的那些国家来说,什么样的心理学假定是真正合理的。[①]

(2)支持自利假定的论据

布坎南和塔洛克提出了两个论据来支持他们关于普遍自利的假定,这两个论据都不是很合理。一个论据就是指出存在着利益群体。281
这个论据在逻辑上就相当于,把一个人送到当地的动物园去,以便向他证明所有的老虎都关在护栏后面。一个利益群体确切地说**就是**这样一群人,他们只是由于在某个公共政策领域具有共同利益而联合起来。利益群体雇佣一些人,那些人的工作就是提升这些利益。这并不表明(比如说)美国总统或普通的议员主要(或者在很多情况下都是)受滥用职权来中饱私囊的欲望所推动,也不能表明(无论如何,这都超出了简单的自利假定)他只试图提升投票支持他的那些人的经济利益。这也没有表明普通的选民在投票时只关心他自己的私人利益。一个人投票支持一个会引入他认为更公道的规则(比如更高

---

① 我几乎没有必要说,这个问题事实上极度模糊不清,我们更加有理由不要将它扩展至"人性"了。

的累进所得税）的政党，即便这违背他自己的利益，同时又希望自己在这些规则下能干得好，这完全不矛盾。正如一个人一方面支持公平的审判，另一方面在涉及自己的官司中尽可能努力地打官司，这并不矛盾一样。实际上，正如唐斯所表明的那样，一个纯粹受私人利益推动的人**根本**不会花费时间和精力去投票，除非他很享受在去投票的路上散步和投票的过程。[①] 从任何人改变选举结果的可能性都微乎其微可以推出这一点。"每个人都这样做会怎样？"这一论据超出了个人利益计算所提供的参考框架。[②]

除此之外，作者还指出，并没有特殊的理由认为，政治行为与经济行为有什么不同，既然经济学家在传统上用自利这一公理已经干得很好，他们将这种做法扩展到政治领域，就是在采取一条合理的路径。[③] 但是市场可以被描述为对不带个人色彩的（"情感中立的"）自利的制度化。这恰恰是它作为一种社会发明的优势，这种社会发明用"金钱关系"取代了交易者之间的人际关系。"交易者"角色被剥去了所有的内容，只剩下了由市场所界定的部分。没有先验的理由相信，也没有太多的证据怀疑，人们在更为丰富多样的组织成员角色中会以相同的方式行动，无论那个组织是盈利组织还是宗教组织或者社会组织，比如陪审员、党员、公民、议员或总统这些角色（见第299页注释 F）。

(3)可以信任多数派吗？

事实上，我认为，多数的选民（比如英国和美国的选民）都受无穷

---

① Downs, *An Economic Theory of Democracy*(New York, 1957)，第十四章。

② 唐斯在这里是同意这种说法的，他说，即便一个理性的人不指望他的选票对选举结果有多大意义，他也仍然会投票，**如果**他担心整个民主制会因为不投票而坍塌的话。但是在这里，几乎同样的论据通常情况下也是适用的。（现实生活中）一张选票对于系统是否坍塌只具有微乎其微的影响（对这个问题的进一步讨论，见第328页注释 Z）。

③ Buchanan and Tullock, *The Calculus of Consent*(Ann Arbor, 1962)，第三章以及第306页。

无尽的自利所推动这一假定显然是错误的。我们可以举一个相比之下对自利假设比较有利的例子,根据这一假定,低收入与收入平等化的愿望之间存在着总体上的关联,高收入与反对收入平等化之间也存在着总体上的关联。确实,这一说法最关键之处就在于认为,低收入群体**仅仅**想要平等,而高收入群体**仅仅**抵制平等。根据布坎南与塔洛克的观点,我们应该料到,某个占选民半数以上的特定群体会使用国家的权力以其余人的利益为代价来发财。但是在民主国家,这并没有发生。要求每个人应该平等是一回事,要求富人和穷人应该交换位置则完全是另一回事。[①] 而且,像美国黑人这样一个受压制的种族的成员要求平等,但是并不要求有机会压制白人,把白人压制到他们自己目前所处的受压制状态。

也许正是不存在讨价还价成本这一假定鼓励了作者夸大多数派利用政治手段伤害其余人的程度。如果我们考虑要在三个人中间通过多数票来分一笔钱,我们可能会预料到,有两个人会联合起来在他们之间分这笔钱。[②] 甚至在一个由 100 人组成的会议中,如果我们发现形成了一个多数派,他们有一个明确的目的,即以其余人的利益为代价来满足他们自己的利益,那么我们也不必感到惊奇。但是在一个庞大的现代国家,这样一种临时的联合几乎是不可行的,如果存在一种分化,这种分化也必然产生于某种简单的分配上的分歧,比如到底是维持现状还是寻求更大的平等。[③] 在三个人通过多数票来分一笔钱这个假想的简单情形里,可以看到多数派对少数派非常明确而又彻底的剥削,而这种剥削在一个由几百万人构成的只具有细微差

283

---

① 即便在法国革命和俄罗斯革命中,我认为也可以正确地说,并不存在故意的政策要让那些特权阶层的境况比其余人**更糟糕**,只是由于他们抵制平等化,他们的境况最终才变得比其余人更糟糕的。

② 见 Buchanan and Tullock, *The Calculus of Consent*(Ann Arbor, 1962),第十一章。比较 Rapoport, *Fights, Games and Debates*(Ann Arbor, 1960),第十二章。

③ 关于信息成本与讨价还价成本的政治功能(而不是它们在政治上的功能失调,对此,我们都知道),我打算写一篇文章。

异的同质群体中几乎是行不通的。^① 除非利益高度地分化（比如，就像某些拉美国家那样），否则，任何一个可以吸引多数派的政纲都不可避免地要在很大程度上依赖于广泛共享的利益。^② 与我已经间接提到过的那种最弱意义上的正义（比如，在政治上迫切要求平等，而不是要求调换双方的处境）相结合，这很可能已经足以避免"多数派的暴政"，而对"多数派的暴政"的担忧是简单宪法反对者一直以来所使用的一个论据。^③

对于一个宏大主题来说，这显然是一个非常缺乏深度的处理，但是这个问题也许确实容许一个尝试性的结论，即尽管一部权力分散的宪法的劣势是明显且不可避免的，但一部权力集中的宪法的危险是可以避免的，前提是：第一，民众之间不存在极端的利益分化；第二，被统治者较为温和，而统治者较为负责。至于这些条件在一个社会里是否存在，这是不可能不凭经验而仅靠推理就能够确定的，我们还必须观察。

（4）结论

在第十三章，我试图表明，基于很多不同的理由，我们可以在确

---

① 在单个候选人仅凭一己之力参与竞选时，他可能会发现，支持某些局部利益是有利可图的，或者顺从这些局部利益是必要的。而在两党制下，一个政党的所有候选人持的是同样的政纲，根本不存在这样的局部利益。见 Norton Long, "Patriotism for Partisans: a Responsible Opposition", in *The Polity*, ed. Charles Press (Chicago, 1962), pp. 41-49; V. O. Key, "Public Opinion and the Decay of Democracy", *The Virginia Quarterly Review*, XXXVII, No. 4 (Autumn 1961), pp. 481-494.

② 见 E. E. Schattschneider, *Party Government* (Holt-Rinehart-Winston Book, 1960), 第二章。

③ 当然，如果一个人把向平等的转变看作这种"暴政"的例子，那么回答肯定非常不一样，因为多数派统治具有长远的平等化效应，这似乎是毋庸置疑的。比如，麦迪逊在《联邦论》第 10 篇文章里就提到了"财产的平等分配"，他认为这是多数派可能想要的"不恰当且邪恶的计划"之一，是必须加以防范的。(*The Federalist*, Everyman edition, p. 47.) 如果一个人持的是这种观点，那么除了通过宪法来护卫被赋予一定特权的少数派——要么以某种明确的方式，要么通过赋予所有少数派否决权从而以一种更为间接的方式——以外，或许就别无选择了。

保和提升公民共同利益方面赋予国家很大的责任。在最后两章,我一直在追问,对于可以最好地确保国家的努力集中于这一方向的宪法性机构来说,是否可以给出一些一般性的说法。我比较了两种一般性的进路。第一种进路在英国很常见,也可见于美国很多公共管理学学者的研究当中。这种进路的支持者从创造一个能够完成这一任务的机构之必要性出发,他们从容地处理如何阻止这种机构走向疯狂而不受控制的问题,并认为把民众选出的人作为该机构的负责人就可以在这方面应对任何困难。

另一条进路构成了美国宪法的基础,而且在美国仍然很强有力。它对权力更为怀疑,即便权力被置于了民众选出的人手里,而且它倾向于要求一部复杂的、权力分散的宪法。如果说第一条进路可以吸引柏拉图、阿奎那、霍布斯、卢梭、启蒙哲学家以及边沁主义者,那么第二条进路的背后就既体现了詹姆斯·哈林顿(James Harrington)所谓"古代人的审慎"(ancient prudence)之重要性,又有洛克、潘恩、孟德斯鸠以及《联邦论》的作者这样一些现代支持者。在这一章和前一章,我审视了第二种立场最近的一个版本。其根本性的观点是,如果集体行为真的是有利的,它大概就应该能够得到全体一致的赞成;即便"讨价还价成本"的存在使得没有全体一致同意就什么也不能做这一要求不切实际,这仍然提出了一种理想,人们虽然允许偏离这种理想,但也是很不情愿的。(准确的表述见前文第十四章第一节第四部分)

我已经指出,一部布坎南—塔洛克式的宪法即便可以建立起来,也无法按他们的理论所预期的方式发挥作用。一方面,在政治中,自利并不如他们以为那样强烈和普遍;另一方面,技术上的限制强化了道德情感,这些限制使得在一种权力集中的制度下,多数派不太可能像少数派在一种权力分散的制度下剥削多数派那样压制少数派。

285

如果一个问题让过去 200 多年来研究政治学的最聪明的人们都焦头烂额,却可以通过几条公理和公式就得到解决,这就太让人吃惊了。但是这些公理和公式至少可以帮助我们看清存在分歧的领域,甚至能帮助我们减少分歧。

结　论

　　一本具有这样一种性质的书的结束要么标志着作者自己的耐力是有限的,要么标志着作者(无疑是乐观地)认为可能的读者的耐力是有限的,但显然并不标志着这里的主题只能做有限的处理。这里的任何一个话题都很容易以更长的篇幅来处理,而且话题的清单也可以轻易地再增加。读者在这里看到的是我原本要写的著作的一个节选本(当他得知这个节选本不到初稿篇幅的一半时,他会谢天谢地),因此,在这里说明一下自己的目的是什么以及为什么要选择这些特殊的方式来达到这一目的,也许就更是作者义不容辞的责任了。

　　我在本书核心部分(从第六章到第十三章)所试图做的就是,借助于所选择的例子来确立一些关于政治原则的一般性命题。这些一般性命题可以归纳如下:

　　(1)不能认为,在当代英国和美国共同使用的一些政治原则可以归入一条原则之下,或者它们只是达到一个单一目的的不同手段。但是并不能由此推出,政治评价不可能是"理性的"。希克斯(J. R. Hicks)在《价值与资本》(*Value and Capital*)一书中对消费者选择所做的分析也可以合理地运用于一个做出政治评价的人身上。当一个消费者要在究竟是多要一点产品 X 少要一点产品 Y 还是多要一点产品 Y 少要一点产品 X 之间做出选择时,我们可以认为他是在做出一个理性选择,只要他的选择构成了一个模式的一部分,那个模式满足了某些简单的前后一致标准。没有必要把他看作是在尽力将某种同质的数量("功利"或"满足")最大化。同样,我们也可以认为,理性的政治决定关乎这样一个问题:"公道"在一定程度上的减少是否绰绰有余地抵消掉了由此导致的"效率"的增加。

在这本书某些地方,我们看到,每一条不同的原则都专门适用于一个具体的问题,而且每一条原则都会导致一些政策建议,这些政策建议与其他得到类似运用的任何原则所得出的政策建议都非常不同。在这些地方,我时不时地提到一些实例。在很多地方我都断定,对于在某个问题上应该采取何种政策才是正确的这个问题,之所以存在相互冲突的观点,通常是由于,在各方都赞成与所讨论的情况相关的那些价值当中,争论者们赋予了不同的权衡取舍关系。我还指出,其重要性得到广泛赞成的那些考虑因素,比如满足"合理的"预期,尊重某些"消极自由",其重要性源于它们所处的战略位置,可以说,它们位于许多不同的终极原则的交汇点上。在我看来,它们不是**相互替代的**支持因素,而是**相互强化的**支持因素。

(2)尽管当前所使用的那些原则不能还原为一条原则,但是可以把它们归入某些大致的组类。所做的最根本的区分就是"关注欲求的"原则与"关注理想的"原则之间的区分。前者把欲求看作给定的,只考虑欲求满足的数量和分配;后者把某些欲求的满足看得比其他欲求的满足更高尚,即便我们正在讨论其欲求的那个人的偏好与此不同。在"关注欲求的"原则这个范畴下,我们又区分了"加总性"原则与"分配性"原则,前者集中于欲求满足的数量,后者要把分配欲求满足的理由和分配比例考虑进去。

第六章到第十三章的讨论主线是关注欲求的概念:第六章到第

九章主要关注的是分配性概念,第十章到第十三章主要关注的是加总性概念。但是在这个框架内,如果在某一章它们似乎是相关的,我就有意识地引入了一些不同的考虑因素。比如,在关于"自由"那一章,我既讨论了加总性的关注欲求的理由,也讨论了加总性的关注欲求的理由和关注理想的理由;① 关于"平等"的那一章主要试图表明,分配性的考虑**不**足以证成通常的那种反隔离立场;其他几章也是如此。

(3)第六章到第十三章试图确立的第三个命题(也是我要在这里提到的最后一个命题)就是,一条原则的内容会随着它得以运用的制度环境的不同而变化。对于一场公平的审判,一场公平的比赛,一场公平的抽彩,要想理解它们的标准,就必须很好地把握作为社会决策程序的审判、比赛和抽彩存在的理由;一场审判中的正义和一场足球赛中的正义具有不同的标准,这种差异源自审判和足球赛的目标之间的差异;诸如此类。我试图通过详细的分析让这些命题令人信服,确实也只有通过详细的分析才能让它们令人信服。

现在可以来看看本书其余部分了。如果说第六章到第十三章关注的是用实例来证明行动中的某些命题的话,那么前六章大体上关注的就是陈述这些命题,并为本书其余部分打基础[第二章和第四章从事的是一种消极的奠基工作,这种工作就在于清除一些有碍之后发展的观念。相反,第十四章和第十五章讨论的不是一般性(generality)的问题,而是非常具体的问题。与过去习惯的做法相比,它们试图以一种更具分析风格且不那么散漫的方式来审视一种价值——公共利益——在制度上最恰当的体现]。

交代了我的目的之后,我现在必须试图捍卫我所选择的手段,尤其是要证成我在第六章到第十三章所做出的选择。从我已经说过的

---

① 原文即如此,疑似有误,应为"既讨论了加总性的关注欲求的理由,也讨论了加总性的关注理想的理由"。——译者注

话可以推出,在讨论一条具体的原则或那条原则的具体运用时,我隐藏的目的就是要证明我的一个主张,即关于政治原则及其运用的某些一般性的观念是正确的,且富有启发性。当然,对于这些观念是有用的这一主张,我们只能通过表明它们在行动中的用处来证明,因此,讨论具体原则或具体运用时所要采取的形式,就必须和仅仅因为原则本身而阐明原则时所采取的形式完全一样。差异只是在案例的选择上。如果我们纯粹是为了尽可能多地阐明一些原则,那么我们可以说,讨论六个案例要比讨论一个案例好六倍,诸如此类。然而,如果我们的目的是表明,我们的讨论受助于使用了某些一般性的观念,那么一个案例几乎不足以达到这一目的,因为如果连一个精挑细选的案例都不适合一套观念,这套观念就是极其没有希望的。另一方面,超出某一个点之后,寻找更多巩固性案例的做法可能只会带来越来越少的回报。从方法论上说,在证实关于原则的一般性观念和证实关于花或星星的一般性观念之间具有一种密切的联系:超出了某一个点之后,支撑性案例的数量就没有那么重要了,更重要的是它们所属的类别,以及它们是否包含了初看之下最为困难的情况。在选择案例来讨论时,我试图把这一点作为我的指导原则:我旨在把较多的原则包括进来,并专门处理那些初看之下很棘手的原则(见第三章第五节)。当然,我是否很好地遵循了这一指导原则,以及实际的例子是否确实支持着我的主张,这些问题必须由读者自己去判断。

289

　　到此为止,我一直是在回头看。我更愿意通过向前看来结束这本书,我要追问未来的发展要走什么样子的路才最有希望。不幸的是,为他人(甚至是为自己)设计的计划执行起来总是习惯性地失败,但是又很难看出我们怎么才能完全不要这些计划。让我们从一个我已经有所预示的否定性观点开始:我很怀疑,**出于我已经简要陈述过的那些目的**,如果做得比我在第六章到第十三章所做的还要多,是否真的能有更大的收获。如果这些例子奏效,并证实了我试图用它们来证实的这些命题,那么它们所提供的支持在程度上并不会通过表明其他例子也可以奏效而得到实质性增加。另一方面,如果主要的命题并没有牢固地确立起来,那么只要能够做到下面的任何一件事,就可以表明这一点,即要么证明我对我选择的概念所说的一切都是错误的,要么证明(我希望能够更合理地证明)即便有时候我确实碰巧说了一些正确的话,这也是由于我没有沿着我的一般性命题所暗示的错误方向前进才取得的成绩。显然,如果我当时看到了如何接受这一批评,我写成的就会是一本不同的书;但是我非常乐意承认,这样做是有可能的。

然而,假定涉及主要命题时所要求的是改善与扩展而非整个推翻,那么我想到的下一步就是把最后两章的讨论扩展到其他概念和其他机构。在第十四章和第十五章,我集中处理一个概念和一种机构,即公共利益和政府(不可否认,这是一个重要的机构)。尽管我在这里受助于存在着一种长期的争议这一事实,这种争议是在一种非常具有一般性的层次上展开的,而且双方都有经过仔细阐发的立场,但是我并不明白,在试图以某种程度的分析严谨性(a certain degree of analytical rigour)来确定最能推进其他价值的制度形式时,为什么不能用同样的一般性方法呢?

当然,我们可以非常正确地说,从柏拉图的《理想国》开始,过去典型的"政治哲学"关注的恰恰就是那个问题:让制度与价值相符。为了做到这一点,我必须提到"某种程度的分析严谨性"这一表述,我把这一表述塞进了我为我正在提倡的"方法"所下的定义当中。由于具有陷入那种有时候被称为"世俗沙文主义"(temporal chauvinism)立场的风险,我希望看到这种"严谨性"从两种现代技艺——分析哲学与分析政治学——的联姻中产生。[1]

　　所谓分析哲学,我指的是那场与奥斯汀(J. L. Austin)的名字联系在一起的运动,这场运动使得可敬的做法是忠诚于词语的实际用法,而不是把口头用法强加给词语。到目前为止,将分析哲学运用于政治原则的论著还不多见,但是最近几年已经有所增加。[2] 所谓"分析政治学",我指的是这样一种尝试,即挑选出复杂现实的某些方面,然后建构一个与这些方面相关的模型,从而来简化复杂的现实。[3] 这种东西在经济学里已经是一种老生常谈,但是在经济学之外还比较新颖;大多数最好的著作事实上都是由以前的或仍然健在的经济学家完成的。

291

　　分析哲学与分析政治学往往是在不同的领域进行的,然而它们彼此需要对方。概念分析超出了一定程度后就会变成无聊的咬文嚼字;更有甚者,试图从政治模型中引出切实可行的结论,这很容易因为价值前提过于粗糙(或者甚至更糟糕,模糊不清、含糊其辞)而失败。[4]

---

　　① 这种风险如此严重吗? 我表示怀疑的是,要是没有一点点风险,知识生产(不同于鉴赏力)的领域是否会有如此大的收获。把自己的职业生涯都耗费在了像细品味老白兰地一样品味古典著作(列奥·施特劳斯及其追随者就提倡这样)上面,这几乎不可能对人类知识总量有什么推进作用。如果我们真想模仿古希腊人,要做的第一件事就是不要再总是往后看了。

　　② 在我看来,最好的著作是在美国完成的。比如 Joel Feinberg 的"Justice as Desert"(我在第六章提到过),以及 Gregory Vlastos 与 Alan Gewirth 在《社会正义》(*Social Justice*, ed. R. Brandt, Englewood Cliffs, N. J., 1962)一书中的文章。不幸的是,对于"分析哲学"与政治学发生关系的方式,通常的印象来自于 T. D. Weldon 的 *The Vocabulary of Politics*(Penguin, 1953)一书,我们不用看这本书的书名,这本书把僵化的逻辑实证主义意义标准运用于传统的政治思想,它并不是对概念的详细分析。

　　③ 我已经在正文或脚注里提到了布坎南和塔洛克的《同意的计算》、谢林的《冲突的战略》、唐斯的《民主的经济理论》以及班费尔德《政治影响》的第三部分。我还要在这份清单上再加上 Herbert Simon 的 *Models of Man*(New York, 1957)和 William Riker 的 *The Theory of Political Coalitions*(New Haven, 1962)。

　　④ 对布坎南与塔洛克的一个主要批评就在于,除了他们滥用其帕累托最优原则以外,他们的这个原则根本不能作为一条独特的政治原则;支持这条原则也并非是"价值无涉的"(他们似乎相信是"价值无涉的"),正如支持平等原则不是"价值无涉的"一样。

　　如果可以把这两种分析方式相结合来形成一个新的学科，这门学科将用新的工具来处理传统的政治理论问题，那么前面几页所展现出的粗浅努力很快就会显得过时。

注　释

　　这种性质的书有时候属于两种类型中的一种,这两种类型我将分别称之为英国类型和美国类型(当然,这样称呼有些不恰当)。第一种或者说英国类型依赖于一个假定,即只要一本书是原创性的、有趣的,就没有必要提及(或许甚至都不需要读过)相关主题的其他任何著作。第二种或者说美国类型依赖于另一个假定,即一本书有必要批判性地审视相关主题的所有现有著作。除了这两种极端之外,最简单的做法就是,在整本书中用美国类型的方法写几段,然后又用英国类型的方法写几段;但是这往往又会让读者陷入困惑。我试图通过对上述方法加以改变来避免这一困难(当然,这一改变也带来了自身的困难),我的做法就是,在正文中主要采用"英国类型",而在书后面的注释里则主要采用"美国类型"。因此,大体而言,这些注释试图评论正文中所提出的观点的替代性观点或补充性观点;不过在有些问题上,由于正文里的处理比较粗略,我也借此机会在注释里做了一些进一步的讨论。

A.卢梭与多数主义(见第四章第三节第二部分,第 59 页)

在这里,我们可能会想起卢梭在《社会契约论》里的一个说法,他说,如果我处于少数派,那么我的观点肯定错了。但是卢梭的这个说法非常不一样。根据"多数主义原则",处于少数派从定义来看就是不对的,应该做的事情**就是**多数派希望做的事情。然而,卢梭认为:"应该做什么"这个问题的答案独立于任何人的想法;应该做的事情就是任何符合共同善的事情。在卢梭看来,在某些条件下(平等、简洁和美德),只要多数派的成员自问的时候问对了问题(即这符合共同善吗?),多数派就更有可能得出正确的答案,因为选民的个人偏见往往会相互抵消。不过卢梭认为,这是一个偶然的事实。

293　　我认为,卢梭的想法遭到了严重的误解,因为(除了让人困惑的术语之外)我们并不习惯认为政治当中存在着一个"正确答案"。如果我们用另外一种情境来取代政治情境,比如一群试图解决一个数学问题的人,我们就可以更清楚地看到卢梭想搞清楚什么问题。这样,我们假设那群人试图解决一个有点复杂的数学问题。并不是每个人都能找到正确答案,但是那些出错的人的答案既有可能太大,也可能太小;与某一个错误答案相比,正确答案更有可能为多数人发现。

孔多塞最初讨论陪审团时得出了一条定理(邓肯·布莱克在《委员会与选举理论》一书中讨论了这个定理[1]),这条定理与这里的讨论有关。只要每一个选民具有(相等的)高于百分之五十的概率找到正确答案,那么这个群体中的多数意见相对于任何一个成员的意见来说就更有可能是正确的。

---

[1]　Duncan Black, *Theory of Committees and Elections*(Cambridge, 1958), pp. 164-165.(在作者的原文中,文献信息都放在了正文里,没有脚注,为了方便阅读,译者做了调整。——译者注)

更确切地说,如果在所处理的所有情况中,每一个群体的成员中正确的比例都是 v,错误的比例是 e,而且 $v+e=1$,那么,要是在一种情况下有 h 个群体成员给出一个答案,有 k 个成员给出另一个答案($h>k$),则 h 个成员正确的概率就是:①

$$\frac{v^{h-k}}{v^{h-k}+e^{h-k}}$$

B. 沃尔海姆"悖论"(见第四章第三节第二部分,第 59 页)

在他的论文《民主理论中的一个悖论》②中,理查德·沃尔海姆发现了如下"悖论":一个支持"民主"原则的人如果在某个问题上处于少数派,可能就会发现自己既必须说"A 是应该做的"(因为我这样认为),又必须说"B 是应该做的"(因为多数派希望它被做)。但是他的"解决办法"仅仅在于否认二者真正地存在矛盾。他区分了"直接"原则与"间接"(oblique)原则:

直接原则的例子有**杀人不对,控制生育是可以允许的**。间接原则的例子有**主权者命令的就是应该做的**,或者**人民想要的就是正确的**。

我的想法是,对于"A 应该是事实"和"B 应该是事实"这两个判断,**如果**其中一个判断被说成是一条直接原则,而另一个判断被说成是派生于一条间接原则,那么,即便 A 和 B 不可能同时实现,只要那条直接原则和那条间接原则本身不是不相容的,这两个判断也就并非不相容。现在我意识到,这一限制性条款　294　可以引起某种困难,因为可以很自然地认为,只要从一条间接原则可以推出,B 应该获得通过,那么 A 应该获得通过就与该原则

① 对此,进一步的讨论见我的论文 "The Public Interest", *Proceedings of the Aristotelian Society*, Supplementary Volume XXXVⅢ (1964), pp. 9-14。

② Richard Wollheim, "A Paradox in the Theory of Democracy", *Philosophy, Politics and Society*, 2nd series, ed. P. Laslett and W. G. Runciman (Oxford, 1962), pp. 71-87.

不相容。我的原则要想有运用的领域,排除这种不相容并只承认一种更为直接的不相容当然就特别重要。[1]

我必须承认,我本人感到迷惑不解的是,为什么如果一种不相容所具有的"直接性"降低到了某种程度,不相容就消失了,而且我的迷惑不解并没有因为沃尔海姆的任何一条进一步的论据而减少。主张"A 应该被实施"和"B 应该被实施"(A 和 B 在这里是不相容的),这**就是**在提出两条相互矛盾的主张。这样,如果"要么这两条主张**确实是相容的**,要么民主就是自相矛盾的"[2]这种说法是正确的,那么我们只能答复说:"应该拒绝民主。"或者说得不那么极端,"民主"概念必须被重新表述,以便避免自相矛盾。我在正文里已经尝试着通过我提出的初始愿望和纠正后的愿望这一对概念来提供这样一种重新表述。

C. 对一个多数主义者而言的真诚与策略(见第四章第三节第二部分,第61页)

法克哈森(Farquharson)[3]在他未出版的研究投票的著作中总是把两类选民进行对比。一类是"真诚的"选民,他投票支持的是从自己的价值观来看最有价值的措施;另一类是"讲策略的"选民,他投票的时候会设法导致一个从自己的价值观来看价值尽可能大的最终结果。比如,"讲策略的"选民可能会投票反对自己的第一偏好,以便确保在随后的投票中他的第二偏好会胜过他最不喜欢的(第三种)可能方案;但是"真诚的"选民在每一个阶段都会投票支持他最喜欢的措施,即便由于投票支持他的第一偏好,导致了自己最不喜欢的可能方

---

① Richard Wollheim, "A Paradox in the Theory of Democracy", *Philosophy*, *Politics and Society*, 2nd series, ed. P. Laslett and W. G. Runciman (Oxford, 1962), p. 85.

② Richard Wollheim, "A Paradox in the Theory of Democracy", *Philosophy*, *Politics and Society*, 2nd series, ed. P. Laslett and W. G. Runciman (Oxford, 1962), p. 84.

③ 此处将 Farquharson 误作了 Farquarson。——译者注

案获胜。

现在来考虑一个多数主义原则支持者的情况。为了判定根据自己的价值观,究竟是支持还是反对某一提案才是可取的,他必须做出一个纠正后的判断。(如果他仅仅基于自己初始判断"真诚地"投票,他未必就是在支持根据他的**所有**原则来看被他评价最高的提案。)但是为了做出一个纠正后的判断,他必须搞清楚什么样的结果才最符合他的多数主义原则,然后基于最有可能导致这一结果的立场进行投票,而无论这种立场是反对还是赞成。这种做法是"真诚的"还是"讲策略的"呢?如果是"讲策略的",它当然非常不同于旨在推进一个人自己的**初始**目的那种策略性投票。比如说,你在投票时可以坚持这样一条原则:我们应该尽力去促成一些结果,那些结果是每个人都采取最佳策略时就会出现的结果。无论在哪种情况下,如果有的人"真诚地"投票,而有的人"讲策略地"投票,那么你自己纠正后的判断可能会要求你不要基于你的初始判断进行真诚的或讲策略的投票。

295

D. 黑尔论欲求与理想(见第四章第六节第一部分,第72页)

在《自由与理性》一书中,黑尔使用了利益、理想与道德原则这一组概念。道德原则是运用于利益冲突情况下的原则;"人类卓越理想"是一些规定,这些规定无须提及一个以上的人。利益是一种满足自己当下和未来欲求的能力。黑尔承认,理想可以被当作欲求,因而可以被当作利益的组成部分。① 渴望让一条道德原则付诸实施的愿望也可以被作为利益的一个构成要素被包括进去:"……任何评价,仅仅因为是规约性的,就包含了一种欲求,即渴望拥有某种东西而非

---

① 比如,他说:"利益在于那种追求各种不同的理想的自由","有一种理想就其本身而言就是有一种利益,这种利益在于在追求这种理想时不遭受挫败"。R. M. Hare, *Freedom and Reason*(Oxford,1963),pp.157,160.

其他东西,或者渴望做某事而非其他事。"①

现在,黑尔问:"当利益与理想冲突时会发生什么?"②他在第九章给出了回答。也许一开始就应该注意的是,鉴于理想是利益的构成要素,这个问题提得很不恰当。因此,让我们将这个问题重新表述如下:当源自理想欲求的利益与源自非理想欲求(即纯粹的"赤裸裸的"欲求)的利益发生冲突时,会发生什么?

黑尔对这个问题的回答是,在运用"金规则"计算(the "golden rule" calculus)并得出一个符合道德原则的判断(morally principled judgement)来涵盖这种情形时,各种各样的利益都应该被不偏不倚地对待。

> [一个开明的人(与一个狂热分子相反)]会赞成允许任何人追求他自己的理想与利益,除非他的追求妨碍到其他人追求他们的理想与利益。当实现了这一点后,在仲裁人们的利益与理想时,他会赋予每一个人的利益与理想同等的分量;他不会因为他的理想与利益是他自己的就给予它们以优先性。③

当我们意识到黑尔的"理想"所涵盖的范围时,这种解决办法所包含的极端**反**自由主义的(illiberal)意味就变得明显起来。比如,黑尔的"理想"既包括了"如果我每天早饭前跑一英里,我就会成为一个更好的人"这样的判断,也包括了"这个世界要是没有犹太人的话就会是一个更好的世界"这样的判断。④

296　　　现在,从一个关注欲求且考虑了每一个人的欲求的判断(黑尔的符合道德原则的判断)的视角来看,把第一种理想算作一种欲求,这似乎是无懈可击的。他想跑一英里究竟是因为跑一英里有助于其人类卓越理想还是因为他认为跑一英里很有趣,就他的一个要求——

---

① R. M. Hare, *Freedom and Reason*(Oxford, 1963), p.170.
② R. M. Hare, *Freedom and Reason*(Oxford, 1963), p.156.
③ R. M. Hare, *Freedom and Reason*(Oxford, 1963), p.178.
④ R. M. Hare, *Freedom and Reason*(Oxford, 1963), pp.154, 161.

要求自己的欲求一旦可能就要得到满足——而言，并没有太大的不同。

　　然而第二个理想——这个世界要是没有犹太人的话就会是一个更好的世界——是一种非常不同的理想，如果我们把它看作一种欲求，那么它也是一种非常不同的欲求。黑尔注意到这一差异，他称之为"普遍的"欲求，因为他欲求的是任何一个具有某一特征的人被消灭。[①] 用我的术语来说，它是一种公共取向的欲求。我在正文中建议，当我们在做出一个关注欲求的、公共取向的判断时，这样的欲求不应该考虑在内。我在正文以及注释 E 里给出了我这种建议的理由。我在这里想做的就是证实我的一个指责，即黑尔提出的把"普遍的"理想看作欲求的建议（出于做出符合道德原则的判断的目的）具有高度反自由主义的意味。

　　这样，让我们假定，有些人的理想就是所有的犹太人应该死，或者所有的同性恋者都应该关进监狱，而且持这种理想的人在人数上远远地超过了犹太人和同性恋者（我们完全可以假定，他们具有一种相反的观点）。如果要拿欲求和欲求相比（当然，理想也被看作欲求），似乎很难解释为什么多数派不应该占支配地位。当然，基于一种加总计算，我们可以得到（完全可以想象到）一个答案，即多数派一方具有更大的欲求"总量"。（密尔在《论自由》一书中认为，作为一个经验问题，这是不可能发生的。在我看来，密尔的这个观点作为一个普遍命题似乎是不合理的，尽管它无疑在大多数时候都站得住脚。）

　　不仅如此，黑尔不局限于只承认那些源自理想的普遍欲求：还有一些普遍的"赤裸裸的"欲求，除非它们被明确地排除在外，否则它们也必须被考虑进去。这样，一个人可能不是说"一个理想的社会要把所有同性恋者关进监狱"，而只是说"我讨厌和憎恨那种认为同性恋者不应该关进监狱的想法"。对"功利主义"计算的影响将是一样的。

---

　　① R. M. Hare, *Freedom and Reason*(Oxford, 1963)，p. 170.

基于这些考虑,我要主张,黑尔所谓的"狂热主义"(fanaticism)即由于理想所包含的良好内容,因为理想自身之故而追求理想的做法是可以得到证成的这一信念,与为了"功利主义"(关注欲求的)计算的目的而把公共取向的欲求考虑进去相比,实际上可能自由主义色彩更少。当然,最"自由主义的"方法就是把二者都排除掉;但是我自己的观点是,自由主义如果走到这一步,就已经不再是一种美德了。

297 **E. 欲求的种类(见第四章第六节第一部分,第 72 页)**

似乎有必要在这里阐明我们所关心的各种不同欲求。下面的图呈现了一种基本的关系。

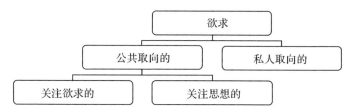

我已经在第一章第三节第三部分介绍了公共取向的欲求和私人取向的欲求之间的区分,并在第四章第三节第三部分进行了详细阐述。因此我不会进一步讨论这一区分。我在这里所关心的是阐明我在公共取向的欲求里面所做出的关注欲求的欲求和关注理想的欲求之间的区分。

关注欲求的、公共取向的欲求是这样一些欲求:在表述它们时,只需要提到私人取向的欲求满足之总量与分配。关注理想的、公共取向的欲求是这样一些欲求:在表述它们时,需要提到某些**类型**的私人取向欲求,无论这些欲求是否得到了满足。

当一个人试图将不同人的欲求相结合以便得出一个政治判断时,总是面临一种持续不断的诱惑,即把所有偏好混在一起都称为"欲求",然后把某些(加总或分配)原则运用于这些"欲求"。这样,一个判断在一个层面是一个公共取向的(关注欲求的或关注理想的)判断,在下一个判断层面上则变成了需要加以考虑的另一个"欲求"。这样,在第一个层面,我们有了 A 的(私人取向的)欲求,即希望 A 达到状态 S_u,B 的(私人取向的)欲求,即希望 B 达到 S_v,以此类推到 C,D,E……在第二个层面上,我们有 A 的判断,即,鉴于 A 想要 A_u,B 想要 B_v……,A、B……的状态 S_w 是可取的;我们也有 B 的判断,即鉴于 A 想要 A_u,B 想要 B_v……,A、B……的状态 S_x 是可取的;以此类推到 C,D,E……(这些是基于私人取向欲求的公共取向判断。)

在第三个层面,我们就有了上一段所描绘的那一过程(当然,除非我们将它排除在外,而这正是我建议我们应该做的),在这一过程中,基于私人取向欲求的判断变成了一个应该考虑进去的进一步的(公共取向的)欲求。这样,在第三个层面,如果我们允许 A、B、C、D、E 等做出判断的话:A 会判定,鉴于 A 想要 A_u,他"想要"A_w,B 想要 B_v,他"想要"B_x……,A、B……的状态 S_y 是可取的;B 会判定,鉴于上述同样的理由,A 和 B 等的状态 S_z 是可取的;以此类推,到 C,D,E……

298

对于允许这一过程超出第二个阶段,一个明显的质疑就是,一旦这一过程超出了第二个阶段,为了阻止其陷入无穷后退,除了完全任意地斩断这个系列,没有别的办法。因此,在我们的例子中,A 和 B 既要把所有之前的状况考虑进去,又要把下一轮的 A_y 和 B_z 考虑进去,诸如此类,永无休止。我并不倾向于把理由建立在这个技术性很强的观点上,这就是我在正文中不使用它的原因。我猜想,任何一个人如果真的决定拯救把公共取向的判断当作连续的公共取向判断中的"欲求"这种想法,他都可以通过运用某种聪明才智而做到这一点。比如,可以主张,这个系列中每一个相继的判断都将代表一种更弱的"欲求",所以只需要有限的几次就可以非常接近这个系列的限度。

因此,我更喜欢坚持正文中所使用的那种论证,即便我不得不承认,它与其说是一种论证,不如说是一种平淡无奇的陈述,而且,如果一个人经过反思后并不认为它是合理的,我也想不出任何办法来增加它对他而言的合理性。这样,在第四章第三节第三部分,我指出:"我所谓'公共取向的欲求'实际上根本就不是被当作欲求而提出来的。把它们当作欲求是贬低它们,会陷入荒谬。"这种说法似乎同样非常适用于关注欲求的、公共取向的欲求和关注理想的、公共取向的欲求。为了避免一次提出太多的问题,第四章第三节第三部分给出的例子都是关注欲求的情况;我的论证的说服力也许在这里更容易看到。如果我相信一个人遭受了不义,那么,尽管我会因为相信错误已经得到了纠正而好受一点,但是这一事实在我看来并不能为纠正错误增加一条额外的理由。然而,我认为该论证也同样非常适用于关注理想的情况,而对于关注理想的情况,我是在第四章第六节第一部分专门处理的。如果我认为,要是人们更经常地去剧院,他们的生活就会更有意义,那么,尽管我会因为想到其他人(我甚至都不认识他们)的生活变得更有意义而获得快乐,但是援引这一事实作为鼓励人们成为剧院常客的额外理由,这就像在上一个例子中一样不合适。

在其他条件相同的情况下,欲求得到了满足总是一件好事情。当我们赞成这一说法(如果我们真的赞成的话)时,我并不认为我心里想到的是这些公共取向的欲求。当这些公共取向的欲求造成的问题引起我们的注意时,我认为我们应该避免那种看上去干净利落的解决办法,即将它们等同为其他欲求,同时又让其命题形式保持不变。

299

F. 参与集体决策的影响(见第四章第六节第二部分,第 74 页)

整个选择过程本身影响到一个人的认同(identification),从而影响到其自我,因此也影响到一个人试图加以最大化的目标。总体上,做出市场选择的过程往往会缩小一个人的认同,使得他只认同个人,或者最多还认同家庭。相反,投票的过程由于在讨论的过程中预设了很多东西,而且也由于需要互惠技巧,所以往往往会扩大一个人的认同,使得他的认同超出个人与家庭。①

　　一个通常的家庭要多大才好呢? 如果人口问题成为重要的政治问题,而一个人作为一名要在人口问题上表明立场的公民而面对这个问题,这时候他对这个问题的意见可能与他面对自己的家庭大小问题时完全不同。②

　　一个人对黑人可能有一种不喜欢的"总体态度"。在某些情况下,他的身份是"财产所有者",这时,他可以和别人一起使用暴力阻止一个黑人进入他们的居住区。然而,同样是这个人,他也可能会在自己的工作中因为其工会对具体情境的解释而被调动起来并受到规训。当他作为一名"工会干事"时,他甚至可能会同情一个黑人的遭遇,那个黑人因为在工会组织的舞会上邀请一个白人女孩儿跳舞时被拒绝而受到了侮辱。③

政治行动可能会得到比市场更广泛的同情。对于这种观念的一个清晰陈述,见雷茵霍尔德·尼布尔(Reinhold Niebuhr)的文章。④也可以对比林德赛(A. D. Lindsay)的论述:

　　　　教育基金和许可法(licensing laws)很有可能会由一些普通人的选票来通过,这些普通人在其个人行为中不会做出必要的努力去接受教育,或者也离不开酒,但是作为一个共同体的成员时,他们就对自己和别人有更高的价值标准。⑤

G. 自由主义社会与大众社会(见第四章第六节第四部分,第83页)

第300

---

①　Dahl and Lindblom, *Politics, Economics and Welfare*(New York, 1953), p. 422.

②　Gunnar Myrdal, *Value in Social Theory*(London, 1958), pp. 86-87.

③　Joseph D. Lohman and Dietrich C. Reitzes, "Note on Race Relations in Mass Society", *American Journal of Sociology*, LV, No. 3, November 1952, p. 242.

④　见 Kenneth E. Boulding, *The Organizational Revolution*(New York, 1953).

⑤　A. D. Lindsay, *The Essentials of Democracy*(London, 1935), p. 67.

在有一种社会里,人们普遍不愿意允许他人为了改变他们的品味(或具有这种效果)而基于公共取向的理想去行动。这种社会已经以各种不同的方式要么得到了总体上的界定,要么在某些特殊方面得到了界定。柏拉图在《理想国》一书中主张,雅典人就是这样一个社会,他把这种现象叫作"民主"(柏拉图显然用它来指一种社会现象,而不是一种纯粹的政治现象)。马修·阿诺德(Matthew Arnold)注意到维多利亚时期的英格兰具有同样的趋势,他称之为"无政府状态"(他明确地用来指缺乏标准)。其他一些学者也注意到了这一现象的经济方面,他们将生产者的困境归咎于资本主义,或者更普遍而言,将之归咎于商业思维方式。因此,我们发现马克思、拉斯金(Ruskin)、威廉·莫里斯(William Morris)和凡勃仑(Veblen)都主张,劳动并非本质上就令人痛苦,但是那种唯独以出售产品以获得最大利益为目标的劳动则在本质上是令人痛苦的。应该允许"技艺的本能"(instinct of workmanship)为自己的产品设定标准。凡勃仑把同样的观念运用于"更高阶段的学习",他声称,"更高阶段的学习"应该以"漫无目的的好奇心"(我们也可以说,做这项工作的人的标准)为指引,而不是以大学提出的获得声誉和基金这样的要求为指引。

最近,尤其是自1945年以来,通常认为,与此基本相同的现象(有了一些新的技术方面的改进)构成了"大众社会"(或至少形成了"大众社会"的某些重要方面)。不过,我认为威廉·科恩豪泽(William Kornhauser)在他的《大众社会的政治》①中误解了人们批评"大众社会"的根据。这可能是因为,作为一个自由派的美国学者,他发现很难认真对待大众社会批评者的一个观念,大众社会的批评者希望做出一个关注理想的判断,即"精英"应该尽力贯彻**他们的**关注理想的判断。因此在他的书的第一部分,科恩豪泽把对"大众社会"的批评分为两类。第一类他叫作"民主的"批评,这种批评抱怨

① William Kornhauser, *The Politics of Mass Society*(London, 1960).

说，"大众"总是被"精英"以自私自利的方式通过广告与宣传加以操纵，使得他们容忍并增加"精英"的财富与权力。第二类他叫作对大众社会的"贵族式"批评，这种批评抱怨说，大众试图把他们自己粗俗而平庸的品味强加给有文化的"精英"。然后，科恩豪泽建议，要想满足这两种批评者，就得有一个"多元的"社会，在这个社会，"精英"和"大众"相互隔绝。但是在我看来，这样一个社会几乎不会满足**任何一种**批评者。

对"大众社会"的批评主要的分量与群体关系之**无价值有**关，而不是与这种关系之**存在**有关。"民主派"抱怨说，能人滥用自己的天资，他们把自己的天资出卖给出价最高的人，然后去做要求他们做的任何事情。换句话说，"民主的"批评者针对的是操纵，即为了权力或金钱而滥用天资，而不是针对影响本身。（我们最多可以说，某些学者①在很大程度上将自己局限于批评操纵，以至于他们没有特地将它与正直地施加的影响相对比；但是即便是那样，他们也没有明确地谴责它。）"贵族派"甚至更加公然地颠倒黑白：他们的质疑不是说没有让天资聪慧的人不受烦扰，而是说他们没有被允许去影响**他人**。科恩豪泽非常依赖于托克维尔并将他作为"贵族派"的例子。或许托克维尔确实既强调具有更高文化水平的人缺乏影响力，又强调"大众"实际上试图限制"精英"。但是在这里他是一个例外。加塞特的《大众的反叛》②要典型得多。

科恩豪泽指出，"贵族派"与"民主派"的立场是彼此一致的，在这一点上他是非常正确的，但是他提倡"多元论"则是错误的。那就类似于说，如果一场对话进展不顺利，改善对话的最佳办法就是把对话的参与者分别锁进不同的房间里。调和的主张就是，应该由能干的

①　比如 C. Wright Mills, *The Power Elite* (New York, 1959)；J. K. Galbraith, *The Affluent Society* (London, 1958).

②　Ortega y Gasset, *Revolt of the Masses* (London, 1951).（中译本见奥尔特加·加塞特：《大众的反叛》，刘训练，佟德志译，广东人民出版社，2012年。——译者注）

人公开地(无须精神分析)、正直地(根据他们能够坚持的最高标准)施加影响。实际上,双方完全是相容的,以至于它们可以融合进一个作者的思想里,任何分开它们的企图都是人为的。[①]

H. "价格机制"(见第五章第二节第二部分,第87页)

我们通常把这里提到的"价格机制"看作一种社会决策程序,尤其是具有自由放任主义倾向的经济学家会这样看。达尔和林德布洛姆在他们的研究中也把"价格机制"作为一种程序。然而,我在我的分类中没有把它包括进来,因为在我看来,它本身并不是一种程序,而是一种可以联系某种程序来使用的工具。如果把"价格机制"当作一种程序包括进来,这就类似于把商店分为鱼店、面包店、肉店等以及周三下午仍然开着门的店。

一旦一种以上的商品的价值可以用一个共同的单位(common unit)来体现,而且任何一个人只要拥有某种数量的价值单位便可以按自己喜欢的方式在这些商品当中用掉这些价值单位,价格机制就开始运行了。商品的相对价值以及每一个人拥有的价值单位的数量可以由当局来确定(比如二战期间英国的配给制度),或者也可以由完全竞争来确定,或在其他情况下由讨价还价来确定,诸如此类。

把"价格机制"这一术语限定于一个彻底的自由放任主义经济,这非常具有误导性,因为这意味着,在其他任何类型的经济中,在商品之间做出选择都是不可能的。然而,鉴于"价格机制"被当作完全竞争或自由放任主义的同义词,它是"讨价还价"这个范畴的一个子类,也就是说,它是一种排除了某些形式的胁迫的"讨价还价"。

I. 妥协(见第五章第二节第三部分,第88页)

追问一下"妥协"(compromise)的地位还有点儿意思。答案似乎

---

① 一个最近的例子就是 R. Williams, *The Long Revolution* (London, 1961)。

就是，"妥协"既涵盖了某些讨价还价的情况，又涵盖了某些对优点的讨论的情况。在我们倾向于称之为妥协的那些情况下，二者之间的界线最难准确地画出来。之所以难以归类，是因为妥协实际上设法回避了进一步讨论的必要性；因此在某些情况下，很难确定甚至不可能确定它究竟是讨价还价的替代品还是对优点的讨论的替代品。

假设我要价 50 镑，你出价 40 镑，我们"各让一半"从而一致接受 45 镑；或者你要求两个空军基地，而我一个都不考虑，最后我们一致接受一个。这里或许存在两种动机。我们可能都认识到我们最初的立场是不合理的，而各让一半将是一种"公平的"结果。在这种情况下，妥协其实就是对优点的讨论的替代品：每一方都认识到，对方有很好的理由，但他们不是选择辩个清楚明白，而是采取一条捷径。或者，我们可能各自都认识到，我们给彼此造成损害的能力、我们的资源和我们的才智都旗鼓相当，因此我们觉得，既然进行无所谓对错的讨价还价最后的结果有可能是一种折中的立场，我们就完全可以直奔这一立场，避免讨价还价的麻烦，也避免出于讨价还价的目的而采取一种不可调和的立场，一旦我们采取了这种立场，我们就无法做出让步，从而也就会痛失我们都愿意达成的交易。在这里，妥协是一条通向最有利结果的捷径，这一结果是我们任何一方如果都尽其所能地讨价还价就希望达到的。

不过，正如我在正文所指出的一样，我们可能根本不清楚这些动机中的哪一种在发挥作用，而且，在通常情况下，两种动机都可能会以一种非常模糊不清的方式发挥作用。（在忽略双方之间的差异时，"合理的"一词发挥了重要的作用。说一个人要价不合理，这既意味着他不会得到这个价格，也意味着他不应该得到这个价。如果他得到了他想要的这个价格，那么对不合理价格的理解所包含的这两层意思就不再结合在一起了：你要么会说，这个价格一定已经是合理的价格；要么会说，这就表明，总是有人会上当的。）

303

比如说,如果妥协涉及在两种最初立场之间"各让一半",那么最初的立场是如何达到的?作为"各让一半"之基础的那个最初立场并不是因为你说是最初立场就能够成为最初立场的。如果是那样的话,买家可以总是一分钱也不出(甚至要求买东西还要卖家倒贴钱),而卖家则会漫天要价。作为各让一半之基础的那些初始数字通常在一个比较窄的范围内,这个范围差不多可以由卖家可预期的最高价格和他应该得到的最高价格来确定,反之,也可以由买家可预期的最高价格和他应该给出的最高价格来确定(我举买家和卖家的例子是为了简单起见,但是这对于所讨论的问题来说并不是不可或缺的)。

约翰·哈洛威尔(John Hallowell)在《民主的道德基础》①一书的第二章中说,任何称颂妥协的人都一定是在把强权等同为正当,这种说法确实太绝对了。一种妥协可能仅仅体现了所预测的讨价还价结果;但是,在另一方的要求当中看到一个我们**应该**看到的主张,这也是有可能的,在这里,妥协可能体现了对优点的讨论这种程序的预期结果。

J. 对抗性权力与公平(见第六章第三节第二部分,第 105 页)

是否可以把公平界定得适合于一种讨价还价的情境呢?这个问题是由约翰·肯尼斯·加尔布雷斯(John Kenneth Galbraith)在他的《美国资本主义:抗衡力量的概念》一书中为了省事而提出来的。②在这本书中,加尔布雷斯建议,国家应该根据劳资双方的讨价还价能力而行动,比如说,操纵失业率并改变工会法律,以便使得联合雇员、发动罢工等变得更加容易或更加艰难。

无论这一建议有什么优点,我都认为,我们千万不要以为,国家

① John Hallowell, *The Moral Foundation of Democracy* (Chicago, 1954).

② John Kenneth Galbraith, *American Capitalism: The Concept of Countervailing Power* (London, 1958);也见 Gunnar Myrdal, *Beyond the Welfare State* (New Haven, 1960).

这样行动就会使得劳资双方的讨价还价变得"公平";不过下述说法是可以接受的:国家是在尽力确保讨价还价过程达到一个正义的结果(在"正义"一词的另外一种意义上,而非基于规则的正义这种意义上)。说干预对立双方的初始力量是在把讨价还价变得"公平"(或"更加公平"),这种说法是在把这种情况等同为比赛的情况。但是这种类比在关键之处是不贴切的,因为比赛的目的是要测试竞赛者拥有的某种或某些素质,因此我们可以这样来界定一场比赛中的"公平":公平使得拥有更多所要测试的素质的竞赛者更有可能获胜。讨价还价在这方面**不像**一场比赛。这里并没有"相关的素质"要测试,因此我们不能这样来界定"公平":"公平"提高了具有更多相关素质的人获得成功的可能性。如果说加尔布雷斯的建议与比赛具有什么相似之处的话,这就相当于一个人断定,琼斯"应该"赢得比赛(因为比如说他最需要奖金),然后这个人给其他选手吃安眠药,而给琼斯吃兴奋剂。

"讨价还价能力的平等"是一个神话,而"机会的平等"则不是,因为我们无法独立于想要的结果来说明它。如果劳动关系的现状是可欲的,那么这种"平等"肯定明显地存在于现有的讨价还价的相对力量;如果工资与条件得到改善是可欲的,那么唯有在那种平衡被打破后,"平等"才会出现;反之亦然。加尔布雷斯的建议完全是可以得到辩护的,因为操纵讨价还价能力可以导致一个更正义的讨价还价结果。我并不认为加尔布雷斯本人强调过其他考虑因素。但是一个不那么慎重的人(而且通常也有更多的利害关系)可能会轻易地认为,"公平的"相对的讨价还价能力有时候可以独立于其预期结果来界定;而我主张,这种做法依赖于与比赛的一个错误类比。

对此,普拉门纳茨评论道:

> 确实,和机会的平等一样,**讨价还价能力的平等**也可以独立于结果来界定。而且,什么样的条件才能构成平等这个问题必须借助于重大的利益才能得到界定,但是什么样的条件才能构

304

成机会的平等这个问题则必须借助于要用机会去做的事情来界定。

难道讨价还价能力的平等不是一种机会的平等吗？

在我看来，比赛与讨价还价之间的差异并不在于所涉及的利益，比如说，有时候，在这两种情况下所涉及的利益可能都是金钱，而在于它们以不同的方式来规定"正确的结果"。就比赛而言，"正确的结果"就是具有**比赛所要测试**的那种素质最多者获胜。但是就讨价还价而言，"正确的结果"并**不**是拥有讨价还价能力最多者获胜（如果真是这样，也是一种偶然，"正确的结果"的**标准**不是这样）。"机会的平等"就是要取消"不相关的"因素对比赛结果所造成的任何影响；但是由于在讨价还价的情况下并不存在"相关的"因素，所以我看不出这里怎么会存在着"机会的平等"问题，或者任何类似于它的问题。

305

K. 彼得森与维西论"教师匮乏"（见第七章第二节第三部分，第 131 页）

非常奇怪的是，最近在英国私立学校的批评者当中，"教师匮乏"问题上那个不可靠的观点已经比那个基础牢固得多的分配性观点更加流行了（它确实是反对现在的英国私立学校，即便不是反对所有的私立教育）。[①] 这样，彼得森在一篇文章中写道：[②]

我们实际上进入了一个教师匮乏时期，在这个国家，教师已经成为一种限量供应的商品。一个地方政府不可以雇用比国家规定指标更多的教师（但是一个独立学校可以）。认为我们竟然可以在这一代将公立中学的师生比降低一半，这也太不切实际

---

① 那个不可靠的观点主张，私立学校在教师匮乏的情况下用优厚待遇把教师吸引到私立学校去了，这是不正义的。而巴利认为，"基础更牢固的分配性观点"应该直接关注分配问题，这种观点认为，有的孩子可以享受比其他孩子多得更多的教育资源，这是不公平的。——译者注

② A. D. C. Peterson, "Teachers for the Sixth Form", *The Guardian*, 18 December 1962, p. 6.

了。但是只有当我们做到这一点时,公立学校才能实现与独立学校的平等。

但是与这种做法相对应的就是,在匮乏状态下,我们不允许富人购买超过其正常份额的东西,无论是食品还是教育。在此之前的几个星期,维西也说:①

有一种质疑说,任何阻止私人部门扩张的决定都侵犯了一个人按照自己喜欢的方式让自己的孩子受教育的基本权利。针对这一质疑,工党可以合理地回应说,这一权利的行使是以牺牲许许多多人的孩子的利益为代价的。"有的私立学校有 12 名优质学历的数学老师,甚至更多,而很多公立的语法学校只有 1 名;大多数新式学校一个都没有。"

这两段话都建立在一个假定基础之上,即教师的供应是固定的,唯一的问题就是如何在不同类型的学校之间分配教师。我们怎么知道在私立学校工作的大学毕业生如果不在私立学校教书的话还会继续教书? 就此而言,我们怎么知道教育部的配额制度是在分配固定数量的教师,而不是在减少教师的总量? 我们当然可以设想这样一种情况:公共部门与私人部门之间,以及公共部门的各个地方政府之间在竞相争取总量固定的教师;但似乎更有可能的是,教师的总量取决于彻底退出就业市场(比如已婚女性)有多大的吸引力,以及其他职业有多大的吸引力。如果是这样,那么提高教师薪酬(尤其是在那些更不受欢迎的地区)并且(或者)限制其他雇主所开出的薪酬就要中肯得多。

L. 任意性(见第九章第三节第四部分,第 171 页)

说一种安排是任意的,这并非总是在对它进行批评。我在第六章第三节第二部分(第 104 页)指出,一个得到公平的贯彻的机缘程

---

① John Vaizey, *The Guardian*, 22 November 1962, p. 4.

序的本质性的特点就在于,结果应该是任意的,就此目的而言,这意味着结果不应该与参与抽签的人的任何个人素质有关,或者说结果可以是任何一种情况。然而,有时候也可以批评一种安排是"任意的",要么是因为我们认为应该使用某些**确实**考虑了个人素质的程序,要么是因为一种任意的程序被认为并不具有"随机性"。比如,假设需要 n 个人服兵役,而且任何一个肢体健全的人都可以做得同样好。这样,从一个简单的加总性视角来看,这 n 个人如何被选出来并不重要,只要那些作为非军事人员可以为普遍福利做出特殊贡献的人和那些服兵役特别艰难的人被免除兵役就行。除了这些例外以外,用任何一种办法来选择所要求的人数都是可以的,比如从姓名以字母 A 开头的人开始依字母顺序往后选,或者从个子最高的人开始由高到矮来选,等等。但是这些做法一般也会被认为是"任意的"且令人反感。有一种解决办法可以避免这种批评,即要么征召那些达到某一年龄而又没有基于特殊理由被免除兵役的人,要么通过抽签而引入一种随机的任意性,就像在美国那样。如果我们做出如下假定的话,问题就变得更加清晰了:有 100 万个年满 18 岁的人,需要的是 100 万个受过训练的人一年的工作量,且训练一个人需要耗费一年时间。要想得到 100 万个受过训练的人一年的工作量,有多种不同的方式。既可以征召这 100 万人两年时间,也可以征召其中 50 万人三年时间。第二种做法显然有效率得多,但它也很可能被认为没那么公道。

这个问题一般的形式是这样的:一定的人数可以(或必须)参与某种好事情(或坏事情),从一个加总性立场来看,如何从一个更大的群体中选出这些人并不太重要(当然,除非作为不公道的受害者而具有的感受非常痛苦,在计算时必须考虑进去,而这又依赖于公道能够成为一条独立于加总原则的原则)。

M. 拉蒙特论"对你而言是好的"和"对我而言是好的"（见第十　307
章第三节第二部分,第 180 页）

在《道德判断的原则》一书中,拉蒙特引用了大量包含"好的"
（good）一词的引文,然后说道:①

> 它们要么区分了"对你而言是好的"和"对我而言是好的",
> 要么暗含了这一区分。对我而言是好的一年未必对每个人而言
> 都是好的。本国人的福利未必与一般的人的福利一样。欧洲的
> 制度可以为我们带来最好的发展,但未必能为非洲人带来最好
> 的发展。我们可以区分开对整个国家来说是好的事情与对爱尔
> 兰民族来说是好的事情,尽管同一件事可能对两者都有促进作
> 用。君主制可能对一个民族而言是好的,但对另一个民族而言
> 不是。

但是必须小心对待这一结论。这段话所表明的就是,一项对我
有利的**政策**可能不会对你有利;但它并没有表明,"有利"的标准在你
我之间是不一样的（尽管这当然仍然是正确的）。所谓"可普遍化原
则"的坚持者并不信奉一种荒谬的观点,即如果一种行为或政策的结
果对一个人来说是好的,那么其结果必定对每一个人来说都是好的。
他所必须主张的就是,对于同样一种结果,如果导致该结果的政策
"对 x 而言是好的",而那种政策并非"对 y 而言是好的",那么这只能
借助于 x 和 y 之间某种"相关的差异"来解释。

就"利益"而言,我已经指出,唯一"相关的差异"就是,一个人是
否会如此严重地滥用增加的机会去得到自己想要的东西,以至于放
弃增加的机会反而"符合他的最佳利益"。有鉴于此,衡量某事物是
否符合一个人的利益的标准并不会因人而异,而且,正是这一点使得
我们可以让某人照顾我们的利益或代表我们的利益。可以比较一下

---

① Lamont, *Principles of Moral Judgement* (Oxford, 1946), pp. 101-102.

有一套严格的公共标准的好处,比如,对于"一块好肉"或"好的雪莉酒",就有严格的公共标准,这使得一个人完全可以叫另一个人去帮他买,而无须进一步说明自己想要的是什么样的东西。

N. "腐蚀"与沃尔芬登报告(见第十二章第二节第三部分,第213页)

德富林勋爵在《道德的法律强制》一书中指出,沃尔芬登报告

不得不非常广泛地界定或描述它所谓的特殊情况(这些特殊情况证明国家干预"私下的"不道德行为是正当的——引者注),以至于只有承认了法律**确实**关注不道德行为本身,这些特殊情况才能得到支持。

……如果卖淫是私下的不道德行为,不是法律要管的事,那么法律与皮条客、妓院老板或容许习惯性卖淫的房主有什么关系呢?

如果社会不愿意说同性恋在道德上是错的,那么保护青年免受"腐蚀"的法律,或惩罚一个靠同性之间卖淫的"不道德"收入为生者——沃尔芬登报告有此建议——的法律就会没有依据。①

用我的术语来说,这里的关键就在于,谈论"腐蚀"必然要涉及一种人类发展理想(在这里,就是要朝着异性恋的方向而非同性恋的方向发展),而且,即便沃尔芬登报告的建议局限于尚未独立的未成年人,这也仍然涉及一种纯粹基于理想性理据而进行的干预,因为"腐蚀"当然就是指导致**坏**品性。

我相信,沃尔芬登报告的建议的融惯性是可以得到捍卫的,但是要想捍卫其融惯性,我们就只能认为,这些建议是对两方面进行权衡

---

① Lord Devlin, *The Enforcement of Morals* (Proceedings of the British Academy, 1959), pp. 10-13. (这三段文字的中译文分别见帕特里克·德富林:《道德的法律强制》,马腾译,中国法制出版社,2016年,第15、16、11页。——译者注)

后得出的结果,一方面是同性恋与卖淫的"不道德性"(或者用一个不那么乞题的说法来说,更大的发生概率而非更小的发生概率之不可欲性);另一方面是做你想做之事的自由之价值。运用密尔的标准会得出不同的结果,尤其是在卖淫方面,因此我认为德富林的观点是很有道理的。就同性恋而言,如果同等地看待同性恋与药物成瘾,也即这样一种状态,一个人事后可能希望加以改变,但当时他无力改变,我们就可以基于密尔的理由来为防止"腐蚀"辩护。但是同性恋在21岁之前不也是几乎不可扭转的吗?有时候不得不偷偷引入这样一个判断,即成为异性恋更好;由于这里的语境是要判定法律应该成为什么样的法律,所以我们不能因为一个人的欲求会导致他违背法律就说,同性恋不符合他的利益。

O.德富林论公共良心与公共利益(见第十二章第二节第三部分,第213页)

德富林勋爵在《道德的法律强制》中质疑我们是否可以把被广泛地看作不道德的行为放在"公共良心"范畴之下而非"公共利益"范畴之下。他并没有明确地否认,原则上讲,我们可以在两种行为之间做出一个有意义的区分:一种行为影响到一群不可指认的人,另一种行为则没有影响到一群不可指认的人。他只是否认,作为一个事实问题,任何一种行为只要被一个共同体普遍认为是"不道德的"(immoral),都可以恰当地被归入不影响他人的行为的范畴,只要由这种行为而引发的感受足够强烈。

应该把德富林的这个观点与另一个具有一些充分历史证据的观点区分开,那个观点认为,最初作为公共良心之工具的制度可能演变为一个发展变化的公共利益概念之工具。因此,根据美国社会学家爱德华·罗斯(E. A. Ross)的观点:

> 原始审判的实施是为了保护受害人的利益,只是慢慢地才产生了镇压犯罪具有重大社会利益这一观念。但是,当由地区

309

检察官来起诉违法者而非其受害者来起诉时，当遭殃的是公共和平而非 A 或 B 时，当和解被作为"私了重罪"（the compounding of a felony）来惩罚时，另一个时代就到来了。[①]

伍顿夫人（Baroness Wootton）在分析一个类似的现代发展过程时指出，工资谈判中的"道德化趋势"表现出两个不同的阶段。第一个阶段就是：

> 工资谈判……被看作直接当事方的私人关怀以及代表他们的利益而行动的组织的私人关怀，在这种关怀中，就算他们关心共同体，也只是想让共同体在双方之间推行公平游戏。然后它就变成了一种三方交易，在这种交易中，公众大体上有其自身利益，这种利益至少与直接相关的工人和雇主的利益一样值得考虑。这样，必须公正对待那些不属于直接谈判当事方的人，就像对待那些直接谈判的当事方一样。[②]

在第一个阶段，公众是"有利害关系的"（interested），这个词在这里可以替换为"相关的"（concerned）；唯有在第二个阶段，公众才反复强调"它自身的利益"。

德富林的论证说，一种行为仅仅因为**被认为**是不道德的，就必然会受公共利益影响。该论证的要点表述在这段话中：

> 如果男人和女人试图创造一个没有关于善恶基本共识的社会，他们就会失败；而如果已经将社会建立在共识基础之上，那么失去了共识，社会就会瓦解。因为社会不是某种以物理方式拼凑在一起的东西，而是由共同想法这样的看不见的纽带所维系的。如果纽带过于松弛，社会成员就会疏远。一套共同的道德观念是这个纽带的一部分，而纽带的束缚又是社会的代价的

---

① E. A. Ross, *Social Control：A Survey of the Foundations of Order*, New York, 1922, p. 120.（中译本参阅罗斯：《社会控制》，秦志勇，毛永政等译，华夏出版社，1989 年，第 91—92 页。——译者注）

② Wotton, *Social Foundations of Wage Policy*（London, 1958），pp. 102-103.

一部分,人类需要社会,因而必须承受社会的代价。①

必须将这个论证与第十二章第二节第二部分所处理的那个论证区分开(德富林就没有区分开),根据那个论证,某些具体的制度比如婚姻制度被认为"对人而言是好的",因而要受到保护。但是这就会使得问题对他自己来说过于容易。 310

他写道:

　　婚姻是我们社会的结构的一部分,也是谴责通奸的道德规范的依据。如果允许对通奸的道德性进行个人判断,婚姻制度就会受到严重威胁;在这些问题上,必须有一种公共道德。然而,公共道德并不局限于那些支持婚姻这样的制度的道德原则。人们之所以认为一夫一妻制是必须加以支持的制度,不是因为我们的社会选择了在这种制度上来组织自己;相反,他们认为一夫一妻制本身就是好东西,它提供了一种好的生活方式,正因为如此,我们的社会才会采纳它。②

但是德富林必须表明,在有的情况下,即便没有诸如婚姻这样的制度受到威胁,在压制不道德行为方面也有一种公共利益,因为在维持一个想法类似的共同体方面有一种公共利益。或者换一种说法,他必须表明,除了特殊的制度以外,还有一种"公共道德"制度("public morality" institution),由于公共利益,它与国家这种制度同样值得保护。据我所知,德富林并没有为此提供证据,而只是不断地声称这一点,在我看来,下述看法要合理得多:密尔—沃尔芬登的标准为我们处理一些问题提供了指南,在那些问题上,一个共同体的成员完全**可以**一致赞成各自持保留意见,而不会有导致持续运转的共

①　Lord Devlin, *The Enforcement of Morals* (Proceedings of the British Academy, 1959), p.12. (中译文见帕特里克·德富林:《道德的法律强制》,马腾译,中国法制出版社,2016年,第13页。——译者注)

②　Lord Devlin, *The Enforcement of Morals* (Proceedings of the British Academy, 1959), p.11. (中译文见帕特里克·德富林:《道德的法律强制》,马腾译,中国法制出版社,2016年,第12—13页。——译者注)

同体解体的危险。或者,我们也可以对此加以修正从而主张,任何一个共同体,只要它为了其凝聚力要求迫害替罪羊(犹太人、同性恋者或其他任何可能的人),就因此是一个坏共同体,无论是根据关注欲求的标准还是根据关注理想的标准来看都是坏的。

当然,即便一种"公共道德"针对的是不会对他人造成直接影响的行为,而且它对于一个社会的存续来说是必要的,用法律来贯彻这套公共道德或者在"公共政策"中体现其内容,对于维系社会来说是否至关重要,这仍然是一个问题。德富林说的很多话似乎暗示出,即便根据他的观点,在这些问题上,法律也是由"公共道德"支撑着的,而不是"公共道德"由法律支撑着。有时候,法律禁止订立某些契约或者宣布某些契约无效,而且这样做被认为是在支持"公共善",对于这样的法律规定,我们当然也可以提出同样的问题。对任何一种理论来说,如果它赋予了法律在"保护"婚姻制度方面极大的作用,通奸却不是犯罪,这当然是极其尴尬之事。

311 P.霍布豪斯的"和谐原则"(见第十三章第二节第一部分,第230页)

普拉门纳茨先生写道:"对霍布豪斯的下述看法难道对他来说不是更公平也更合理吗?霍布豪斯的意思是,要是一个人的满足与共同利益或共同善不相容,这种满足就是没有价值的。"普拉门纳茨先生在这个问题上的观点显然举足轻重,但是我至少想指出,根据一些外部的证据,霍布豪斯有可能打算提出的是一种更强的版本。首先,格林(T. H. Green)——一位公认的有影响力的人物——似乎主张,"权利建立在职能基础之上",同时他又明确地承认这一主张具有一些(我所谓的)令人讨厌的后果。比如,在《政治义务原则讲演录》第158页,他严肃地讨论了这样一个问题:为什么我们不能杀掉所有不能履行"社会有机体中某种职能"的人。他主张,唯一的理由就是,这样的人毕竟也履行了一种职能,即为共同体其余的人践行有美德的品质提供了合适的对象。其次,哈罗德·拉斯基(Harold Laski)——他几乎与霍布豪斯同时写作,而且他们受到很多相同的影响——看上去持有一种类似的学说。

> 我的权利总是建立在我的职能与社会的福祉之间所具有的关系基础之上;很显然,我提出的要求必须是一些对于恰当履行我的职能来说是必要的要求。根据这个观点,我对社会的要求是一些应该得到承认的要求,因为在对它们的承认当中包含了一种可以辨识的公共利益。①

一个人没有"权利"过得愉快,除非这种愉快当中包含了一种"可以辨识的公共利益":这显然是一种对"强"命题的陈述;而且这里还提到清教徒的一种转变,他们以前认为私人享乐只有在能够与上帝有关时才是正当的,现在转而认为私人享乐只有在有利于"社会"时才是正当的,这很容易让人想到霍布豪斯。

Q. 腐败与值得信赖(见第十四章第一节第三部分,第239页)

在罗高(A. A. Rogow)和拉斯韦尔(H. D. Lasswell)的《权力、腐败与正直》②一书第二章,他们(以一种有点随便和聊八卦的方式)主张,阿克顿的命题总体而言并不是产生于美国的经验:对于一个人的品格,权力可以腐蚀它,可以使它变得高贵,也可以对它没有任何影响。但是由此并不能推出,我在第十四章第一节第四部分所界定的"权力分散"的观点因而就被驳倒了,而他们似乎这样认为。在第一章,他们指出,阿克顿的名言(或者更准确地说,该名言的先驱)要为美国统治权力的碎片化负责,他们强烈谴责这种碎片化的后果。无论历史上的情况究竟如何,"权力具有腐蚀性"这一观点并不是"权

312

①　Harold Laski, *A Grammar of Politics* (London, 1937), 4th ed., p. 95.(作者将拉斯基的这本著误作了 *The Grammar of Politics*。——译者注)
②　A. A. Rogow and H. D. Lasswell, *Power, Corruption and Rectitude* (Englewood Cliffs, N. J., 1963).

力分散"的观点的必要预设。比如,针对权力集中的可欲性,我们可以反对说,寻求权力的人往往一开始就具有一些病态的人格特征,因此即便他们不因为掌权而堕落(甚至他们还会略有改善),他们仍然不是特别值得信赖。(这是一个拉斯韦尔自己表示过支持的观点;罗伯特·雷恩在《政治生活》①一书中似乎偏向这个观点。)或者,我们可以仅仅主张,在正直方面,行使权力者是普通民众的恰当样本。由于普通民众当中包含了一些相当不值得信赖的人,因此我们仍然可以主张,有一种重大的风险,即让不良分子掌握了大权,除非你确保没有人能够掌握大权。我并不想主张这些考虑足以确立起"权力分散"的观点,我也不认为它们能够做到这一点,对此,稍后就会更清楚。但是确实,它们足以表明"权力分散"的观点建立在一些比阿克顿的名言"权力导致腐败"更可靠的基础之上。

R.布坎南与塔洛克论"多数派的统治"(见第十四章第二节第一部分,第244页)

每当必须通过投票在两种相互排斥的政策 x 和 y(y 当然也可以只是规定"不要做 x")之间做出选择时,常识性的观点(我是赞成的)主张,唯有通过简单多数票做出的决定才能确保对结果满意的人超过对结果失望的人。假设在一个火车车厢的小隔间里有五个人,因为铁路工作人员的疏忽,这个小隔间里既未贴"可吸烟",也未贴"禁止吸烟"(我们假定,仅仅从没有贴标签这件事中,既不能推出可以吸烟,也不能推出不能吸烟)。他们每一个人要么想吸烟,要么反对他人在他旁边吸烟,而且每一种立场至少有一个代表在这里。如果要通过投票来解决问题,那么是否有理由来说明为什么对于做决定来说,五分之三还**不是**足够的多数? 在我看来,唯一的理由就在于,他们已经一致赞成,存在着一条假定,该假定支持以某种方式来解决这

---

① Robert E. Lane, *Political Life*(Glencoe, ILL. , 1959).

个问题,而且这一解决方式是决定性的,**除非**可以到达某种特定的多数来反对这种解决方式。具体而言,他们可能全都赞成,初步地看,有很强的理由支持允许吸烟,唯有五分之四多数才能推翻这一点。但是,如果他们无法一致赞成该理由,甚至无法一致认为有一个支持吸烟或支持禁止吸烟的假定,那么,要是他们想通过投票来解决这个问题,他们就确实必须遵循简单多数派的意见。在我看来,正是"不存在支持这种结果或那种结果的假定"这一点构成了支持多数票决的理由的核心;而作者的论据中没有任何一条论据触及这一点。

他们抨击简单多数票决,认为这种制度下得出的决定有可能不是独一无二的。他们的第一次抨击是在他们刚刚引入两条代表"外部成本"和"讨价还价成本"的曲线之后。随着一个决定所需要的多数派(作为总体的一部分)规模的增加,"外部成本"会下降,而"讨价还价成本"会上升;这样,一条代表这两条曲线之和的曲线被建构起来,"最适宜的"多数派条件据说就在于这一曲线的最低点处。作者指出,没有特殊的理由认为,这将发生于50%那个点上。但显而易见的是,在这里,要偏离作为有效决定之条件的全体一致,唯一的理由就是讨价还价成本。换句话说,建构"总成本曲线"这一做法背后的假定就是,每一个人都明确地接受现状。如果并没有之前就存在的对现状的一致赞成,它就与通常的情况无关(也与我们假设的火车上的旅客的例子无关)。

后来,作者又抱怨说,政治选择被过于频繁地看作"零和"冲突,在这种情况下,一个人的所得即另一个人的所失。作者还劝我们应该转而把交易看作我们的典型。他们主张,这里存在着"相互受益"。任何一方都没有强迫另一方,任何一方受益都不是以另一方的受损为代价(第252页)。但是一种**政治**情形恰恰产生于这样一种情境下,即各方不是在争论互利的交易,而是在争论彼此的最初状态之正当性。如果鲁滨逊对那个岛享有一种法定权利,那么星期五宁愿为他劳动也不愿饿死,鲁滨逊也宁愿让星期五为他劳动。因此这里存

313

在着"相互受益":"从交换中受益"是可能的。但是假设星期五问了一个政治问题:鲁滨逊可以拥有整个岛吗? 这里我们立刻就有了一种利益冲突;下述说法是荒唐的:星期五应该通过提供补偿,从而使得鲁滨逊值得接受这一改变。之所以是荒唐的,是因为星期五所质疑的恰恰是他们的相对状况之正当性。作者通过假定一个共识(所有当事方都允许这一共识涵盖当前已经存在的情况),从而再一次在一些重要的问题上乞题了。这使得他们的结论微不足道。

值得在这里指出的是,维克塞尔坚持认为,全体一致原则只适用于一种情况,在那种情况下,收入与财产的最初分配被所有相关方看作公平的而加以接受:

> 显而易见的是,税收中的正义以现有的财产与收入分配状况是正义的为前提。……本文所捍卫的少数派否决权原则同样依赖于一个前提,即每个人的财产状况得到了国家的充分承认,且这种承认必须被认为是正义的。……然而,如果这一前提性预设与事实不符,或者在现有的财产结构与收入结构中,有一些所有权与特权是否符合法律是可疑的,或者公然地与现代的法律与公道概念相冲突,那么社会就既有权利又有义务来修正现有的财产结构。如果这种修正必须得到主要相关者的一致同意,那么指望做出这种修正显然就是一种很过分的要求。[1]

（314）他们其余的论证尽管偶尔转入了一些不重要的领域,却正如之前的论证一样,毫无疑问地依赖于一个假定,即对所考虑的情况以前就达成了意见一致。他们假定有一个人主张,如果不到一半的人数可以阻止所提议的行动,这就相当于少数派统治(minority rule)。对

---

[1] K. Wicksell, "A New Principle of Just Taxation", in Musgrave and Peacock (eds.), *Classics in the Theory of Public Finance* (London, 1958), p. 108. 也见 Carl G. Uhr, *Economic Doctrines of Knut Wicksell* (Berkeley, 1960),第8、12章;以及布坎南与乌尔(Uhr)之间的讨论:Buchannan, "Wicksell on Fiscal Reform: Comment", *American Economic Review*, XLⅡ (September 1952), pp. 599-602; Uhr, "Wicksell on Fiscal Reform: Further Comment", *American Economic Review* (June 1953), pp. 366-368.

这一主张,他们回应说,"少数派统治"概念应该仅仅被运用于少数派能够**通过**所提议的行动的情况。这样,显而易见,任何一个安理会永久成员国能够否决一个决议是一回事,而任何一个安理会永久成员国能够单凭自己就以安理会的名义通过一个决议则完全是另一回事。事实上,后面这种情况根本不会产生一个"委员会",因为每一个永久成员国都可以给自己通常的外事交流冠以"安理会决议"之名。

少数派有权力批准行动这种意义上的"少数派统治"概念整个来说就是荒谬的,因为没有任何东西可以阻止不同的少数派在一项法律通过之后便立刻通过一些与之冲突的法律。实际上,很重要的是,作者从来没有把他们的"少数派统治"概念精心设计为一套可行的(或实际上可以想象的)制度,我猜想,这个"少数派统治"概念只是他们随口说说而已,目的在于质疑一个"正统的"观点,即 50％和50％＋1之间存在着重大差异。比如,为了把困惑减少到最小程度,让我们假定,一旦在某个问题上的一项法律获得了必需的少数票(比如 40％)通过,一年以内都不能通过任何一条与之不相符的法律。显然,在这种安排下,任何一群占 40％的人如果既控制了议事日程,又控制了确定何为"不相符"的机构,那么他们就完全是一群确定的"少数派统治者",就好像他们是在通常的程序下从各种不公正划分的选区(gerrymandered constituencies)中选举产生的多数派一样。

或许我应该在这里提一下,要想确保直接相反的两种动议不会都被同一个会议在不改变任何人投票记录的情况下同时通过,50％＋1就是最少的票数,但是我非常清楚地意识到,当一个会议面对两项以上相互竞争的措施时,有可能会有一种源自"循环的多数"

(cyclical majorities)①的困难。但是这并不能破坏简单多数票决投票结果的独一无二性,因为并没有更高的多数票条件能够保证不出现这种困难。即便借助于 3 个人和 3 个备选提议所做的老套说明也显然对任何直到三分之二多数(包括三分之二多数)的多数票条件不利;更重要的是,如果通过任何提议都需要超过三分之二的多数票,而且其中一个提议是什么事情也不做,那么某个提议所获得的胜利也是任意的胜利,正如以随机的方式将提议按两个一组进行投票时,某个提议所获得的胜利是任意的胜利一样。

这样,如果"少数派统治"意味着少数派有权力改变现状的话,我们就不要再谈论"少数派统治"。在很多情况下,要求获得特定多数票才能改变现状的结果就是,少数派可以得到他们想要的,而多数派则不能。布坎南和塔洛克如果否认这一点就仍然是不真诚的。只要我们理解了这种状况的本质,我们是否称之为"统治"(或"强制")就无关紧要。②

他们举了这样一个例子:有 100 个人乘坐装有干草的大车出游,前方隐隐约约出现了一个岔路口。74 个人想往右边走,26 个人想往左边走。根据简单多数规则,他们将往右边走,但是根据四分之三多数规则,他们就会停下来。他们说,这并不代表 26 个人"胜过"了 74 个人,因为那 26 个人也没有得到他们想要的。③ 但是现在让我们来想象一个稍做改变的例子。假定他们正沿着一条路走,然后来到了

① "循环的多数"是由法国社会学家孔多塞发现的一种投票悖论现象,又叫孔多塞悖论,是指在集体投票时容易出现投票结果随投票次序的不同而变化,从而使得每一个候选方案都有机会轮流得到多数的支持,这是由于个体偏好无法准确无误地转换为集体偏好造成的。后来,诺贝尔经济学奖获得者阿罗在《社会选择与个人价值》一书中证明了著名的阿罗不可能性定理,将这个投票悖论形式化了。——译者注

② 见 Duncan Black, "Wicksell's Theory in the Distribution of Taxation", in J. K. Eastham (ed.), *Economics Essays in Commemoration of the Dundee School of Economics* 1931-1955(Dundee, 1955), pp. 7-23, 尤其是 pp. 17-19。

③ J. M. Buchanan and Gordon Tullock, *The Calculus of Consent* (Ann Arbor, 1962), p. 257. (中译本见詹姆斯·布坎南、戈登·塔洛克:《同意的计算》,陈光金译,中国社会科学出版社,2000 年,第 281—282 页。——译者注)

一条河边；26 个人想停下来游泳，而另外 74 个人想继续往前走。如果像前面那样，规则规定要想继续前进，需要 75 个人赞成，这就确实代表着那 26 个人的"胜利"，这 26 个人也就恰好得到了他们想要的。在这些例子中，哪一个最像现代政治？我愿意承认，在一个社会中，可能有两个群体，他们想朝着不同的方向走得同样远（一个"向前"，一个"向后"），尤其是如果他们的大小比较接近的话，我们可能会认为，他们应该各让一半，停留在他们所在之处（第三共和国就依赖于这样一种妥协）。但是更常见的情形当然是另外一种情形，即一群人想改变，而另一群人大体上非常安于现状。如果第一个群体比第二个群体更大，而又要求获得特定多数票才能进行改变，那么那个更小的群体就可以为所欲为，而那个更大的群体则不能，就这么简单。

比如，在艾森豪威尔时期，国会中的共和党人有一个口号：316"1/3＋1"。当他们实现了这个数字并因此而防止了总统的否决权被推翻时，他们到底是赢了还是没有赢呢？[①]（为了避免复杂性，我们可以想一想推翻总统否决权所需要的三分之二多数票这一条件，而不是可由总统自由使用的否决权。）一个更加臭名昭著的例子就是，1911 年以前，英国上院有权力阻止下院中任何试图改革的多数派。有人明智地说："无论谁赢得选举，保守党始终都在掌权。"（我们再次发现，一条要求改变必须得到特定多数票支持的规则几乎会产生完全一样的结果。）

正如我之前所说的那样，对此，作者唯一的答复就是重复说，他们认为所有各方已经赞成了那种程序。因此，与他们自己所举的乘坐装干草的大车出游的例子相联系，他们说：

---

① 艾森豪威尔作为共和党总统候选人两次当选美国总统。根据美国宪法，总统拥有否决国会法案的权力，但对于总统所否决的法案，国会参众两院若能分别以三分之二多数再次通过该法案，就意味着总统的否决被推翻。因此在艾森豪威尔执政期间，要想防止其否决权被推翻，国会中的共和党人只需要争取到 1/3＋1 的票数站在总统一边，这样，想要推翻总统否决的人数就无法达到三分之二多数。——译者注

可能有人争辩说,在这样一些假设的情形中,人数更多者的利益应该被看得更重。但是对于这个问题,大概只有在选择了决策规则的时候才能得到恰当的回答。①

如果之前并没有就决策规则达成一致意见又会怎么样呢?对于这个有趣的问题,作者并没有追问过。

S. 公共产品的自愿提供(见第十四章第二节第四部分,第 249 页)

普通人都有一个直觉,他们猜想,对于某种符合普遍利益之事,要是指望凭人们自愿的同意去做,这种事情根本就不会有人去做。这个直觉是有道理的。即便没有讨价还价成本(在这个术语的通常意义上),对一个一心想要逃避自己那份成本的人来说,装糊涂仍然是一个好办法。对每一个人来说,唯一一种能够让利己主义者也做出应有贡献的讨价还价方式就是说:"当且仅当其他每一个人都做出其应有贡献时,我也会做出我应有的贡献。"但是在任何一个庞大的群体中,很可能有一些人真的对一个计划无所谓;如果是这样,那么这种既包含了威胁又包含了承诺的讨价还价方式就会导致这个计划破灭,因为那些无所谓的人并不关心它是否破灭,即便他们就是它破灭的原因。但是一旦允许"良心拒绝",从而那些赞成该计划的人仅仅说,除非每一个**会受益的人**做出了应有的贡献,否则他们也不会做出应有贡献,那么就给那些实际上会受益却说自己不会受益的人进行欺骗留下了余地。

为了方便起见,我要在这里处理这样一个问题,即如果我们放松不存在讨价还价成本这一假定,自愿做出应有贡献会发生什么。我认为,答案就是,一旦把讨价还价成本考虑进去,自愿的方法唯有当

317

---

① J. M. Buchanan and Gordon Tullock, *The Calculus of Consent* (Ann Arbor, 1962), pp. 257-258. (中译本见詹姆斯·布坎南、戈登·塔洛克:《同意的计算》,陈光金译,中国社会科学出版社,2000 年,第 282 页。——译者注)

相关各方**不**是利己主义者时才奏效。如果某些受益者是利己主义者而有的不是，那么所提供的公共产品数量就低于"有效率的"数量，而且非利己主义者将不得不分摊所有的成本。在任何大型群体中，威胁和承诺对大多数人来说都将是不可能的；他们所必须决定的就是，是否承诺做出应有的贡献。一个利己主义者如果是理性的，就会这样来做出决定：先猜测他的贡献对于让计划得到采纳来说有多大的概率具有决定意义，再用该计划要是被采纳了他预期能得到的净利益乘以这个概率，然后将所得到的数字与做出贡献所需要付出的成本进行比较。答案几乎始终是，不主动提出做贡献是理性的。比如说，如果需要有1万人提出愿意做出贡献，某项公共设施计划才行得通，那么要是你不提出愿意做贡献，该计划恰好获得9999个人支持的概率显然是很低的。"要是每个人都那样做会怎样？"这种论据不会触动一个利己主义者，因为当存在着讨价还价成本时，他不可能先看看是否所有受益者都做出了其贡献然后再决定自己是否要做出贡献，更何况，正如我们已经表明的那样，就算他想这样，也会面临种种困难。

T. 对"猪肉桶"的解释（见第十四章第三节第一部分，第250页）

美国国会（或许还有其他一些选举产生的机构）有一个不可否认的趋势，它投票通过的水库、港口、基地和其他事关地方性利益的项目太多了，以至于超出了正当的范围。即便"猪肉桶"确实与多数票决联系在一起，这也并不能证明作者的理论就是正确的，因为可能存在着对这种关联的其他解释。[①]〔否认这一点就犯了"肯定后件谬误"（the fallacy of "affirming the consequent"）。〕但是如果没有这种关联，这就决定性地证明了他们的理论是错误的。我希望表明，"猪肉

---

① 原文为"these might be alternative explanations of the connection"，此处的"these"或许应该为"there"，译文系根据后者译出。——译者注

桶"现象不是与多数票决相联系,而是与全体一致这一要求相联系。一套制度越是接近于要求用全体一致来做决定,我们就可以发现"猪肉桶"现象越是突出。美国比其他任何一个西方民主制国家都更接近于一种"全体一致的制度",它也是受"猪肉桶"现象困扰最多的国家。比如,我们可以把美国和英国进行比较,英国从形式上看推行的是纯粹简单多数票决的制度。[①]

318　　如果一种制度要求的是一种接近于全体一致的决策条件,就最容易导致"猪肉桶"现象。这种趋势可以用两种方式来解释,这两种方式是相互补充的。第一种方式,我们可以使用第十四章第二节第四部分提出的分析工具。我们在那里看到,如果没有讨价还价成本,又拥有完全的知识(不考虑心灵感应),理性利己主义者在一种全体一致制度下就会故意错误地描述他们的偏好,并且投票反对他们真正想要的东西,以便得到额外的贿赂。如果我们用大坝、港口、基地与防卫契约来取代直接支付,我们立刻就会进入一个"猪肉桶"的世界,国会的世界。假定一项法案如果通过了就会让每一个议员所在的选区中大部分人受益;如果一个议员(本人或与一群其他人一起)能够利用自己的战略性地位在立法过程中阻碍这项法案,他为什么不应该威胁说,除非他所在的选区增加一个基地,否则他就会阻碍该项法案? 根据这种理论,只要一个议员处于最佳的地位,以至于可以扬言阻碍立法,阻碍对国家具有重要意义的拨款,从而要挟行政部门和国会其余议员,那么大多数的"猪肉"都将流向他所在的选区。这似乎非常符合事实,对此,任何人只要愿意数一数佐治亚州的基地数量就都可以证明。

　　对"猪肉桶"的第二种解释引入了不完全信息。我说过,这种解

---

① 关于国家层面,见 Dahl and Lindblom, *Politics, Economics and Welfare* (New York, 1953), pp. 335-348; Rogow and Lasswell, *Power, Corruption and Rectitude* (Englewood Cliffs), pp. 15-25;关于芝加哥,见 E. C. Banfield, *Political Influence* (Glencoe, ILL., 1961), p. 235.

释是对第一种解释的补充。我在第十五章第三节讨论了不完全信息的一般性后果，但是或许很容易猜测到，在信息不完全的条件下，互投赞成票会导致某些项目过度投资，这些项目给确定的群体带来了明确的利益，因为这些利益对受益者来说是极其明显的，而其成本却是一般的纳税人不容易看见的。退伍军人津贴就是这一过程的很好例子，两次世界大战之间的每一个总统都否决了这种津贴，但它还是获得了通过，尽管这种津贴严格来说是一种收入转移，而不是一种公共产品。[①] 显然我们不能把它解释为选区中的多数派以其他人的利益为代价来自肥的情形；相反，退伍军人的优势恰恰就在于（现在也在于），他们在每个选区所占的比例几乎相当。关税也是一个例子，在这里，一个共同体其余的人所承受的代价被忽略，唯有受保护的生产者的利益被注意到。正如谢茨施耐德在研究 1929—1930 年的关税改革时所指出的：

> 看上去同等的利害关系并不会产生同等的压力。保护性关税之所以能够牢固地确立，就是因为持反对意见的利益集团太不积极，反应太迟钝，不去寻求政治表达，而维持这种制度对于大多数支持关税的人来说都事关重大。[②]

U. 作为"显而易见的"解决办法的现状与平等（见第十四章第三节第二部分，第 256 页） 319

我在讲到"显而易见性"时引用了休谟和谢林，他们都认识到，维系现状就是解决分歧的一个"显而易见的"办法。我们确实有一种很熟悉的经历：即便一个群体几乎所有的成员都对现有的规则或实践不满，也不可能就任何替代性方案达成哪怕是大致的共识。休谟自

---

① 见 E. E. Schattschneider, *Party Government* (Holt-Rinehart-Winston Book, 1960), pp. 194-196.

② E. E. Schattschneider, *Politics, Pressures and the Tariff* (New York, 1935), p. 163.

已举的例子是关于财产的例子：

> 因此，显而易见，在这种情况下，当建立社会和稳定财物占有的一般协议（convention）确立起来以后，他们遇到的第一个困难就是：如何分配他们的所有物，如何把每一个人具体的那一份分给他，那是他将来必须永远不变地享用的一份。这个困难不会阻挡他们很久，他们立即会看到，最自然的权宜之计就是，每个人继续享有他当前所占有之物，并把当下的占有变成财产权或永恒的占有。这就是习俗的作用，它不仅使我们接受我们所长期享用的任何东西，而且让我们喜欢它胜过喜欢其他可能更有价值但我们知之更少的东西。长期在我们眼前而又经常为我们的利益而被使用的东西，我们总是最不愿意失去；但是我们从未享用过也尚未习惯享用的所有物，我们离了它们也照样生活。因此，显而易见，人们很容易默许这种权宜之计：让每一个人继续享用他目前所占有的东西；而他们之所以自然而然地一直喜欢这一权宜之计，理由也在于此。①

但是这个例子揭示了现状作为一种解决办法的局限性。第一，**必须有一种现状**：如果一个人身处一种新的情形当中（比如移民到一块荒无人烟的大陆），那么去做以前做过的事情这样的规则就没有用。第二，当人们开始质疑一种传统安排的依据时，现状本身很少具有说服力；而究竟这种安排是**什么**的问题越是重要，人们越有可能会质疑其依据。（就是说，下述说法并不太正确："只要我们有**某种**安排就好了，至于这种安排是什么，并不重要。"）

如果需要某种具有更直接的"显而易见性"的解决办法，"平等"可能就是最强有力的备选项。谢林指出：

---

① David Hume, *A Treatise of Human Nature*, edited by L. A. Selby-Bigge, Oxford (1st edition), 1888, pp. 503-504.（中译见休谟：《人性论》，下册，关文运译，商务印书馆，1996 年，第 543—544 页。——译者注）

……有一个引人注目的趋势：围绕着复杂的量化公式或成本、利益的临时性分配所展开的长期谈判，最终往往都以一些非常简单的解决方式结束，比如平等分配，或者参照国民生产总值、人口、外汇赤字等共同因素按比例分配，或者按照双方在以前的谈判中一直赞成的分配份额来分配，尽管之前的谈判在逻辑上说是不相干的。[①]

正如伯林所说：

320

这个假定就是，平等不需要理由，唯有不平等才需要理由。……如果我有一个蛋糕，我想在十个人当中分，那么，要是我给每一个人恰好十分之一，无论如何这自然是不需要理由的；然而要是我偏离了这一平等分配原则，我就应该提出一条特别的理由。[②]

而且，平等的吸引力由一个事实所证明，即如此多不同的意识形态起点都导向了作为一种理想的平等。理性自利的公民不需要信奉这些意识形态当中的任何一种，但是他们几乎都对平等是"自然而然的"这一点印象深刻。比如，有一个自然法与自然权利传统，这个传统主张所有人具有一种自然的平等；有时候，这个主张具有一种宗教依据。康德把平等作为一种"理性的理想"；在我们的时代，很多人都会说，平等是"正确的"或"公平的"，无须提供一种形而上学的基础。在一种非常不同的传统中，从休谟、边沁到埃奇沃思（F. Y. Edgeworth）和庇古，这些功利主义者主张，由于金钱的边际效用递

① Schelling, *The Strategy of Conflict* (Cambridge, Mass., 1960), p. 67. （中译见托马斯·谢林：《冲突的战略》，赵华等译，华夏出版社，2006 年，第 60 页。——译者注）

② Berlin, "Equality", *Proceedings of the Aristotelian Society*, Supplementary Volume, LVI (1955-1956). 重印于 Frederick A. Olafson (ed.), *Justice and Social Policy* (Spectrum Books, 1961), p. 131.

减,无论所要分配的总量是多少,平等的分配都会导致效用最大化。①
罗尔斯在他的论文《作为公平的正义》中提出了一种不同的思路,他
直接从一个假定推出这种"最初的平等",那个假定就是,一种实践的
参与者"在权力与能力方面相当平等,以至于可以保证,在通常情况
下没有谁能够支配其他人"。② 麦克弗森指出了霍布斯理论的一个类
似特征,他说:

> 霍布斯认为,一种关于事实的平等可以确立起一种关于权
> 利的平等,无须引入任何外在的价值判断或道德前提。他并没
> 有证明从事实必然推出权利,他只是认定确实是这样,因为没有
> 理由认为不应该这样。没有理由认为某个人**应该**把自己看作高
> 于别人;因此他不应该这样做是自明的。③

然而,平等也不是没有自身的困难。当有固定数量的某种东西
(好东西或坏东西)要分配时,平等的份额很可能是一种可行的解决
办法。但是如果事物在时间段 t 期间被共享的方式会影响到在时间
段 t+1 期间可供共享的总量,又会怎样呢? 比如,如果平等的收入
由于消除了激励从而会减少被分配之物的总量,又会怎样呢? 罗尔
斯建议,在这种情况下,平等应该被当作基准线,所建议的偏离应该
根据它来衡量。

> ……唯有当一种伴随着不平等或产生不平等的实践

① 关于休谟,见 *An Enquiry Concerning the Principles of Morals* (Open Court Books, 1960),第三章第二节;《人性论》中没有对应的段落。对边沁的详尽讨论,见 Halévy, *The Growth of Philosophical Radicalism*(Beacon, 1955),第二章;埃奇沃思的观点可见于 F. Y. Edgeworth, "The Pure Theory of Taxation", *Classics in the Theory of Public Finance*(London, 1958), ed. Musgrave ad Peacock, pp. 119-138;庇古的观点可见于 *The Economics of Welfare* (London, 1948)。(中译本见庇古:《福利经济学》,金镝译,华夏出版社,2017 年。——译者注)

② John Rawls, "Justice as Fairness", F. A. Olafson (ed.), *Justice and Social Policy* (Spectrum Books, 1961), p.86. (中译本参阅约翰·罗尔斯:《罗尔斯论文全集》,上册,陈肖生等译,吉林出版集团有限责任公司,2013 年,第 61 页。——译者注)

③ C. B. MacPherson, *The Political Theory of Possessive Individualism*(Oxford, 1962), p.75. 这里所说的关于事实的平等是指任何人杀死其他任何人的能力的平等。

(practice)将会对参与该实践的**每一**方都有利时,这种不平等才是可以允许的。在这里,很重要的是要强调,**每一**方必须从不平等中受益。由于该原则是运用于实践的,这意味着,身处每一种由实践所界定的职位或地位当中的代表性个人,当他把该实践看作一种持续运作的事业时,他肯定会发现,更喜欢伴随着这种不平等的状况与前景,而不是更喜欢没有这种不平等的实践下他们的状况与前景,这是合理的。因此,该原则不允许这样来证成不平等:处于一种状况下的人的劣势不要紧,因为处于另一种状况下的人有了更大的优势。①

顺便说一下,罗尔斯在第 84 页注释 6 中声称,鉴于《人性论》第三卷第二章第二节的论述,休谟在这方面是一个先驱。由于我已经在不同的语境中使用过几乎同样的段落,也许我应该对我们的不同诠释做出解释。毫无疑问,休谟确实说过:"把账算清后,每一个人都会发现自己是受益者。"但问题是,每一个人在判定自己是不是强制性的稳定的规则之"受益者"时,他用什么来和这种规则的结果对比?罗尔斯的意思是说,恰当的对比是和一套要求平等的规则相对比,但是我在《人性论》中到处都没有找到这个观念。休谟所要求的似乎就是,每一个参与实践的人**与根本没有强制性规则的情况相比**都应该是一个获得了净收益的人。正如我之前所说,在规定应该选择何种具体规则方面,休谟唯一的贡献(在《人性论》中)就是,已经存在的安排应该继续,或者如果没有得到继续,那么在我们的想象中具有深刻印象的任何规则都应该被选择。

从目前的视角来看,罗尔斯的解决办法有一点小麻烦,他重新引入了出现僵局的机会,而这正是"平等"规则试图消除的,因为对于任

---

① John Rawls, "Justice as Fairness", F. A. Olafson (ed.), *Justice and Social Policy* (Spectrum Books, 1961), p. 83. (中译本参阅约翰·罗尔斯:《罗尔斯论文全集》,上册,陈肖生等译,吉林出版集团有限责任公司,2013 年,第 58 页。——译者注)

何具体不平等的总体后果,都有无限的争议余地。而且,只有当所涉及的人太多且他们又不能协调一致地行动时,一种具体的激励是否"足以"使得努力的方向朝着想要的方向转变这个问题才能被看作一个事实问题。如果这些条件没有得到满足,相关的人可以**说出**他们需要多少东西才能改变他们的行为;而这并不是一个预测,而是一个关于意图的陈述。如果问一个行业的代表们,为了满足某种投资目标或出口目标他们"需要"哪些让步,这实际上就开启了和他们的谈判,即便这个过程被叫作"咨询"。毕尔(Beer)教授表达过这个观点,他说,如果一个心理学家可以问他实验室的老鼠它需要多少奶酪才能跑出迷宫的话,它毫无疑问会回答说:"很大一块。"这也就是当人们要求实业家们(或其他任何有组织的群体)说出他们自己所需要的激励时他们的立场。

322

V. 外部成本与无效率(见第十四章第四节第二部分,第258页)

布坎南与塔洛克提出的外部成本(按照该术语通常的意思来理解)问题的解决办法违背了帕累托最优状态的通常条件。[1] 由于外部成本没有体现在一个公司的成本当中,因此公司所考虑进去的成本就不是生产所涉及的总成本。因而公司会选择一个合适的地址,以便只将他们所承担的那一部分生产成本最小化,而不是将他们自己的成本与施加给当地居民的成本之**总和**最小化。很重要的是要看到,这种无效率根本不会因为下述事实而得到缓和:有时候,付钱给公司来阻止其外部成本,这对当地居民来说是值得的。当工厂要产生烟尘时,它总是会选择一个对它来说最有利可图的厂址,因为工厂所有者知道,他们并非必须接受当地居民提出的阻止烟尘的要求,除

---

[1]　比如,关于这些条件,见 Little, *A Critique of Welfare Economics*, 2nd edition (Oxford, 1957),第八、九章;W. J. Baumol, *Welfare Economics and the Theory of the State*(Harvard, 1952),第三、四章。

非这样做比继续排放烟尘更加有利可图。

或许有人会说,如果居民总是在建工厂之前就收买可能的工厂建造者,这种无效率就可以避免。对此可以给出两个回答。第一,在很多情况下,外部成本不会太高,消除烟尘的成本也不会太低,以至于使得收买公司的行为竟然是有利可图的。然而,与最优状态相比,产量"太大",价格"太低"。第二,愿意收买任何一个扬言要在居住区制造麻烦的人,这太轻率,会助长反社会的行为。如果污染空气可以带来利益,那么一个有胆识的恶棍为什么不可以买下全国所有的空地,然后威胁附近的居民说,如果不用钱收买他,他就要建造一些排出有害气体的工厂? 当收到信时,住户大概会很乐意去拿他们的支票簿。已经在运营的工厂同样可以肆无忌惮地为自己谋取巨额利益。如果它可以产生烟尘(噪音、气味等),也可以不产生,那么是什么因素使得它不再威胁说,如果不收买它,它就产生烟尘? 这是完全可能的做法,即便产生烟尘本身并不会节省生产成本。或者,如果更喜欢一个国内的例子的话,我们可以举出这样一些例子:一个人如果知道,人们将不得不给他钱以便他**不要**再把猪关在他的后院,或**不要**彻夜使用气动钻孔机,等等,这个人就能够搞到一大笔钱,直到某个邻居聪明地自行执法开枪打死他为止。

323

W. 不公道即无效率(第十四章第四节第二部分,第 258 页)

尽管布坎南和塔洛克除了无效率以外,不承认任何伦理考虑的有效性,但是他们仍然承认,即便一个理性利己主义者也难免会既关注蛋糕的大小,也关注蛋糕的分配。实际上,他们不得不承认这一点,以便拯救他们的理论;因为,如果一个"有效率的"机构(也就是一个有望被一个理性利己主义者接受的机构)唯一的标准就是,不可能有进一步的讨价还价能够改善每一个人的状况了,那么坚持要求分配上的改变必须得到全体一致的赞成就没有意义。如果一个群体中百分之五十一(或就那件事而言,百分之一)的人建议杀死其余的人,而且有权力这样做,那么,要是有某种替代方案能够改善每一个人的状况的话,这就仅仅是一种显然"无效率的"结果。比如,可能的受害者或许能够说服其他人,让他们相信,他们活着当奴隶对他们来说更有用。不过,如果是这样的话,我们就不得不说,奴隶制也将是"有效率的"。当然,压迫者可能仍然更喜欢享受屠杀受害者之乐,而不是通过奴役他们而获得可悲的功利(就像纳粹对犹太人一样)。

面对这一结果,布坎南和塔洛克决定扩展效率概念(即帕累托最优)。他们现在说(第十三章),一个判定应该支持何种宪法的人应该考虑任何宪法下都有可能会发生的福利分配问题。如果收入的边际效用是递减的,那么在一个社会中,对给定的总收入进行更加平等的分配就应该比不那么平等的分配更受青睐,当然,除非你指望得到最高的一笔收入。然而,一个理性利己主义者应该赞成用何种制度来达到"有效率的分配"呢?对此,作者却极为含糊其辞,然后又立刻说(第 194 页),如果用多数票决的方式来进行再分配的话,再分配可能会"太离谱"。然而,他们又承认一个理性利己主义者会关心分配,这一承认严重违背了作者的立场,而且很奇怪的是,他们对此一点都无所谓。因为一旦承认了这一点,他们也就承认了,即便不把讨价还价成本考虑进去,一个理性利己主义者无论多么犹豫不决,最终也可能会放弃用全体一致赞成的方式来处理收入分配问题。

324   我在第十五章第四节第三部分提出了一个一般性的问题,即在多数票决的原则下,再分配是否会"太离谱"。在这里,我只想指出,任由他人向我们强加外部成本,或者不得不花钱来消除他人向我们强加的外部成本,这都是一种不必要的损失,一个理性利己主义者很可能会设法避免。任何人都可以预先看出这样的成本,就此而言,这样的成本有可能以一种随机的方式被分配,也有可能对某些特殊的人而言太高了。这一事实表明,所有的要素——这些要素使得支持干预是理性的——都出现了。支持对外部成本进行阻止而不做出赔偿,这是理性的,作者之所以不承认这一点,原因似乎在于混合了两个因素。第一个因素就是他们痴迷于从交易中获得收益这种观念；但是这与当前的问题没有任何关系。允许赔偿性支付的理由独立于谁应该赔偿谁的问题。假设不清理你院子里的杂草对你来说值 10 镑，而让你清理掉那些杂草对我来说值 9 镑，且这里不再涉及其他人。显然，有效率的解决办法就是保留杂草。但是，无论规则到底是规定你可以让杂草<u>丛</u>生除非我可以说服你除掉杂草，还是规定你必须清理掉杂草除非你能说服我不管你，有效率的情况都会出现。唯一的差异——而且还不是一个微不足道的差异——就在于，在第二种情况下，为了让我不反对你，你必须付给我 9 镑；而在第一种情况下，你可以给我造成 9 镑的损失而不用受罚。反过来说，如果让你清理掉杂草对我来说值 10 镑，而不清理杂草对你来说仅仅值 9 镑，那么无论如何杂草都会被清理掉。但是在一种情况下，你必须无偿地清理；而在另一种情况下，我必须用 9 镑来收买你去清理。简而言之，作者所必须确立的是，让人们自己选择是阻止外部成本还是支付赔偿金，要好过坚持要求他们总是应该阻止外部成本。但是他们并没有证明一种"要么阻<u>止</u>外部成本，要么做出赔偿"的制度是无效率的。

第二个因素是一个受到了奇怪的限制的强制观念，这个观念几乎把强制仅限于指法律的惩罚；但是如果我们采取一种更宽泛的观点，并主张，当有人以某种糟糕的后果相威胁来迫使你去做你不想做的事情时，这就是强制，那么我们确实可以说，如若一个人不得不支付一笔钱以便避免自己的状况因烟尘或其他麻烦而变得更糟糕，他就是在被强制支付这笔钱。（用"名声受损"来代替这里的"烟尘"，我们就得到了敲诈的准确定义。）

如果阻<u>止</u>一个人给他人施加成本，或迫使一个人为施加给他人的成本支付赔偿金，那么与没有这<u>些</u>限制的情况相比，他的状况确实因此而变得更糟糕了，这种说法当然是正确的。根据布坎南与塔洛

325　克的观点,未经自己的允许,自己的状况就被搞得更糟糕了,这正是外部成本的意思,至少根据他们的定义来说是如此。因此,一个敲诈的人可以说,法律因为禁止他经营他的生意因而向他施加了"外部成本";但是一旦我们认识到,"外部成本"这一极其宽泛的用法把任何对反社会活动的压制都包括了进去,我们就可以避免为这个人的说法所动。

X. 有讨价还价情况下的贿赂(见第十五章第二节第二部分,第 263 页)

对于正文中的分析,第一个限制就是已经提到的那个限制,即讨价还价的成本必须大于该方案的通过所造成的损失(在这里就是 2 镑 10 先令或 2 镑 9 先令,这取决于一个人是否在得到了贿赂的人之列)。为了劝说足够的人签署一个表格来表明,只要有足够的其他人赞成不投票支持该方案,他们也赞成(否则就要受到一定惩罚)做出同样的行动去阻止该方案,然后他们会公布已经获得足够的签名这一事实,这需要一定数量的组织。当我们考虑这种组织的数量时,这几乎不是一个强条件。这是一个特别弱的条件,就是说,所有那些因该方案的通过而受损的人也会损失同等且很少的数量,因为这意味着,即便组织反抗的总成本低于总损失,反抗仍然不会发生(在利己主义者当中),除非那些组织反抗的人因付出了时间、努力和费用而得到其余人的补偿。如果有一些人的损失特别巨大,我们往往会发现他们会牵头组织反抗,因为他们这样做很有可能是划算的,即便受影响更小的人不对他们进行补偿。

这样,让我们假设,组织集体反抗的成本太高了。现在每个人又得靠自己:他必须决定怎么做,并对他人会怎么做做出最佳的猜测,但又不要认为,**他**做的任何事情都会改变**他们**做的任何事情。如果他是一个理性利己主义者,他会如何进行计算呢? 首先,他必须评估一下,如果因为受到贿赂他不再投票反对那个有害的提议,而是投票支持它,他那一票对于改变全民公投或选举的结果来说有多大的概率起决定作用。其次,他必须用该方案若是通过就会给他造成的损失之数量去乘以这一概率,并比较所得到的数字与受贿所得的多少。如果前者更大,他就会拒绝受贿,并投票反对该方案;如果后者更大,他就会接受贿赂。这也是一个理性自利的人用以判定是否要去促成某种共同的供给品的方法,对此我已经在注释 S 指出了。

该方案若获通过,一个人就可以预料到会有所损失,根据上述方法,即便贿赂的数量只有这种损失的十分之一,这个人接受贿赂也是理性的,除非他相信自己有超过十分之一的概率投出决定性的一票。① 很难想象一个人在由比如说 1000 个选民构成的群体中能够有此信心;在一个由多达 10 万人构成的群体中,通过投赞成票或反对投票来改变投票结果的概率确实非常之小,除非一个人有一种特别的知识,即知道投票的结果将是赞成票与反对票旗鼓相当。由于每个人都沿着和这个人一样的思路计算,而且每个人又都知道每个人在这样做,而且……这种事情怎么可能发生呢?

对此,普拉门纳茨也问道:"如果选民要损失 50 先令,为什么给 1 先令就会导致他们竞相争取?你认为每一个选民都只知道他会有损失吗?或者你认为搞清楚其他人会失去多少所需要的成本超过 50 先令吗?"这两种看法我都不赞同,尽管它们有时候确实是正确的。我所假定的就是,没有人相信他自己的决定会改变其他人的决定。

———

① 这里所谓"投出决定性的一票的概率"是指如果投票支持该方案,这一票有多大的可能性决定该方案最终获得通过。我们可以举例来说明作者此处的观点。比如说,假定该方案若获得通过将给这个人造成 100 个单位的损失,作者在这里的意思是,即便贿赂只有这个损失的 10%,也就是 10 个单位,接受贿赂也是理性的,除非这个人相信自己的赞成票有超过 10%的概率决定该方案最终获得通过。假设他相信自己有 20%的概率投出决定性的赞成票,那么他投赞成票的预期损失就是 $100 \times 20\% = 20$,虽然投赞成票可以获得 10 个单位的贿赂,但总体而言仍然损失 10 个单位,因此接受贿赂就是不理性的。假设他相信自己只有 5%的概率投出决定性的赞成票,那么他投赞成票的预期损失就是 $100 \times 5\% = 5$,但是投赞成票可以获得 10 个单位的贿赂,因此总收益为 $10 - 5 = 5$,接受贿赂从而投赞成票就是理性的。——译者注

（他自己的决定实际上有可能改变投票的**结果**；但是我已经指出，单靠他自己的选票来改变投票结果的概率微乎其微。）一旦我们承认一个选民的决定并不会影响另一个选民的决定，而且他的选票改变投票结果的概率微乎其微，我们就有了一个经典的"囚徒困境"：

列

	方案通过	方案失败
接受贿赂，投赞成票	－49 先令	＋1 先令
拒绝贿赂，投反对票	－50 先令	0

行

图 6

这里我们考虑一个选民，即行与他的收益。不考虑他自己的选票对方案是否通过可能具有的任何影响，显而易见的是，无论方案通过与否，只要他接受贿赂状况就会更好。不管怎样，他都能得到 1 先令。现在，我们不再忽略一种可能性，即他自己的选票有可能对投票结果具有决定意义（用专业术语来说，我们不再把"列"看作是能够"选择"一种策略而不是另一种策略）。这种情形仍然不会得到改变，除非行的选票具有决定意义的可能性非常高，以至于值得冒失去 1 先令之险（获得 0 先令而不是 1 先令，或者失去 50 先令而不是 49 先令）；我已经指出，这几乎不可能发生。

Y.权力分散与多数派赞成（见第十五章第三节第一部分，第274 页）

班费尔德主张，当建立起一种权力分散的制度时，也不可能太糟糕，因为多数派总是可以改变它。

> 影响力的分配可以被看作一个连续"博弈"（到某一时刻为止）的结果，这种"博弈"是在一些规则下进行的，而玩家当中的多数派在任何时候都可以改变那些规则。那些规则并没有被改

变这一事实意味着,长远来看,它们对大多数玩家来说似乎是公平的。于是,任何特定时间的结果也是公平的,即便某些玩家有所损失。①

但是这是值得怀疑的,因为在一个系统中,如果重大决策通常情况下可以被任何确定的少数派所阻碍,那么影响权力分配的非正式政治变革(比如政党结构方面的变革)和宪法变革也有可能被一个少数派所阻碍。如果有一个少数派发现他们在一个权力分散的制度当中有一种**净利益**(这不同于有时候受益有时候受损,而收益与损失相互抵消或者留下一笔负债),那么这样一种少数派的存在就足以解释为什么一个权力分散的制度一旦建立了就会持续存在。谢茨施耐德已经强有力地论证过,②存在着这样一个从决策权的碎片化中受益的少数派。

当与少量实际上已经意识到其排他性利益的个人打交道时,特殊利益组织最容易形成。然而,以这种方式描述压力集团政治的条件就是要说,它主要是一种商业现象。(第35页)

(压力)系统的偏见通过一个事实而显现出来:即便是非商业性组织也反映了上流社会的一种趋势。(第33页)

多元化的天国的缺点就在于,天国的合唱团唱歌的时候带有一种浓浓的上流社会腔调。或许90％的人都不可能进入压力系统。(第35页)

诺顿·朗(Norton E. Long)由此得出结论说:③

只要对国家及其立法机关中的优势的控制、政党组织的弱点以及压力集团行动的有效性这三个要素为共同体中的商业阶层提供了充足的手段,从而使得他们能够保护他们的短期投资

---

① Banfield, *Political Influence*(Glencoe, ILL., 1961), p. 331.
② Schattschneider, *The Semisovereign People* (New York, 1960).
③ Norton E. Long, *The Polity*, ed. Charles Press (Chicago, 1962).

利益,那么,说他们会放弃准备得很充分的防守阵地,转而在党派战中采取旷野战,这确实是值得怀疑的。

我们有理由相信,共同体当中享受了严重的过度代表(over-representation)之好处的那部分人会自愿地放弃他们根深蒂固的投资利益,相对于此,我们没有更多的理由去相信这套制度的受益者会自愿地放弃它。(第32页)

Z. 一个利己主义者会投票吗?(见第十五章第四节第二部分,第281页)

普拉门纳茨评论过我对唐斯的批评:"如果一个人害怕整个系统因为人们不去投票而坍塌,为什么他去投票对他来说是不值得的?"我认为,这里的麻烦就在于一个转换当中,即从讨论**一个人**决定是否去投票转换到谈论他的一个信念,即整个系统会因为**人们**不去投票而坍塌。当然,试图做出自己决定的个体选民也是相关的"人们"当中的一员,但他**只是**一员。从利己主义的视角来看,唯有当**他**不去投票(而非**人们**不去投票)整个系统就会坍塌时,他去投票对他来说才是值得的。或者更准确地说,唯有当投票的成本(时间、麻烦、鞋底成本①等等)低于两个值相乘,体系坍塌带来的不快的预期值乘以单靠他的选票就可以避免这种坍塌的概率的结果时,他去投票对他来说才是值得的。记住,由于他是一个利己主义者,对他说"如果每个人都像你这样想会发生什么?"这样的话是没有意义的,因为这是不相关的,除非你可以表明他如何思考会对别人如何思考(和行动)具有重要影响。

---

① 在较高通货膨胀期间为减少货币持有量以便获取更多利息而带来的不便被经济学家曼昆称为"鞋底成本",因为更经常地去银行取钱会使得皮鞋磨损更快。比如,人们会一周两次各取50美元,而不是每周一次性取100美元,以便获取更多的利息。详见格里高利·曼昆:《宏观经济学》(第七版),卢远瞩译,中国人民大学出版社,2011年,第91页。——译者注

普拉门纳茨还写道：

> 你的论证如果可以适用的话，一定既适用于理性利他主义者，也适用于理性利己主义者。这个论证涉及，当一个人行为的后果依赖于上千人的行为时，对他来说做什么是值得的。

但是在我看来，并非显而易见是这样。如果一个人愿意把整个共同体作为其所指群体，那么我们就可以向他既提出相当合理的分配性论据，又提出相当合理的加总性论据。根据分配性理由，我们可以主张（基于康德式的反"搭便车"原则），当别人都不顾麻烦地去投票时，你不去投票就是不公平的。（注意，这里并没有引入那个无效的假定，即一个人的投票行为会以某种方式**使得**其他人也去投票。）根据加总性理由，我们可以主张，你确实可以用投票所需要的那半个小时去做其他事情，但那些事情都不会比投票更有助于促进**总体**福利，当然，你自己的福利只是总体福利微不足道的一部分。

对于有些事情，如果一个群体的所有成员都去做，就会导致共同的灾难，但是对每一个成员来说（每一个人都只把自己作为所指群体），他去做这件事就是划算的。之所以如此，原因并不是"后果依赖于上千人的行为"，而是个人行为的后果在同等程度上既影响到上千人，也影响到行动者本人。假设（所有的后果我们都不考虑）我宁愿要 5 先令而不愿意去投票（比如，我宁愿把投票所需要的那半个小时用来工作，而在这半个小时里，我能够挣到 5 先令。）那么，如果只考虑我自己的话，我去投票是不值得的，除非不投票的后果的预期（负面）价值大于 5 先令。（比如，如果我认为制度瓦解给我带来的损失是 10000 镑，那么仅仅因为我不投票就导致该结果的可能性必须超过 1/40000。①）根据这种计算，不去投票的预期（负面）价值很有可能不足 5 先令，因此我不值得去投票。但是，如果我关心将作为一个整体的共同体之福利最大化，很有可能我去投票是值得的。比如说，假如我不去投票给我带来的预期（负面）价值是 0.5 便士；从**我的**自私的视角来看，如果去投票，我就失去了 4 先令 11.5 便士。但是如果共同体中其余的人有 4800 万，而且他们全都和我一样评估制度坍塌的代价，那么我不去投票给共同体造成的总代价就是 10 万英镑！② 几乎无论基于什么理由，如果我具有利他倾向，我都肯定会去投票，即便我去投票的成本是 4 先令 11.5 便士。

在现实生活中，一个面临这种"囚徒困境"的共同体当然可以通过操纵激励措施来防止系统坍塌，即便所有人都是利己主义者，比如通过向不投票的人罚款或给投票的人补贴。假设激励措施足以使得投票对足够多的选民来说都有吸引力，这个问题就可以得到解决。然而，实际上，这个实际问题因为一个事实而避免了，即很多人要么认为他们有义务去投票并根据这种义务而行动，要么在投票过程中有一种积极的满足感。阿尔蒙德和维巴在《公民文化》中指出，在他们调查的样本中，在最近三次全国性选举或最近的地方性选举投过票的人当中，说他们"去投票有一种满足感"的人比例如下：美国，71；英国，43；德国，35；意大利，30；墨西哥，34。③ 只要有足够多的选民要么认为自己有义务去投票，要么在投票中有一种满足感，认为投票有

---

① 1971 年未实行币制十进制以前，1 英镑等于 20 先令，1 先令等于 12 便士。1971 年实行的新币制取消了先令，并实行十进制，1 镑等于 100 便士。在作者所举的这个例子中，不投票的预期损失是大于 5 先令的，因为预期损失等于不投票导致制度瓦解带来的实际损失乘以一个人不投票会导致制度瓦解的可能性，由于作者假定实际损失为 1 万镑，可能性大于 1/40000，所以二者相乘大于 1/4 镑，也就是说，大于 5 先令。——译者注

② 这里的 100000 英镑是这样算出来的：一个人不去投票给自己带来的负面价值为 0.5 便士，总人数为 4800 万人，则总损失就是 2400 万便士，合 200 万先令，也即 10 万英镑。当然，这要以那个人的投票对于维系制度来说具有决定为前提，但这个前提可能并不成立。——译者注

③ Almond，Verba，*The Civic Culture* (Princeton，1963)，p. 146.

一种象征功能或表达功能,就不需要引入激励措施。顺便说一下,如 330
果喜欢投票的人数本身已经足够多,那么就既没有必要也没有**可能**
说人们有义务投票;因为在这种情况下,无论是加总性论据还是分配
性论据都用不上。加总性论据之所以用不上是因为,就算你不投票,
整个系统也**不**可能坍塌;分配性论据之所以用不上是因为,你完全可
以希望每一个人都按照下述信条而行动:"你喜欢投票才去投票(只
要你碰巧知道有足够多的人喜欢投票从而足以维持系统运转)。"

参考文献

Abel-Smith, BRIAN. "Whose Welfare State?", in Norman MacKenzie (ed.), *Conviction*, London, 1958.

ABRAMS, MARK. "The *Socialist Commentary* Survey", in Mark Abrams and Richard Rose, *Must Labour Lose?* Penguin Books, Ltd. , 1960, pp. 11-58.

AGAR, H. *The Price of Union*, Boston, 1950.

ALBU, AUSTEN. "The Organisation of Industry", in R. H. S. Crossman (ed.), *New Fabian Essays*, London, 1952, pp. 121-142.

ALCHIAN, A. A. "The Meaning of Utility Measurement", *American Economic Review*, XLⅢ (March 1953), pp. 26-50.

ALLEN, WALTER. *All in a Lifetime*, London, 1959.

ALMOND, G. and VERBA, S. *The Civic Culture*, Princeton, 1963.

American Political Science Association. "Towards a More Responsible Two-Party System", *American Political Science Review* (Supplement), XLⅣ, No. 3 (September 1950).

APPLEBY, PAUL H. *Morality and Administration in Democratic*

Government, Baton Rouge, 1952.

ARNOLD, THURMAN. *The Folklore of Capitalism*, New Haven, 1937.

ARROW, KENNETH. *Social Choice and Individual Values*, New York, 1951.

BANFIELD, EDWARD C. "A Critique of Foreign Aid Doctrines", in C. J. Friedrich (ed.), *Public Policy*, Cambridge, Mass., 1962.

——"The Future Metropolis", *Daedalus* (Winter, 1961), pp. 61-78.

——*Political Influence*, Glencoe, ILL., 1961.

BARRY, BRIAN M. "Justice and the Common Good", *Analysis*, XXI, No. 4 n. s. (March 1961), pp. 86-91.

——"The Public Interest", *Proceedings of the Aristotelian Society*, Supplementary Volume XXXVIII (1964), pp. 1-18.

BAUMOL, W. J. *Welfare Economics and the Theory of the State*, Cambridge, Mass., 1952.

BEARD, CHARLES A. *The Idea of National Interest*, New York, 1934.

BEDFORD, SYBILLE, *The Faces of Justice*, London, 1961.

BEER, SAMUEL H. "New Structures of Democracy", in W. N. Chambers and R. H. Salisbury (eds.), *Democracy Today*, Collier Books, New York, 1962.

BELL STOUGHTON, *Trustee Ethics*, Kansas City, 1935.

BENN, S. I. and PETERS, R. S. *Social Principles and the Democratic State*, London, 1959.

BENN, S. I. "Interests in Politics", *Proceedings of the Aristotelian Society*, LX (1959-1960).

BENTHAM, JEREMY. *The Theory of Legislation*, London, 1931.

BENTLEY, ARTHUR F. *The Process of Government*, Indiana, 1949.

BERLE, ADOLF A., JR. *The 20th Century Capitalist Revolution*, Harvest Books, 1954.

BERLIN, SIR ISAIAH, " Equality ", *Proceedings of the Aristotelian Society*, Supplementary Volume, LVI (1955-1956). Reprinted in Frederick A. Olafson (ed.), *Justice and Social Policy*, Spectrum Books, 1961.

——*Two Concepts of Liberty*, Oxford, 1958.

BLACK, DUNCAN, " Wicksell's Theory in the Distribution of Taxation", in J. K. Eastham (ed.), *Economic Essays in Commemoration of the Dundee School of Economics* 1931-1955, Dundee, 1955.

——*The Theory of Committees and Elections*, Cambridge, 1958.

BLOOMFIELD, LEONARD. *Language*, New York, 1933.

BOULDING, KENNETH. *The Organizational Revolution*, New York, 1953.

BRAITHWAITE, M. "Words", *Proceedings of the Aristotelian Society*, LIV (1953 – 1954), pp. 209-232.

BRAITHWAITE, R. B. *The Theory of Games as a Tool for the Moral Philosopher*, Cambridge, 1955.

BROAD, C. D. *Five Types of Ethical Theory*, London, 1930.

BRYCE, JAMES. *The American Commonwealth*, New York, 1910.

BUCHANAN, JAMES M. " Knut Wicksell on Marginal Cost Pricing", *Southern Economic Journal* XVIII (October 1951), pp.

173-178.

——"Wicksell on Fiscal Reform: Comment", *American Economic Review*, XLII (September 1952), pp. 599-602.

——"Social Choice, Democracy and Free Markets", *Journal of Political Economy*, LXII (1954), pp. 114-123.

——"Positive Economics, Welfare Economics, and Political Economy", *Journal of Law and Economics*, II (1959), pp. 124-138. Also in J. M. Buchanan, *Fiscal Theory and Political Economy*, Chapel Hill, 1960.

——and TULLOCK, GORDON. *The Calculus of Consent*, Ann Arbor, 1962.

BULLITT, STIMSON. *To Be A Politician*, Anchor Books, 1961.

BUTLER, JOSEPH (BISHOP). *Sermons*, W. R. Matthews (ed.), London, 1914.

CANNAN, E. [essay] in American Economic Association, *Readings in the Economics of Taxation*, London, 1959.

CARTER, A. "Too Many People", *Fabian Society*, (1963).

CHAMBERLAIN, N. W. *A General Theory of Economic Process*, New York, 1955.

COASE, R, H. "The Problem of Social Cost", *Journal of Law and Economics*, III (October 1960).

COLE, LAMONT C. Review of Rachel Carson, *Silent Spring*. *Scientific American* (November 1962), pp. 173-180.

CRANSTON, M. *Human Rights Today*, Ampersand Books, 1962.

CROSLAND, C. A. R. *The Future of Socialism*, London, 1956.

——*The Conservative Enemy*, London, 1962.

CROSSMAN, R. H. S. "The Ultimate Conservative—Professor

Michael Oakeshott", in R. H. S. Crossman, *The Charm of Politics*, London, 1958, pp. 134-138.

DAHL, ROBERT A. *A Preface to Democratic Theory*, Chicago, 1956.

——and LINDBLOM, CHARLES E. *Politics, Economics and Welfare*, New York, 1953.

DEVLIN, LORD PATRICK. *The Enforcement of Morals*. Proceedings of the British Academy, 1959.

DOWNS, ANTHONY. *An Economic Theory of Democracy*, New York, 1957.

——"Why the Government Budget in a Democracy is Too Small", *World Politics*, XII, No. 4 (July 1960), pp. 541-563.

——"In Defense of Majority Voting", *Journal of Political Economy*, LXIX (1961), pp. 192 ff.

DUNHAM ALISON. "City Planning: An Analysis of the Content of the Master Plan", *Journal of Law and Economics*, I (October 1958), pp. 170-186.

EDGEWORTH, F. Y. "The Pure Theory of Taxation", in R. A. Musgrave and A. T. Peacock, *Classics in the Theory of Public Finance*, London, 1958.

EDWARDS, PAUL. *The Logic of Moral Discourse*, Glencoe, ILL. , 1955.

EYSENCK, H. J. *Uses and Abuses of Psychology*, Penguin Books, Ltd. , 1954.

FAGAN, ELMER D. "Recent and Contemporary Theories of Progressive Taxation", in American Economic Association, *Readings in the Economics of Taxation* , London, 1959. pp. 19-53.

FEINBERG, J. "Justice and Personal Desert", in J. W. Chapman and C. J. Friedrich (eds.), *Nomos VI: Justice*, New York, 1963.

FITZGERALD, P. J. "Voluntary and Involuntary Acts", in A. G. Guest (ed.), *Oxford Essays in Jurisprudence*. Oxford, 1961. pp. 1-28.

FRANK, JOHN P. *Mr Justice Black: The Man and His Opinions*, New York, 1949.

"Franks Report". Report of the Committee on Administrative Tribunals and Enquiries. Cmnd. 218 (1957).

FRIEDMAN, MILTON. "The Role of Government in Education", in Robert A. Solo (ed.), *Economics and the Public Interest*, New Brunswick, N. J., 1955.

FULLER, LON., *The Forms and Limits of Adjudication* (油印版).

GALBRAITH, J. K. *The Affluent Society*, London, 1958.

GALBRAITH, J. K. *American Capitalism: The Concept of Countervailing Power*, London, 1958.

GEWIRTH, A. "Political Justice", in R. Brandt (ed.), *Social Justice*, Englewood Cliffs, 1962.

GINSBERG, M. "On the Diversity of Morals", in Ginsberg, *Essays in Sociology and Social Philosophy*, I, Mercury Books, 1962.

GODWIN, WILLIAM. *An Enquiry Concerning Political Justice*, R. A. Preston (ed.), 1926.

GREEN, T. H. *Lectures on the Principles of Political Obligation*, London, 1960.

GRICE, H. P. "Meaning", *Philosophical Review*, LXVI (1957), pp. 377-388.

GUTHRIE TYRONE. Article in *The Observer* (12 March 1961).

HAGAN, C. B. "The Group in Political Science", in Roland Young (ed.), *Approaches to the Study of Politics*, London, 1958.

HALÉVY, ELIE. *The Growth of Philosophical Radicalism*, Beacon Books, 1995.

HALLOWELL, JOHN. *The Moral Foundation of Democracy*, Chicago, 1954.

HAMMOND, J. L. "The Growth of Common Enjoyment" (L. T. Hobhouse Memorial Lecture No. 3, 1933), in *Hobhouse Memorial Lectures 1930-1940*, Oxford, 1948.

HARE R. M. *The Language of Morals*, Oxford, 1952.

——"Universalizability", *Aristotelian Society*, LV (1954-1955).

——*Freedom and Reason*, Oxford, 1963.

HART. H. L. A. "Negligence, *Mens Rea* and Criminal Responsibility", in A. G. Guest (ed.), *Oxford Essays in Jurisprudence*, Oxford, 1961, pp. 29-49.

HAYEK, FRIEDRICH AUGUST VON. *The Road to Serfdom*, Phoenix Books, 1954.

——*The Constitution of Liberty*, London, 1960.

HECKSCHER, AUGUST. "Public Works and Public Happiness", *Saturday Review*, (4 August 1962).

HERRING, E. PENDLETON. *Public Administration and the Public Interest*, New York, 1936.

——*The Politics of Democracy*, New York, 1940.

HICKS, J. R. "The Rehabilitation of Consumers' Surplus", *Review of Economic Studies*, VIII, No. 2 (February 1941).

——*Value and Capital*, Oxford, 1946.

——*A Revision of Demand Theory*, Oxford, 1956.

——"The Measurement of Real Income", *Oxford Economic Papers* (1958).

HITCH, CHARLES J. and MCKEAN, ROLAND N. *The Economics of Defense in the Nuclear Age*, Cambridge, Mass., 1960.

HOBHOUSE, L. T. *Elements of Social Justice*, London, 1922.

HOLCOMBE, A. N. *Our More Perfect Union*, Cambridge, Mass., 1950.

HOLMES, OLIVER WENDELL, JR. "The Path of the Law", in Perry Miller (ed.), *American Thought from the Civil War to the First World War*, New York, 1954.

HOMANS, GEORGE C. The Human Group, New York, 1950.

HUME, DAVID. *An Enquiry Concerning the Principles of Morals*, Open Court Books, 1960.

——"Of the Dignity or Meanness of Human Nature" and "Of the Independence of Parliament", in Charles Hendel (ed.), *David Hume's Political Essays*, New York, 1953.

——*A Treatise of Human Nature*, L. A. Selby-Bigge (edited), Oxford (1st edition), 1888.

JOUVENEL, BERTRAND DE. *Sovereignty: An Enquiry into Political Goal*, Cambridge, 1957.

KARIEL, HENRY S. *The Decline of American Pluralism*, Stanford, 1961.

KENNAN, GEORGE F. *American Diplomacy 1900-1950*, Mentor Book, 1952.

KEY, V. O. "Public Opinion and the Decay of Democracy", *The Virginia Quarterly Review*, XXXVII, No. 4 (Autumn 1961), pp. 481-494.

KNIGHT, F. H. *Freedom and Reform: Essays in Economics and Social Philosophy*, New York, 1947.

KORNHAUSER, WILLIAM. *The Politics of Mass Society*, London, 1960.

LAMONT, W. D. *Principles of Moral Judgement*, Oxford, 1946.

——*The Value Judgement*, Edinburgh, 1955.

LANE, ROBERT E. "The Fear of Equality", *American Political Science Review*, LⅢ (1959).

LANGER, SUSANNE K. *Philosophy in a New Key*, Mentor Books, 1948.

LASKI, H. J. *The Grammar of Politics*, 4th edition, London, 1937.

LEWIS, SIR GEORGE CORNEWALL. *Remarks on the Use and Abuse of Some Political Terms*, London, 1832.

LEYDEN, W. VON. "On Justifying Inequality", *Political Studies*, ⅩⅠ, No. Ⅰ (February, 1963), pp. 56-70.

LEYS, WAYNE A. R. *Ethics for Policy Decision*, New York, 1952.

LIEBLING, A. J. *The Press*, Ballantine Books, New York, 1961.

LINDSAY, A. D. *The Essentials of Democracy*, London, 1935.

——*The Modern Democratic State*, Oxford, 1943.

LIPPMANN, WALTER. *Public Opinion*, New York, 1922.

——*The Phantom Public*, New York, 1927.

LIPSET, S. and GLAZIER, N. "The Polls on Communism and Conformity", in Daniel Bell (ed.), *The New American Right*,

New York, 1955.

LIPSEY, R. G. and LANCASTER, R. K. "The General Theory of Second Best", *Review of Economic Studies*, ХХⅣ (1956-1957), pp. 11-33.

LITTLE, I. M. D. "Social Choice and Individual Values", *Journal of Political Economy*, LХ, No. 5 (October 1952), pp. 422-432.

——*A Critique of Welfare Economics*, 2nd edition. Oxford, 1957.

LLOYD, DENNIS. Public Policy, London, 1953.

LOCKE, JOHN. *The Second Treatise on Civil Government* and *A Letter Concerning Toleration*, J. W. Gough (ed.), Oxford, 1948.

LOHMAN, JOSEPH D. and REITZES, DIETRICH C. "Note on Race Relations in Mass Society", *American Journal of Sociology*, LV, No. 3 (November 1952).

LONG, NORTON E. *The Polity*, Charles Press (ed.), Chicago, 1962.

LOVEJOY, A. O. *The Great Chain of Being*, Cambridge, Mass., 1948.

MABBOTT, JOHN. *The State and the Citizen*, Grey Arrow Books, 1958.

MCCARTHY, MARY. "The Contagion of Ideas", in *On the Contrary*, New York, 1961.

MACK, MARY P. *Jeremy Bentham: An Odyssey of Ideas*, 1748-1792, London, 1962.

MACPHERSON, C. B. *The Political Theory of Possessive Individualism*, Oxford, 1962.

MADISON, JAMES. Federalist Paper Number Ten. *The*

Federalist, Everyman's Library No. 519, London, 1948.

MAINE, SIR HENRY. *Lectures on the Early History of Institutions*, London, 1914.

MARSCHAK, JACOB, "Towards an Economic Theory of Organization and Information", in R. M. Thrall, C. H. Coombs and R. L. Davis (eds.), *Decision Processes*, New York, 1954, pp. 187-220.

MARSH, NORMAN S. "The Rule of Law as a Supra-National Concept", in A. G. Guest (ed.), *Oxford Essays in Jurisprudence*, Oxford, 1961. pp. 223-264.

MARX, KARL and ENGELS, FRIEDRICH. "Critique of the Gotha Programme", *Selected Works*, Ⅱ, Moscow, 1962.

MILL, JAMES. *Essay on Government*, Cambridge, 1937.

MILL, JOHN STUART. *Autobiography, On Liberty* and *Utilitarianism*, in Max Lerner (ed.), *Essential Works of John Stuart Mill*, Bantam Classic, 1961.

——*A System of Logic*, London, 1898.

MILLER, J. D. B. *The Nature of Politics*, London, 1962.

MILLS, C. WRIGHT. *The Power Elite*, Galaxy Books, 1959.

MINOW, NEWTON N. "Television and the Public Interest", *Etc.* XVIII, No. 2.

MISES, LUDWIG, EDLER VON. *Human Action: A Treatise on Economics*, London, 1949.

MOORE, G. E. *Principia Ethica*, Cambridge, 1903.

MORRIS, CHARLES W. *Signs, Language and Behavior*, New York, 1946.

MUND, VERNON A. *Government and Business*, 2nd edition, New York, 1955.

MUSGRAVE, R. A. *The Theory of Public Finance*, New York, 1955.

MYRDAL, GUNNAR. *The Political Element in the Development of Economic Theory*, Translated by Paul Streeten, London, 1953.

——*Value in Social Theory*, Translated by Paul Streeten, London, 1958.

——*Beyond the Welfare State*, New Haven, 1960.

NAMIER, SIR LEWIS B. "Human Nature in Politics", in Fritz Stern (ed.), *The Varieties of History*, Meridian Books, 1956.

NEUMANN, J. VON and MORGENSTERN, O. *The Theory of Games and Economic Behavior*, 2nd edition, Princeton, 1947.

NICOLSON, NIGEL. *People and Parliament*, London, 1958.

NISBET, ROBERT ALEXANDER. *The Quest for Community: A Study in the Ethics of Order and Freedom*, New York, 1953.

OAKESHOTT, MICHAEL, "Political Education", in P. Laslett (ed.), *Philosophy, Politics and Society*, First Series, Oxford, 1956.

——*Rationalism in Politics*, Methuen Books, 1962.

ORTEGA Y GASSET, J. *The Revolt of the Masses*, London, 1951.

PARETO, VILFREDO. *The Mind and Society* (Trattato di sociologia generale), Arthur Livingston (ed.), New York, 1935.

PARSONS, TALCOTT. *The Structure of Social Action*, Glencoe, ILL., 1949.

PETERSON, A. D. C. "Teachers for the Sixth Form", *The Guardian* (18 December 1962).

PICKLES, WILLIAM. *Not with Europe: The Political Case for Staying Out*, Fabian International Bureau, Tract 336 (April 1962).

PIGOU, A C. *The Economics of Welfare*, London, 1948.

PLAMENATZ, JOHN. "Interests", *Political Studies*, II (1954).

POUND, ROSCOE. *Social Control Through Law*, New Haven, 1942.

PRICHARD, HAROLD ARTHUR. "Does Moral Philosophy Rest on a Mistake?", in Prichard, *Moral Obligation: Essays and Lectures*, Oxford, 1949.

RAPOPORT, ANATOL. *Fights, Games and Debates*, Ann Arbor, 1960.

RAWLS, JOHN B. "Two Concepts of Rules", *Philosophical Review*, LXIV (1955), pp. 3-32.

——"Justice as Fairness", *Philosophical Review*, LXVII (1958), reprinted in F. A. Olafson (ed.), *Justice and Social Policy*, Spectrum Books, 1961; and in Peter Laslett and W. G. Runciman (eds.), *Philosophy, Politics and Society*, Second Series, Oxford, 1962.

REDFORD, EMMETTE S. *Idea and Practice in Public Administration*, University of Alabama, 1958.

RIESMAN, DAVID. *The Lonely Crowd*, Anchor Books, 1950.

RIKER, W. *The Theory of Political Coalitions*, New Haven, 1962.

RITCHIE, D. G. *Natural Rights*, London, 1924.

ROBBINS, LIONEL. *An Essay on Nature and Significance of Economic Science*, London, 1948.

ROGOW A. A. and LASSWELL, H. D. *Power, Corruption and Rectitude*, Englewood Cliffs, 1963.

ROLPH, C. H. (ed.). *The Trial of Lady Chatterley*, Penguin Books, Ltd., 1961.

Ross, E. A. *Social Control: A Survey of the Foundations of Order*, New York, 1922.

ROSS, SIR WILLIAM DAVID. *The Right and the Good*, Oxford, 1930.

——*Foundations of Ethics*, Oxford, 1939.

ROTHENBERG, JEROME. "Conditions for a Social Welfare Function", *Journal of Political Economy* (1953).

——The Measurement of Social Welfare, Englewood Cliffs, 1961.

ROUSSEAU, JEAN-JACQUES. *The Social Contract*.

RUSSELL, BERTRAND. "Freedom and Government," in Ruth Nanda Anshen (ed.), *Freedom, Its Meaning*, New York, 1940, pp. 249-264.

RYLE, GILBERT. *The Concept of Mind*, London, 1949.

SAMUELSON, PAUL A. *Foundations of Economic Analysis*, Cambridge Mass., 1948.

SCHATTSCHNEIDER, E. E. *Politics, Pressures and the Tariff: A Study of Free Private Enterprise in Pressure Politics, as Shown in the 1929-1930 Revision of the Tariff*, New York, 1935.

——"Political Parties and the Public Interest", *Annals of the American Academy of Political and Social Science*, No. 280 (March 1952), pp. 18-26.

——*The Semi-Sovereign People*, Holt-Rinehart-Winston Books, 1960.

——*Party Government*, Holt-Rinehart-Winston Books, 1960.

SCHELLING, THOMAS C. *The Strategy of Conflict*, Cambridge, Mass. , 1960.

——"Reciprocal Measures for Arms Stabilization", in Donald G. Brennan (ed.), *Arms Control, Disarmament and National Security*, New York, 1961.

SCHLESINGER, A. M. JR. *The Coming of the New Deal*, Vol Ⅱ of *The Age of Roosevelt*, Cambridge, Mass. , 1959.

SCHNEIDER, HERBERT W. *Three Dimensions of Public Morality*, Bloomington, Ind, 1956.

SCHUBERT, GLENDON. "The Public Interest in Administrative Decision-Making", *American Political Science Review*, LI (June 1957), pp. 346 ff.

——"The Theory of the Public Interest in Judicial Decision-Making", *Midwest Journal of Political Science*, Ⅱ (February 1958), pp. 1 ff.

——*The Public Interest: A Critique of a Concept*, Illinois, 1961.

——"Is There a Public Interest Theory?", in C. J. Friedrich (ed.), *Nomos V: The Public Interest*, New York, 1962, pp. 162-176.

SCHUMPETER, JOSEPH. *Capitalism, Socialism and Democracy*, 3rd edition. New York, 1950.

SCHWARTZ, BERNARD. *The Professor and the Commissions*, New York, 1959.

SCITOVSKY, TIBOR. "A Note on Welfare Propositions in Economics", *Review of Economic Studies*, IX, No. 2 (1942).

——"What Price Economic Progress?", *Yale Review* (1960).

SELF, PETER. *Cities in Flood: The Problems of Urban Growth*, London, 1961.

SHAW, GEORGE BERNARD. *The Intelligent Woman's Guide to Capitalism and Socialism*, in *Complete Works*, London, 1949.

SHIRER, WILLIAM L. *The Rise and Fall of the Third Reich*, Crest Reprint, 1962.

SIDGWICK, HENRY. *Lectures on the Ethics of T. H. Green, Mr Herbert Spencer and J. Martineau*, London, 1902.

——*The Methods of Ethics*, 7th edition, London, 1930.

SIMON, H. A. *Models of Man*, New York, 1957.

SIMON, YVES R. *The Philosophy of Democratic Government*, Chicago, 1951.

SMART, J. J. C. *An Outline of a System of Utilitarian Ethics*, Melbourne, 1961.

SMITH, HOWARD R. *Democracy and the Public Interest*, Athens, Georgia, 1960.

SORAUF, FRANK J. "The Public Interest Reconsidered", *Journal of Politics*, XIX (November 1957), pp. 616 ff.

STEFANSSON, VILHJALMUR. "Was Liberty Invented?", in Ruth Nanda Anshen(ed.), *Freedom, Its Meaning*, New York, 1940.

STEPHEN, SIR LESLIE. *John Stuart Mill*, Vol. III in *The English Utilitarians*, London, 1900.

STEVENSON, C. L. *Ethics and Language*, New Haven, 1944.

STONE, JULIUS. *The Province and Function of Law*, Sydney, 1946.

STONIER, ALFRED and HAGUE, DOUGLAS C. *A Textbook of Economic Theory*, London, 1953.

STOUFFER, SAMUEL. *Communism, Conformity and Civil Liberties*, New York, 1955.

STRAWSON, P. F. *Introduction to Logical Theory*, London, 1952.

SUMNER, W. G. "The Absurd Effort to Make the World Over", in Perry Miller (ed.), *American Thought: Civil War to World War I*, Rinehart Editions, 1961.

TITMUSS, R. M. *Essays on "The Welfare State"*, London, 1958.

TOWNSEND, PETER, "A Society for People", in Norman MacKenzie (ed.), *Conviction*, London, 1958, pp. 93-120.

——Article in *The Observer* (24 February 1963).

TRUMAN, DAVID B. *The Governmental Process*, New York, 1951.

TUGWELL, REXFORD G. *The Economic Basis of Public Interest*, Wisconsin, 1922.

TULLOCK, GORDON. "Problems of Majority Voting", *Journal of Political Economy*, LXVII (1959), pp. 571-579.

——"Reply to a Traditionalist", *Journal of Political Economy*, LXIX (1961), pp. 200 ff.

UHR, CARL G. *Economic Doctrines of Knut Wicksell*, Berkeley, 1960.

——"Wicksell on Fiscal Reform: Further Comment", *American Economic Review* (June 1953), pp. 366-368.

VAIZEY, JOHN. *The Economics of Education*, London, 1962.

——Report of a lecture (*The Guardian*, 22 November 1962).

VICKREY, WILLIAM. "Utility, Strategy and Social Decision

Rules", *The Quarterly Journal of Economics*, LXXIV (1960), pp. 507-536.

VINER, JACOB. "The Intellectual History of Laissez-Faire", *The Journal of Law and Economics*, III (October 1960).

VLASTOS, G. "Justice and Equality", in R. Brandt (ed.), *Social Justice*, Englewood Cliffs, 1962.

WALLAS, GRAHAM. *Our Social Heritage*, London, 1929.

WEBB, BEATRICE. *Our Partnership*, London, 1948.

WEBB, SIDNEY. *Towards Social Democracy*, Westminster, 1916.

WECHSLER, H. "Toward Neutral Principles of Constitutional Law", 73 *Harvard Law Review* I (1959), pp. 26-35.

WELDON, T. D. "The Justification of Political Attitudes", *Aristotelian Society Supplement*, XXIX (1955), pp. 115-130.

——"Political Principles", in P. Laslett (ed.), *Philosophy, Politics and Society*, First Series, Oxford, 1956, pp. 22-34.

WICKSELL, KNUT. "A New Principle of Just Taxation", in R. A. Musgrave and A. T. Peacock (eds.), *Classics in the Theory of Public Finance*, London, 1958, pp. 72-118.

WICKSTEED, PHILIP. *The Common Sense of Political Economy*, London, 1910.

WILLIAMS, RAYMOND. *The Long Revolution*, London, 1961.

WILLOUGHBY, W. W. *Social Justice: A Critical Essay*, New York, 1900.

WILSON, JAMES Q. *Negro Politics: The Search for Leadership*, Glencoe, ILL., 1960.

WITTGENSTEIN, LUDWIG. *Philosophical Investigations*, 2nd

edition, Oxford, 1958.

"Wolfenden Report". Report of the Committee on Homosexual
Offences and Prostitution, Cmnd. 247, 1957.

WOLFF, ROBERT PAUL. "Reflections on Game Theory and the
Nature of Value", *Ethics*, LXXII (April 1962), pp. 171-179.

WOLLHEIM, RICHARD. *Socialism and Culture*, Fabian Society,
1961.

——"A Paradox in the Theory of Democracy", in Peter Laslett and
W. G. Runciman (eds.), *Philosophy, Politics and Society*,
Second Series, Oxford, 1962.

WOOTTON, BARBARA. *Social Foundations of Wage Policy*,
London, 1958.

YOUNG, MICHAEL. *The Rise of the Meritocracy*, Penguin
Books, Ltd. , 1961.

ZIFF, PAUL. *Semantic Analysis*, Ithaca, N. Y. , 1960.

索 引

295

维特根斯坦 Wittgenstein, Ludwig, xxxii, xxxiv, 57n

《关于同性恋与卖淫的沃尔芬登报告》 *Wolfenden Report on Homosexual Offences and Prostitution*, 42n, 67-69, 213n, 307-308, 310

罗伯特·沃尔夫 Wolff, Robert Paul, 144n

沃尔海姆 Wollheim, Richard A., 59n, 221n, 293-294

芭芭拉·伍顿夫人 Wootton, Barbara, 159-161, 167n, 242n, 309

词语,也见语言 words, 22-23, 28-31; *see also* language

工人赔偿与应得 workmen's compensation, and desert, 113

作家,见艺术;言论自由 writers, see arts; speech, freedom of

Y

迈克尔·杨 Young, Michael D., 104n, 134n

Z

保罗·齐夫 Ziff, Paul, 9, 29

译后记

　　每次在键盘上敲完"译后记"三个字，心情都特别复杂。一方面，为自己终于完成了艰辛的任务而感到轻松和释怀；另一方面，又始终觉得译文不够完善而心情沉重。巴利这本书的翻译工作对我来说尤其如此。

　　2008年冬天在北大图书馆借阅这本泛黄的《政治论证》时，我从未想到将与这本书"共同度过"三年多的光阴。2014年年底，我邀请我的师叔应奇教授到我们学校参加"第六届西南大学哲学月活动"的压轴讲座，师叔慨然应允。一见面他就给我聊起自己在浙江大学出版社主编的"社会科学方法论：跨学科的理论与实践"译丛，并让我翻译巴利这本《政治论证》。由于几个月前我已经把手里的翻译债全部还清，而且对巴利这本分析政治哲学的代表作我也略有心动，加之师叔的信任让我感到莫大的荣幸，所以我也"慨然应允"。现在，三年多过去了，虽然译稿已经完成，但其中经历的酸楚和艰难只有自己知道。

　　当我挖空心思回忆自开始翻译这本书以来的这三年多时间里自己究竟做了些什么的时候，竟然头脑空空如也。翻看了自己这几年的邮件往来和日记才发现，自从2014年年底开始翻译这本书以来，除了2015年上半年用几个月时间完成一篇关于哈特的论文和2016

年上半年全身心地上"伦理学概论"课程期间无暇顾及此书以外，我的课余时间大多数都是和这本书一起度过的。如果译著也可以算作自己的孩子的话，可以说，这三年多里，我在这个孩子身上花的时间远远超过了我在另外两个孩子身上花的时间。这样说起来的时候，总觉得自己做父亲其实也做得挺悲哀的。三年多的时间虽说不长，但这段时光在我的内心却刻下了深深的烙印。巴利这本书和我一起经历了丧父之痛、丧友之悲；和我一起见证了我的女儿静好从咿咿呀呀的婴儿成长为天真烂漫的小姑娘，见证了紫悠一天一天地变得懂事和贴心；2017 年 8 月，它又和我一起回到它的"出生地"牛津大学，伴我度过了孤苦而又不失充实的一个春秋。在牛津，我几乎每天早上不到 6 点就开始工作，除了听一些感兴趣的课程并参加一些学术活动，主要的精力都放在了这本书的翻译和多次校对上。在这本书的最后校对阶段，我有两个月每天半夜就背痛到无法入眠，甚至以为自己将不久于人世。不过，现在总算松了一口气。在巴利写作这本书的地方完成了它的中译本，我想也是一件颇有意义的事情。

布莱恩·巴利（1936—2009）这个名字对国人来说已经不再陌生，他的《社会正义论》三部曲 *Theories of Justice*，*Justice as Impartiality*，*Why Social Justice Matters* 以及 *Sociologists*，*Economists and Democracy* 都先后有了中译本。① 相关的研究性论文也绝不罕见。这部《政治论证》是巴利在哈特指导下完成的博士论文，于 1965 年第一次出版，1990 年再版。本书突出地展现了巴利的 PPE 专业背景，以哲学尤其是分析哲学的方法和经济学的方法来分析规范性政治学问题。巴利本人反对以咬文嚼字的方式单纯地从事概念分析，甚至对当时牛津占支配地位的分析哲学氛围非常不满，以

---

① 《正义诸理论》，孙晓春、曹海军译，吉林人民出版社，2004 年；《作为公道的正义》，曹海军译，江苏人民出版社，2008 年；《社会正义论》，曹海军译，江苏人民出版社，2012 年；《社会学家、经济学家和民主》，舒晓昀等译，江苏人民出版社，2007 年。

至于博士尚未毕业就提前离开了牛津。但是巴利并不反对把分析哲学作为一种工具和方法,这本著作随处可见巴利对各种论证的澄清与批评,对各种概念的界定与区分,被认为是以分析哲学从事规范性政治哲学研究的典范。在 20 世纪五六十年代,人们纷纷慨叹政治哲学已死。而巴利的这本著作与罗尔斯的正义理论一道,对于推动政治哲学的复兴发挥了重要作用。

这是我翻译过的最厚的一本书,也是我欠人情债最多的一本译著。首先要特别感谢澳大利亚国立大学哲学系的杰里米·希尔默(Jeremy Shearmur)教授。之前翻译他的《卡尔·波普的政治思想》时我就无数次求助于他,没有想到我翻译其他人的书时他同样那么热情无私地帮助我。在这本书的翻译过程中,我先后咨询了杰里米将近 200 个问题,有的涉及我不知所云之处,有的涉及我知其然而不知其所以然之处,杰里米总是快速而详细地帮我解惑。完全可以说,要是没有杰里米的帮助,这本译著的完成是不可想象的。杰里米现已退休,居住在苏格兰,但古稀之年的他仍然孜孜不倦地从事着研究工作和少量的教学工作。在牛津访学期间,他时常关心着我的生活,而且他还主动邀请我到他苏格兰的家里小住。杰里米的古道热肠与盛情高谊实在令我铭感五内。

其次,要感谢牛津大学的乔纳森·沃尔夫(Jonathan Wolff)教授,他作为我访学的邀请人,多次帮我解决这本书中的问题,还为我的学习和工作提供了诸多便利。感谢伦敦政治经济学院的 William Bosworth 博士拨冗为中译本撰写序言。还要感谢葛四友、刘训练、刘科、朱佳峰、曹钦等学友,在这本书的翻译过程中,我不时地向他们请教,与他们讨论,他们的热情帮助既消除了我的不少疑惑,也极大地增加了我顺利完成这本书的信心。也要感谢我的研究生张馨瑶,当我用十来天的时间依据本书的 1965 年版处理完本书索引后,才发现 1990 年版的索引在原来的基础上有诸多增减,是张馨瑶同学按照 1990 年版索引帮我完成了单调乏味又耗时的核对工作。不得不承认,巴利的这本书对我来说确实比较难啃,译文虽先后三次校对,但我相信仍然有很大改进余地,其中错谬和不畅之处,都只能归咎于本人语言水平和理解能力捉襟见肘。在很大程度上,这也是本书无法按时交稿的原因。感谢浙江大学出版社的宽容和理解,这本书的交稿时间从约定的一年改为两年,又拖到了现在的三年半,我虽已尽力,但仍颇感愧疚。

感谢我的岳父、岳母和妻子,正是由于他们多年来一直任劳任怨照顾孩子,操持家务,我才有时间安心工作。可以说,我完成的每一项工作都有他们的一份功劳。妻子自始至终的理解与支持一直让我倍感欣慰,15年来,我们相濡以沫,同甘共苦,她从不苛求于我;尤其是在我访学的这一年里,她既要承担繁重的工作,又要拖着疲惫的身躯照顾和关心我们双方的家人,还要承受夫妻分离之苦,实属不易。感谢静好与紫悠,她们是我的开心果,从她们身上我看到,生活其实可以有许许多多简单的快乐,这种快乐既是消除译事之苦的良药,又是推动我尽快完成这本译著的强大动力。谨以上述文字纪念逝去的三年六个月时光,尤其是纪念在牛津的这段艰苦岁月。

毛兴贵

2018 年 6 月 24 日清晨记于牛津 Old Maston

2018 年 9 月 26 日晚改于重庆北碚

图书在版编目 (CIP) 数据

政治论证 /（英）布莱恩·巴利著，毛兴贵译. —杭州：
浙江大学出版社，2019.10
（社会科学方法论:跨学科的理论与实践译丛）
书名原文:Political Argument
ISBN 978-7-308-19380-1

Ⅰ.①政… Ⅱ.①布…②毛… Ⅲ.①社会科学－方
法论－研究 Ⅳ.①C03

中国版本图书馆 CIP 数据核字（2019）第 164185 号

浙江省版权局著作权合同登记图字:11-2019-161 号

政治论证

［英]布莱恩·巴利 著 毛兴贵 译

责任编辑	吴伟伟 weiweiwu@zju.edu.cn	
责任校对	杨利军 陈逸行	
封面设计	卓义云天	
出版发行	浙江大学出版社	
	（杭州市天目山路 148 号 邮政编码 310007）	
	（网址:http://www.zjupress.com）	
排　版	杭州隆盛图文制作有限公司	
印　刷	浙江海虹彩色印务有限公司	
开　本	710mm×1000mm 1/16	
印　张	34	
字　数	458 千	
版 印 次	2019 年 10 月第 1 版 2019 年 10 月第 1 次印刷	
书　号	ISBN 978-7-308-19380-1	
定　价	138.00 元	